# INALDO ARAÚJO
# DANIEL ARRUDA

# Contabilidade Pública
## DA TEORIA À PRÁTICA

**3ª EDIÇÃO**
REVISTA E
ATUALIZADA

Inclui as principais normas do STN e do CFC aplicadas ao Setor Público e exercícios preparatórios para concursos

**saraiva** EDUCAÇÃO | **saraiva** uni

Av. Doutora Ruth Cardoso, 7221, 1º Andar
Pinheiros – São Paulo – SP – CEP: 05425-902

**SAC** | Dúvidas referentes a conteúdo editorial,
material de apoio e reclamações:
sac.sets@somoseducacao.com.br

| | |
|---|---|
| **Direção executiva** | Flávia Alves Bravin |
| **Direção editorial** | Renata Pascual Müller |
| **Gerência editorial** | Rita de Cássia S. Puoço |
| **Coordenação editorial** | Fernando Alves |
| **Edição** | Ana Laura Valerio<br>Neto Bach<br>Thiago Fraga |
| **Produção editorial** | Daniela Nogueira Secondo |
| **Serviços editoriais** | Juliana Bojczuk Fermino |

| | |
|---|---|
| **Preparação** | Gisele Folha Mós |
| **Revisão** | Vero Verbo Serviços Editoriais |
| **Diagramação** | Join Bureau |
| **Capa** | Deborah Mattos |
| **Impressão e acabamento** | Bartira |

ERP 352.188.003.001

**Dados Internacionais de Catalogação na Publicação (CIP)**
**Angélica Ilacqua CRB-8/7057**

Arruda, Daniel
    Contabilidade pública: da teoria à prática / Daniel Arruda, Inaldo da Paixão. – 3. ed. – São Paulo: Saraiva Educação, 2020.
    416 p.

Bibliografia
ISBN 978-85-7144-089-0

1. Contabilidade pública I. Título II. Paixão, Inaldo da

| | |
|---|---|
| | CDU 657.61 |
| 19-2470 | CDD 657:336.1 |

**Índices para catálogo sistemático:**
1. Contabilidade pública

**3ª edição**

COD. OBRA 2845    CL 651892    CAE 716090

# SOBRE OS AUTORES

## Inaldo da Paixão Santos Araújo

Mestre em Contabilidade. Contador benemérito do Estado da Bahia, 2013; conselheiro do Tribunal de Contas do Estado da Bahia (TCE-BA). Vice-presidente de auditoria do Instituto Rui Barbosa (IRB). Professor de graduação e pós-graduação, autor de livros de auditoria e de contabilidade pública. Foi auditor do TCE-BA por 25 anos e membro da Comissão de Estudo do Conselho Federal de Contabilidade (CFC) sobre as Normas Brasileiras de Contabilidade Aplicadas ao Setor Público e sobre Auditoria Governamental. Professor da Universidade do Estado da Bahia (UNEB). Coordenador do projeto de elaboração das Normas de Auditoria Aplicáveis ao Setor público do IRB.

## Daniel Gomes Arruda

Mestre em Contabilidade. Pós-graduado em Gestão Organizacional Pública pela Universidade do Estado da Bahia (UNEB); perito contábil federal pela Academia Nacional de Polícia (ANP) do Departamento de Polícia Federal. Auditor estadual de controle externo do Tribunal de Contas do Estado da Bahia (TCE-BA) há 29 anos. Professor de graduação e pós-graduação, autor de livros de auditoria e de contabilidade pública. Professor de pós-graduação em Contabilidade e Controle do Setor Público na Universidade Católica do Salvador (UCSal) e da Fundação César Montes (Fundacem), onde ministra cursos e palestras sobre gestão de contas públicas, auditoria e contabilidade governamental.

# AGRADECIMENTOS

Este livro foi elaborado tendo em vista a objetividade e a praticidade. Ao imaginá-lo, tivemos por princípio evitar os excessos que tanto desestimulam o estudante. Esperamos, assim, termos encontrado o ponto de equilíbrio entre o extremamente resumido e a excessiva complexidade.

Pedimos desculpas pelos eventuais erros, mesmo sabendo que eles são inevitáveis e fazem parte do processo de conhecimento e crescimento, pois como bem lembra o tipógrafo Cavallo, citado por Charles Darwin em *A origem das espécies*, esboço de 1842:

> Aos benignos e inteligentes leitores. Em toda ação humana, quase por necessidade, ocorrem erros; porém, onde surgem mais facilmente e são mais numerosos e com diferentes formas é na impressão dos livros; e não posso imaginar outra coisa onde possa haver mais. E parece-me que a empresa de corrigi-los se possa comparar com a luta de Hercules com a Hidra de cinquenta cabeças: por um lado, assim como quando, com seu valor e força, cortava uma, nasciam duas, da mesma forma, no entanto, quando com conhecimento e diligência se corrige um erro, quase sempre surgem não dois, mas três ou quatro, com frequência e maior importância do que tinha o primeiro.

Este é um trabalho desejado e idealizado há algum tempo. Pouco a pouco foi nascendo, crescendo e se realizando. Sentimo-nos gratos a Deus por nos ter dado coragem para enfrentar as circunstâncias adversas e transformar o abstrato em concreto, o sonho em realidade. Acreditamos que nenhuma obra deve se fechar em si mesma, dar-se por concluída e perfeita. Deixamos, portanto, nosso trabalho em aberto para sugestões que possam enriquecê-lo em futuras edições. Queremos, por fim, também expressar agradecimento aos nossos pais e a todos os que, direta ou indiretamente, contribuíram para a concretização deste empreendimento, em especial à Clarissa Carneiro da Rocha Prata, pela valiosa colaboração, e ao nosso mestre Walter Crispim da Silva, símbolo da Contabilidade na Bahia e presidente da Fundação Visconde de Cairu.

*Os autores.*

# PREFÁCIO

O pensador Pitágoras (550 a.C.) afirmava que os números traduziam tudo no Universo. Eram a causa, o motivo e o princípio de tudo.

De acordo com a teoria pitagórica, o cosmos poderia ser quantificado, justificado e compreendido em seus macro e microelementos constitutivos. Concluía que o Universo é toda uma harmonia equilibrada e bela promovida pelos números.

Muito tempo depois, em 1494, um frade franciscano, Luca Bartolomeu de Pacioli, célebre matemático italiano, brilhantemente traduziu essa ideia de Pitágoras e a aplicou na contabilidade. A partir daí, a Ciência Contábil passou a seguir esse princípio, de forma explícita e implícita, presente nos números como essência da harmonia e do equilíbrio das contas em seus demonstrativos e balanços financeiros. Hoje, essa harmonia e esse equilíbrio dos números são representados por valores monetários em contas contábeis, expressando aquela mesma essência pitagórica que quantifica, justifica e sustenta a importância da contabilidade na vida de todos, sejam pessoas físicas ou jurídicas, do setor público ou privado.

Apesar de um tanto imperceptível, a contabilidade com suas técnicas é importante e fundamental à vida das pessoas. Não é exagero dizer que a boa sobrevivência harmoniosa e equilibrada das nações, das grandes às microempresas, das organizações do terceiro setor, com fins lucrativos ou não, bem como da pessoa física individual, de um cidadão médio, todos dependem de uma boa contabilidade. Imaginem a Nasa ou as Obras Sociais Irmã Dulce (OSID) sem as informações contábeis para a tomada de decisões e a continuidade de seus negócios de importante valor para a humanidade. Seria difícil, não é mesmo? Se refletirmos mais um pouco, constataremos que sem uma boa contabilidade uma grande organização poderá ter prejuízos, entrar em falência, gerar desempregos e com isso levar sofrimento à vida das pessoas.

Ao tratar da contabilidade aplicada ao setor público, essa importância toma proporções mais amplas e significativas, pois ela reflete diretamente na vida de todos, da União, dos estados, dos municípios, das organizações e das pessoas. Contudo, ainda pouco se ensina e se divulga sobre a importância da contabilidade para uma sociedade desenvolvida, harmoniosa e equilibrada no contexto das finanças públicas.

Desde 2008, quando se iniciou o processo de convergência das normas contábeis brasileiras aos padrões internacionais – *International Financial Reporting Standards* (IFRS), para o setor privado, e *International Public Sector Accounting Standards* (IPSAS), para o setor público –, deu-se início também à universalização da linguagem contábil em âmbito nacional. Com isso, o estado brasileiro e as organizações privadas vêm se modernizando e se harmonizando aos princípios, normas, técnicas e regras contábeis praticadas globalmente. Ao Conselho Federal de Contabilidade (CFC), juntamente a outros entes nacionais, coube a missão de converter as normas contábeis brasileiras aos padrões internacionais, destacando-se a função da Secretaria do Tesouro Nacional (STN) como responsável pela regulamentação e consolidação das contas públicas nacionais, das três esferas de governo, em uma estrutura e linguagem única. A cada ano novas normas contábeis são traduzidas, interpretadas e adaptadas à realidade brasileira. Novos conceitos e procedimentos vêm exigindo dos profissionais da área contábil renovação de condutas, atitudes e habilidades em suas rotinas diárias, o que exige dedicação a novos estudos.

A importância deste trabalho atualizado, em sua terceira edição, transita entre as ideias pitagóricas da harmonia, do equilíbrio e da beleza dos números e a atualidade das ciências contábeis, que nesta obra se traduzem em um contexto eminentemente didático, do teórico ao prático, do complexo ao simples, do lúcido ao lúdico, da beleza que há na construção de todo aprendizado, seja por meio dos números contábeis, seus valores, suas contas, suas demonstrações e seus balanços financeiros, de tudo que há de belo na Ciência Contábil, enfim.

É gratificante descobrir a contabilidade aplicada ao setor público como uma área do conhecimento humano que faz parte do cotidiano de nossas vidas, de uma forma tão essencial e discreta. Como dizia Pitágoras: "Harmonia e equilíbrio que se traduz em beleza". Bons estudos, bom aprendizado.

*Os autores*

# INTRODUÇÃO

A contabilidade aplicada ao setor público (ou governamental) é de grande importância para o controle e o planejamento da administração pública. Diante disso, este trabalho, eminentemente teórico-prático e de caráter estritamente introdutório, agora em terceira edição revista, tendo como base a dissertação de mestrado elaborada por um dos autores, está, também, atualizado em consonância com as Normas Internacionais de Contabilidade (IFRS) e os preceitos da Lei Complementar n. 101, de 2000, denominada de Lei de Responsabilidade Fiscal (LRF), que estabelece, nos termos de sua ementa, normas de finanças públicas voltadas à responsabilidade na gestão fiscal e procura apresentar conceitos da contabilidade aplicada ao setor público – pouco falada e por poucos compreendida – de forma clara e objetiva, com o objetivo de possibilitar aos não iniciados na metodologia uma visão ampla de seus principais procedimentos e práticas. Outrossim, permite àqueles que já possuem certo domínio da matéria uma revisão crítica de temas tão relevantes e que são fundamentais para o acompanhamento, a avaliação e o controle da *res publica*.

A administração pública é o tema do **Capítulo 1**. Nele é discutida com ênfase a composição dos níveis da administração pública no Brasil. Tratamos também de um tema relevante e diretamente relacionado com a contabilidade governamental, que é o controle externo. No **Capítulo 2**, apresentamos os conceitos básicos para aqueles que se aventuram pela primeira vez nesse tema. Partindo de sua definição, sua história e seus objetivos, discutimos os princípios fundamentais aplicáveis a esse ramo da contabilidade.

As particularidades de os registros contábeis serem feitos em três subsistemas de informações distintos – orçamentário, patrimonial e de compensação – da contabilidade governamental são tratadas especificamente nos **Capítulos 2** e **9**. Em função de a contabilidade pública estar atrelada ao controle orçamentário, reservamos o **Capítulo 3** para abordar as questões relacionadas ao orçamento público. Seus conceitos, sua história, as teorias, os princípios orçamentários, o comparativo entre o orçamento tradicional e o orçamento-programa são abordados de forma simples, mas precisa. Como o orçamento-programa é o modelo adotado no Brasil, enfatizamos seus principais aspectos, principalmente no que tange às normas de elaboração e de avaliação.

A receita e a despesa públicas – conceitos, tipos, estágios e exemplos de contabilização – são debatidas nos **Capítulos 4 e 5**. Neles são demonstradas algumas deficiências na nomenclatura desses componentes quanto às receitas e despesas de capital. A classificação orçamentária, devidamente atualizada pela Portaria n. 42, de 14 de abril de 1999, do então Ministério do Orçamento e Gestão (MOG), bem como seus aspectos e suas características, são matérias do **Capítulo 6**.

Os assuntos relacionados a créditos adicionais podem ser encontrados no **Capítulo 7**. Já as demonstrações contábeis serão estudadas no **Capítulo 8**.

As particularidades da escrituração dos fatos que afetam o patrimônio público são tratadas de forma objetiva no **Capítulo 9**. Tivemos o cuidado de incluir um quadro dos objetivos e o sumário de cada capítulo, bem como a sinopse dos principais temas abordados. Apresentamos também alguns apêndices com matérias correlatas aos temas estudados, que facilitarão o processo de pesquisa do leitor. Com o objetivo de possibilitar o aprofundamento da aprendizagem, incluímos quase 100 exercícios práticos e teóricos sobre o assunto. As respostas dos exercícios estão disponíveis em gabaritos ao final de cada capítulo.

Esperamos, com nossa modesta participação, ajudar no processo de iniciação no universo contábil-governamental que, apesar de ter evoluído, ainda tem muito a evoluir para alcançar uma melhor *accountability* pública, permitindo um controle externo mais efetivo e eficaz.

# SUMÁRIO

# CAPÍTULO 1

# Administração pública

## Objetivos do capítulo

▶ Discutir o conceito de administração pública.

▶ Comentar sobre a origem do Estado.

▶ Apresentar as definições e as características da administração financeira e orçamentária praticadas no Brasil, possibilitando aos estudiosos da matéria uma visão geral da estrutura organizacional do Estado.

## 1.1  CONCEITO

A **administração pública** é o conjunto coordenado de funções que visam à boa gestão da coisa pública, a fim de possibilitar que os interesses da sociedade sejam alcançados. Entre os diversos conceitos comumente apresentados pela doutrina, pode-se ver que a administração pública engloba todo o aparelhamento do Estado, preordenado à realização de seus serviços, que buscam a satisfação das necessidades coletivas.[1]

A administração pública assume uma conotação de processo, com o propósito de possibilitar o cumprimento das funções básicas do Estado, especialmente os serviços indispensáveis à satisfação das necessidades coletivas.[2] Esse instrumental de ação do Estado funciona como um conjunto de processos por meio dos quais os recursos públicos – sejam eles materiais, humanos, financeiros ou institucionais – são combinados e coordenados com vistas a (i) definir e implementar as políticas públicas (o que é feito por meio de estruturas próprias, descentralização para outros entes públicos, contratação de empresas, bem como ajustes de convênios e termos de parcerias com organizações não governamentais) e (ii) realizar as obras e os serviços demandados pelas necessidades coletivas.[3]

Portanto, a administração pública destaca-se por ser um conjunto de órgãos destinados a cumprir as finalidades do Estado, o que pode ser resumido na busca da "realização do bem comum".[4] Assim, a administração pública é típica do Estado.

A palavra "Estado" surgiu na literatura política com Maquiavel, em *O Príncipe*. Etimologicamente, o termo Estado, do latim *statu*, significa estar de pé, manter-se. É importante frisar que o radical *st* quer dizer permanência, duração para os indo-europeus.[5]

No direito romano, é comum encontrarmos as duas seguintes expressões:

- *status civilis (libertatis, civitatis e familiae)*: representa as posições das pessoas na sociedade, conforme os direitos políticos. *Status civilis* significa a qualidade pela qual o romano tinha direito, ou seja, sua condição civil de capacidade;
- *status reipublicae:* designa a condição da coisa pública.

---

[1]  GASPARINI, D. *Direito administrativo*. 8. ed. São Paulo: Saraiva, 2003; MEIRELES, H. L. *Direito administrativo brasileiro*. São Paulo: Malheiros, 2000. p. 59.
[2]  SANCHES, O M. *Dicionário de orçamento, planejamento e áreas afins*. Brasília: Prisma, 1997. p. 15.
[3]  SANCHES, 1997, p. 15.
[4]  HARADA, K. *Dicionário de direito público*. São Paulo: Atlas, 1999. p. 40.
[5]  CALMON, P. *Curso de teoria geral do estado*. 5. ed. Rio de Janeiro: Freitas Bastos, 1958. p. 16; ACQUAVIVA, M. C. *Teoria geral do estado*. 2. ed. São Paulo: Saraiva, 2000.

Talvez pela pouca utilização do termo *reipublicae* no império romano, os escritores medievais tenham adotado o termo *status*, referindo-se às três grandes classes sociais que formavam a Europa: o clero, a nobreza e o povo. É a partir do século XVI que o termo Estado entra na terminologia política dos povos ocidentais. Assim, temos em francês, *État*; *Staat* no alemão; *State* no inglês; *Stato* no italiano; e, Estado em português e espanhol. Já o termo república, assim como reino, não estava relacionado à forma de governo, mas traduzia uma ideia de organização.

O Estado corresponde, então, à "organização político-jurídica de uma sociedade para realizar o bem público, com governo próprio e território determinado".[6] Ele pode ser conceituado como a nação politicamente organizada por leis próprias e que ocupa determinado território. Todavia, essa acepção, em face da complexidade desse fato social, tem sido bem discutida e, muitas vezes, criticada, nos compêndios de teoria geral do Estado, fugindo, portanto, dos objetivos deste livro.

Entretanto, não podemos nos esquecer de que, nos dizeres de Aristóteles, o "Estado é formado pela reunião de famílias",[7] considerando que a sociedade, em termos originais, é o resultado do conjunto de famílias, afirmando-se em contrapartida que a família é a célula da sociedade. Essas considerações são a síntese da **teoria patriarcal** para a origem da autoridade entre os povos antigos, ou seja, *gens*, clã, tribos, nação, Estado.[8] Em contraposição, temos a **teoria matriarcal**, que preconiza que a manifestação inicial de vida em sociedade surgiu na horda – tribo completamente selvagem, caracterizada pelo nomadismo, promiscuidade sexual e ausência de comando institucionalizado. Logo, o vínculo possível era a filiação materna, uterina; em suma, *mater semper certa est* (a mãe é sempre certa, ou seja, sempre podemos ter certeza de quem é a mãe). Há polêmicas quanto ao seu surgimento. Para alguns pesquisadores, a célula social teria sido a família, enquanto para outros teria sido a horda.

Entre os sociólogos, não existe consenso sobre a origem do Estado. Nossos antepassados, sejam eles macacos ou não, viviam em bandos, na busca diária de comida. Juntos, eles podiam enfrentar melhor as adversidades impostas pelo meio ambiente. Moravam praticamente nas árvores e/ou em cavernas, pois somente assim podiam sobreviver aos ataques de seus predadores naturais. Eram, apenas, mais uma espécie no duro jogo da vida. Regras não existiam. O que prevalecia era a necessidade instintiva de sobreviver. O poder era do varão mais forte, ou do caçador mais habilidoso. Daquele que, em um momento sublime de inspiração, passasse a deter a arma.

6  AZAMBUJA, D. *Teoria geral do estado*. 35. ed. São Paulo: Globo, 1996. p. 6.
7  ARISTÓTELES. *Política*. São Paulo: Martin Claret, 2002. p. 15.
8  DURKHEIM apud ACQUAVIVA, M. C. *Dicionário jurídico brasileiro Acquaviva*. São Paulo: Jurídica Brasileira, 1995. p. 632.

Em todo o processo evolutivo da humanidade, sem dúvida nenhuma, alguns dos fatos marcantes são o surgimento e o desenvolvimento de atividades como a agricultura, a domesticação e a criação de animais, pois a exploração sistemática das terras férteis proporciona o surgimento do homem sedentário, o *Homo manens*.

É muito provável que essa nova atividade – a agricultura – tenha modificado a forma de organização, dando origem às primeiras aldeias, a partir das quais surgiram cidades, com autoridade própria. O poder inicialmente pertencia ao homem mais forte, hábil e inteligente, ao excepcional, que criava as funções de chefe. Posteriormente, passou a ser exercido também por aquele que detinha o "dom divino": conversava com os deuses, ou com Deus, e entendia e decifrava suas mensagens e regras. Estabelecia, portanto, as normas de conduta, as regras, os mandamentos a serem seguidos. Com a ausência do senhor, muitas vezes por ser assassinado, o poder passava a ser exercido pelo seu descendente direto. As normas criadas pelo dono do poder objetivavam a boa convivência interna; em síntese, o bem comum, mesmo que acarretasse o sacrifício de outros povos. As sociedades organizavam-se em inúmeras famílias com autogoverno, constituindo o Estado. Este, pois, foi a consequência das relações entre a população e a autoridade ou poder político e território. Surgem, assim, a *civilização* e o *Estado*.[9]

Em linhas gerais, no que se refere à formação do Estado, existem diversas teorias, entre as quais se destaca a do contrato social, cuja ideia central é que o Estado "surge de um acordo de vontades da sociedade", em que os indivíduos tiveram de abdicar em benefício de uma pessoa ou de uma assembleia seus respectivos direitos, constituindo, assim, a figura do Estado, o que compreende a ideia do consentimento de todos os indivíduos em criar um ente jurídico responsável por fazer justiça e manter a paz em benefício de todos, alicerçado em um acordo de vontades –, o contrato social. Essa teoria foi desenvolvida pelo filósofo e cientista político inglês Thomas Hobbes (1588-1679) e divulgada posteriormente pelo suíço Jean-Jacques Rousseau (1712-1778), um dos principais pensadores europeus no século XVIII, em sua célebre obra *O contrato social*. Para Hobbes, o homem, que é por natureza antissocial e considerado o "lobo do próprio homem", precisa, para viver de forma comunitária, de um grande aparato para impor a ordem e fiscalizar. E esse aparato é o Estado, o *Leviatã*.[10] Segundo Hobbes, "a função do Estado é, sobretudo, promover a segurança e o direito de vida dos seus membros, para que todos possam progredir em paz". Essa seria a grande missão do Estado. De acordo com Karl Marx (1818-1883) e Friedrich Engels (1820-1895), "a origem do poder político e do Estado nada mais é que o fruto da dominação econômica do homem pelo homem. O Estado vem a ser

---

[9] AZAMBUJA, 1996, p. 107.

[10] Ser mitológico, monstro aquático, supostamente semelhante ao crocodilo, que, segundo a Bíblia, habitava o rio Nilo e devorava as populações, da mesma forma que o Estado faz com o povo, no pensar de Hobbes.

uma ordem coativa, instrumento de dominação de uma classe sobre outra",[11] uma vez que a história da humanidade sempre foi marcada por uma luta de classes.

Ao longo da história, o Estado tem assumido diversos papéis. O primeiro deles pode ser definido como o Estado autoritário, no qual o poder pertence ao soberano por "determinação divina, iluminado por Deus ou deuses". Ele é o senhor supremo, o dono da terra, o rei, o imperador. O Estado tudo pode, tudo faz. Não há distinção entre a coisa pública e a coisa do rei. O Estado era o rei, nos dizeres de Luís XIV. Em suma, o poder é de origem divina e é exercido por um deus a quem tudo pertence e que tudo pode.

Em um segundo momento, surge o Estado democrático de caráter fragilizado, que desfaz os grupos sociais característicos do feudalismo e dos governos autoritários divinos; os poderes agora são divididos e harmônicos, na consagrada tripartição preconizada pelo francês Charles-Louis de Secondat, Barão de Montesquieu (1689-1755). Surge o governo liberal, em que a vontade do povo estabelece as leis, pois o poder na mão de um só não atende ao interesse burguês e da maioria. Era preciso deixar o particular fazer, escolhido pelo povo em nome do povo, um verdadeiro regime popular; nesse contexto, era necessário deixar fazer e deixar passar (*laissez-faire, laissez-passer*). O lema dominante da Revolução Francesa em 1789 é "a igualdade, a fraternidade e a liberdade".

Contudo, durante os séculos XIX e XX, o Estado passa a intervir significativamente na economia, buscando suprir as necessidades que o modelo anterior não estava satisfazendo. Era necessário proporcionar o bem-estar social, mesmo que isso significasse uma maciça intervenção do poder estatal. Surge o **Estado intervencionista**.

Nos dias atuais, a participação do Estado na economia é combatida. A privatização foi considerada, por alguns, o verdadeiro norte do Estado. O tamanho do Estado é questionado, passando a prevalecer a ideia de que, em vez de fazer, é preciso gerenciar. O essencial é regular.

A origem da palavra **governo** vem do grego e significa navegar. Assim, o papel do governo é navegar, e não remar. Remar significa prestar serviços, e "o governo não é bom remador".[12] Todavia, permanece o paradoxo: necessidades crescentes *versus* recursos limitados.

Entretanto, o cerne da questão não é o tamanho do Estado, pois não se deve discutir se o gasto público deveria ser maior ou menor. O que deve ser debatido é a qualidade desse gasto. O dilema não é gastar mais ou menos, mas gastar melhor. Pode ser preciso, de acordo com a situação, tanto aumentar como diminuir os gastos, "criar novos programas ou privatizar funções políticas". Contudo, o sistema atual muitas vezes favorece o não atingimento dos objetivos, pois escolas, instituições de

11 MARX; ENGELS apud ACQUAVIVA, 1995, p. 630.
12 SAVAS apud OSBORNE, D.; GAEBLER, T. *Reinventando o governo*. Brasília: MH Comunicações, 1994. p. 26.

assistência social e polícia acabam recebendo mais dinheiro para tentar solucionar seus fracassos. Ou seja, esse contrassenso faz com que, "quando as crianças vão mal, o desemprego aumente e a taxa de criminalidade suba", bem como aumentem os incentivos orçamentários.[13]

Concluindo, o lema que deve prevalecer não é um governo que faz, mas um governo que governa, pois, para o cidadão-usuário do serviço, não importa se ele é público ou privado, o que interessa é que funcione bem, e gere resultados. Um governo com qualidade de um Estado que efetivamente cumpre sua função.

## 1.2 ESTRUTURA DA ADMINISTRAÇÃO PÚBLICA

A administração financeira e orçamentária representa as ações de gerenciar as finanças e o orçamento do setor governamental, que, no Brasil, divide-se em três esferas – União, estados e municípios –, objetivando o equilíbrio, a economicidade, a eficiência, a eficácia e a efetividade na gestão da coisa pública e compreende toda a infraestrutura composta de recursos humanos, materiais e tecnológicos. O gerenciamento dos interesses da coletividade, por meio da administração pública, cabe ao **administrador público**, que é servidor legalmente investido em cargo público, efetivo ou temporário, responsável pela gestão dos negócios do Estado. Sendo o administrador da coisa pública investido de competência decisória, ele tem poderes e deveres específicos e, consequentemente, responsabilidades próprias. Em resumo, compete a ele desenvolver a ação de planejar, dirigir, acompanhar e controlar os projetos, as atividades e os programas governamentais, com a finalidade de garantir o cumprimento de metas preestabelecidas no plano de governo quanto aos aspectos da economicidade, da eficiência, da eficácia e da efetividade.

A administração pública é dividida em dois níveis. O primeiro, a **administração direta**, compreende a estrutura administrativa dos três Poderes (Legislativo, Executivo e Judiciário), do Ministério Público e da Defensoria Pública e suas subdivisões (como estrutura administrativa dos Poderes, do Ministério Público, da Defensoria Pública, dos ministérios, das secretarias estaduais e/ou municipais com seus respectivos departamentos e seções). É um conjunto de unidades organizacionais que integram diretamente a estrutura administrativa de cada esfera do governo.

O segundo, a **administração indireta**, constitui-se de entidades públicas dotadas de personalidade jurídica própria, que se encontram vinculadas aos Poderes por meio de determinação em lei. Vejamos no **Quadro 1.1** a composição desses níveis.

---

[13] OSBORNE, D.; GAEBLER, T. Resenha de César Mattos. *Revista de Administração Pública*. Rio de Janeiro, v. 29, n. 2, p. 193-200, abr./jun. 1995.

| QUADRO 1.1 Níveis da administração pública | |
|---|---|
| **Composição de níveis da administração pública (âmbito estadual)** | |
| **Direta** | **Indireta** |
| • **Poder Legislativo** | • Autarquias |
| 1. Assembleia Legislativa | • Fundações |
| 2. Tribunal de Contas | • Empresas públicas* |
| | • Sociedades de economia mista* |
| • **Poder Executivo** | |
| 1. Governo do Estado | |
| 2. Secretarias de Estado | |
| | |
| • **Poder Judiciário** | |
| 1. Tribunal de Justiça | |
| 2. Juízes singulares – Primeira Instância | |
| | |
| • **Ministério Público** | |
| • **Defensoria Pública** | |

(*) Inclui as estatais dependentes, conforme a Lei de Responsabilidade Fiscal (LRF).

## 1.2.1 A administração indireta

Como as definições para a administração direta são gerais, elas já foram introduzidas no início do capítulo, resumindo-se em ministérios, secretarias e seus departamentos e seções. A seguir, são apresentados os conceitos das entidades que compõem a administração indireta. São eles: autarquias, fundações, empresas públicas e sociedades de economia mista.

As autarquias correspondem a entidades autônomas criadas por lei específica, com personalidade jurídica de direito público interno, sujeitas à fiscalização do Estado. Possuem patrimônio próprio e atribuições estatais específicas. A uma autarquia somente deve ser atribuído serviço de caráter estatal ou de interesse da coletividade. Suas principais características, autoexplicativas, estão relacionadas a seguir.

a) Instituídas por lei.
b) Dotadas de personalidade jurídica de direito público.
c) Patrimônio constituído pelo Estado.
d) Bens e rendas considerados patrimônio público.
e) Orçamento de acordo com as regras da administração direta.
f) Atos dos dirigentes equiparados aos atos administrativos.
g) Contratações sujeitas à licitação.
h) Pessoal sujeito ao regime jurídico único.
i) Imunidade de impostos sobre seu patrimônio, sua renda e seus serviços.
j) Impenhorabilidade de bens e rendas.

As **fundações** englobam entes que visam, principalmente, à realização de atividades não lucrativas e que podem ser efetuadas pelo setor público ou privado, mas que são de interesse coletivo, como educação, cultura, pesquisa, desenvolvimento tecnológico, entre outros. As principais características de uma fundação pública estão relacionadas a seguir.

**a)** Criadas por lei.
**b)** Dotadas de personalidade jurídica de direito público.
**c)** Sem fins lucrativos.
**d)** Objetivam o desenvolvimento de atividades que não sejam exclusivamente executadas por órgãos ou entidades de direito público.
**e)** Pessoal sujeito ao regime jurídico único.
**f)** Contratações sujeitas à licitação.
**g)** Orçamento de acordo com as regras da administração direta.
**h)** Autonomia administrativa e patrimônio próprio.
**i)** Imunidade de impostos sobre seu patrimônio, sua renda e seus serviços.
**j)** O funcionamento é custeado, basicamente, por recursos do Estado, ainda que sob a forma de prestação de serviços.

A **empresa pública** é uma organização com personalidade jurídica de direito privado e participação exclusiva do Estado em seu capital e sua direção, portanto, é de propriedade única do Estado. Por ser pessoa jurídica de direito privado, não goza de privilégios estatais, salvo as prerrogativas previstas em lei para a realização das atividades desejadas; também não possui privilégios fiscais não extensivos às empresas do setor privado, conforme preceitua a Constituição Federal (art. 173, § 2º).

A **sociedade de economia mista** é um ente dotado de personalidade jurídica de direito privado, criado por lei para o exercício de atividade econômica, sob a forma de sociedade anônima, cujas ações, que permitem direito a voto, pertencem em sua maioria ao Estado. Também não possui privilégios fiscais. Suas características principais estão relacionadas a seguir.

**a)** Constituída por um estatuto social.
**b)** O capital é dividido em partes iguais, que recebem o nome de ações.
**c)** Seus sócios são conhecidos como acionistas.
**d)** Seu estatuto social deve conter a denominação, o objeto, a sede, o valor do capital, o prazo de duração (normalmente é indeterminado), a forma de administração da sociedade, a regra de partilha dos lucros e prejuízos e os direitos dos acionistas, no que tange ao voto, às deliberações sociais, bem como a seus deveres e suas obrigações.

A Lei Complementar Federal n. 100, de 2000 introduziu no ordenamento jurídico da administração pública o conceito da empresa estatal dependente. Nos termos do seu art. 2º, III, estatal dependente é empresa controlada que receba do ente controlador recursos financeiros para pagamento de despesas com pessoal ou de custeio em geral ou de capital, excluídos, no último caso, aqueles provenientes de aumento de participação acionária. Frise-se que esse tipo de empresa deve observar regras específicas para a elaboração do orçamento, assim como registrar suas operações segundo os ditames da contabilidade pública.

## 1.2.2 Os fundos especiais

Além das entidades comentadas na seção anterior, tem-se ainda a figura dos **fundos especiais**, que representam a concentração de recursos de várias origens visando, por meio de financiamento ou negociação, desenvolver ou consolidar uma atividade estatal específica".[14] Um fundo especial pode estar vinculado a uma entidade da administração direta ou a uma entidade da administração indireta.

A Constituição Federal, nos arts. 165, § 9º, II, e 167, IX, versa sobre a criação de fundos.[15] A Lei n. 4.320, de 1964,[16] art. 71, define-os como o produto de receitas específicas que, por lei, vinculam-se à realização de determinados objetivos ou serviços, facultada a adoção de normas peculiares de aplicação, não se confundindo, pois, com uma entidade governamental. Ainda o art. 72, da mesma lei, explica que a aplicação das receitas orçamentárias vinculadas a fundos especiais far-se-á por meio de dotação consignada na Lei de Orçamento ou em créditos adicionais. Outrossim, em seu art. 74, admite a instituição de normas peculiares de controle para os fundos.

Em outros termos, podemos dizer que os fundos especiais têm por objetivo assegurar recursos financeiros suficientes para a viabilização de programas específicos de interesse do Estado.

Dentre os instrumentos de gestão financeira que os administradores públicos podem utilizar para realizar determinados objetivos da administração pública, destacam-se os fundos especiais, principalmente no que se refere à política econômica, social, administrativa ou à manutenção de serviços ou de órgãos públicos que exigem tratamento diferente do que é aplicado às demais atividades.[17]

Um fundo especial deve ser criado para atender a um objetivo específico da administração pública. Ele pode ser classificado segundo os ditames do art. 71 do

---

14 Definição adaptada da Associação Brasileira de Orçamento Público (Abop).

15 O art. 165, § 9º, II, da Constituição Federal, determina que cabe à Lei Complementar estabelecer normas de gestão financeira e patrimonial da administração direta e indireta, bem como condições para a instituição e o financiamento de fundos. O art. 167, IX, veda a instituição de fundos de qualquer natureza, sem prévia autorização legislativa.

16 Estatui normas gerais de direito financeiro para elaboração e controle dos orçamentos e dos balanços da União, dos estados, dos municípios e do Distrito Federal.

17 AGUIAR, A. G. *A Lei n. 4.320, de 1964 comentada*: ao alcance de todos. Fortaleza: Inesp, 1997. p. 181.

Decreto Federal n. 93.872, de 23 de dezembro de 1986, em fundo de natureza contábil e de natureza financeira:

- **fundo especial de natureza contábil**: constituído por disponibilidades financeiras evidenciadas em registros contábeis, destinados a atender saques a serem efetuados diretamente contra o caixa do Tesouro Nacional;
- **fundo especial de natureza financeira**: constituído mediante movimentação de recursos de caixa do Tesouro Nacional para depósitos em estabelecimentos oficiais de crédito, segundo o cronograma aprovado, destinados a atender saques previstos em programação específica.

Em suma, os fundos especiais representam recursos financeiros à disposição de determinados objetivos governamentais. Todavia, não constituem órgãos públicos, mas por eles são administrados.[18] Podem ser considerados estruturas constitutivas da administração direta ou da administração indireta.

Contabilmente, os fundos possuem tratamento especial quanto à sua escrituração e sua utilização de plano de contas exclusivo, que se desvinculará do plano geral, devendo compreender todos os projetos e atividades que constem de sua administração na consecução de seus objetivos específicos. Entretanto, apesar de os fundos serem criados por leis específicas que lhes destinam uma série de recursos de natureza diversa, seu plano de aplicação incorpora-se ao orçamento geral do Estado, em obediência aos princípios da unidade e da universalidade orçamentária.

Na constituição dos fundos, deve ser designado o órgão ao qual os recursos serão alocados, o gestor com suas atribuições, bem como devem ser definidos os ativos e os passivos deles integrantes.

Em resumo, um fundo especial apresenta como principais características: é instituído mediante lei; não possui personalidade jurídica, mas seus atos praticados têm efeitos jurídicos em nome do Estado; a definição do objetivo deve ser feita de forma clara; é dotado de normas peculiares de aplicação de seus recursos; suas receitas deverão ser especificadas na Lei de Orçamento ou em crédito adicional; deve atender a atividades específicas e julgadas relevantes pelo Estado, podendo ser rotativo ou não, dependendo do objetivo a que se propõe; possui autonomia financeira; o saldo apurado no encerramento do exercício deve ser evidenciado no balanço patrimonial e transferido para o exercício seguinte; é sujeito à ação fiscalizadora dos tribunais de contas; possui prestação de contas e demonstrativos próprios.

---

[18] AGUIAR, 1997, p. 182.

As seguintes considerações podem relacionar-se às características listadas a seguir.

- Elaboração anual dos quadros demonstrativos das receitas e do plano de aplicação, para atender aos preceitos legais de orçamento aos quais estão submetidos, bem como de planejamento, eficiência, controle, prestação de contas, responsabilidade fiscal etc.
- Os recursos destinados aos fundos deverão permanecer em conta vinculada ao Estado, para atender ao preceito legal de caixa único, visto que sua gestão e sua planificação contábil seguem arranjos especiais.
- Cabe ao gestor do fundo adotar todas as medidas administrativas, contábeis, orçamentárias, patrimoniais e financeiras, para atender a determinações legais de gestão econômica, das finanças públicas e de responsabilidade fiscal.
- Os fundos deverão atender às normas de licitação definidas pela Lei n. 8.666, de 1993, para atender a princípios de administração pública que regulamentam a aplicação dos recursos públicos (isonomia, equidade, publicidade, legalidade etc.).
- Os fundos não possuem quadro de pessoal próprio, utilizando-se dos servidores dos órgãos que os administra.

Devemos ressaltar que o fundo especial não é entidade jurídica, órgão ou unidade orçamentária, mas um conjunto de recursos de várias naturezas, destinados à concretização de objetivo preestabelecido, uma vez que sua inclusão no orçamento se dá apenas com a vinculação das receitas e das despesas do órgão que o gerenciará e executará os programas relacionados com o objetivo pretendido.

Por fim, é oportuno mencionarmos que a Constituição Federal, conforme estabelecido no art. 167, IV, veda a vinculação de impostos a fundos especiais.

## SINOPSE

1. A administração pública, no sentido material, é o conjunto coordenado de funções visando à boa gestão da coisa pública, a fim de possibilitar que os interesses sociais sejam alcançados.

2. A administração pública é dividida em dois níveis: administração direta e indireta. O primeiro nível compreende a estrutura administrativa dos três Poderes (Legislativo, Executivo e Judiciário), do Ministério Público, da Defensoria Pública e suas subdivisões; o segundo é constituído de entidades públicas dotadas de personalidade jurídica própria ligadas a esses poderes e órgãos – autarquias, fundações (direito público); empresa pública, sociedades de economia mista (direito privado).

# CAPÍTULO 2

# Fundamentos de contabilidade aplicada ao setor público

## OBJETIVOS DO CAPÍTULO

▶ Apresentar os principais conceitos de contabilidade aplicada ao setor público definidos pelas principais organizações nacionais e pelos estudiosos da matéria, oferecendo condições básicas, entre as apresentadas, para a construção de uma nova definição consensual.

▶ Comentar os Princípios Fundamentais de Contabilidade definidos pelo Conselho Federal de Contabilidade (CFC) e seu uso na contabilidade aplicada ao setor público, proporcionando ao leitor uma visão atualizada da correta utilização desse ramo da contabilidade.

▶ Descrever o desenvolvimento histórico da contabilidade aplicada ao setor público em nosso país.

▶ Apresentar os objetivos básicos e a utilidade prática da contabilidade aplicada ao setor público como instrumento de controle, de gestão e de *accountability*.

## 2.1 CONCEITO DE CONTABILIDADE APLICADA AO SETOR PÚBLICO

A contabilidade aplicada ao setor público é o ramo da Ciência Contábil voltado para o registro, o controle e a demonstração dos fatos mensuráveis em moeda que afetam o patrimônio da União, dos estados e dos municípios e suas respectivas autarquias e fundações, ou seja, as entidades de direito público interno. Portanto, não seria lógico comentarmos essa importante divisão da contabilidade, sem, preliminarmente, conceituar o que vem a ser contabilidade.

A contabilidade pode ser definida como o sistema de informações capaz de captar, registrar, reunir, divulgar e interpretar os fenômenos avaliáveis monetariamente que afetam as situações patrimoniais, financeiras e econômicas de qualquer ente.

Partindo dessa premissa, podemos ampliar o conceito da contabilidade aplicada ao setor público para o sistema de informações voltado a selecionar, registrar, resumir, interpretar e divulgar os fatos mensuráveis em moeda, que afetam as situações patrimoniais, financeiras e orçamentárias de órgãos e entidades públicos.

A contabilidade aplicada ao setor público corresponde à contabilidade aplicada aos órgãos e às entidades do setor público, cuja finalidade é determinar procedimentos normativos para que os fatos decorrentes da gestão patrimonial, financeira e orçamentária se realizem em perfeita ordem e sejam registrados sistematicamente, com o objetivo de mostrar, em épocas prefixadas, os respectivos resultados.

A Associação Brasileira de Orçamento Público (Abop) apresenta a seguinte definição: "ramo da contabilidade que estuda, controla e demonstra a organização e execução dos orçamentos, atos e fatos administrativos da Fazenda Pública, o patrimônio público e suas variações".

Entre as **principais funções** da contabilidade aplicada ao setor público, destacam-se: *estudar, orientar, controlar e demonstrar a organização dos orçamentos e a sua execução, além de todos os atos e fatos administrativos referentes à Fazenda Pública.*

Outra questão que deve ser destacada é a do registro das transações orçamentárias. Assim, a contabilidade aplicada ao setor público também é definida como o "ramo da contabilidade aplicada, que cuida das práticas contábeis aplicáveis ao registro das transações orçamentárias, patrimoniais e financeiras de entidades com personalidade jurídica de direito público".[1]

Atualmente, no Brasil, as normas de contabilidade aplicada ao setor público, definidas na Lei n. 4.320, de 1964, que apresenta título específico para tratar da matéria, foram acolhidas, na devida proporção, pelas Normas Brasileiras de Contabilidade Aplicadas ao Setor Público (NBCASP), no processo de convergência às Normas Internacionais de Contabilidade Aplicadas ao Setor Público (IPSA), regulamentadas

---

[1] ABOP. Disponível em: http://abopbrasil.org.br. Acesso em: 2 set. 2019.

pelo Conselho Federal de Contabilidade (CFC) e também pela Secretaria do Tesouro Nacional (STN), no limite de suas devidas competências. Segundo aquele instrumento normativo, a contabilidade aplicada ao setor público deve permitir o acompanhamento da execução orçamentária, o conhecimento da composição patrimonial, a determinação dos custos industriais, o levantamento dos balanços gerais, a análise e a interpretação dos resultados econômicos e financeiros.

As principais características da contabilidade aplicada ao setor público são:

- sua área de ação compreende os três níveis de governo: federal, estadual e municipal;
- tem por objetivo selecionar, estudar, registrar, interpretar, orientar, controlar, resumir e demonstrar os fatos que afetam o patrimônio estatal;
- seu objeto de estudo é a gestão do patrimônio das entidades públicas quanto aos aspectos contábil, orçamentário, patrimonial, financeiro e de resultado;
- constitui um importante instrumento de planejamento, de controle e de prestação de contas da gestão governamental;
- propicia o equilíbrio das finanças públicas no país, utilizando o orçamento público como o mais importante instrumento para atingir esse objetivo;
- no Brasil, suas normas estão definidas na Lei n. 4.320, de 1964 e nas Resoluções do CFC.

Além das definições da Lei n. 4.320, de 1964, um marco importante para a implantação de um novo padrão conceitual e entendimento da contabilidade aplicada ao setor público foi a edição, pelo CFC, das Normas Brasileiras de Contabilidade Aplicadas ao Setor Público – NBC TSP 16.[2] Apesar de revogada em 2016, essas normas constituem um marco à convergência da contabilidade do setor público brasileiro aos padrões internacionais (International Public Sector Accounting Standards – IPSAS). De acordo com essa norma, a contabilidade aplicada ao setor público é o ramo da Ciência Contábil que aplica, no processo gerador de informações, os princípios de contabilidade e as normas contábeis direcionados ao controle patrimonial de entidades do setor público. E define, ainda, que o objeto da contabilidade aplicada ao setor público é o patrimônio público.

Infere-se que ela deve oferecer aos usuários informações sobre os resultados alcançados e os aspectos de natureza orçamentária, econômica, financeira, de custos e físicas do patrimônio da entidade e suas mutações, em apoio ao processo de tomada de decisão e à adequada prestação de contas.

---

[2] A NBC TSP EC – Estrutura Conceitual revogou, em 4 de outubro de 2016, as Resoluções do CFC que aprovaram as normas aplicáveis ao setor público NBC T 16.1 a 16.5, parte da NBC T 16.6 e, ainda, a Resolução n. 750, de 1993, que dispõe sobre os princípios de contabilidade, e a Resolução n. 1.111, de 2007, que trata da interpretação dos princípios sob a perspectiva da área pública. Contudo, manteremos os conceitos que consideramos adequados ao bom entendimento ao estudo da Contabilidade Aplicada ao Setor Público (CASP).

Por fim, podemos dizer que a contabilidade aplicada ao setor público é uma especialidade da contabilidade, que, com base em normas próprias, está voltada ao registro, ao controle e à avaliação do patrimônio público e suas respectivas variações, abrangendo aspectos patrimoniais, financeiros e orçamentários, constituindo valioso instrumento gerador de informações para o planejamento e o controle da administração governamental, servindo-lhe como apoio ao processo de tomada de decisão e à adequada prestação de contas aos órgãos de controle externo.

Da análise desse novo conceito, verifica-se um **campo de aplicação** mais abrangente, colocando-lhe como verdadeiro instrumento de controle e de gestão governamental e social, pois as normas e as técnicas próprias da contabilidade aplicada ao setor público são aplicadas por todos os entes que recebam, guardem, apliquem ou movimentem recursos públicos. Esse entendimento coloca a contabilidade como uma das ferramentas de verificação do cumprimento do art. 70 da Constituição Federal ao definir que:

> A fiscalização **contábil, financeira, orçamentária**, operacional e **patrimonial** da União e das entidades da administração direta e indireta, quanto à legalidade, legitimidade, economicidade, aplicação das subvenções e renúncia de receitas, será exercida pelo Congresso Nacional, mediante controle externo, e pelo sistema de controle interno de cada Poder. (Grifo nosso)

E complementa. "Prestará contas qualquer pessoa física ou entidade pública que utilize, arrecade, guarde, gerencie ou administre **dinheiros, bens e valores públicos** ou pelos quais a União responda, ou que, em nome desta, assuma obrigações de natureza pecuniária."

Adicionalmente, se incluem, também, em seu campo de aplicação as entidades que, por acordo, necessitem registrar as operações orçamentárias, bem como todas as entidades que atuem sob a perspectiva do cumprimento de programas, projetos e ações de fins ideais, os serviços sociais, os conselhos profissionais, assim como aquelas sem fins lucrativos sujeitas a julgamento de suas contas pelo controle externo.

## 2.2  PRINCÍPIOS DE CONTABILIDADE APLICADOS AO SETOR PÚBLICO

No Brasil, a contabilidade aplicada ao setor público tem evoluído significativamente e vem utilizando os mais modernos recursos tecnológicos da comunicação e da informação. Contudo, ela constitui o "mais complexo ramo" da contabilidade. Em função de o campo de aplicação desse ramo contábil limitar-se obrigatoriamente apenas aos órgãos e às entidades públicas, poucos profissionais têm acesso às suas particularidades e aos seus problemas, além de que sua bibliografia é reduzida e limitada. É verdade que esse cenário tem mudado com as publicações do Manual de Contabilidade Aplicada ao Setor Público (MCASP) pela STN.

Seu exercício não difere muito da contabilidade praticada pelas empresas do setor privado, pois, apesar de se basear fundamentalmente no orçamento público e em legislações específicas, não pode deixar de seguir os princípios que regem a metodologia contábil. Particularidades há, sem dúvidas, mas também existem procedimentos específicos para as instituições financeiras, para as indústrias, as empresas de seguros, entre outras.

Mas quais são os princípios contábeis a ela aplicáveis? Em 29 de dezembro de 1993, o CFC aprovou a Resolução n. 750, que aprovou os princípios fundamentais de contabilidade, tendo sido, porém, revogada no dia 4 de outubro de 2016 pela NBC TSP EC – Estrutura Conceitual. *Isso, porém, não significa que os princípios de contabilidade estejam extintos.* A revogação de resoluções promovidas pelo CFC no processo de convergência visa à unicidade conceitual, indispensável para evitar divergências na concepção doutrinária e teórica, que poderiam comprometer aspectos formais das Normas Brasileiras de Contabilidade (NBCs). Assim, mantemos nosso entendimento quanto à importância do estudo dos princípios previstos na Resolução n. 750 que, apesar de ter sido revogado, não significa que os princípios de contabilidade estejam extintos.

Apesar de sua ampla utilização pelas entidades regidas pelo direito privado no Brasil, principalmente perante o que determina o art. 177 da Lei n. 6.404, de 1976, acreditamos que os princípios estabelecidos pela então Resolução n. 750 também se aplicam, com adequadas adaptações, à contabilidade aplicada ao setor público. De fato, em razão da importância do assunto e seu relacionamento com a evolução ocorrida na área da Ciência Contábil, com o processo de convergência às normas contábeis internacionais, "esses princípios vêm sendo estendidos à Contabilidade Aplicada ao Setor Público plenamente". O CFC, por meio da NBC TSP 16.5 (revogada em 2016 pela NBC TSP EC – Estrutura Conceitual), estabeleceu a obrigatoriedade de observância dos princípios fundamentais de contabilidade ao setor público ao definir que "os registros devem ser efetuados de forma analítica, tendo como base os princípios fundamentais da contabilidade".

A seguir, apresentamos os sete princípios aprovados pelo CFC, com os comentários sobre sua aplicabilidade integral pela contabilidade aplicada ao setor público.

## 2.2.1 Normas brasileiras de contabilidade aplicadas ao setor público

Em 29 de novembro de 2007, considerando a conveniência de um maior esclarecimento sobre o conteúdo e a abrangência dos princípios de contabilidade sob a perspectiva do setor público, o CFC aprovou a Resolução n. 1.111, de 2007, promulgando o Apêndice II da Resolução CFC n. 750, de 1993 sobre os princípios fundamentais de contabilidade. Contudo, como já comentado anteriormente, essas normas foram revogadas em 4 de outubro de 2016 pela NBC TSP EC – Estrutura Conceitual. O CFC, por meio de comunicação pública, deu esclarecimento quanto aos aspectos normativos e técnicos que motivaram a revogação da Resolução n. 750, de 1993: contexto e considerações.[3] Apresentamos a seguir, resumidamente, o entendimento do conselho sobre a revogação.

A convergência da contabilidade das empresas privadas ao padrão internacional (IFRS) avançou rapidamente. Enquanto isso, a Contabilidade Aplicada ao Setor Público (CASP) iniciava a busca por padrões internacionais e carecia de uma Estrutura Conceitual que pudesse ampliar os princípios da contabilidade sob a perspectiva do setor público.

As primeiras NBC TSP (NBC T 16.1 a 16.10), editadas em 2008, buscaram compatibilizar as diretrizes dos princípios de contabilidade com a informação contábil do setor público alinhada aos padrões internacionais.

Em 2015, em razão da necessidade de se aprimorar a CASP, o Conselho Federal de Contabilidade criou uma comissão para avançar no processo de convergência das NBC TSP às Ipsas. Adotou-se a estratégia de convergência integral às Ipsas, ou seja, as normas internacionais passariam a ser traduzidas e adaptadas, sempre que necessário, à realidade brasileira.

Da mesma forma como ocorreu no processo de convergência da contabilidade do setor privado, a primeira norma da área pública convergida foi a NBC TSP Estrutura Conceitual – Estrutura Conceitual para a Elaboração e Divulgação de Informação Contábil de Propósito Geral pelas Entidades do Setor Público, publicada no *DOU* do dia 4 de outubro de 2016.

Com isso, os Princípios de Contabilidade, sob o ponto de vista das Estruturas Conceituais dos setores privado e público, passaram a ser comportados dentro das normas específicas, respectivamente, a NBC TG Estrutura Conceitual (Resolução n. 1.374, de 2011) e NBC TSP EC.

## Nesse mesmo comunicado, o CFC deixa claro que:

ao Revogar a Resolução n. 750, de 1993, porém, *não significa que os Princípios de Contabilidade estejam extintos*. A revogação das resoluções visa à unicidade conceitual, indispensável para evitar divergências na concepção doutrinária e teórica, que poderiam comprometer aspectos formais das Normas Brasileiras de Contabilidade (NBCs). (Grifo nosso)

---

3   CFC. *Revogação da Resolução n. 750, de 1993*: contexto e considerações. 2016. Disponível em: https://cfc.org.br/noticias/revoga cao-da-resolucao-no-7501993-contexto-e-consideracoes. Acesso em: 2 set. 2019.

Diante do exposto, mantemos nosso entendimento quanto à importância do estudo dos princípios previstos na Resolução n. 750 que, apesar de ter sido revogado, não significa que os princípios de contabilidade estejam extintos.

É oportuno, ainda, destacar que o CFC aprovou as Normas Brasileiras de Contabilidade Aplicada ao Setor Público (NBC TSP), sendo alguns revogados em 2016, em sua totalidade ou parcialmente, como já esclarecido anteriormente. Considerando elemento importante para um bom entendimento e compreensão da CASP, do ponto de vista histórico, informativo e conceitual.

A relação a seguir apresenta as normas revogadas que tiveram sua importância histórica no processo de convergência às normas internacionais de contabilidade aplicadas ao setor público.

- NBC T 16.1 – Conceituação, objeto e campo de aplicação.
- NBC T 16.2 – Patrimônio e sistemas contábeis.
- NBC T 16.3 – Planejamento e seus instrumentos sob o enfoque contábil.
- NBC T 16.4 – Transações no setor público.
- NBC T 16.5 – Registro contábil.
- NBC T 16.6 – Demonstrações contábeis.
- NBC T 16.7 – Consolidação de demonstrações contábeis.
- NBC T 16.8 – Controle interno.
- NBC T 16.9 – Depreciação, amortização e exaustão.
- NBC T 16.10 – Avaliação e mensuração de ativos e passivos em entidades do setor público.
- NBC T 16.11 – Subsistema de informações de custos do setor público.[4]

No quadro a seguir, apresenta-se as normas de contabilidade do setor público vigentes, seguindo os padrões das Normas Internacionais de Contabilidade Aplicadas ao Setor Público (International Public Sector Accounting Standards – IPSAS), editadas pela Federação Internacional de Contadores (International Federation of Accountants – IFAC). Considerando a continuidade do processo de atualização dessas normas pelo conselho, recomendamos consultas a *website* do CFC.[5]

---

[4] O inteiro teor dessas normas pode ser obtido diretamente em: http//:www.cfc.org.br. Acesso em: 2 set 2019.
[5] CFC. NBC TSP – do Setor Público. Disponível em: https://cfc.org.br/tecnica/normas-brasileiras-de-contabilidade/nbc-tsp-do-setor-publico. Acesso em: 23 set. 2019.

| NBC | Nome da Norma | IFAC (Correspondente) |
|---|---|---|
| NBC TSP – ESTRUTURA CONCEITUAL | Estrutura Conceitual para Elaboração e Divulgação de Informação Contábil de Propósito Geral pelas Entidades do Setor Público | Conceptual Framework |
| NBC TSP 01/2016 | Receita de Transação sem Contraprestação | IPSAS 23 |
| NBC TSP 02/2016 | Receita de Transação com Contraprestação | IPSAS 9 |
| NBC TSP 03/2016 | Provisões, Passivos Contingentes e Ativos Contingentes | IPSAS 19 |
| NBC TSP 04/2016 | Estoques | IPSAS 12 |
| NBC TSP 05/2016 | Contratos de Concessão de Serviços Públicos: Concedente | IPSAS 32 |
| NBC TSP 06/2017 | Propriedade para Investimento | IPSAS 16 |
| NBC TSP 07/2017 | Ativo Imobilizado | IPSAS 17 |
| NBC TSP 08/2017 | Ativo Intangível | IPSAS 31 |
| NBC TSP 09/2017 | Redução ao Valor Recuperável de Ativo Não Gerador de Caixa | IPSAS 21 |
| NBC TSP 10/2017 | Redução ao Valor Recuperável de Ativo Gerador de Caixa | IPSAS 26 |
| NBC TSP 11/2018 | Apresentação das Demonstrações Contábeis | IPSAS 1 |
| NBC TSP 12/2018 | Demonstração dos Fluxos de Caixa | IPSAS 2 |
| NBC TSP 13/2018 | Apresentação de Informação Orçamentária nas Demonstrações Contábeis | IPSAS 24 |
| NBC TSP 14/2018 | Custos de Empréstimos | IPSAS 5 |
| NBC TSP 15/2018 | Benefícios a Empregados | IPSAS 39 |
| NBC TSP 16/2018 | Demonstrações Contábeis Separadas | IPSAS 34 |
| NBC TSP 17/2018 | Demonstrações Contábeis Consolidadas | IPSAS 35 |
| NBC TSP 18/2018 | Investimento em Coligada e em Empreendimento Controlado em Conjunto | IPSAS 36 |
| NBC TSP 19/2018 | Acordos em Conjunto | IPSAS 37 |
| NBC TSP 20/2018 | Divulgação de Participações em Outras Entidades | IPSAS 38 |
| NBC TSP 21/2018 | Combinações No Setor Público | IPSAS 40 |
| NBC T 16.7/2008 | Consolidação das Demonstrações Contábeis (revogada a partir de 1º de janeiro de 2021) | Não há. |
| NBC T 16.11/2011 | Sistema de Informação de Custos do Setor Público | Não há. |

Fonte: CFC. Normas Brasileiras de Contabilidade. Disponível em: https://cfc.org.br/tecnica/normas-brasileiras-de-contabilidade. Acesso em: 21 nov. 2019.

Conclusivamente, cabe salientar que é salutar que as normas brasileiras contabilidade aplicadas ao setor público tenham convergido plenamente também para os padrões internacionais.

## 2.3 HISTÓRIA DA CONTABILIDADE APLICADA AO SETOR PÚBLICO NO BRASIL

A história da contabilidade aplicada ao setor público no Brasil praticamente se inicia em 1808 com a chegada da família real portuguesa, que fugia do histórico bloqueio continental imposto por Napoleão. Em 28 de junho de 1808, Dom João VI, em alvará referendado por dom Fernando José de Portugal, ministro dos Negócios do Brasil e da Fazenda, criou o Erário Régio e instituiu o Conselho da Fazenda, que orientava a administração real, assim como estabeleceu normas reguladoras da escrituração da contabilidade desse Erário, na forma transcrita a seguir:

> Para que o método de escrituração e fórmulas de contabilidade da minha Real Fazenda não fique arbitrário, e sujeito à maneira de pensar de cada um dos contadores gerais, que sou servido criar para o referido Erário: ordeno que a escrituração seja mercantil por partidas dobradas, por ser a única seguida pelas nações mais civilizadas, assim pela sua brevidade para o manejo de grandes somas, como, por ser a mais clara, e a que menos lugar dá a erros e subterfúgios, onde se escondam a malícia e a fraude dos prevaricadores.

Podemos verificar claramente, nessa passagem, a preocupação em utilizar a contabilidade como instrumento de registro e de controle do patrimônio público, que são suas finalidades originárias.

O art. 170 da Constituição de 1824 preconizava:

> A receita e a despesa da Fazenda Nacional serão encarregadas a um tribunal, debaixo do nome de Tesouro Nacional, aonde em diversas estações devidamente estabelecidas por lei se regulará a sua administração, arrecadação e contabilidade em recíproca correspondência com as tesourarias e autoridades do Império.

Outro marco significativo na história da contabilidade aplicada ao setor público no Brasil é a publicação do Código de Contabilidade, organizado pela Lei n. 4.536, de 28 de janeiro de 1922, regulamentado pelo Decreto n. 15.783, de 8 de novembro de 1922, e modificado pelo Decreto-Lei n. 1.990, de 31 de janeiro de 1940. Nos termos do art. 7º do Decreto n. 15.783, de 1922, a escrituração dos fatos administrativos concernentes ao patrimônio público e à completa execução dos orçamentos far-se-á pelo método das partidas dobradas.

A contabilidade aplicada ao setor público, como já visto, tem seus procedimentos definidos em diversos artigos da Lei n. 4.320, de 1964, que estatuiu normas gerais de Direito Financeiro para a elaboração e o controle dos orçamentos e dos balanços públicos.

Outro fato relevante em sua história é o advento da Lei de Responsabilidade Fiscal (LRF), porque, nos termos de seu art. 1º, ela estabelece normas de finanças públicas voltadas para a responsabilidade na gestão fiscal do Estado, que pressupõe a ação planejada e transparente para prevenir riscos e corrigir desvios capazes de afetar o equilíbrio das contas públicas, que são registradas pela contabilidade. Esse equilíbrio, segundo a própria LRF, é obtido mediante o cumprimento de metas de resultados entre receitas e despesas e a obediência a limites e condições no que tange a:

- renúncia de receita;
- despesas com pessoal, com a seguridade social e outras;
- dívida consolidada e mobiliária, operações de crédito, inclusive por antecipação de receita;
- concessão de garantia;
- inscrição em restos a pagar.

Apesar de ser amplamente divulgada como novo parâmetro de gestão pública no Brasil – a gestão responsável ou nos dizeres do Banco Nacional de Desenvolvimento Econômico e Social (BNDES), "mais que uma lei, um padrão de governar" –, a LRF não apresenta inovações significativas em relação às normas constitucionais e de Direito Financeiro vigentes. Todavia, seu grande mérito é aglutinar parâmetros que se encontravam dispersos e, por vezes, despercebidos.

A explicitação e a adoção das sanções fazem com que esses conceitos sejam mais lembrados pelos gestores, propiciando "maior seriedade na administração dos recursos públicos".

O trecho a seguir bem sintetiza o espírito da LRF:

> A Lei de Responsabilidade Fiscal, além de fixar limites para o endividamento, para as despesas de pessoal, condições para a renúncia de receita e para a criação de despesas de caráter continuado, indica caminhos que devem ser trilhados para a consecução de uma gestão saudável e para a correção de desvios. Mais importante que a fixação dos parâmetros a serem respeitados é a indicação das providências que devem ser adotadas, caso haja indícios de que as metas podem não ser atingidas. Este é o ponto mais inovador dessa lei.

Essa lei possui quatro pilares básicos. O primeiro é enfatizar a necessidade do planejamento governamental, estabelecendo novos conteúdos para a Lei de Diretrizes Orçamentárias e para a Lei Orçamentária Anual, como veremos adiante. Esse é o tema do Capítulo II da LRF, que trata do planejamento governamental. O segundo é alcançar o equilíbrio fiscal com o incremento da arrecadação, pois, conforme o art. 11, constituem requisitos essenciais da responsabilidade na gestão fiscal a instituição, previsão e efetiva arrecadação de todos os tributos (impostos, taxas e contribuições de melhorias) da competência constitucional de cada ente da Federação (União, estados, Distrito Federal e municípios). Outrossim, o estabelecimento de critérios rigorosos para a renúncia de receita, que compreende anistia, remissão, subsídio, crédito presumido, concessão de isenção em caráter não geral, alteração de alíquota ou modificação de base de cálculo que implique redução discriminada de tributos ou contribuições, entre outros benefícios que correspondam a um tratamento diferenciado.

O equilíbrio é alcançado com:

- a contenção dos gastos, por meio do estabelecimento de regras para considerar não autorizada, irregular e lesiva ao patrimônio público a geração de despesa ou assunção de obrigação decorrente da criação, da expansão ou do aperfeiçoamento de ação governamental sem a devida estimativa do impacto orçamentário-financeiro, bem como sem a declaração do responsável de que o aumento tem adequação orçamentária e financeira com a Lei Orçamentária Anual, além de compatibilidade com o Plano Plurianual e com a Lei de Diretrizes Orçamentárias. Também é considerada irregular a criação ou o aumento de despesa de caráter continuado sem a estimativa do impacto orçamentário-financeiro;
- a observância de limites para as despesas com pessoal, que compreendem, nos termos do art. 18, o somatório dos gastos com quaisquer espécies remuneratórias, como vencimentos e vantagens, fixas e variáveis, subsídios, proventos de aposentadoria, reformas e pensões, inclusive adicionais, gratificações, horas extras e vantagens pessoais de qualquer natureza, bem como encargos sociais e contribuições recolhidas pelo ente às entidades de previdência;
- o estabelecimento de regras e controles para as despesas com a seguridade social, para as transferências voluntárias e para a destinação de recursos públicos ao setor privado.

O terceiro pilar da LRF é controlar o **endividamento público**, com o estabelecimento de regras para a recondução dos limites da dívida pública, para a contratação de operações de créditos e concessões de garantias e contragarantias, bem como proibir a contratação de obrigações sem que haja suficiente disponibilidade de caixa para supri-las.

O quarto é assegurar a **transparência da gestão fiscal** pela ampla divulgação da versão original e simplificada, inclusive em meios eletrônicos de acesso público, dos planos, dos orçamentos e da Lei de Diretrizes Orçamentárias; prestações de contas e o respectivo parecer prévio emitido pelos Tribunais de Contas; relatório resumido da execução orçamentária; e relatório de gestão fiscal. Também incentivar a participação popular e a realização de audiências públicas, durante os processos de elaboração e de discussão dos planos, da Lei de Diretrizes Orçamentárias e dos orçamentos, bem como, quadrimestralmente, durante a própria execução orçamentária.

Como a contabilidade aplicada ao setor público é um dos principais instrumentos para que se consiga a transparência das informações, a LRF reserva seções específicas para tratar da escrituração e da consolidação das contas; dos conteúdos dos relatórios resumidos da execução orçamentária e de gestão fiscal; da prestação de contas; e da fiscalização da gestão fiscal.

Especificamente no que se refere à contabilidade, a LRF não traz grandes inovações, preconizando em seu art. 50 que, além de obedecer às demais normas de contabilidade aplicada ao setor público – princípios fundamentais de contabilidade, normas brasileiras de contabilidade aplicáveis e preceitos da Lei n. 4.320, de 1964 –, a escrituração das contas públicas observará:

- o registro próprio da disponibilidade de caixa, de modo que os recursos vinculados fiquem identificados e escriturados de forma individualizada;
- a despesa e a assunção de compromisso serão registradas segundo o regime de competência;
- o resultado dos fluxos financeiros, que será apurado pelo regime de caixa, em caráter complementar;
- as demonstrações contábeis, que devem compreender, isolada e conjuntamente, as transações e as operações de cada órgão, fundo ou entidade da administração direta, autárquica e fundacional, inclusive empresa estatal dependente;
- as receitas e as despesas previdenciárias, que devem ser apresentadas em demonstrativos financeiros e orçamentários específicos;
- as operações de crédito, as inscrições em restos a pagar e as demais formas de financiamento ou assunção de compromissos, que deverão ser escrituradas a fim de evidenciar o montante e a variação da dívida pública no período, detalhando, pelo menos, a natureza e o tipo de credor;
- a demonstração das variações patrimoniais, que discutiremos oportunamente e que dará destaque à origem e ao destino dos recursos provenientes da alienação de ativos;
- as demonstrações conjuntas, que não incluirão as operações intragovernamentais;
- a edição de normas gerais para a consolidação das contas públicas e que caberá ao conselho de gestão fiscal;

- a administração pública, que deve manter um sistema de custos que permita a avaliação e o acompanhamento da gestão orçamentária, financeira e patrimonial.

A **Figura 2.1** apresenta os pilares básicos da LRF.

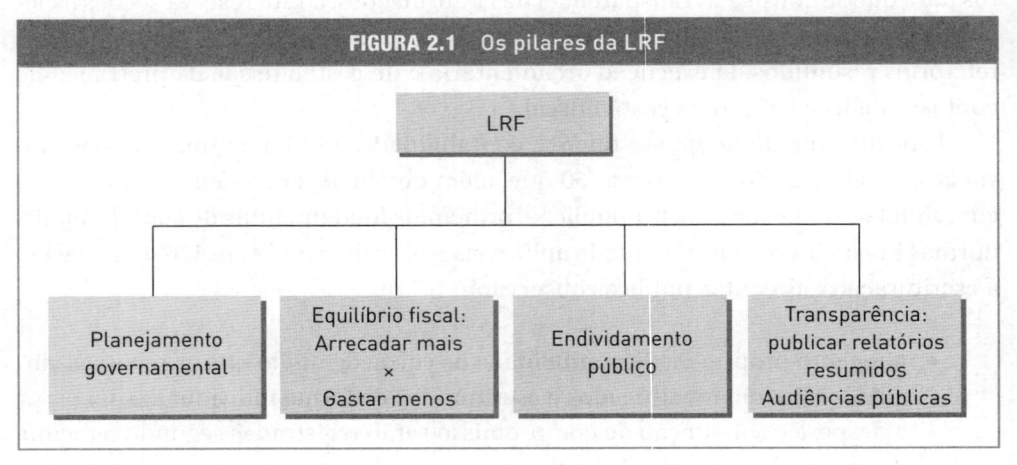

Fonte: LRF.

A LRF tem alcançado seus objetivos e deverá, como diz a cartilha elaborada pelo Ministério do Planejamento, Orçamento e Gestão,[6] "mudar a história da administração pública do Brasil", como bem tem acontecido. Podemos afirmar que, no Brasil, país de cultura jurídica extremamente positivista, existe o terrível hábito de achar que tudo é resolvido por meio de leis, como se elas fossem o próprio direito. Muitas vezes não são, como bem nos lembra Sófocles, em *A trilogia tebana*, por meio de Antígona e seu famoso debate com Creonte, em que ela invoca as leis não escritas, que são superiores às leis do Estado, por este impostas com rigor e tirania. A seguir, reproduzimos em parte:

> — E te atreveste a desobedecer às leis?
>
> — Mas Zeus não foi o arauto delas para mim, nem essas leis são ditadas entre os homens pela Justiça, companheira de morada dos deuses infernais; e não me pareceu que tuas determinações tivessem força para impor aos mortais até a obrigação de transgredir normas divinas, não escritas, inevitáveis; não é de hoje, não é de ontem, é desde os tempos mais remotos que elas vigem, sem que ninguém possa dizer quando surgiram [...].

---

[6] Com a Medida Provisória n. 870, de 1º de janeiro de 2019, a estrutura do Ministério do Planejamento, Desenvolvimento e Gestão passou a integrar o Ministério da Economia.

Um caso interessante ilustra essa afirmação. Ao visitarmos uma pequena cidade no sertão baiano, nos idos de 1989, um cartaz afixado na praça central informava, para determinado mês, os recursos recebidos, suas origens e devidas aplicações. Apesar de classificadas sem os rigores da prática contábil e orçamentária, elas estavam em linguagem acessível para qualquer cidadão comum, mostrando, por exemplo, gastos com professores, médicos e enfermeiras, pessoal da limpeza, recuperação da estrada vicinal, aquisição de ambulância, saldo em caixa e a pagar. Ali estava, de forma simples, transparente e natural a fiel prática da *accountability*.

Graciliano Ramos, no relatório que apresentou ao Conselho Municipal de Palmeira dos Índios, datado de 19 de março de 1928, sem nenhuma lei que impusesse a responsabilidade fiscal, assim se posiciona:

> De resto preciso efetuar uma economia considerável, não só para custear as despesas como para fazer face à dívida que a administração passada me legou. Esse pesadelo, que a mensagem do meu antecessor diz ser de 4:900$000, é na realidade maior, pois só à empresa fornecedora de luz a Prefeitura deve acima de cinco contos. Além disso, têm-me aparecido vários credores trazendo contas de aluguel de casas, fornecimento de foguetes etc., contas que o Conselho dirá se deverão ser pagas.
>
> Acho absurdo despender um município que até agora nada gastou com a instrução, 2:000$000 para manter uma banda de música. Dois contos de réis em letra de forma: os dispêndios têm sido maiores. Chamo a atenção do Conselho para o lançamento que existe à folha 179 do livro-caixa, com data de 4 de janeiro: "Importância paga a Manoel Orígenes para fornecimento de 23 fardamentos para a banda de música municipal – 1:152$000". A despesa não foi autorizada, os fardamentos não foram entregues. [...]
>
> Não há listas dos devedores da municipalidade: a cobrança das contas atrasadas é impossível. De resto, o contribuinte, que se desempenha bem para com a repartição estadual e federal, está habituado a pagar à Prefeitura se quer, como quer e quando quer. Isto se explica pelo fato de sermos todos, prefeitos, conselheiros e contribuintes, mais ou menos compadres.
>
> Aí está, em traços largos, o estado em que se encontra a administração de Palmeira dos Índios.

Na conclusão do Primeiro Relatório ao Governo do Estado de Alagoas, de 10 de janeiro de 1929, Graciliano Ramos mostra o que é ser um gestor responsável. Vejamos:

> Há quem ache tudo ruim, e ria constrangidamente, e escreva cartas anônimas, e adoeça, e se morda por não ver a infalível maroteirazinha, a abençoada canalhice, preciosa para quem a pratica, mais preciosa ainda para os que dela se servem como assunto invariável; há quem não compreenda que um ato administrativo seja isento de lucro

pessoal; há até quem pretenda embaraçar-me em coisa tão simples como mandar quebrar as pedras dos caminhos.

Fechei os ouvidos, deixei gritarem, arrecadei 1:325$500 de multas.

Não favoreci ninguém. Devo ter cometido numerosos disparates. Todos os meus erros, porém, foram da inteligência, que é fraca.

Perdi vários amigos, ou indivíduos que possam ter semelhante nome.

Não me fizeram falta.

Há descontentamento. Se a minha estada na Prefeitura por estes dois anos dependesse de um plebiscito, talvez eu não obtivesse dez votos.

No Segundo Relatório ao governador, de 11 de janeiro de 1930, ele nos lembra que os serviços são prestados por pessoas, logo a questão principal não é somente estabelecer limites:

Já estou convencido. Não fui eu, primeiramente porque o dinheiro despendido era do povo, em segundo lugar porque tornaram fácil a minha tarefa uns pobres homens que se esfalfam para não perder salários miseráveis.

Quase tudo foi feito por eles. Eu apenas teria tido o mérito de escolhê-los e vigiá-los, se nisto houvesse mérito.

E sobre o pagamento de tributos, lembra o escritor:

É uma interessante classe de contribuintes, módica em número, mas bastante forte. Pertencem a ela negociantes, proprietários, industriais, agiotas que esfolam o próximo com juros de judeus.

Bem comido, bem bebido, o pobre povo sofredor quer escolas, quer luz, quer estradas, quer higiene. É exigente e resmungão.

Como ninguém ignora que não se obtêm de graça as coisas exigidas, cada um dos membros desta respeitável classe acha que os impostos devem ser pagos pelos outros.

Não se pode esquecer, também, que um orçamento benfeito e bem executado – equilíbrio de gestão –, mais do que mera questão legal, é um compromisso inerente à função pública. É, aliás, até mesmo uma premissa bíblica, pois, no Evangelho de Lucas, 14, 28-30, temos:

Pois qual de vós, querendo edificar uma torre, não se assenta primeiro a fazer as contas dos gastos, para ver se tem com que a acabar? Para que não aconteça que, depois de haver posto os alicerces, e não a podendo acabar, todos os que a virem comecem a escarnecer dele, dizendo: este homem começou a edificar e não pôde acabar.

Por tudo o que foi exposto, quando vemos uma lei com 75 artigos e uma multiplicidade de seminários, cursos, livros, apostilas, portarias, manuais que surgem para bem interpretá-la, forçosamente nos lembramos da história infantil *A roupa nova do imperador*, em que somente os inteligentes, os iniciados e os bajuladores podiam ver a roupa nova do rei, confeccionada por dois empulhadores. A roupa, de fato, não existia, e somente depois que uma criança, com sua pureza e grandeza, tem coragem de gritar que o rei está nu, é que todos passam a perceber a realidade.

Assim, além de uma lei que vise impor responsabilidade fiscal, precisamos de mais responsabilidade social, de um povo com mais dignidade, com mais educação e senso crítico, que seja capaz de compreender e contextualizar sua realidade, para que possa escolher dirigentes responsáveis e comprometidos com os anseios sociais. Um governante que saiba, como Marcus Tullius Cicero (Roma, 55 a.C.), que:

> O orçamento nacional deve ser equilibrado.
>
> As dívidas públicas devem ser reduzidas, a arrogância das autoridades deve ser moderada e controlada.
>
> Os pagamentos a governos estrangeiros devem ser reduzidos, se a Nação não quiser ir à falência.
>
> As pessoas devem novamente aprender a trabalhar, em vez de viver por conta pública.

## 2.4 OBJETIVOS DA CONTABILIDADE APLICADA AO SETOR PÚBLICO

A contabilidade aplicada ao setor público tem como finalidade escriturar os fatos patrimoniais, auxiliar o planejamento e o controle, bem como auxiliar a tomada de decisão pela administração pública, a condução dos negócios e a devida prestação de contas. Seus objetivos historicamente estão explicitados nos arts. 83 a 89 da Lei n. 4.320, de 1964, resumidos a seguir:

- evidenciar a situação de todos que arrecadem receitas, efetuem despesa e administrem bens públicos;
- registrar os fatos contábeis ligados à administração orçamentária, financeira, patrimonial e industrial;
- permitir o acompanhamento da execução orçamentária;
- demonstrar a execução orçamentária e financeira, a composição patrimonial e suas variações, por meio dos balanços gerais;
- determinar os custos dos serviços industriais;
- possibilitar a análise e a interpretação dos resultados econômicos e financeiros;
- controlar os direitos e as obrigações.

O substitutivo ao projeto de Lei Complementar n. 135, de 1998, que tratou da reformulação da Lei n. 4.320, de 1964, apresentou as seguintes finalidades para a contabilidade aplicada ao setor público:

- demonstrar as operações realizadas pela entidade governamental e seus efeitos sobre a estrutura do patrimônio público;
- evidenciar os recursos orçamentários vigentes, consignados aos vários programas de trabalho, as alterações decorrentes dos créditos adicionais, a despesa empenhada, liquidada e paga à conta desses recursos, bem como as respectivas disponibilidades (esses temas ainda serão abordados);
- mostrar, perante a Fazenda Pública, a situação de todos que, de qualquer forma, administrem fundos ou bens que lhes são confiados, bem como arrecadem receitas e efetuem ou ordenem despesas;
- evidenciar a situação patrimonial do ente público e suas variações.

Atualmente, o CFC por meio de norma contábil definiu que o objetivo da contabilidade aplicada ao setor público é fornecer aos usuários informações sobre os resultados alcançados e os aspectos de natureza orçamentária, econômica, financeira e física do patrimônio da entidade do setor público[7] e suas mutações, em apoio ao processo de tomada de decisão, à adequada prestação de contas e ao necessário suporte para a instrumentalização do controle social.[8]

O Conselho Normativo de Contabilidade Financeira (*Financial Accounting Standards Board – Fasb*) dos Estados Unidos reconhece como objetivos da contabilidade aplicada ao setor público:

- apresentar informações úteis sobre a utilização dos recursos;
- demonstrar a capacidade da organização na prestação de serviços públicos e na continuidade da prestação de serviços;
- apresentar os resultados alcançados pelos administradores no manejo da coisa pública;
- demonstrar como a organização obtém e emprega os recursos públicos, bem como seu endividamento;
- facilitar a interpretação por parte dos usuários.

---

[7] Órgãos, fundos e pessoas jurídicas de direito público ou que, possuindo personalidade jurídica de direito privado, recebam, guardem, movimentem, gerenciem ou apliquem dinheiros, bens e valores públicos, na execução de suas atividades. Equiparam-se, para efeito contábil, as pessoas físicas que recebam subvenção, benefício ou incentivo, fiscal ou creditício, de órgão público.

[8] Compromisso fundado na ética profissional, que pressupõe o exercício cotidiano de fornecer informações que sejam compreensíveis e úteis aos cidadãos no desempenho de sua soberana atividade de controle do uso de recursos e patrimônio público pelos agentes públicos.

Não obstante o que foi relatado, o principal objetivo da contabilidade aplicada ao setor público é contribuir para uma melhor *accountability* pública, pois todo gestor governamental tem a obrigação de prestar contas de como utiliza os recursos que lhe são confiados para serem administrados em favor da coletividade.

Modernamente, a contabilidade aplicada ao setor público utiliza, no processo gerador de informações, os princípios e as normas contábeis direcionados à boa gestão governamental do patrimônio estatal, proporcionando as informações necessárias para a compreensão de todos os resultados alcançados, em apoio ao processo de tomada de decisão e à adequada prestação de contas. Ou seja, um instrumento de gestão, controle, transparência e *accountability*.

A **Figura 2.2** apresenta a relação de *accountability*.

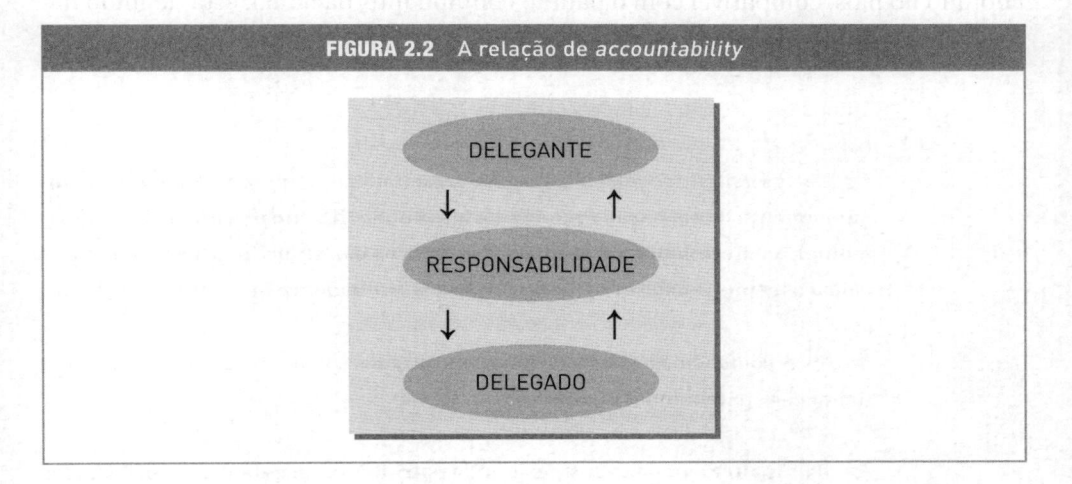

**FIGURA 2.2** A relação de *accountability*

As novas normas introduziram no conceito de contabilidade aplicada ao setor público a finalidade de apoio ao processo de tomada de decisão e à adequada prestação de contas. Como a contabilidade aplicada ao setor público, para permitir a prática da *accountability*, deve registrar a execução orçamentária da administração pública, que sempre deve ser realizada com base no princípio da legalidade, teceremos, no **Capítulo 3**, alguns comentários sobre planejamento e orçamento público.

## 2.5  ESCRITURAÇÃO CONTÁBIL

### 2.5.1  Conceito de regimes contábeis

Denomina-se regime contábil o processo pelo qual o orçamento e os demais fatos administrativos mensuráveis em moeda, que afetam o patrimônio público, são contabilizados. Antes de falarmos sobre eles, é necessário citarmos, mais uma vez, algumas regras previstas na Lei n. 4.320, de 1964:

- o exercício financeiro coincidirá com o ano civil;
- o ano financeiro é o período em que se executa o orçamento;
- segundo o art. 35, como vimos, pertencem ao exercício financeiro:
    **a)**   as receitas arrecadadas;
    **b)**   as despesas legalmente empenhadas.

Esse normativo refere-se apenas ao regime orçamentário, que visa atender às demandas de informações da execução orçamentária. O regime contábil patrimonial adotado no país, compatível com o padrão contábil internacional, está definido naquela lei no Título IX – Da Contabilidade, nos arts. 85, 89, 100 e 104. Vejamos:

> Título IX – Da Contabilidade
>
> [...]
>
> Art. 85. Os serviços de contabilidade serão organizados de forma a permitirem o **acompanhamento da execução orçamentária**, o **conhecimento da composição patrimonial**, a **determinação dos custos** dos serviços industriais, o **levantamento dos balanços gerais**, a **análise e a interpretação dos resultados econômicos e financeiros**.
>
> [...]
>
> Art. 89. A contabilidade evidenciará os fatos ligados à administração orçamentária, **financeira, patrimonial** e industrial.
>
> [...]
>
> Art. 100. **As alterações da situação líquida patrimonial**, que abrangem os resultados da execução orçamentária, **bem como as variações independentes dessa execução e as superveniências** e insubsistências ativas e passivas, constituirão elementos da conta patrimonial.
>
> [...]
>
> Art. 104. A Demonstração das **Variações Patrimoniais evidenciará as alterações verificadas no patrimônio, resultantes ou independentes da execução orçamentária,** e indicará o resultado patrimonial do exercício. (Grifo nosso)

Conclui-se, assim, que, além do registro dos fatos ligados à execução orçamentária, deve-se proceder à evidenciação dos fatos ligados à administração financeira e patrimonial, de maneira que os fatos modificativos sejam levados à conta de resultado e que as informações contábeis permitam o conhecimento da composição patrimonial e dos resultados econômicos e financeiros do exercício, bem como a análise dos custos. Deve permitir, também, o levantamento dos balanços, a análise e a interpretação de suas informações e afirmações apresentadas pela gestão.

## 2.5.2 Tipos de regimes contábeis

São dois os regimes contábeis aceitos pela doutrina contábil:

- **regime de caixa:** modalidade que considera para a apuração do resultado do exercício apenas os pagamentos e recebimentos ocorridos no exercício. Nesse regime, a receita é reconhecida no exercício em que é arrecadada; já a despesa, quando é paga. Logo, refere-se ao registro das receitas e despesas quando ocorrem, respectivamente, os recebimentos e os pagamentos (ingressos/desembolsos);
- **regime de competência:** modalidade que considera os fatos contábeis ocorridos independentemente de movimentação financeira (pagamentos/desembolsos e recebimentos/ingressos) durante o exercício para fins de apuração de seus resultados. Nesse regime, as receitas e as despesas são atribuídas ao exercício de acordo com a real ocorrência. Toda receita realizada e toda despesa incorrida pertencem ao próprio exercício. As receitas merecidas e não arrecadadas passam a constituir contas a receber no ativo, assim como as despesas incorridas e não pagas são reconhecidas como obrigações.

No Brasil, até 2013, segundo a doutrina dominante do regime orçamentário, com base na interpretação da Lei n. 4.320, de 1964, predominava o regime misto, ou seja, a combinação do regime de caixa e de competência, para apuração dos resultados do exercício. Foi o regime adotado pela contabilidade aplicada ao setor público brasileira, dado que, por determinação legal, pertencem ao exercício as receitas nele arrecadadas e as despesas nele legalmente empenhadas. Todavia, como já mencionamos anteriormente, com a convergência aos padrões contábeis internacionais prevalece atualmente o regime de competências.

Vale reprisar que a competência da despesa na contabilidade aplicada ao setor público não era determinada pelo consumo ou pelo sacrifício de um bem ou um serviço, em conformidade com a ocorrência do fato gerador, na forma preconizada pela contabilidade do setor privado (comercial/empresarial – princípio contábil da competência), mas sim pelas obrigações assumidas em relação aos créditos orçamentários fixados, que são materializadas formalmente pela emissão da nota de empenho. E essa emissão não é necessariamente indispensável para o reconhecimento da despesa.

Não obstante o permissivo legal de considerar despesas os gastos empenhados, cujas obrigações de pagamento estejam pendentes ou não de implemento de condição, o administrador público deve, ao final do exercício, somente considerar despesa incorrida e não paga (restos a pagar) os serviços efetivamente prestados, as medições de obras realizadas e os bens efetivamente entregues. Como veremos oportunamente, a realização de uma obra ou a aquisição de um bem também se constituem em uma despesa (de capital) na contabilidade aplicada ao setor público. Assim, os empenhos emitidos, cujos serviços não foram prestados, ou os bens não foram entregues, devem ser cancelados. O reconhecimento do impacto patrimonial, porém, deve ser considerado contabilmente.

Essa posição é obrigatória, em face do art. 50, II, da LRF que estabelece que a despesa e a assunção de compromisso serão registradas segundo o regime de competência. Não é por demais repisar que as normas de contabilidade aplicadas ao setor público (NBC T SP 16.5 – revogada em 2016 pela NBC TSP EC – Estrutura Conceitual), impõem o regime de competência para os registros contábeis. Estabelece que "as transações no setor público devem ser reconhecidas e registradas integralmente no momento que ocorrerem", ou seja, independentemente de entradas e saídas monetárias financeiras. Acrescenta, ainda, que "os registros da entidade, desde que estimáveis tecnicamente, devem ser efetuados, mesmo na hipótese de existir razoável certeza de sua ocorrência" (princípio contábil da oportunidade). "Os registros contábeis devem ser realizados e os seus efeitos evidenciados nas demonstrações contábeis do período com os quais se relacionam, reconhecidos, portanto, pelos respectivos fatos geradores, independentemente do momento da execução orçamentária".

## 2.5.3 Particularidades da contabilidade aplicadas ao setor público

A contabilidade aplicada ao setor público, mediante sistemas de contas padronizadas e por partidas dobradas, registra, acumula, resume, demonstra, analisa e interpreta os fenômenos que afetam as situações orçamentárias, financeiras e patrimoniais das entidades de direito público. Ela deverá evidenciar, em seus registros, o montante dos créditos orçamentários vigentes, a receita realizada, a despesa empenhada e a despesa realizada à conta dos mesmos créditos, e as dotações disponíveis. Evidenciará ainda o disponível financeiro, a composição física do patrimônio, os direitos e as obrigações com terceiros, o resultado econômico e os custos incorridos.

Frise-se que o registro contábil da receita e da despesa deverá ser feito de acordo com as especificações constantes da Lei de Orçamento e dos Créditos Adicionais, como também das ocorrências independentes da execução orçamentária que impactem na composição do patrimônio público e na situação líquida.

O **Sistema Contábil Público de Informações** é composto pelas etapas de planejamento, execução, controle, demonstração e avaliação. Representa a macroestrutura de informações de todos os atos e fatos da gestão pública para orientar o processo de tomada de decisão, a correta, completa e tempestiva prestação de contas e a instrumentalização do controle social. Assim, todos os atos e fatos que impactem no patrimônio estatal, aumentando e/ou diminuindo a situação líquida ou permutando-lhe sua composição patrimonial, são necessários aos seus registros contábeis ordenados sistematicamente.

O **sistema de contas** representa o conjunto de contas que registra as transações com características comuns a determinados atos e fatos da administração pública.

Esse sistema é organizado em *subsistemas de informações*, que oferecem produtos diferentes em razão das especificidades demandadas pelos usuários e facilitam a extração de informações e a elaboração de relatórios contábeis.

Pode-se afirmar, conforme as normas contábeis, que "a contabilidade aplicada ao setor público é organizada na forma de sistema de informações, cujos subsistemas, conquanto possam oferecer produtos diferentes em razão da respectiva especificidade, convergem para o produto final, que é a informação sobre o patrimônio público".

No setor público, compreende quatro subsistemas de informação contábil: orçamentário, patrimonial, de custos e de compensação, que, apesar de estarem intimamente relacionados, são independentes e não se comunicam. Logo, o lançamento contábil não pode ter uma partida do registro em um subsistema e a contrapartida em outro.

As contas, na CASP, são escrituradas nos seguintes subsistemas de informações, conforme ilustra a **Figura 2.3**.

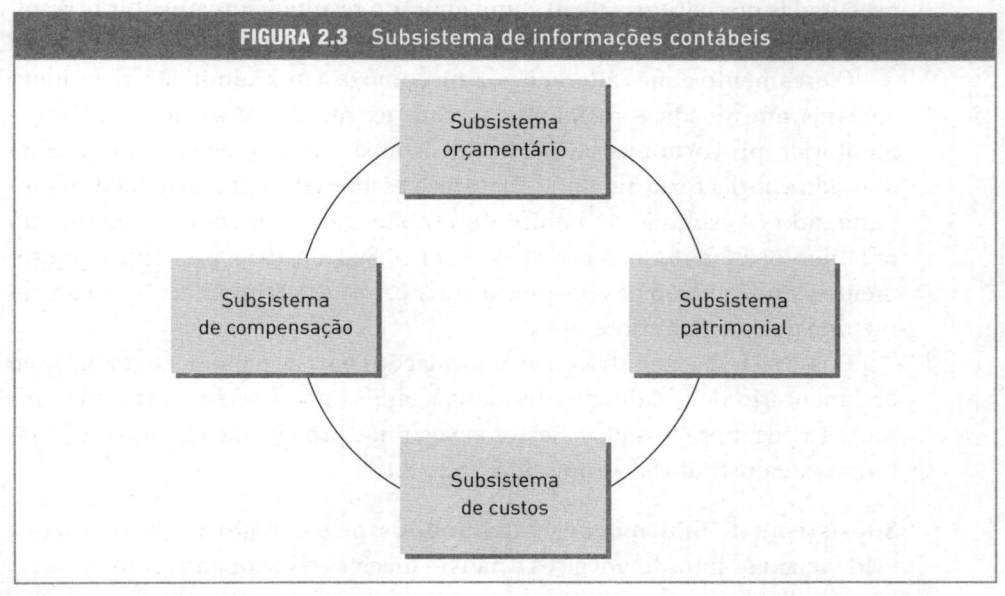

**FIGURA 2.3** Subsistema de informações contábeis

Fonte: MCASP; STN.

Esses subsistemas devem ser integrados entre si e a outros subsistemas de informação a fim de subsidiar a administração pública quanto ao desempenho e à avaliação dos resultados de suas entidades e ao conhecimento do patrimônio público, distribuídos basicamente em cinco níveis de informação, a saber:

**a)** desempenho de cada unidade contábil de gestão no cumprimento de sua missão institucional;

**b)** avaliação dos resultados obtidos na execução das ações do setor público com relação à economicidade, à eficiência, à eficácia e à efetividade;

**c)** avaliação das metas fiscais estabelecidas pelo planejamento;

**d)** avaliação dos riscos e das contingências fiscais;

**e)** conhecimento da composição e movimentação patrimonial.

A seguir, apresentamos suas respectivas definições e características.

- **Subsistema de informações orçamentárias**: nele se registra, processa e evidencia os atos e os fatos relacionados ao planejamento e à execução orçamentária. Ou seja, nele se registram a receita prevista e as autorizações legais de despesa constantes da Lei Orçamentária e dos Créditos Adicionais, assim como a execução do orçamento, demonstrando a despesa fixada inicial e atualizada e os estágios de sua execução no exercício (empenhada, liquidada e paga). Permite comparar as receitas previstas/planejadas com as realizadas/executadas por natureza, bem como apurar o resultado orçamentário, resultante do confronto das receitas e das despesas executadas.

  O orçamento e suas alterações, bem como os fatos administrativos mensuráveis em moeda e relacionados com as receitas e as despesas orçamentárias, provocam variações nesse sistema. Aqui, o registro por partida dobrada é obrigatório, sendo sua natureza **essencialmente gerencial**, acompanhando o resultado do confronto do planejamento com a execução do orçamento; além disso, o art. 86 da Lei n. 4.320, de 1964, preconiza que somente a escrituração das operações financeiras e patrimoniais far-se-á pelo método das partidas dobradas.

  Desse sistema, se extraem as informações para a elaboração do Balanço orçamentário, do Quadro dos Restos a pagar não processado e do Quadro dos Restos a pagar processado e Restos a pagar não processados liquidados, conforme demonstrados no Capítulo 8, item 8.1.1.

- **Subsistema de informações patrimoniais**: nele se registram, processam e evidenciam os fatos financeiros e não financeiros relacionados com as variações qualitativas e quantitativas do patrimônio público. Ou seja, registram os bens patrimoniais do Estado, os direitos e as obrigações suscetíveis de serem classificados como de curto ou de longo prazo, as variações patrimoniais provocadas pela execução do orçamento (receitas e despesas) ou que tenham outras origens (independentemente da execução orçamentária) e o resultado econômico do exercício. Desse subsistema, deve gerar registros sintéticos e analíticos de todos os bens móveis e imóveis. Os registros analíticos indicarão os elementos necessários para uma adequada identificação dos bens móveis e imóveis, bem como dos devedores (dívida ativa) e dos credores de longo prazo (dívida fundada) do estado.

Segundo o art. 100 da Lei n. 4.320, de 1964, as alterações da situação líquida patrimonial, que abrangem os resultados da execução orçamentária, bem como as variações independentes dessa execução e as superveniências e insubsistências ativas e passivas, também constituirão elementos da conta patrimonial.

Nesse subsistema, são registradas, também, a arrecadação da receita, as despesas executadas e a movimentação extraorçamentária, ou seja, as operações que resultem débitos e créditos de natureza financeira não compreendidas na execução orçamentária corrente, como o pagamento de uma dívida ou o recebimento de um direito, ambos de curto prazo, geralmente reconhecidos no orçamento do exercício anterior.

A fonte que proporciona movimentações financeiras nesse subsistema são as contas do Disponível: caixa, bancos ou equivalentes, que demonstra as entradas e as saídas de numerário. Compreende a movimentação do ativo e do passivo circulante.

Desse subsistema, se extrai as informações da movimentação financeira para a elaboração do Balanço financeiro composto de (a) Quadro principal e (b) Quadro anexo das deduções da receita orçamentária e da Demonstração do Fluxo de Caixa. Em função do que estabelece o art. 50, V, da LRF, o sistema contábil financeiro deverá registrar os compromissos de curto prazo, que são denominados na contabilidade aplicada ao setor público genericamente de "Restos a pagar", com o objetivo de evidenciar o montante e a variação da dívida pública no período, detalhando, pelo menos, a natureza e o tipo de credor. Nos termos do inciso VI desse mesmo artigo, também devem ser evidenciados em contas específicas a origem e o destino dos recursos provenientes da alienação de ativos.

Quanto aos efeitos no patrimônio líquido decorrente do resultado econômico, cabe ressaltar que não há apuração de lucro ou de prejuízo, no setor público na administração direta, mas *superavit* ou *deficit* econômico. Entretanto, cabe a apuração de lucro ou de prejuízo nas empresas dependentes, nas sociedades de economia mista e nas empresas públicas regidas por normas de direito privado.

No âmbito estatal, a receita econômica é o valor medido a partir dos benefícios futuros gerados à sociedade pela ação pública. Ou seja, o resultado deve ser avaliado pelo seu maior ou menor financiamento aos setores econômico, social e ambiental do país e ao maior ou menor investimento em sua infraestrutura estatal (humana, física, tecnológica) posta ao atendimento das necessidades da sociedade, nos três níveis de governo.

Também em função do que estabelece o art. 50, V, da LRF, esse sistema deverá registrar as operações de crédito a fim de evidenciar o montante e a variação da dívida pública no período, detalhando, pelo menos, a natureza e o tipo de credor.

Desse subsistema, se extrai as informações para a elaboração do balanço patrimonial e da demonstração das variações patrimoniais.

- **Subsistema de informações de custos**: nele se registram, processam e evidenciam os custos de bens e serviços e outros objetos de custos, produzidos e ofertados à sociedade pela entidade pública. Esse sistema é obrigatório em todas as entidades do setor público, sendo a apuração de custos no setor público requisito de transparência e prestação de contas, seja para controle interno, externo ou controle social.

Os principais objetos de custos são identificados a partir de informações dos subsistemas orçamentário e patrimonial. O art. 50, § 3º da LRF, estabelece que a administração pública manterá o sistema de custos que permita a avaliação e o acompanhamento da gestão orçamentária, financeira e patrimonial.

Suas informações devem subsidiar a mensuração e a avaliação das saídas do almoxarifado, dos estoques, das participações em empresas onde se tenha influência significativa, visando ao adequado ajuste dos saldos das contas patrimoniais, e ainda objetiva especificamente:

- mensurar, registrar e evidenciar os custos dos produtos, serviços, programas, projetos, atividades, ações, órgãos e outros objetos de custos da entidade;
- apoiar a avaliação de resultados e desempenhos, permitindo a comparação entre os custos da entidade com os custos de outras entidades públicas, estimulando a melhoria do desempenho dessas entidades;
- apoiar a tomada de decisão em processos, como comprar ou alugar, produzir internamente ou terceirizar determinado bem ou serviço;
- apoiar as funções de planejamento e orçamento, fornecendo informações que permitam projeções mais aderentes à realidade com base em custos incorridos e projetados;
- apoiar programas de controle de custos e de melhoria da qualidade do gasto.

- **Subsistema de contas de compensação**: objetiva o controle e registra os valores que direta ou indiretamente provocam ou podem provocar variações no patrimônio do Estado.

- registra, processa e evidencia os atos de gestão cujos efeitos possam produzir modificações no patrimônio das entidades do setor público, bem como aqueles com funções específicas de controle, subsidiando a administração com informações como: a) alterações potenciais nos elementos patrimoniais; e b) acordos, garantias e responsabilidades.

Apesar das particularidades da contabilidade aplicada ao setor público, os mecanismos de escrituração débito/crédito prevalecem. Logo temos:

| Ativo | | Passivo | |
|---|---|---|---|
| Débito | Crédito | Débito | Crédito |
| + | – | – | + |

Esses esquemas demonstram que as contas do ativo, que representam as aplicações de recursos, sempre aumentarão por um lançamento a débito e serão reduzidos por um lançamento a crédito. Já as contas do passivo, por representarem as origens de recursos, aumentarão por crédito e diminuirão por débito.

## Transações no setor público e seus impactos no patrimônio

As **transações** no setor público compreendem os atos e os fatos que promovem alterações qualitativas ou quantitativas, efetivas ou potenciais, no patrimônio das entidades do setor público, as quais são objeto de registro contábil em estrita observância aos princípios fundamentais de contabilidade e às normas brasileiras de contabilidade aplicadas ao setor público. Essas transações são classificadas pelas seguintes naturezas:

- **econômico-financeira**, que afetam o patrimônio público, realizadas, ou não, em decorrência da execução do orçamento;
- **administrativa**, que são originadas de atos praticados pelos gestores públicos, com o objetivo de dar cumprimento às metas programadas e ao funcionamento das atividades da entidade pública, podendo provocar alterações em seu patrimônio (contas de compensação).

As transações que provocam alterações de valor do resultado econômico (situação líquida patrimonial) são consideradas variações patrimoniais, que, caso afetem o patrimônio líquido, devem manter correlação com as respectivas contas patrimoniais. Essas variações são classificadas em:

- **quantitativas**, que são decorrentes de transações que aumentam ou diminuem o patrimônio líquido, subdividindo-se em *variação patrimonial aumentativa* e *variação patrimonial diminutiva*, respectivamente;
- **qualitativa**, que decorrem de transações que alteram a composição dos elementos patrimoniais *sem afetar o patrimônio líquido*.

As **variações patrimoniais** são transações que promovem alterações nos elementos patrimoniais da entidade do setor público, mesmo em caráter compensatório, afetando, ou não, seu resultado. Assim, as variações patrimoniais classificam-se em quantitativas e qualitativas. Entende-se como **variações quantitativas** aquelas decorrentes de transações no setor público que aumentam ou diminuem o patrimônio líquido (receitas e despesas correntes). Entende-se como **variações qualitativas** aquelas decorrentes de transações no setor público que alteram a composição dos elementos patrimoniais sem afetar o patrimônio líquido (receitas e despesas de capital).

Para reconhecermos facilmente se a variação patrimonial **qualitativa** é ativa ou passiva, basta gravarmos as seguintes regras:

- se a contrapartida do registro for um **crédito sem afetar o patrimônio líquido**, teremos uma variação patrimonial qualitativa ativa (receitas de capital);
- se a contrapartida do registro for um **débito sem afetar o patrimônio líquido**, teremos uma variação patrimonial qualitativa passiva (despesa de capital).

Já para reconhecermos se a variação patrimonial **quantitativa** é aumentativa ou diminutiva, basta gravarmos as seguintes regras:

- teremos uma variação quantitativa aumentativa se a contrapartida do registro for um **crédito que afete positivamente o patrimônio líquido**, ou seja, uma receita corrente;
- teremos uma variação patrimonial quantitativa diminutiva, se a contrapartida do registro for um **débito que afete negativamente o patrimônio líquido,** ou seja, uma despesa corrente.

Outro aspecto importante a ser compreendido é que, se a variação patrimonial não envolver movimentação orçamentária ou financeira, será uma variação patrimonial independentemente da execução orçamentária, aumentativa ou diminutiva, dependendo do reflexo positivo ou negativo no resultado, refletindo na situação líquida, como uma doação e o reconhecimento da depreciação do imobilizado, respectivamente.

Os mecanismos de escrituração débito/crédito prevalecem também para as contas de resultados, considerando por convenção a receita como variação patrimonial aumentativa e despesa como variação patrimonial diminutiva. Logo temos:

| Variação patrimonial diminutiva | | Variação patrimonial aumentativa | |
|---|---|---|---|
| Débito | Crédito | Débito | Crédito |
| + | – | – | + |

Esses esquemas demonstram que as **contas de resultado de despesa/variação patrimonial diminutivo**, que representam as aplicações de recursos, sempre aumentarão por um lançamento a débito e serão reduzidos por um lançamento a crédito. Já as **contas de resultado de receita/variação patrimonial aumentativa**, por representarem as origens de recursos, aumentarão por crédito e diminuirão por débito.

Não temos procedimentos complexos de registro na contabilidade aplicada ao setor público. O ponto merecedor de destaque é a necessidade de trabalhar com subsistemas (orçamentário, patrimonial, de custos e de compensação) de forma autônoma e independente, ou seja, um registro a débito deve ser correspondido por um crédito dentro do mesmo subsistema.

Como as movimentações financeiras provocam efeitos no patrimônio governamental, são utilizadas **contas de controle** que possibilitam o acompanhamento dos saldos das fontes de recursos orçamentárias, ou não, decorrentes de transações e operações com terceiros, registrados contabilmente no subsistema patrimonial. Esse requisito foi criado, como o próprio nome indica, com fins de **controlar as disponibilidades financeiras por fontes/destinação de recursos orçamentários**, zelando pela solvência e pela liquidez, bem como de vincular a aplicação de algumas receitas definidas constitucionalmente, por lei ou por contrato.

Como exemplo, apresentamos o registro da compra de um veículo comparativamente na contabilidade geral e na contabilidade aplicada ao setor público:

**Fato contábil:** compra de um veículo à vista no valor de $ 1.000,00.

- **Contabilidade geral**

| Veículos | | Bancos | |
|---|---|---|---|
| (1) 1.000,00 | | (si) $$$ | 1.000,00 (1) |

(si) saldo inicial.

Conforme demonstrado, as operações financeiras (*pagamento* de compra de veículo) e patrimonial (*incorporação* de veículo ao patrimônio) são registradas em um único subsistema de informação contábil, o patrimonial.

- **Contabilidade aplicada ao setor público**
  Nesse ramo da contabilidade, temos de registrar a transação em mais de um subsistema de informação contábil isoladamente, a saber:

- **Subsistema orçamentário**

| Crédito disponível | | Crédito/despesa empenhada | |
|---|---|---|---|
| (1) 1.000,00 | (si) | (2) 1.000,00 | 1.000,00 (1) |

| Crédito/despesa liquidada | | Crédito/despesa paga |
|---|---|---|
| (3) 1.000,00 | 1.000,00 (2) | 1.000,00 (3) |

(si) saldo inicial.
(1) Pelo empenho da despesa orçamentária.
(2) Pela liquidação da despesa orçamentária.
(3) Pelo pagamento da despesa orçamentária.

- **Subsistema patrimonial**
  Nesse subsistema, as alterações de natureza permutativas no ativo e no passivo, sem impacto na situação líquida, geram variação patrimonial qualitativa, ou seja, uma permuta patrimonial, decorrente, nesse caso, da execução de despesas de capital.

| Veículo (P) | | Fornecedores (F) |
|---|---|---|
| (2) 1.000,00 | | (3) 1.000,00 | 1.000,00 (2) |

| Caixa e equivalente de caixa | |
|---|---|
| (si) | 1.000,00 (3) |

O registro da incorporação do bem ocorre na liquidação.

- **Subsistema de controle**
  Nesse subsistema, é controlada a movimentação das disponibilidades financeiras (ingresso e desembolso) passo a passo e seus saldos, discriminado por natureza de fontes e destinação de recursos.

| Disponibilidade por Destinação de Recursos (DDR) | | DDR comprometida por empenho |
|---|---|---|
| (1) 1.000,00 | $$$$ (si) | (2) 1.000,00 | 1.000,00 (1) |

(si) saldo inicial.

| DDR comprometida por liquidação | | DDR utilizada |
|---|---|---|
| (3) 1.000,00 | 1.000,00 (2) | 1.000,00 (3) |

No **Capítulo 9**, apresentaremos em detalhes os registros dos principais fatos da contabilidade aplicada ao setor público.

## SINOPSE

1. Contabilidade aplicada ao setor público é o conjunto de procedimentos técnicos, voltados a selecionar, registrar, resumir, interpretar e divulgar os fatos que afetam as situações orçamentárias, financeiras e patrimoniais das três esferas de governo (União, estado e município) e de suas respectivas autarquias e fundações.

2. A contabilidade aplicada ao setor público é uma especialidade da contabilidade voltada ao registro e à avaliação do patrimônio público e suas respectivas variações, abrangendo aspectos orçamentários, financeiros e patrimoniais, constituindo-se em importante instrumento para o planejamento e o controle da administração governamental.

3. No Brasil, suas normas estão definidas na Lei n. 4.320, de 1964, que determina que ela deve permitir o acompanhamento da execução orçamentária, o conhecimento da composição patrimonial, a determinação dos custos industriais, o levantamento dos balanços gerais, a análise e a interpretação dos resultados econômicos e financeiros.

4. A Lei n. 4.320, de 1964, apresenta, em seu contexto, de forma esparsa, princípios que, ainda que defasados, balizam procedimentos contábeis atualmente vigentes.

5. Os princípios fundamentais de contabilidade do CFC, além de sua ampla utilização pelas entidades regidas pelo direito privado no Brasil, principalmente pelo que determina o art. 177 da Lei Federal n. 6.404, de 1976, também se aplicam à contabilidade aplicada ao setor público.

6. A adoção desses princípios, homologados pelo CFC, é factível para a contabilidade aplicada ao setor público.

7. A origem da contabilidade aplicada ao setor público em nosso país, oficialmente, remonta a 1808, com a chegada da família real portuguesa ao Brasil. Dom João VI criou o Erário Régio e instituiu o Conselho da Fazenda, que orientavam a administração real, e estabeleceu normas reguladoras da escrituração da contabilidade desse Erário.

8. Historicamente, a legislação brasileira tem regulamentado a contabilidade aplicada ao setor público, disciplinando suas mais singulares formas de aplicação.

9. Um dos objetivos da contabilidade aplicada ao setor público é contribuir para uma melhor *accountability*, pois todo administrador governamental tem a obrigação de prestar contas de como utiliza os recursos que lhes são confiados para serem administrados em favor da coletividade.

10. A contabilidade aplicada ao setor público deve ser um dos principais instrumentos para que se consiga a transparência das informações; a LRF reserva seções específicas para tratar da escrituração e da consolidação das contas, dos conteúdos dos relatórios resumidos da execução orçamentária e de gestão fiscal, da prestação de contas e da fiscalização da gestão fiscal.

# CAPÍTULO 3

## Planejamento e orçamento

### OBJETIVOS DO CAPÍTULO

▶ Apresentar os principais conceitos de orçamento público definidos pelas principais organizações nacionais e pelos estudiosos da matéria.

▶ Possibilitar ao interessado o conhecimento dos principais objetivos e utilidades do orçamento para a administração pública e sua relação com a contabilidade pública.

▶ Descrever o desenvolvimento histórico do orçamento público, de sua origem aos dias atuais.

▶ Classificar os mais importantes princípios orçamentários definidos pela legislação que disciplina a matéria e pela doutrina.

▶ Dar ao estudante uma visão geral das regras que envolvem o funcionamento do sistema orçamentário nacional.

▶ Apresentar os conceitos de orçamento-programa.

▶ Demonstrar as principais diferenças entre o orçamento tradicional e o orçamento-programa.

▶ Definir os objetivos e a estrutura do orçamento-programa quanto à sua classificação funcional.

▶ Detalhar o ciclo orçamentário com base na legislação vigente, incluindo a Lei de Responsabilidade Fiscal, e na doutrina.

## 3.1 ASPECTOS INTRODUTÓRIOS

As funções de planejamento e orçamento da administração pública são fundamentais para que o Estado, em suas três esferas de governo, possa servir bem a sociedade de forma racional e inteligente. O **planejamento** é o processo contínuo e dinâmico voltado à identificação das melhores alternativas para o alcance da missão institucional, incluindo a definição de objetivos, metas, meios, metodologia, custos, responsabilidades e prazos de execução, materializados em planos hierarquicamente interligados. Compreende desde o nível estratégico até o nível operacional e propicia a avaliação e a instrumentalização do controle.

O **sistema orçamentário**, de modo geral, é a estrutura formada pelas organizações, pessoas, informações, tecnologia, normas e procedimentos necessários ao cumprimento das funções estabelecidas no processo orçamentário (concepção, execução e avaliação) preestabelecido para a administração pública.

O **ciclo orçamentário** corresponde ao processo que se inicia com a concepção do orçamento (elaboração), se desenvolve na discussão e na aprovação da proposta pelo legislativo (aprovação), se consolida na execução e no controle interno (execução) e conclui com a prestação de contas e a avaliação dos resultados alcançados (avaliação) pelo controle externo, ou seja, análise de sua eficácia e *accountability*. No item 3.6 – Ciclo orçamentário, traremos mais informações a respeito.

O processo orçamentário pode ser definido como o conjunto das funções a serem cumpridas pelo orçamento em termos de planejamento, controle gerencial e controle operacional.[1] O *planejamento* envolve a decisão quanto aos objetivos, aos recursos e às políticas sobre aquisição, utilização e disposição desses recursos. Já o *controle gerencial* diz respeito à obtenção e à utilização eficiente e eficaz dos recursos no atingimento dos objetivos. O controle operacional, por fim, envolve eficiência, eficácia e efetividade na execução das ações específicas.

No aspecto contábil, o sistema orçamentário representa o arcabouço especialmente concebido para registrar a receita prevista e a arrecadada e as autorizações legais de despesa constantes do orçamento e de seus créditos adicionais e a despesa executada, possibilitando a apuração do resultado orçamentário. Assim, a contabilidade aplicada ao setor público deve permitir a integração dos planos orçamentários hierarquicamente interligados, comparando suas metas programadas com as realizadas e evidenciar as diferenças relevantes e possíveis inconsistências por meio de notas explicativas às demonstrações contábeis.

A **evidenciação contábil** deve contribuir para a tomada de decisão e facilitar a instrumentalização do controle social, com o objetivo de permitir que se conheçam

---

[1] ASSOCIAÇÃO BRASILEIRA DE ORÇAMENTO PÚBLICO (ABOP). Glossário de termos orçamentários e afins. *ABOP*, Brasília, n. 33, terceiro quadrimestre de 1992. p. 39.

o conteúdo, a execução e a avaliação do planejamento das entidades do setor público em seus aspectos quantitativos e qualitativos, bem como a aderência entre o planejado e a sua implementação.

## 3.2 CONCEITO DE ORÇAMENTO PÚBLICO

Todo empregado, ao receber seu salário, deve elaborar o levantamento dos gastos que precisarão ser realizados em determinado mês. No momento em que prepara a relação de seus rendimentos em confronto com quanto poderá ser desembolsado e em que será aplicado, podemos afirmar que ele está efetuando seu orçamento para aquele período. De igual modo, nenhuma empresa pode realizar seus investimentos sem a devida orçamentação de seu faturamento e de seus gastos com vistas a garantir a viabilidade do negócio. O orçamento é o instrumento de planejamento utilizado em qualquer entidade, pública ou privada, do fluxo de ingressos e aplicação de recursos em determinado período, detalhando as ações a serem implementadas com aquisição de bens, prestação de serviços e investimentos. Em resumo, todos dependem do orçamento para atingir objetivos, metas e quaisquer tipos de resultados.

Guardadas as devidas proporções, o governo também tem de estimar quanto vai arrecadar e fixar quanto, em que e como vai gastar o dinheiro que os cidadãos colocam à sua disposição – Estado – para ser usado em proveito desses mesmos cidadãos. Quando o governo assim procede, ele está planejando sobre a receita e a despesa pública, ou ele está elaborando o orçamento público.

Por ser o mais importante instrumento para que o administrador público possa realizar as complexas tarefas de governo, o orçamento público é, em sua mais adequada definição, o demonstrativo orgânico da economia pública, representando o retrato real da vida do Estado. Portanto, o governo terá de decidir quanto, em que e como vai gastar o dinheiro que arrecadará dos contribuintes,[2] ou de outras fontes de recurso.

O orçamento público é a lei de iniciativa do Poder Executivo e aprovada pelo Poder Legislativo, que estima a receita e fixa a despesa para o exercício financeiro, coincidindo, nos termos do art. 34 da Lei n. 4.320, de 1964, com o ano civil. Essa lei deve ser elaborada por todas as esferas de governo em um exercício para, depois de devidamente aprovada, vigorar no exercício seguinte. Apesar de sua forma de lei, o orçamento, antes de tudo, é instrumento de planejamento que permite acompanhar, controlar e avaliar a administração da coisa pública.

---

[2]  DEODATO apud ANGÉLICO, J. *Contabilidade pública*. 8. ed. São Paulo: Atlas, 1985. p. 19.

A doutrina contábil costuma definir o orçamento público nos seguintes aspectos:

- **financeiro:** o orçamento público é considerado o plano de custeios, investimentos, inversões, transferências e receitas, proposto pelo Poder Executivo para um exercício financeiro e aprovado pelo Poder Legislativo. Assim como o planejamento de aplicação dos recursos estimados em atividades de custeios, investimentos, inversões e transferências durante um período financeiro;
- **econômico:** em sua mais exata expressão, o orçamento pode ser entendido como o quadro orgânico da economia pública, ou seja, como o reflexo (ou espelho) da vida do Estado. Por meio de suas cifras, pode-se conhecer com detalhes seu processo, sua cultura e sua civilização;[3]
- **jurídico:** o orçamento público é a lei que estima a receita e fixa a despesa para determinado exercício financeiro, estabelecendo responsabilidade, compromisso e obrigações para a administração pública.

O orçamento corresponde ao principal **instrumento da administração governamental** para traçar programas, projetos e atividades para um período financeiro, estimando suas receitas e planejando suas aplicações com definição dos limites de gastos. Ele é, por fim, o documento no qual é previsto o valor monetário que, em período determinado (geralmente um ano), deve "entrar e sair dos cofres públicos (receitas e despesas), com especificação de suas principais fontes de financiamento e das categorias de despesas mais relevantes".[4]

## 3.3 HISTÓRIA DO ORÇAMENTO PÚBLICO

Um dos marcos fundamentais para a origem do orçamento público ocorreu no século XIII. Mais precisamente em 1215, na Inglaterra. Ele remonta ao momento em que a Carta Magna foi imposta ao rei João sem Terra (John Lackland) pelos senhores feudais, objetivando limitar os poderes de arrecadação do rei e definir a forma de realização dos gastos. O art. 12 desse histórico documento preconiza a necessidade de autorização do Conselho dos Comuns para a cobrança de tributo ou subsídio, que deveriam ser razoáveis em seu montante.

Já nos Estados Unidos, a Declaração de Direitos do Congresso da Filadélfia, elaborada em 1787, implantou a exigência da prática orçamentária. Poucos anos depois, a Constituinte da França de 1789, resultante da Revolução Francesa, consagrou o

---

3 DEODATO apud ANGÉLICO, 1985, p. 19.
4 SANCHES, 1997, p. 168.

princípio de que a "votação das receitas e despesas seria atribuição dos representantes da nação".

No Brasil, a origem do orçamento está ligada ao surgimento do governo representativo, e nossa primeira Lei Orçamentária data de 1827. Vale, todavia, mencionar que a Constituição do Império de 1824 já trazia disposições a respeito da matéria em seu art. 172:

> O Ministro de Estado da Fazenda, havendo recebido dos outros Ministros os orçamentos relativos às despesas das suas repartições, apresentará na Câmara dos Deputados anualmente, logo que esta estiver reunida, um balanço geral da receita e despesa do Tesouro Nacional do ano antecedente, e igualmente o orçamento geral de todas as despesas públicas do ano futuro, e da importância de todas as contribuições, e rendas públicas.[5]

A Constituição Federal de 1988, no art. 165, como discutiremos oportunamente, tratou especificamente do sistema orçamentário.

## 3.4  PRINCÍPIOS ORÇAMENTÁRIOS

Os princípios básicos do orçamento são axiomas fundamentais que surgiram da necessidade de apresentar uma linguagem uniforme para elaborar e interpretar apropriadamente os orçamentos anuais. Para tal, admite-se que, enquanto vigentes, eles são inquestionáveis. Esses princípios consistem, assim, em dogmas para a administração pública, devendo ser considerados verdadeiros e indiscutíveis sem exigência de demonstração. Desse modo, podemos afirmar que os princípios básicos do orçamento são imperativos que vão estabelecer, de forma incontestável, os determinantes dos procedimentos de preparação do orçamento, permitindo seu acompanhamento e controle.

Os princípios orçamentários são fundamentos que normatizam a instituição orçamentária, proporcionando-lhe "consistência, principalmente no que se refere ao controle pelo Poder Legislativo".[6]

Os princípios que devem ser seguidos para a elaboração e o controle do orçamento estão previstos, basicamente, na Constituição Federal e na Lei n. 4.320, de 1964. A Constituição Federal reserva seção específica, Título VI – Da Tributação e do Orçamento, para tratar da matéria orçamentária. A Lei n. 4.320, de 1964, em seu art. 2º, preconiza que: "A Lei de Orçamento conterá a discriminação da receita e

---

5  BRASIL. *Constituição do Império de 1824, art.* 72. 1824. Disponível em: http://www.planalto.gov.br/ccivil_03/Constituicao/Constituicao24.htm. Acesso em: 2 set. 2019.
6  BRASIL, 1824, p. 39.

despesa, de forma a evidenciar a política econômico-financeira e o programa de trabalho do Governo, obedecidos os princípios de unidade, universalidade e anualidade".

O orçamento público no Brasil deve obedecer legalmente aos seguintes **princípios fundamentais**:

- **unidade:** segundo esta premissa, o orçamento público deve se constituir em uma única peça, abrangendo as receitas e as despesas do exercício financeiro;
- **anualidade:** também denominado periodicidade, este princípio orçamentário preconiza que as previsões da receita e a fixação da despesa devem sempre se referir a um período limitado de tempo.[7] Consequentemente, a cada exercício, o Poder Executivo terá de solicitar nova autorização do Poder Legislativo para cobrar e arrecadar tributos, bem como para aplicar os recursos obtidos;
- **universalidade:** por este axioma, devem ser incluídas no orçamento público todas as receitas e despesas, visando oferecer ao Poder Legislativo o controle adequado sobre as operações financeiras realizadas pelo Poder Executivo. Esse princípio está assim consignado na Lei n. 4.320, de 1964:

> Art. 3º A Lei de Orçamento compreenderá todas as receitas, inclusive as de operações de crédito autorizadas em lei.
>
> Parágrafo único. Não se consideram para os fins deste artigo as operações de crédito por antecipação de receita, as emissões de papel-moeda e outras entradas compensatórias no ativo e passivo financeiros.
>
> Art. 4º A Lei de Orçamento compreenderá todas as despesas próprias dos órgãos do governo e da administração centralizada, ou que por intermédio deles se devam realizar, observando o disposto no art. 2º.
>
> [...]
>
> Art. 6º Todas as receitas e despesas constarão da Lei de Orçamento pelos seus totais, vedadas quaisquer deduções.
>
> § 1º As cotas de receita que uma entidade pública deva transferir a outra incluir-se-ão, como despesa, no orçamento da entidade obrigada à transferência e, como receita, no orçamento da que as deva receber.[8]

Além desses princípios expressamente previstos na Lei n. 4.320, de 1964, a doutrina contábil costuma apresentar os seguintes princípios:

---

[7] No Brasil, esse período refere-se ao exercício financeiro que é de 12 meses.

[8] No Brasil, este artigo não tem sido observado, em face da implantação do orçamento único para a administração direta, autarquia, fundações e empresas dependentes (art. 2º, III, da LRF), englobando todas as fontes de recursos. Assim, as transferências de recursos entre os entes mencionados são registradas como movimentação financeira (cotas financeiras), e não mais como receita e despesa.

- **programação:** o orçamento público deve ter o conteúdo e a forma de programação, representando os programas de cada um dos órgãos do setor governamental. Programar significa selecionar objetivos a serem alcançados, determinar as ações que permitam atingir esses fins, além de, por sua vez, calcular e consignar os recursos (humanos, materiais e financeiros) para efetivar essas ações;[9]
- **especificação:** este princípio, também chamado de discriminação, veda as autorizações de forma globalizada, tanto para a arrecadação como para gastar os recursos financeiros obtidos. Dessa maneira, devem ser exigidos os detalhes do plano de cobrança das receitas e do programa de custeio e investimentos, possibilitando a devida ação fiscalizadora. A Lei n. 4.320, de 1964, em seu art. 5º, determina implicitamente a aplicação desse quesito, pois menciona que a Lei de Orçamento não consignará dotações globais destinadas a atender indiferentemente às despesas de pessoal, material, serviços de terceiros, transferências ou quaisquer outras;
- **exclusividade:** a Lei Orçamentária somente poderá conter matérias relativas à previsão da receita e à fixação da despesa. Vale mencionar que, também indiretamente, a Lei n. 4.320, de 1964, refere-se a esse princípio quando em seu art. 7º preconiza:

> A Lei de Orçamento poderá conter autorização ao Executivo para:
> I – abrir créditos suplementares até determinada importância, obedecidas as disposições do art. 43;
> II – realizar em qualquer mês do exercício financeiro operações de crédito por antecipação da receita, para atender a insuficiências de caixa.

Consoante o art. 38 da LRF, a operação de crédito por antecipação da receita somente pode ser efetuada a partir do dia 10 de janeiro e deverá ser liquidada até o dia 10 de dezembro.

O **princípio da exclusividade** está claramente previsto na Constituição Federal no art. 165, § 8º, no qual está determinado que a Lei Orçamentária Anual não conterá dispositivo estranho à previsão da receita e à fixação da despesa, não se incluindo na proibição a autorização para abertura de créditos suplementares e a contratação de operações de crédito, ainda que por antecipação de receita,[10] nos termos da lei:

- **clareza:** o orçamento deve ser elaborado de forma clara, completa e ordenada, a fim de possibilitar sua fácil compreensão;

---

[9] BRASIL. MINISTÉRIO DO PLANEJAMENTO E COORDENAÇÃO GERAL. *Manual do orçamento por programa e atividade*. Tradução da Organização das Nações Unidas. Rio de Janeiro, 1962.
[10] São os empréstimos de curto prazo denominados de Antecipação de Receita Orçamentária (ARO).

- **equilíbrio:** o orçamento público deverá manter o equilíbrio financeiro entre a receita e a despesa pública. Isso quer dizer que o total da receita deve ser sempre igual ao total da despesa. Esse princípio foi reforçado pela LRF, art. 4º, I, *a*, que estabelece que a Lei de Diretrizes Orçamentárias, a ser discutida oportunamente, disporá também sobre o equilíbrio entre receitas e despesas;
- **publicidade:** o orçamento público deverá ser publicado para que toda a comunidade possa tomar conhecimento dos objetivos do Estado e para que ele possa ter validade. A publicidade é um dos princípios da administração pública (Constituição Federal, art. 37).

A LRF (art. 48) preconiza que o orçamento, dentre outros documentos que representam instrumentos da transparência da gestão fiscal, deve ser amplamente divulgado, inclusive em meios eletrônicos de acesso público. Essa ampla divulgação estabelecida pela lei ocorre quando são elaborados documentos que sejam compreendidos de fato pela população, além de publicados em locais aos quais as pessoas têm acesso. Por exemplo, em cidades pequenas, a divulgação pode ocorrer nos mercados populares, nas igrejas, na porta da prefeitura, nas associações comunitárias, em praça pública etc.

## 3.5 CLASSIFICAÇÃO DO ORÇAMENTO

O orçamento pode ser classificado em tradicional ou clássico e em orçamento-programa ou moderno.

### 3.5.1 Orçamento tradicional

O **orçamento tradicional**, também conhecido como orçamento clássico, é o processo de elaboração do orçamento em que é enfatizado o objeto de gasto. Ou seja, trata-se, apenas, de um detalhamento das receitas a arrecadar e das despesas a executar, sendo constituído de um único documento, no qual as receitas e a autorização de despesas por tipo de gasto (pessoal, equipamentos, material de consumo, serviços, entre outros) são previstas de forma comparativa, sem qualquer especificação do programa e dos objetivos de governo. O orçamento tradicional prevaleceu de forma significativa até a década de 1960.

A partir da Lei n. 4.320, de 1964, que substitui o Decreto-Lei n. 1.990, de 1940, pode-se constatar uma notável evolução no processo de elaboração do orçamento público no Brasil, com o advento do orçamento-programa.

## 3.5.2 Orçamento-programa

O orçamento-programa surgiu, originalmente, nos Estados Unidos, no final da década de 1950, sob a denominação de Sistema de Planejamento, Programação e Orçamentação (*Planning Programming Budgeting System* – PPBS) e representa a modalidade de orçamento, na qual a estimativa dos recursos financeiros e sua destinação derivam da elaboração de um plano ou programa de trabalho. A principal característica que o distingue do orçamento tradicional é que o orçamento-programa parte da previsão de recursos para que sejam definidos as atividades e os projetos que serão executados, enquanto no orçamento tradicional a previsão dos recursos constitui a etapa final do processo de planejamento.

Este é tipo de orçamento adotado no Brasil. A Lei n. 4.320, de 1964, estabelece a obrigatoriedade da prática orçamentária, quando, em seu já citado art. 2º, determina que a Lei de Orçamento[11] conterá a discriminação da receita e da despesa, com o intuito de evidenciar a política econômico-financeira e o programa de trabalho do governo.

O Decreto-Lei n. 200, de 1967, em seu art. 7º, estabelece que:

> A ação governamental obedecerá ao planejamento que vise a promover o desenvolvimento econômico-social do país e a segurança nacional, norteando-se segundo planos e programas e compreenderá a elaboração e atualização de, entre outros instrumentos básicos, do orçamento-programa anual, que pormenorizará a etapa do programa plurianual a ser realizada no exercício seguinte e que servirá de roteiro à execução coordenada do programa anual.

O orçamento-programa pode ser entendido como o plano de trabalho do governo, no qual são especificadas as proposições concretas que se pretende realizar durante o ano financeiro.[12] O orçamento-programa é o responsável por apresentar os propósitos, os objetivos e as metas para as quais a administração terá de prover os fundos necessários. É ele também o instrumento que identifica os custos dos programas propostos para alcançar os objetivos traçados, além dos dados quantitativos que mensurarão os resultados alcançados e o trabalho realizado em cada programa.[13]

Também corresponde a uma sistemática que procura "ordenar a aplicação dos recursos financeiros, visando objetivos definidos, dentro de uma programação e um

---

[11] Segundo o § 1º do art. 2º da Lei n. 4.320, de 1964, integrarão a Lei de Orçamento: "I – sumário geral da receita por fontes e da despesa por funções do Governo; II – quadro demonstrativo da receita e despesa segundo as categorias econômicas; III – quadro discriminativo da receita por fontes e respectiva legislação; IV – quadro das dotações por órgãos do Governo e da administração. Já o § 2º determina que acompanharão a Lei de Orçamento: I – quadros demonstrativos da receita e planos de aplicação dos fundos especiais; II – quadros demonstrativos da despesa; III – quadro demonstrativo do programa anual de trabalho do governo, em termos de realização de obras e de prestação de serviços."

[12] Definição do Manual do orçamento por programa e atividade da ONU, 1978.

[13] BURKHEAD, J. *Government budgeting*. New York: John Wiley, 1959.

planejamento coordenados".[14] Assim, o orçamento-programa permite combinar os recursos disponíveis no futuro imediato para a consecução dos objetivos tanto de longo prazo como de médio prazo.[15]

As principais características do orçamento-programa são:[16]

- integração planejamento-orçamento;
- quantificação de objetivos e fixação de metas;
- relações insumo-produto;
- alternativas programáticas;
- acompanhamento físico-financeiro;
- avaliação de resultados;
- gerência por objetivos.

Um plano de governo que vincula o orçamento ao **planejamento** é representado pelo orçamento-programa. Ele deve mostrar os objetivos e as metas para os quais se solicita as dotações necessárias. Assim, o orçamento-programa destaca as metas, os objetivos e as intenções do governo, consolidando um conjunto de programas a ser realizado durante determinado período. Nele, os planos devem ser expressos em **unidades mensuráveis** e seus custos, claramente definidos. É um programa de trabalho e, portanto, um instrumento de planejamento.

Como vimos anteriormente, o orçamento-programa é um instrumento de planejamento anual de que dispõe a administração pública, de modo geral, com o objetivo de definir e executar seus planos de desenvolvimento socioeconômico em determinado intervalo de tempo. Sua finalidade está estritamente ligada à necessidade de transparência do serviço público, e sua correta elaboração, execução e avaliação contribui para a *accountability* pública. Sua estrutura obedece às funções de governo, às subfunções de cada função e ainda aos programas de cada subfunção.

A sistemática de elaboração do orçamento-programa foi inicialmente contida na *classificação funcional-programática*, introduzida pela Portaria n. 9, de 28 de janeiro de 1974,[17] editada pela Secretaria do Planejamento da Presidência da República, resultante de uma elaboração técnica pela qual se identificam as diversas categorias programáticas na ação do governo e da administração. Essa classificação divide-se basicamente em cinco categorias programáticas, partindo de um nível de maior complexidade das ações de governo para a mais objetiva e específica.

[14] LIMA apud WILGES, I. J. *Noções de direito financeiro*: o orçamento público. Porto Alegre: Sagra-Luzzatto, 1995. p. 38.
[15] MARTNER, G. *Planificación y presupuesto por programas*. 2. ed. México: Siglo XXI, 1969. p. 62-65.
[16] ABOP, 1992.
[17] Atualizada e revogada pela Portaria n. 117, de 12 novembro de 1998, posteriormente substituída pela Portaria n. 42, de 14 abril de 1999.

Contudo, o sistema orçamentário governamental foi significativamente modi-ficado. Em 29 de outubro de 1998, o Decreto Federal n. 2.829, de 1998, possibilitou a integração entre o planejamento e o orçamento, pois apresentou a orientação básica sobre o conteúdo, o gerenciamento e a avaliação anual do resultado dos programas definidos no Plano Plurianual e nos orçamentos anuais.

A Portaria n. 42, de 14 de abril de 1999, do então Ministério do Orçamento e Gestão, atualizou a discriminação da despesa e definiu os conceitos de função, sub-função, programa, projeto, atividade e operações especiais, estabelecendo, de forma padronizada, somente a estrutura das categorias função e subfunção.

### 3.5.3  Principais diferenças entre o orçamento tradicional e o orçamento-programa

O **Quadro 3.1** apresenta um comparativo que resume as principais diferenças entre o orçamento tradicional e o orçamento-programa.

| QUADRO 3.1    Comparativo entre o orçamento tradicional e o orçamento-programa | | |
|---|---|---|
| Quanto à(ao) | Orçamento tradicional | Orçamento-programa |
| **Finalidade** | Ênfase no que o governo compra, nas coisas por ele adquiridas. | Ênfase nas ações que o governo realiza e nos meios reais que utiliza. |
| **Uso dos tipos de classificação** | Base na classificação institucional por objeto gasto. | Utiliza-se praticamente de todos os tipos: institucional, econômica, por elemento de despesa, por objetivos e rico em informações. |
| **Relação com o planejamento** | Normalmente não reflete ações planejadas. | Constitui-se em um dos instrumentos do planejamento. Compatibiliza as programações anuais com os planos. |
| **Identificação de objetivos** | Não identifica programa de trabalho, objetivos e metas porque não faz parte de um processo integrado de planejamento. | Identifica programas de trabalho, objetivos e metas, com o objetivo de compatibilizá-los com os planos de médio e longo prazos. |
| **Processo de elaboração** | Elaboração empírica. Revisão percentual dos quantitativos financeiros anteriores para receita e despesa. | Elaboração técnica. Base em diretrizes e prioridades. Estimativa real de recursos. Cálculo real das necessidades. |
| **Forma de controle** | Ênfase no controle financeiro legal e formal. | Ênfase nas realizações físicas, além dos aspectos tradicionais. |

| Quanto à(ao) | Orçamento tradicional | Orçamento-programa |
|---|---|---|
| **Outros aspectos** | Controle político-jurídico da receita e despesa orçamentária. Apresenta em destaque os meios de que a administração vai dispor para cumprir suas funções. Detalha o que o governo gasta para atingir os objetivos. | Informa, ainda, em relação a cada atividade ou projeto, quanto vai gastar, em que vai gastar e por que vai gastar. Enfatiza metas, objetivos e propósitos contidos nos programas para serem executados em determinado exercício. Permite o controle da execução dos programas propostos e a verificação das causas de um eventual não cumprimento. Proporciona a apuração de custos unitários e mede a eficiência. Mostra o que o governo faz. |

Fonte: elaborado pelos autores com base na Portaria n. 42, de 14 de abril de 1999.

Enfim, o orçamento tradicional enfoca o que se pretende gastar; já o orçamento-programa, o que se pretende realizar.

## 3.6 CICLO ORÇAMENTÁRIO

O ciclo orçamentário corresponde ao processo que se inicia com a concepção da proposta do orçamento; ganha transparência com a participação popular e a realização de audiências públicas durante os processos de elaboração, conforme art. 48, parágrafo único, da LRF; desenvolve-se na discussão e na aprovação da proposta pelo Legislativo; consolida-se na execução e no controle; e conclui-se com a prestação de contas e a avaliação dos resultados alcançados, ou seja, a análise de sua eficácia e efetividade. É o período em que se materializa a ação estatal, que tem como origem a idealização das ações até a efetiva aferição dos benefícios concretizados. O ciclo orçamentário compreende fases, que se repetem em períodos prefixados. Segundo esses passos, sucessivos orçamentos são preparados, votados, executados, avaliados (de acordo com os resultados obtidos) e as contas aprovadas.[18]

O ciclo orçamentário desdobra-se de acordo com o seguinte roteiro:[19]

- proposta do Executivo sob a supervisão política do chefe do poder e a assistência de seus órgãos técnicos;
- discussão e aprovação dessa proposta pelo Parlamento;
- sanção do chefe do poder e execução por ele e pelos ministros/secretários;

[18] COPE apud WILGES, O. K. O ciclo orçamentário. *In:* JAMESON, S. H. *Orçamento e administração financeira.* Rio de Janeiro: Fundação Getulio Vargas, 1995. p. 63.
[19] BALEEIRO, A. *Uma introdução à ciência das finanças.* 6. ed. Rio de Janeiro: Forense, 1995. p. 428.

- controle da execução do orçamento e parecer final sobre as contas pelo Tribunal de Contas;
- julgamento das contas pelo Parlamento, que tem a competência para recusá-las e submeter o presidente e os ministros a *impeachment*, em caso do atentado à probidade da administração, à Lei Orçamentária, à guarda legal e ao emprego do dinheiro público.

Em resumo, o ciclo orçamentário se processa nas seguintes fases:

- identificação dos objetivos;
- preparação da proposta;
- audiências públicas;
- proposição de emendas;
- discussão da proposta;
- votação da proposta;
- aprovação da proposta;
- sanção da Lei Orçamentária;
- ampla divulgação;
- execução do orçamento;
- acompanhamento da execução pelos órgãos de controle interno e de planejamento;
- aferição dos resultados parciais;
- auditoria pelo sistema de controle externo;
- aferição da efetividade;
- avaliação final.

Essas particularidades do processo orçamentário sucedem-se no tempo e repetem-se com as mesmas características de período em período constituindo um ciclo. O processo de elaboração do orçamento-programa envolve quatro etapas distintas, a saber:

- **planejamento**: definição dos objetivos que deverão ser alcançados;
- **programação**: definição das atividades necessárias para alcançar os objetivos planejados;
- **projeto**: estimativa dos trabalhos necessários à realização das atividades;
- **orçamentação**: estimativa dos recursos financeiros para custear as ações a serem realizadas e a previsão das fontes de recursos correspondentes. Com isso, a programação de governo pode ser detalhada em ações específicas, que são materializadas em projetos, atividades, subprojetos e subatividades orçamentárias.[20]

---

[20]  BALEEIRO, 1995, p. 34.

## 3.7 ASPECTOS CONSTITUCIONAIS E DA LRF SOBRE ORÇAMENTO

A Lei n. 4.320, de 1964, trouxe progressos significativos para a elaboração dos orçamentos e dos balanços, aplicáveis às esferas de governo, principalmente ao determinar a prática do orçamento-programa, cujas regras disciplinadoras foram fixadas pelo Decreto-Lei n. 200, de 1967.

No que se refere à matéria orçamentária, a Constituição de 1988, em seu art. 165, determina que leis de iniciativa do Poder Executivo estabelecerão o Plano Plurianual, as Diretrizes Orçamentárias e os Orçamentos Anuais. Ou seja, os **instrumentos de planejamento** do setor público compreendem o Plano Plurianual, a Lei de Diretrizes Orçamentárias (LDO) e a Lei Orçamentária Anual (LOA).

A seguir, detalhamos cada um dos instrumentos que compõem o sistema de planejamento e orçamento.

O **Plano Plurianual** corresponde ao plano de médio prazo, por meio do qual se procura ordenar as ações do governo que levem ao alcance dos objetivos e das metas fixados para um período de quatro anos. Segundo o § 1º do art. 165 da Constituição Federal, a lei que instituir o Plano Plurianual estabelecerá, de forma regionalizada, as diretrizes, os objetivos e as metas da administração pública federal para as despesas de capital e outras delas decorrentes,[21] e para as relativas aos programas de duração continuada. Além disso, nenhum investimento, cuja execução ultrapasse um exercício financeiro, poderá ser iniciado se não a incluir previamente no Plano Plurianual ou sem lei que autorize essa inclusão, sob pena de crime de responsabilidade. O projeto do Plano Plurianual elaborado pelo Poder Executivo no primeiro ano de governo, para vigência até o final do primeiro exercício financeiro do mandato governamental subsequente, será encaminhado até quatro meses antes do encerramento do primeiro exercício financeiro (31 de agosto) e devolvido para sanção até o encerramento da sessão legislativa (22 de dezembro).

A **LDO** consiste na lei que norteia a elaboração dos orçamentos anuais, compreendidos aqui o orçamento fiscal, o orçamento de investimento das empresas estatais e o orçamento da seguridade social (saúde, previdência e assistência social), a fim de adequá-los às diretrizes, aos objetivos e às metas da administração pública estabelecidos no Plano Plurianual. Ainda conforme o art. 165 da Constituição Federal, a LDO compreende as metas e as prioridades da administração pública federal, incluindo: (a) as despesas de capital para o exercício financeiro subsequente; (b) orientar a elaboração da Lei Orçamentária Anual; (c) dispor sobre as alterações na legislação tributária; (d) estabelecer a política de aplicação das agências financeiras oficiais de fomento; e (e) definir regras para os gastos com pessoal.

---

[21] O entendimento é que essas despesas se referem àquelas necessárias ao perfeito funcionamento dos serviços decorrentes de despesas de capital. Por exemplo, o material de consumo necessário ao funcionamento de um novo hospital.

A LDO, sob a forma de projeto, deve ser encaminhada pelo Poder Executivo ao Poder Legislativo, na esfera federal, até oito meses e meio antes do encerramento do exercício financeiro (15 de abril) e devolvida para sanção até o final do primeiro período da sessão legislativa (17 de julho). *Cabe salientar, que no primeiro ano de mandato, o prazo de elaboração e aprovação da Lei de Diretrizes Orçamentárias é incompatível com o prazo constitucional pela elaboração e aprovação do Plano Plurianual de Investimentos (PPA).*

A LRF, em seu art. 4º, ampliou as disposições da LDO, estabelecendo: que ela deverá tratar do equilíbrio entre receitas e despesas; critérios e formas de limitação de empenho, a ser efetivada nas hipóteses previstas na própria LRF; normas relativas ao controle de custos e à avaliação dos resultados dos programas financiados com recursos dos orçamentos; demais condições e exigências para transferências de recursos a entidades públicas e privadas.

Ainda consoante à LRF, integrarão o projeto da LDO os Anexos de **metas fiscais** e de **riscos fiscais**.

O Anexo de metas fiscais deve apresentar os seguintes elementos:

- metas anuais, em valores correntes e constantes, relativas a receitas, despesas, resultado nominal e primário[22] e montante da dívida pública, para o exercício a que se referirem e para os dois seguintes;
- avaliação do cumprimento das metas relativas ao ano anterior;
- demonstrativo das metas anuais, instruído com memória e metodologia de cálculo que justifiquem os resultados pretendidos, comparando-as com as fixadas nos três exercícios anteriores e evidenciando a consistência delas com as premissas e os objetivos da política econômica nacional;
- evolução do patrimônio líquido, também nos últimos três exercícios, destacando a origem e a aplicação dos recursos obtidos com a alienação de ativos;
- avaliação da situação financeira e atuarial dos fundos de previdência;
- demonstrativo da estimativa e compensação da renúncia de receita e da margem de expansão das despesas obrigatórias de caráter continuado.

O Anexo de riscos fiscais deverá conter a avaliação dos passivos contingentes e outros riscos capazes de afetar as contas públicas, informando as providências a serem tomadas, caso se concretizem. Ademais, consoante o § 4º do art. 4º da LRF, a mensagem que encaminhar o projeto de Lei de Diretrizes Orçamentárias da União apresentará, em anexo específico, os objetivos das políticas monetária, creditícia e

---

[22] Enquanto o resultado nominal expressa o valor da variação da dívida líquida em certo período, o resultado primário expressa a situação das contas em certo período, antes do impacto dos encargos financeiros, podendo ser obtido pela diferença entre receitas e despesas fiscais. (SANCHES, 1997, p. 236).

cambial, bem como os parâmetros e as projeções para seus principais agregados e variáveis, e ainda as metas de inflação para o exercício subsequente.

A **LOA** objetiva viabilizar a realização das ações planejadas no Plano Plurianual e transformá-las em realidade. Deve ser elaborada de forma compatível com o Plano Plurianual, com a Lei de Diretrizes Orçamentárias e com as normas da LRF. Nela, são programadas as tarefas a serem executadas no exercício, visando alcançar objetivos determinados. O art. 165, § 5º, da Constituição, estabelece que a Lei Orçamentária Anual compreenderá:

a) **orçamento fiscal:** referente aos poderes, seus fundos, seus órgãos e suas entidades da administração direta e indireta, inclusive fundações instituídas e mantidas pelo poder público, além das estatais dependentes. O orçamento fiscal representa o plano de ação fiscal implementado pelo setor governamental para determinado exercício financeiro. Conforme podemos inferir da Constituição Federal, esse orçamento detalha as receitas que poderão ser arrecadadas pelo Estado, pelo exercício de seu poder fiscalizador, entre outras, assim como suas respectivas utilizações em programas governamentais;

b) **orçamento de investimento:** das empresas em que o Estado, direta ou indiretamente, detenha o poder de deliberação sobre as questões da sociedade. O orçamento de investimento, conforme determina a Constituição Federal, corresponde à programação de investimentos de todas as empresas de que a União, o estado ou o município participem direta ou indiretamente, detendo a maioria do capital social com direito a voto.

c) **orçamento da seguridade social:** abrangendo todas as entidades e todos os órgãos a ela vinculados, da administração direta ou indireta, bem como os fundos e as fundações instituídos e mantidos pelo poder público. O orçamento da seguridade social, que compreende as ações de saúde, previdência e assistência social, inclui o detalhamento das receitas vinculadas aos gastos da seguridade social. Abrange todas as entidades e todos os órgãos da administração governamental vinculados à seguridade social.

A Lei do Orçamento, também sob a forma de projeto, deve ser encaminhada, no âmbito federal, até quatro meses antes do encerramento do exercício financeiro (31 de agosto) e devolvida para sanção até o final da sessão legislativa (22 de dezembro).

A LRF trouxe novas exigências para a Lei Orçamentária. Segundo o art. 5º da citada lei complementar, o projeto de Lei Orçamentária:

• incluirá, como anexo, demonstrativo da compatibilidade da programação dos orçamentos com os objetivos e as metas constantes do Anexo de metas fiscais integrante da LDO;

- será acompanhado do demonstrativo regionalizado do efeito, sobre as receitas e as despesas, decorrentes de isenções, anistias, remissões, subsídios e benefícios de natureza financeira, tributária e creditícia, previsto no § 6º do art. 165 da Constituição Federal, bem como das medidas de compensação para as renúncias de receita e para o aumento de despesas obrigatórias de caráter continuado;
- conterá reserva de contingência, cuja forma de utilização e montante, definido com base na receita corrente líquida, serão estabelecidos na LDO, destinada ao atendimento de passivos contingentes, outros riscos e eventos fiscais imprevistos.

A LRF estabelece ainda as seguintes diretrizes para a Lei Orçamentária:

- todas as despesas relativas à dívida pública, mobiliária ou contratual, e as receitas que as atenderão constarão da Lei Orçamentária;
- o refinanciamento da dívida pública constará separadamente da Lei Orçamentária e das Leis de Crédito Adicional;
- a atualização monetária do principal da dívida mobiliária refinanciada não poderá superar a variação do índice de preços previsto na LDO, ou em legislação específica;
- é vedado nela consignar crédito com finalidade imprecisa ou com dotação ilimitada;
- ela não consignará dotação para investimento com duração superior a um exercício financeiro que não esteja previsto no Plano Plurianual ou em lei que autorize a sua inclusão, conforme disposto no § 1º do art. 167 da Constituição.

No que tange à execução orçamentária e ao cumprimento das metas, a LRF estabelece que o Poder Executivo determinará a programação financeira e o cronograma de execução mensal de desembolso até 30 dias após a publicação dos orçamentos, nos termos em que dispuser a LDO.

Nos termos do art. 9º da LRF, se verificado, ao final de um bimestre, que a realização da receita poderá não comportar o cumprimento das metas de resultado primário ou nominal estabelecidas no Anexo de metas fiscais, os poderes e o Ministério Público promoverão, por ato próprio e nos montantes necessários, nos 30 dias subsequentes, **limitação de empenho e movimentação financeira**, segundo os critérios fixados pela LDO.

Contudo, as despesas que são obrigações constitucionais e legais do ente, inclusive aquelas destinadas ao pagamento do serviço da dívida, e as ressalvadas pela LDO não serão objeto de limitação. Outro aspecto importante é que, até o final dos meses de maio, setembro e fevereiro, o Poder Executivo demonstrará e avaliará o cumprimento das metas fiscais de cada quadrimestre, em audiência pública na comissão referida no § 1º do art. 166 da Constituição Federal ou equivalente nas Casas Legislativas estaduais e municipais.

Por fim, o art. 10 da LRF estabelece que a execução orçamentária e a financeira identificarão os beneficiários de pagamento de sentenças judiciais, por meio de um sistema de contabilidade e administração financeira, para fins de observância da ordem cronológica determinada pelo art. 100 da Constituição Federal.

Nos próximos capítulos, estudaremos os componentes do orçamento governamental – as receitas e as despesas públicas.

## SINOPSE

1. Sistema orçamentário é a estrutura formada por organizações, pessoas, informações, tecnologia, normas e procedimentos necessários ao cumprimento das funções fixadas no processo orçamentário preestabelecido para a administração pública.

2. No aspecto contábil, o sistema orçamentário é uma técnica ou um método especialmente concebido para registrar a receita prevista e as autorizações legais de despesa constantes da LOA e de seus créditos adicionais, demonstrando a despesa fixada e a executada no exercício, bem como comparando a receita prevista com a arrecadada.

3. Orçamento público é o processo mediante o qual o governo traça um programa de projetos e atividades, estimando suas receitas e planejando sua aplicação, com prévia fixação das despesas.

4. A doutrina contábil tem definido o orçamento público quanto aos aspectos financeiro, econômico e jurídico. O financeiro compreende o programa de custeios, investimentos, inversões, transferências e receitas, proposto pelo Poder Executivo para um período financeiro; o econômico compreende o quadro orgânico da economia pública expresso em cifras, apresentando a evolução econômica do Estado; e o jurídico compreende a lei que estima a receita e fixa a despesa para determinado exercício financeiro.

5. O orçamento tradicional ou clássico é o processo de elaboração do orçamento constituído de um único documento, no qual se previam as receitas e a autorização de despesas por tipo de gasto (pessoal, equipamentos, serviços, entre outros), sem qualquer definição do programa e dos objetivos de governo.

6. O orçamento público teve origem no século XIII, em 1215, na Inglaterra, no momento em que a Carta Magna foi imposta ao rei João sem Terra pelos senhores feudais, objetivando limitar os poderes de arrecadação do rei e definir a forma de realização dos gastos.

7. No Brasil, o planejamento público é composto dos seguintes instrumentos: Plano Plurianual, LDO e LOA.

8. A LRF, em seu art. 4º, ampliou as disposições da LDO, estabelecendo que ela deverá tratar do equilíbrio entre receitas e despesas; critérios e formas de limitação de empenho, a ser efetivada nas hipóteses previstas na própria LRF.

9. O projeto de LDO da União apresentará, como anexo específico, os objetivos das políticas monetária, creditícia e cambial, bem como os parâmetros e as projeções para seus principais agregados e variáveis, e ainda as metas de inflação para o exercício subsequente.

10. No que tange à execução orçamentária e ao cumprimento das metas, a LRF estabelece que, até 30 dias após a publicação dos orçamentos, nos termos em que dispuser a LDO, o Poder Executivo estabelecerá a programação financeira e o cronograma de execução mensal de desembolso.

11. A LRF estabelece que a execução orçamentária e financeira identificará os beneficiários de pagamento de sentenças judiciais por meio de sistema de contabilidade e administração financeira, para fins de observância da ordem cronológica determinada pelo art. 100 da Constituição Federal.

12. Os princípios orçamentários estão basicamente definidos na Constituição Federal e na Lei n. 4.320, de 1964. São eles: unidade, anualidade, universalidade. A doutrina apresenta seis outros princípios: programação, especificação, exclusividade, clareza, equilíbrio e publicidade.

13. O orçamento-programa representa a modalidade de orçamento na qual a estimativa dos recursos financeiros e sua destinação derivam da elaboração de um plano ou programa de trabalho do governo.

14. No Brasil, a Lei n. 4.320, de 1964, estabelece a obrigatoriedade do orçamento-programa, determinando que a Lei de Orçamento conterá a discriminação da receita e da despesa, a fim de evidenciar a política econômico-financeira e o programa de trabalho do governo.

15. O orçamento-programa destaca as metas, os objetivos e as intenções do governo, consolidando um conjunto de programas a ser realizado durante determinado período. Nele, os planos devem ser expressos em unidades mensuráveis e seus custos, claramente definidos. Por ser um programa de trabalho, é, portanto, um instrumento de planejamento.

16. A contabilidade aplicada ao setor público deve permitir a integração dos planos orçamentários, hierarquicamente interligados, comparando suas metas programadas com as realizadas, e evidenciar as diferenças relevantes por meio de notas explicativas.

17. O orçamento-programa elaborado constitui eficaz instrumento de planejamento e programação, gerência e administração, controle e avaliação.

18. A elaboração do orçamento-programa envolve quatro etapas distintas: planejamento, que é a definição dos objetivos que deverão ser alcançados; programação, que representa a definição das atividades necessárias para se alcançar os objetivos planejados; projeto, que é a estimativa dos trabalhos necessários à realização das atividades; e

orçamentação, que é a estimativa dos recursos financeiros para custear as ações a serem realizadas e a previsão das fontes de recursos correspondentes.

19. O ciclo orçamentário corresponde ao processo que se inicia com a concepção do orçamento; desenvolve-se nas audiências públicas, na discussão e na aprovação da proposta pelo Legislativo; ganha publicidade com sua ampla divulgação; consolida-se na execução e no controle; e conclui-se com a avaliação dos resultados alcançados, ou seja, a análise de sua efetividade.

20. O orçamento-programa apresenta uma série de diferenças do orçamento tradicional, que enfoca o que se pretende gastar. Já o orçamento-programa enfoca o que se pretende realizar.

21. O orçamento-programa, de modo geral, é um instrumento de planejamento anual de que dispõe o governo, com o objetivo de definir e executar seus planos de desenvolvimento socioeconômico em determinado intervalo de tempo, relacionando-se estritamente com a transparência do serviço público.

# CAPÍTULO 4

## Receita pública

### OBJETIVOS DO CAPÍTULO

▶ Apresentar o conceito de receita definido pela contabilidade geral e o de receita pública, enfocando suas características.

▶ Classificar e definir os tipos de receitas públicas apresentados pela legislação e pela doutrina.

▶ Descrever cada um dos estágios pelos quais a receita pública percorre dentro do ciclo orçamentário.

▶ Demonstrar, de forma detalhada, os meios e os procedimentos de que o Estado se utiliza para a materialização dos recursos pecuniários necessários à realização de suas finalidades constitucionais.

▶ Demonstrar a contabilização da receita pública.

▶ Apresentar as principais normas de controle da receita pública estabelecidas pela LRF.

## 4.1 CONCEITO

Receita é um termo utilizado universalmente pela contabilidade para evidenciar a **variação positiva da situação líquida patrimonial** resultante do aumento de ativos ou da redução de passivos de uma entidade. Por esse enfoque, a receita pode ser classificada em:

a) **Receitas públicas**: aquelas auferidas pelas entidades públicas.
b) **Receitas privadas**: aquelas auferidas pelas entidades privadas.

Na contabilidade geral, **receita** é a entrada de elementos para o ativo em função da venda de mercadorias, prestação de serviços, aluguéis, juros ou pela redução do passivo sem uma correspondente redução no ativo, *gerando uma variação positiva da situação líquida patrimonial*.

Todavia, *na contabilidade aplicada ao setor público, receita engloba todo e qualquer recolhimento de recursos feito aos cofres públicos*, realizado sob a forma de numerário e de outros bens representativos de valores, que o governo tem o direito de arrecadar em virtude da Constituição, de leis, contratos ou de quaisquer outros títulos de que derivem direitos a favor do Estado. Também é considerado receita o recebimento decorrente de uma arrecadação com objetivo específico, cujo montante recolhido não lhe pertença, figurando o Estado apenas como mero fiel depositário de valores de terceiros (cauções, depósitos, retenções, entre outros). Via de regra, qualquer recurso recebido pelo Estado é receita, em sentido amplo ou geral.

Quanto a esse conceito de **receita pública**, em sentido amplo ou geral, a legislação federal, ao tratar do Sistema de Caixa Único do Tesouro Nacional, define por receita da União todo e qualquer ingresso de caráter originário ou derivado, ordinário ou extraordinário e de natureza orçamentária ou extraorçamentária, seja geral ou vinculado, que tenha sido decorrente, produzido ou realizado direta ou indiretamente pelos órgãos competentes. Ou seja, todo recurso, financeiro ou não, que entram nos cofres públicos permanente ou transitoriamente.

A receita pública também pode ser definida como os recursos auferidos na gestão que serão computados na apuração do resultado financeiro e econômico do exercício e desdobrados nas categorias econômicas de receitas correntes (tributos, juros financeiros ativos etc.) e de capital (operação de créditos, alienação de bens etc.).

O conceito de receita, no contexto orçamentário, são todos os ingressos disponíveis para cobertura das despesas públicas, em qualquer esfera governamental. Esse conceito advém da interpretação da Lei n. 4.320, de 1964, ao regulamentar os ingressos de disponibilidades de todos os entes da Federação, classificando-os em dois grupos: orçamentários e extraorçamentários. A seguir, traremos mais informações a respeito.

## 4.2   TIPOS DE RECEITA PÚBLICA

Conforme já mencionado, a Lei n. 4.320, de 1964, classifica receita pública como receita orçamentária e receita extraorçamentária.

A **receita orçamentária** representa valores constantes do orçamento, como tributos, rendas, transferências, alienações, amortização de empréstimos concedidos e operações de crédito por prazos superiores a doze meses, que são agrupadas, conforme o art. 11 da Lei n. 4.320, de 1964, em receitas correntes ou receitas de capital.

As **receitas correntes** são de natureza efetiva. Provocam variação positiva da situação líquida patrimonial. Compreendem as receitas tributárias, de contribuições, patrimoniais, agropecuárias, industriais, de serviços, de transferências (recursos recebidos de outras pessoas de direito público ou privado, independentemente de contraprestação direta de bens ou serviços) e outras receitas correntes, como multas, juros, restituições, indenizações, receitas da dívida ativa, de alienação de bens apreendidos, de aplicações financeiras, entre outras.

As **receitas de capital** compreendem as provenientes da realização de recursos financeiros oriundos de constituição de dívidas (operações de crédito); da conversão, em espécie, de bens e direitos (alienação de bens); da amortização de empréstimos; de recursos recebidos de outras pessoas de direito público ou privado, destinados a atender à formação de um bem de capital, da integralização de capital, entre outras. As receitas de capital são de natureza não efetivas, assim não provocam variação positiva da situação líquida patrimonial.

Apesar de o art. 11, § 2º, da Lei n. 4.320, de 1964, estabelecer que o *superavit* do **orçamento corrente** (balanceamento dos totais das receitas e das despesas correntes) é **receita de capital**, o § 3º do mesmo artigo menciona que *esse* **superavit** *não constitui item da receita orçamentária*. Esses dois parágrafos, em uma primeira análise, parecem contraditórios, pois se toda a receita orçamentária é classificada em receita corrente e de capital, como pode uma receita de capital não ser item da receita orçamentária?

Todavia, ao se fazer uma interpretação mais aprofundada do texto, pode-se ver que não há contradição e que o legislador somente teve a intenção de preconizar que o excesso das receitas orçamentárias correntes sobre as despesas orçamentárias correntes pode ser utilizado como fonte para financiar despesas de capital (compra de bens, amortização de dívida, entre outras). Aliás, esse é o raciocínio que se extrai do Anexo n. 1 da Lei n. 4.320, de 1964, principalmente com relação ao § 3º. Apurada a diferença no conjunto das operações correntes, ela é adicionada às receitas de capital. Esse *superavit* do orçamento corrente (excesso das receitas correntes) não pode ser classificado como recurso orçamentário. Se isso fosse feito, esse valor seria computado duas vezes como receita: uma vez no orçamento corrente e, depois, de novo no orçamento de capital. Portanto, isso apenas quer dizer que parte do orçamento corrente passou a financiar o de capital.

No âmbito da União, a receita pública é definida pelo Decreto Federal n. 93.872, de 23 de dezembro de 1986, nos seguintes termos: "entende-se por receita da União todo e qualquer ingresso de caráter originário ou derivado, ordinário ou extraordinário e de natureza orçamentária ou extraorçamentária, seja geral ou vinculado, que tenha sido decorrente, produzido ou realizado direta ou indiretamente pelos órgãos competentes".

Para fins contábeis, quanto ao impacto na situação líquida patrimonial, a receita pode ser **efetiva** ou **não efetiva**. Nesse contexto, a receita orçamentária é classificada em:

a) **Receita orçamentária efetiva** é aquela que, no momento do reconhecimento do crédito, aumenta a situação líquida patrimonial da entidade. Constitui fato contábil modificativo aumentativo (receita corrente).

b) **Receita orçamentária não efetiva** é aquela que não altera a situação líquida patrimonial no momento do reconhecimento do crédito e, por isso, constitui fato contábil permutativo (receita de capital), como é o caso das operações de crédito e das amortizações do principal de empréstimos concedidos.

Como já comentado, em **sentido amplo ou geral**, os ingressos de recursos financeiros nos cofres públicos denominam-se receitas públicas, registradas como receitas orçamentárias, quando representam disponibilidades de recursos financeiros para o erário; e/ou ingressos extraorçamentários, quando representam apenas entradas compensatórias (garantias, caução, consignações).

Já em **sentido estrito**, chamam-se públicas apenas as receitas orçamentárias, ou seja, se exclui as entradas de natureza compensatória (extraorçamentárias). Esse é o sentido adotado na contabilidade aplicada ao setor público ao se referir à receita pública.

Os **ingressos orçamentários** são aqueles pertencentes ao ente público, arrecadados exclusivamente para aplicação em programas e ações governamentais. São denominados de receita orçamentária. Já os **ingressos extraorçamentários** são aqueles pertencentes a terceiros, dos quais o estado *detém a posse, mas não tem a propriedade*, arrecadados pelo ente público exclusivamente para fazer face às exigências contratuais pactuadas para posterior devolução e às retenções legais tributárias, previdenciárias e trabalhistas. Esses ingressos são denominados recursos de terceiros de natureza compensatória.

A receita extraorçamentária engloba os valores provenientes de toda e qualquer arrecadação que não figure no orçamento do Estado e, consequentemente, todo recolhimento que não constitui sua renda. Portanto, não pertence ao Estado. Possui caráter de extemporaneidade ou de transitoriedade nos orçamentos e representa o recebimento de recursos que constituirão compromissos exigíveis, cujos pagamentos independem de autorização do Poder Legislativo.

Também são considerados receitas extraorçamentárias no balanço financeiro, somente para fins de compensação, como será detalhado oportunamente, os restos a pagar (contas a pagar) inscritos ou registrados no exercício. Na verdade, as receitas extraorçamentárias representam apenas valores recebidos pelo Estado, mas que não são de sua propriedade e terão de ser devolvidos, portanto, não deveriam ser denominadas de receitas, mas de ingressos transitórios. Ingressos extraorçamentários são recursos financeiros de caráter temporário, do qual o Estado é mero agente depositário. Sua devolução não se sujeita à autorização legislativa, portanto, não integram a LOA. Por serem constituídos por ativos e passivos exigíveis, os ingressos extraorçamentários, em geral, não têm reflexos no Patrimônio Líquido da entidade.

Em âmbito federal, a codificação da classificação por natureza da receita é normatizada por meio de Portaria da Secretaria de Orçamento Federal (SOF), órgão do Ministério da Economia. Já para estados e municípios, é feita por meio de Portaria Interministerial (SOF e STN).

Importante destacar que essa classificação é utilizada por todos os entes da Federação e visa identificar a origem do recurso segundo o fato gerador: acontecimento real que ocasionou o ingresso da receita nos cofres públicos. A classificação da receita pública teve sua última atualização em 2015, por meio da Portaria Interministerial STN/SOF n. 05, de 2015. Todos os entes públicos da Federação passaram a adotá-la a partir do exercício financeiro de 2018. Em função das constantes alterações promovidas pelo Governo Federal, recomendamos a permanente consulta à página do Planejamento, Desenvolvimento e Gestão do Ministério da Economia[1] e da Secretaria do Tesouro Nacional.[2]

A receita orçamentária é resumidamente classificada da seguinte forma:

**1 Receitas correntes** (categoria econômica)
   1.1 Receita tributária (origem)
      1.1.1 Impostos (espécie)
      1.1.2 Taxas (espécie)
      1.1.3 Contribuições de melhoria (espécie)
   1.2 Receita de contribuições
   1.3 Receita patrimonial
   1.4 Receita agropecuária
   1.5 Receita industrial

---

[1] Disponível em: http://www.planejamento.gov.br. Acesso em: 2 set. 2019.
[2] Disponível em: http://www.tesouro.fazenda.gov.br/mcasp. Acesso em: 2 set. 2019.

   1.6 Receita de serviços
   1.7 Transferências correntes
   1.8 Outras Receitas correntes
7 **Receitas correntes intraorçamentárias**

2 **Receitas de capital** (categoria econômica)
   2.1 Operações de crédito (origem)
      2.1.1 Internas (espécie)
      2.1.2 Externas (espécie)
   2.2 Alienação de bens
   2.3 Amortização de empréstimos
   2.4 Transferências de capital
   2.5 Outras Receitas de capital
8 **Receitas de capital intraorçamentárias**

Cabe informar que as classificações Receitas correntes intraorçamentárias e Receitas de capital intraorçamentárias, identificadas, respectivamente, pelos códigos 7 e 8, segundo disposto pela Portaria[3] que as criou, ***não constituem novas categorias econômicas de receita***, mas apenas especificações das categorias econômicas Receita corrente e Receita de capital.

A utilização da expressão "receita de capital" não é vista como adequada do ponto de vista contábil, uma vez que a receita deve decorrer sempre da prestação de um serviço, fornecimento de um bem, recebimento de uma doação e, especificamente no caso governamental, de uma imposição constitucional que dá ao Estado o poder de arrecadar tributos, taxas, contribuições, entre outros.

A **obtenção de empréstimo**, por exemplo, não deveria ser considerada receita, pois representa um acréscimo das disponibilidades do Estado em decorrência de um aumento de suas exigibilidades, ou seja, de aumento de dívidas. A aceitação de tal denominação ocorre por ser essa apenas uma classificação econômica – não contábil – das receitas orçamentárias. Como o orçamento apresenta apenas duas vertentes – receitas e despesas –, a primeira representando as entradas de recursos estimados e a segunda, as aplicações fixadas, utiliza-se da expressão "receita de capital", para designar as entradas de recursos destinados à realização de investimentos em bens de capital. Portanto, é uma mera denominação orçamentária.

A receita pública também pode ser classificada em **derivada e originária**. Essa classificação é adotada na estruturação da Demonstração dos Fluxos de Caixa e de seus quadros demonstrativos complementares.

---

3  BRASIL. Portaria interministerial n. 5, de 25 de agosto de 2015. *Diário Oficial da União*. Disponível em: http://www.in.gov.br/materia/-/asset_publisher/Kujrw0TZC2Mb/content/id/32421322/do1-2015-08-26-portaria-interministerial-no-5-de-25-de-agosto-de-2015-32421266. Acesso em: 16 set. 2019.

**Receitas derivadas** [tributos e contribuições] são aquelas cobradas pelo Estado decorrente das atividades econômicas das pessoas físicas ou jurídicas, por meio do poder de coerção e/ou de imposição exercida, constitucionalmente, pelo Estado, na instituição de tributos, que serão exigidos da população para financiar os gastos da administração pública em geral ou para o custeio de serviços públicos específicos prestados ou colocados à disposição da comunidade. Como exemplos dessas receitas há impostos, taxas, contribuição de melhoria e as contribuições previdenciárias e sociais.

Quanto às **contribuições previdenciárias e sociais**, cabe um breve comentário quanto a sua classificação como receita pública derivada. A Constituição de 1988 confere à União três espécies de contribuições: (a) as **sociais**, (b) as **de intervenção no domínio econômico** [interventivas] e (c) as **de interesse das categorias profissionais ou econômicas** [corporativas], servindo como instrumento de sua atuação nas respectivas áreas. Entretanto, ao tratar das **contribuições sociais**, essa categoria subdivide-se em duas outras: **as gerais** (art. 149, *caput*) e **as destinadas ao financiamento da seguridade**[4] (art. 149, § 1º, e art. 195). Essas últimas se destinam a financiar exclusivamente a previdência, a saúde e a assistência social, ou seja, a Seguridade Social. Já **as gerais** se destinam a financiar outras áreas fora do âmbito da seguridade, como educação, cultura, esporte, habitação etc. É bom salientar que os estados, os municípios e o Distrito Federal têm competência apenas para instituição de contribuição social sobre a remuneração de seus servidores para o custeio de seus sistemas próprios de previdência social.

**Receitas originárias** são aquelas provenientes da exploração do patrimônio estatal, ou seja, o Estado coloca parte de seu patrimônio à disposição de pessoas físicas ou jurídicas, que poderão se beneficiar de bens públicos ou de serviços por ele prestado, mediante pagamento de um preço estipulado; sua arrecadação independe de autorização legal e pode ocorrer em qualquer momento. Nesse caso, o Estado se equipara com as empresas privadas. Assim, como exemplos de receitas originárias há aluguel, dividendos, serviços prestados e rendimento de aplicações financeiras.

Há também a tipificação da receita pública orçamentária por **fonte/destinação de recursos**, que tem por objetivo identificar as fontes/origens de financiamento dos gastos públicos e direcionar sua aplicação.

**Destinação de recurso** é o processo pelo qual os recursos públicos são correlacionados/amarrados a uma aplicação, desde a previsão da receita até a efetiva utilização dos recursos, com o objetivo de identificar especificamente as fontes de financiamento dos gastos públicos.

O **controle das disponibilidades financeiras por destinação de recursos** será feito desde a elaboração do orçamento até sua execução, incluindo o ingresso,

---

[4] A composição das receitas que financiam a Seguridade Social é discriminada nos arts. 11 e 27 da Lei n. 8.212, de 1991, que "instituiu o Plano de Custeio da Seguridade Social".

o comprometimento e a efetiva saída dos recursos orçamentários. Identifica a natureza da procedência das receitas no momento que ingressam no orçamento público e acompanha seu comprometimento pelo empenho e pela liquidação até a saída com o pagamento.

A destinação de recursos pode ser classificada em destinação vinculada e destinação ordinária. **Destinação vinculada** é o processo de amarração obrigatória e impositiva (vinculação) entre a origem e a aplicação do recurso, em atendimento às *finalidades específicas* estabelecidas em norma, convênios e contratos. Já a **destinação ordinária** é o processo de alocação livre entre a origem e a aplicação do recurso, para atender a *quaisquer finalidades*.

As **vinculações de receitas** têm por base mandamentos legais que regulamentam a aplicação de recursos estatais, seja para funções essenciais, seja para entes, órgãos, entidades e fundos. Outro tipo de vinculação é aquela decorrente de convênios e contratos de empréstimos e financiamentos, cujos recursos são obtidos com finalidade específica de aplicação definida nesses ajustes.

A Constituição em seu art. 167, inciso IV, § 4º, faz ressalvas quanto ao limite à vinculação de impostos.

> IV – a vinculação de receita de impostos a órgão, fundo ou despesa, ressalvadas a repartição do produto da arrecadação dos impostos a que se referem os arts. 158 e 159, a destinação de recursos para as ações e serviços públicos de saúde, para manutenção e desenvolvimento do ensino e para realização de atividades da administração tributária, como determinado, respectivamente, pelos arts. 198, § 2º, 212 e 37, XXII, e a prestação de garantias às operações de crédito por antecipação de receita, previstas no art. 165, § 8º, bem como o disposto no § 4º deste artigo;
>
> [...]
>
> § 4º É permitida a vinculação de receitas próprias geradas pelos impostos a que se referem os arts. 155 e 156, e dos recursos de que tratam os arts. 157, 158 e 159, I, alíneas a e b, e II, para a prestação de garantia ou contragarantia à União e para pagamento de débitos para com esta.

Como se percebe, essas ressalvas se relacionam basicamente à repartição do produto da arrecadação de impostos dos estados, do Distrito Federal e dos municípios (arts. 157 e 158) e de impostos de competências desses entes da Federação (arts. 155 e 156); à repartição dos impostos sobre a renda e proventos de qualquer natureza e sobre os produtos industrializados da União (art. 159) – Fundos de Participação dos Estados e Distrito Federal (FPE), Fundos de Participação dos Municípios (FPM), Fundos de Desenvolvimento das Regiões Norte (FNO), Nordeste (FNE) e Centro-Oeste (FCO) –; e à destinação de recursos para as áreas de saúde e educação, bem como do oferecimento de garantias às operações de crédito por antecipação de receitas.

## 4.3 ESTÁGIOS DA RECEITA PÚBLICA

Os estágios da receita pública representam as fases percorridas pela receita na execução orçamentária, desde a previsão até o recolhimento aos cofres do Tesouro. No **regime orçamentário**, a receita é registrada pela arrecadação e as despesas, pelo empenho. Já no **regime contábil**, segundo as normas de contabilidade aplicadas ao setor público, as receitas e as despesas devem ser incluídas na apuração do resultado do período em que ocorrerem, independentemente de recebimento ou pagamento. Ou seja, aplica-se o Princípio Contábil da Competência e o da Oportunidade.

Os estágios da receita orçamentária estão descritos a seguir:

- **previsão**: indica a expectativa da receita por parte da Fazenda Pública, configura-se como etapa do planejamento com o detalhamento do que se pretende arrecadar no exercício financeiro, com o objetivo de custear os serviços governamentais programados para o mesmo período;
- **lançamento**: é o procedimento administrativo que verifica a ocorrência do fato gerador da obrigação correspondente, determina a matéria tributável, calcula o montante do tributo devido, identifica o sujeito passivo e, sendo o caso, propõe a aplicação da penalidade cabível. Ou seja, é individualização e cadastramento dos contribuintes, discriminando a espécie, o valor e o vencimento dos tributos devidos por cada um deles.

O lançamento pode ocorrer de três modos:

- **direto**: quando o Estado conhece objetivamente o valor que deverá ser arrecadado, por exemplo, o Imposto sobre a Propriedade Predial e Territorial Urbana (IPTU);
- **homologação**: quando o Estado homologa o valor que foi pago pelo contribuinte de forma tácita, realizando fiscalizações para verificar a adequação, como ocorre com o Imposto sobre a Circulação de Mercadorias e Serviços (ICMS);
- **declaração**: quando o imposto é registrado e cobrado com base em declarações feitas pelo contribuinte. Nessa situação, temos o Imposto de Renda (IR);
- **arrecadação**: corresponde à entrega dos recursos devidos ao Tesouro pelos contribuintes ou devedores, por meio dos agentes arrecadadores ou das instituições financeiras autorizadas pelo ente. Ou seja, representa o momento que o contribuinte liquida suas obrigações para com o Estado junto aos agentes arrecadadores (bancos e funcionários fazendários);

- **recolhimento:** é o ato pelo qual os agentes arrecadadores entregam diretamente ao Tesouro Público o produto da arrecadação. Ou seja, é a transferência dos valores arrecadados à conta específica do Tesouro, responsável pela administração e pelo controle da arrecadação e da programação financeira, observando-se o princípio da unidade de tesouraria ou de caixa.

## 4.4 RECEITA PÚBLICA E A LRF

A LRF reserva capítulo especial para tratar da receita pública, pois, nos termos de seu art. 11, constituem requisitos essenciais da responsabilidade na gestão fiscal: *a instituição, a previsão e a efetiva arrecadação* de todos os tributos da competência constitucional do ente da Federação.

A lei determina que, na **previsão da receita**, devem ser observadas as normas técnicas e legais, os efeitos das alterações na legislação, da variação do índice de preços, do crescimento econômico ou de qualquer outro fator relevante. A previsão da receita deverá ser acompanhada de demonstrativo de sua evolução nos últimos três anos, da projeção para os dois seguintes àquele a que se referirem e da metodologia de cálculo e premissas utilizadas.

É oportuno observar que, nos termos do art. 167 da Constituição Federal, o montante previsto para as **receitas de operações de crédito** não poderá ser superior ao das despesas de capital, ressalvadas as autorizadas mediante créditos suplementares ou especiais com finalidade precisa, aprovadas pelo Poder Legislativo por maioria absoluta. Na LRF, em seu art. 29, inciso III, são adotadas as seguintes definições para **operação de crédito:**[5] compromisso financeiro assumido em *razão de mútuo, abertura de crédito, emissão e aceite de título, aquisição financiada de bens, recebimento antecipado de valores provenientes da venda a termo de bens e serviços, arrendamento mercantil e outras operações assemelhadas, inclusive com o uso de derivativos financeiros.* Elas são segregadas em operações de crédito internas e externas, e essas em **dívida mobiliária** e **dívida contratual**.

No que se refere à **renúncia de receita**, o art. 14 da LRF estabelece que a concessão ou a ampliação de incentivo ou benefício de natureza tributária da qual decorra renúncia de receita deverá estar acompanhada de estimativa do impacto orçamentário-financeiro no exercício em que deva iniciar sua vigência e, nos dois

---

5   LRF art. 29, § 1º Equipara-se a operação de crédito a assunção, o reconhecimento ou a confissão de dívidas pelo ente da Federação, sem prejuízo do cumprimento das exigências dos arts. 15 e 16.

Art. 15. Serão consideradas não autorizadas, irregulares e lesivas ao patrimônio público a geração de despesa ou assunção de obrigação que não atendam o disposto nos arts. 16 e 17.

Art. 16. A criação, expansão ou aperfeiçoamento de ação governamental que acarrete aumento da despesa será acompanhado de:

I – estimativa do impacto orçamentário-financeiro no exercício em que deva entrar em vigor e nos dois subsequentes;

II – declaração do ordenador da despesa de que o aumento tem adequação orçamentária e financeira com a Lei Orçamentária Anual e compatibilidade com o Plano Plurianual e com a Lei de Diretrizes Orçamentárias.

seguintes, atender ao disposto na Lei de Diretrizes Orçamentárias e a pelo menos uma das seguintes condições:

- demonstração de que a renúncia foi considerada na estimativa de receita da Lei Orçamentária e de que não afetará as metas de resultados fiscais previstas no anexo próprio da LDO;
- estar acompanhada de medidas de compensação, por meio do aumento de receita, proveniente da elevação de alíquotas, ampliação da base de cálculo, majoração ou criação de tributo ou contribuição.

Constata-se desse dispositivo a prevalência das boas práticas de planejamento fiscal sobre a gestão e a programação da receita pública, em bases estatísticas confiáveis, prevalecendo, também, as boas práticas e técnicas de administração financeira e orçamentária.

Outro conceito relacionado à receita pública introduzida pela Lei de Responsabilidade Fiscal (art. 2º, inciso IV) que merece análise é a **Receita Corrente Líquida** (RCL). Ela é a base de cálculo de relevantes pisos e limites do Direito Financeiro, como gastos de pessoal, de assunção de dívidas e pagamento de precatórios judiciais. Ela é obtida pelo somatório das receitas tributárias, de contribuições, patrimoniais, industriais, agropecuárias, de serviços, transferências correntes e outras receitas correntes, sendo **deduzidos**:

- **na União**, os valores transferidos aos estados, ao Distrito Federal e municípios por determinação constitucional ou legal, as contribuições ao Regime Geral de Previdência Social (RGPS) do empregador e dos empregados incidentes sobre a folha, e ao PIS/Pasep (alínea *a*, I e II do art. 195, e art. 239 da Constituição Federal);
- **nos Estados**, as parcelas entregues aos municípios por determinação constitucional;
- **na União, nos estados e nos municípios,** a contribuição dos servidores para o custeio de seu sistema de previdência e assistência social e as receitas provenientes da compensação financeira entre sistemas previdenciários citada no § 9º do art. 201 da Constituição Federal.

Cabe salientar que a RCL sempre será **apurada de forma consolidada**, alcançando todas as entidades públicas do mesmo nível de governo, excluídas as empresas estatais autônomas que não dependem do Tesouro para operar suas atividades de custeio e/ou de manutenção. Ou seja, só há receita corrente líquida apenas da administração direta como um todo, incluindo suas autarquias, suas fundações públicas e suas empresas dependentes.

A RCL serve de base de cálculo e referencial como limite de gastos com pessoal, assunção de dívidas em operação de créditos de curto e longo prazos, constituição de reservas e pagamento de precatório. Vejamos:

- Reserva de contingência.
- Gasto com pessoal, em quatro níveis:
- Limite global de todo o Estado, em 60% da RCL.
  - Limite por Poder: em 49% no Executivo, 6% no Judiciário, 3% no Legislativo, e 2% no Ministério Público.
  - Limite prudencial: em 95% dos entes anteriores (subtetos).
  - Limite de alerta: em 90% dos sobreditos subtetos.
  - Operações de crédito: em 16% da RCL.
- Pagamento anual de encargos da dívida: em 11,5%.
- Oferta de garantia a outros entes federados: em 32%.
- Operação de ARO: em 7%.
- Pagamento de precatórios. Depósito mensal, pelos estados e municípios, em conta bancária do Tribunal de Justiça para pagamento de precatórios: entre 1% e 2%.
- Assunção de dívida líquida: para os estados em 200% e para os municípios 120%.

## 4.5 ASPECTO CONTÁBIL DA PREVISÃO E DA ARRECADAÇÃO DAS RECEITAS PÚBLICAS

Na contabilidade aplicada ao setor público, todo o processo de registros contábeis se desencadeia a partir da aprovação da Lei Orçamentária Anual. No **regime orçamentário**, a receita é registrada pela arrecadação (regime de caixa). Já no **regime contábil**, com base na teoria patrimonialista, as receitas e as despesas devem ser incluídas na apuração do resultado do período em que ocorrerem, independentemente de recebimento ou pagamento, ou seja, se aplica o **Princípio Contábil da Competência**.

Os lançamentos serão apresentados com valores exemplificativos e, demonstrando, quando cabível ao bom entendimento, as orientações do **Plano de Contas Aplicado ao Setor Público (PCASP)** que estabelece conceitos básicos, regras para registro dos atos e dos fatos e a estrutura contábil padronizada, a fim de atender a todos os entes da Federação e aos demais usuários da informação contábil, permitindo a geração de base de dados consistente para compilação de estatísticas e finanças públicas.

### (a) Previsão Orçamentária da Receita

**Fato contábil:** após a aprovação da Lei Orçamentária Anual, dá-se início à execução do orçamento no exercício financeiro, a partir de 1º de janeiro, com os respectivos registros contábeis da receita e da despesa públicas.

**Subsistema orçamentário**

Lançamento no Livro Diário:

| Cidade, 31 de dezembro 20xx. | | |
|---|---|---|
| D | 5.2.1.1.x.xx.xx Previsão Inicial da Receita | 100.000,00 |
| C | 6.2.1.1.x.xx.xx Receita Orçamentária **a Realizar** Corrente | 70.000,00 |
| C | 6.2.1.1.x.xx.xx Receita Orçamentária **a Realizar** Capital | 30.000,00 |
| Histórico: registro da previsão das receitas corrente e de capital a serem arrecadadas no exercício orçamentário pela aprovação da LOA. | | |

**PCASP**

5.2.1.1.0.00.00 **Previsão Inicial da Receita.** Compreende o valor da receita previsão inicial da *receita aprovado na LOA.*

6.2.1.1.0.00.00 **Receita a Realizar.** Compreende o somatório dos valores relativos à receita pública aprovada pela Lei Orçamentária Anual e suas alterações, *detalhada por natureza da receita.*

É bom lembrar que as contas "Previsão Inicial da Receita" e "Receita a Realizar" devem ser abertas, analiticamente, detalhadas por natureza, segundo a classificação sintética por categoria econômica: corrente e capital.

Lançamento em razonete(*):

| 5.2.1.1 Previsão Inicial da Receita | |
|---|---|
| (a) 100.000,00 | |

| 6.2.1.1 Receita **a Realizar** Corrente | |
|---|---|
| | 70.000,00 (a) |

| 6.2.1.1 Receita **a Realizar** Capital | |
|---|---|
| | 30.000,00 (a) |

(*) Letras e número entre parênteses ao lado dos valores significam sua correspondência cronológica do lançamento contábil do Livro Diário. Para facilitar o entendimento, a ordem dos registros contábeis de cada operação realizada será identificada pelos números entre parênteses.

**Subsistema patrimonial**

Lançamento no Livro Diário:

| Cidade, 2 de janeiro de 20x1. | | |
|---|---|---|
| D | 1.1.2.1.0.00.00 Créditos Tributários **a Receber** (P) – Ativo Circulante (AC) | 20.000,00 |
| C | 4.1.1.2.0.00.00 VPA – IPTU | 20.000,00 |
| Histórico: reconhecimento da receita tributária IPTU de competência do exercício (*). | | |

(*) O mesmo lançamento para o Imposto sobre Propriedades de Veículos Automotores (IPVA) nos estados e no Distrito Federal.

**PCASP**

1.1.2.1.0.00.00 **Créditos Tributários a Receber.** Conta patrimonial do ativo que compreende os valores relativos a créditos a receber oriundos das variações patrimoniais aumentativas tributárias, realizáveis em até 12 meses da data das demonstrações. Os tributos são: impostos, taxas, contribuições de melhoria, contribuições e empréstimos compulsórios.

1.1.2.1.5.01.02 **IPVA.** Registra os valores relativos a créditos a receber, decorrentes da cobrança do Imposto sobre a Propriedade de Veículos Automotores.

4.1.1.2.0.00.00 **VPA.** Conta de resultado que registra o reconhecimento das receitas públicas arrecadadas.

Lançamento em razonete:

| 1.1.2.1 Créditos Tributários a Receber (P) – AC | 4.1.1.2 Variação Patrimonial Aumentativa – Impostos sobre Patrimônio e a Renda – IPTU |
|---|---|
| (a) 20.000,00 | 20.000,00 (a) |

**Subsistema de controle:** não há registro.

(b) Arrecadação/Recolhimento de receita orçamentária corrente – tributária IPTU

**Subsistema orçamentário**

**Fato contábil:** após recolhimento de $ 8.000,00 de IPTU aos cofres públicos pelos agentes arrecadadores, os lançamentos contábeis são os seguintes:

Lançamento no Livro Diário:

| Cidade, 25 de janeiro de 20x1. | | |
|---|---|---|
| D | 6.2.1.1.0.00.00 Receita a Realizar – Corrente | 8.000,00 |
| C | 6.2.1.2.0.00.00 Receita Realizada – Corrente | 8.000,00 |
| Histórico: arrecadação de receita tributária IPTU de competência do exercício. | | |

6.2.1.2.0.00.00 **Receita Realizada.** Compreende o somatório dos valores relativos às receitas realizadas, detalhada por natureza de receita.

Lançamento em razonete:

| 6.2.1.1 Receita a Realizar – Corrente | | 6.2.1.2 Receita Realizada – Corrente IPTU |
|---|---|---|
| (b) 8.000,00 | 70.000,00 (a) | 8.000,00 (b) |

## Subsistema patrimonial

**Fato contábil:** recolhimento da receita tributária de IPTU aos cofres públicos. São valores em caixa e em bancos, bem como equivalentes, que representam recursos com livre movimentação para aplicação nas operações dos órgãos ou das entidades e para as quais não haja restrições para uso imediato.

Lançamento no Livro Diário:

| Cidade, 25 de janeiro de 20x1. | | |
|---|---|---|
| D | 1.1.1.1.0.00.00 Caixa e Equivalente de caixa – Ativo Circulante | 8.000,00 |
| C | 1.1.2.1.1.01.05 Créditos Tributários **a Receber** – IPTU (P) – Ativo Circulante | 8.000,00 |
| Histórico: pelo reconhecimento de receita tributária de IPTU de competência do exercício. | | |

1.1.1.1.0.00.00 **Caixa e Equivalentes de Caixa em Moeda Nacional.** Compreende o somatório dos valores em caixa e em bancos, bem como equivalentes, que representam recursos com livre movimentação para aplicação nas operações da entidade e para os quais não haja restrições para uso imediato.

1.1.2.1.0.00.00 **Créditos Tributários a Receber.** Compreende os valores relativos a créditos a receber oriundos das variações patrimoniais aumentativas tributárias, realizáveis em até 12 meses da data das demonstrações. Os tributos são: impostos, taxas, contribuições de melhoria, contribuições e empréstimos compulsórios.

1.1.2.1.1.01.05 **IPTU.** Conta patrimonial do ativo que registra os valores relativos a créditos a receber, decorrentes da cobrança do Imposto sobre a Propriedade Predial e Territorial Urbana (IPTU).

Lançamento em razonete:

| 1.1.1.1 Caixa e Equivalente de caixa – AC | | 1.1.2.1 Créditos Tributários **a Receber** – IPTU (P) – AC | |
|---|---|---|---|
| (si) 15.000,00 | | (a) 20.000,00 | 8.000,00 (b) |
| (b) 8.000,00 | | | |

(si) saldo inicial.
AC – Ativo circulante.

## Subsistema de controle

**Fato contábil:** controle das disponibilidades em contas que registram a movimentação dos ingressos financeiros por destinação de recursos. Identifica a natureza da procedência das receitas no momento que ingressam efetivamente no cofre do Tesouro e acompanha seu comprometimento/utilização pelo empenho e pela liquidação até a saída com o pagamento.

Lançamento no Livro Diário:

| Cidade, 25 de janeiro de 20x1. | | |
|---|---|---|
| D | 7.2.1.1.0.00.00 Controle da Disponibilidade de Recursos **Recebidos** | 8.000,00 |
| C | 8.2.1.1.0.00.00 Disponibilidade por Destinação de Recursos **a Utilizar** | 8.000,00 |
| Histórico: registro de receita (IPTU) ao ingressar no cofre do Tesouro para fins de controle da aplicação. | | |

**PCASP**

7.2.1.1.0.00.00 **Controle da Disponibilidade de Recursos.** Contas de controle que registram as *disponibilidades de recursos recebidos*.

7.2.1.1.1.00.00 **Recursos Ordinários.** Registra as disponibilidades por destinação de recursos ordinários.

8.2.1.1.0.00.00 **Execução da Disponibilidade por Destinação de Recursos.** Contas de controle que registra o valor das *disponibilidades de recursos a utilizar*.

Lançamento em razonete:

| 7.2.1.1 Controle da Disponibilidade de Recursos – **Recebidos** | 8.2.1.1 Disponibilidade por Destinação de Recursos **a Utilizar** |
|---|---|
| (b) 8.000,00 | 8.000,00 (b) |

## 4.5.1 Aspecto contábil da provisão da repartição de créditos tributários

Os lançamentos contábeis de provisão de receita de crédito tributário, de contribuições e de outras receitas vinculadas, sujeitos à repartição prevista na Constituição ou em leis específicas, cuja competência de arrecadação é do órgão transferidor, devem obedecer ao princípio da competência do fato gerador.

No momento do reconhecimento dessa receita pública, sujeita à repartição, pelo ente federativo competente para sua arrecadação, pode haver incerteza quanto ao montante a ser transferido, em razão do fato de que o tributo pode não ser arrecadado e, portanto, deve ser inscrito em dívida ativa. Assim, se justifica o registro da provisão para repartição de receita tributária, visto que há incerteza quanto ao valor que deverá ser transferido. O cálculo da provisão para repartição tributária *deve ser efetuado com base nos créditos de impostos e contribuições ainda não arrecadados sujeitos à repartição, deduzidos do respectivo ajuste para perdas.*

É bom lembrar que as **provisões** se distinguem dos demais passivos porque envolvem *incerteza sobre o prazo ou o valor* do desembolso futuro necessário para sua extinção. Já os **ajustes de perdas estimadas** – como perdas com ativos, perdas com investimentos do Regime Próprio de Previdência Social (RPPS), créditos de liquidação duvidosa, inclusive as perdas com os créditos de dívida ativa – devem ser reconhecidos como *contas redutoras do ativo*, ou seja, não são provisões.

Somente na arrecadação do tributo ocorrerá a baixa do ativo, anteriormente registrado em contas a receber, como contrapartida ao montante do recurso que ingressou no caixa do ente. Ainda nesse momento, é dado baixa na provisão contra o passivo registrado em conta de *Obrigações de repartição a outros entes*, conforme cada caso. Somente nesse momento, o ente da Federação recebedor terá condições de reconhecer a variação patrimonial aumentativa e o ativo (créditos a receber). Os lançamentos serão apresentados adiante com valores exemplificativos.

### 4.5.1.1 Reconhecimento de crédito tributário sujeito à repartição

(1) Reconhecimento pelo regime de competência da receita de crédito tributário por estimativa.

**Subsistema de controle:** não há registro.

**Subsistema orçamentário**

**Fato contábil:** após a aprovação da Lei Orçamentária Anual, dá-se início à execução do orçamento no exercício financeiro, a partir de 1º de janeiro, com os respectivos registros contábeis da previsão inicial orçamentária de crédito tributário a realizar, ou seja, por estimativa de realização da receita. Nesse contexto, os termos previsão e estimativa se correspondem.

Considerando a previsão de arrecadação de receita tributária do IPVA, no valor de $ 2.000,00.

Lançamento no Livro Diário:

| Cidade, 2 de janeiro de 20x1. | | |
|---|---|---|
| D | 5.2.1.1.0.00.00 Previsão Inicial da Receita Orçamentária – Impostos | 2.000,00 |
| C | 6.2.1.1.0.00.00 Receita Orçamentária a Realizar – Corrente – Impostos: IPVA | 2.000,00 |
| Histórico: previsão inicial orçamentária de crédito tributário por estimativa de receita (IPVA), pela aprovação da LOA. | | |

> **PCASP**
>
> 5.2.1.1.0.00.00 **Previsão Inicial da Receita.** Compreende o valor da receita previsão inicial da receita aprovado na LOA.
>
> 5.2.1.1.1.00.00 **Previsão Inicial da Receita Bruta.** Registra a previsão inicial da receita bruta aprovada na LOA.

6.2.1.1.0.00.00 **Receita a Realizar.** Compreende o somatório dos valores relativos à receita pública aprovada pela Lei Orçamentária Anual e suas alterações, *detalhada por natureza da receita.*

Lançamento em razonete:

| 5.2.1.1 Previsão Inicial da Receita Orçamentária – Corrente – Impostos – IPVA | |
|---|---|
| (1) 2.000,00 | |

| 6.2.1.1 Receita Orçamentária **a Realizar** – Corrente – Impostos – IPVA | |
|---|---|
| | 2.000,00 (1) |

| Receita Orçamentária **Realizada** – Corrente Impostos – IPVA | |
|---|---|
| 0,00 | 0,00 |

## Subsistema patrimonial

Lançamento no Livro Diário:

| Cidade, 2 de janeiro de 20x1. | | |
|---|---|---|
| D | 1.2.1.1.1.01.00 Crédito Tributário **a Receber** – Longo Prazo (P) | 2.000,00 |
| C | 4.1.1.2.1.06.00 VPA – Imposto sobre Patrimônio e Renda – IPVA | 2.000,00 |
| Histórico: reconhecimento do crédito tributário de receita (IPVA) previsto na LOA de competência do exercício corrente. | | |

**PCASP**

1.2.1.1.0.00.00 **Créditos a Longo Prazo.** Compreende os valores a receber por fornecimento de bens, serviços, créditos tributários, dívida ativa, transferências e empréstimos e financiamentos concedidos e com vencimento no longo prazo.

1.2.1.1.1.01.00 **Créditos Tributários a Receber.** Compreende os valores relativos a créditos a receber com vencimento após 12 (doze) meses da data das demonstrações, oriundos das variações patrimoniais aumentativas tributárias. Os tributos são: impostos, taxas, contribuições de melhoria, contribuições e empréstimos compulsórios.

4.1.1.2.0.00.00 **VPA. Imposto sobre Patrimônio e Renda.** Conta de resultado que registra o reconhecimento das receitas públicas arrecadadas.

4.1.1.2.1.06.00 **IPVA.** Conta de resultado que registra a variação patrimonial aumentativa decorrente de Imposto sobre a Propriedade de Veículos Automotores.

Lançamento em razonete:

| 1.2.1.1 Crédito Tributário **a Receber** (P) – ANC | |
|---|---|
| (1) 2.000,00 | |

| 4.1.1.2 VPA – Imposto sobre Patrimônio e Renda – IPVA | |
|---|---|
| | 2.000,00 (1) |

ANC – Ativo Não Circulante. VPA conta de resultado – receita.

**(1.1)** Registro do ajuste de perdas estimadas de 10% sobre o montante de crédito tributário a receber, por estimativa, (IPVA) de competência do exercício corrente.

**Fato contábil:** compreende a variação patrimonial diminutiva (conta de resultado-despesa) com ajuste de perdas de créditos por inadimplência ou outros fatores que impossibilitam o efetivo recebimento de créditos, como o ajuste de perdas para créditos de liquidação duvidosa e ajuste para créditos da dívida ativa.

**Subsistema orçamentário:** não há registro.

**Subsistema de controle:** não há registro.

**Subsistema patrimonial**

Lançamento no Livro Diário:

| Cidade, 2 de janeiro de 20x1. | | |
|---|---|---|
| D | 3.6.1.7.4.01.00 (VPD) com Ajuste para Perdas de Créditos Tributários | 200,00 | |
| C | 1.1.2.9.0.00.00 (–) Ajuste de Perdas de Créditos a Curto Prazo – AC | | 200,00 |
| Histórico: lançamento de ajustes de perdas estimadas de 10% sobre o montante de crédito tributário a receber de receita (IPVA) de competência do exercício corrente. | | |

**PCASP**

3.6.1.7.0.00.00 **Variação Patrimonial Diminutiva com Ajuste de Perdas de Créditos e de Investimentos e Aplicações Temporários.** Conta de resultado de despesa que registra a variação patrimonial diminutiva com ajuste de perdas de créditos por inadimplência ou outros fatores que impossibilitam o recebimento de créditos. Por exemplo, a perda com ajuste para *créditos de liquidação duvidosa e ajuste para créditos da dívida ativa.*

3.6.1.7.4.00.00 **VPD com Ajuste de Perdas de Créditos e de Investimentos e Aplicações Temporários – Inter OFSS – Estado.** Compreende a variação patrimonial diminutiva com ajuste de perdas de créditos por inadimplência ou outros fatores que impossibilitam o recebimento de créditos. Compreende também a variação patrimonial diminutiva, com ajuste de perdas em investimentos e aplicações temporários, não destinados à negociação e que não façam parte das atividades operacionais da entidade, resgatáveis no curto e no longo prazos. Os saldos serão excluídos nos demonstrativos consolidados do OFSS de entes públicos distintos, resultantes das transações entre o ente e um estado.

3.6.1.7.4.01.00 **VPD com Ajuste para Perdas em Créditos Tributários.** Registra a variação patrimonial diminutiva com ajuste para perdas em créditos tributários.

1.1.2.9.0.00.00 – conta patrimonial retificadora do ativo que registra o *ajuste para perdas estimadas com o não recebimento* de valores referentes a créditos a curto prazo, por inadimplência de terceiros, entre outras.

1.1.2.9.0.00.00 (–) **Ajuste de Perdas de Créditos a Curto Prazo.** Compreende o ajuste para perdas estimadas com o não recebimento de valores referentes a créditos a curto prazo, por inadimplência de terceiros, entre outras.

1.1.2.9.1.01.00 (–) **Perdas Estimadas em Créditos Tributários a Receber.** Compreende o ajuste para perdas estimadas com o não recebimento dos créditos tributários.

Lançamento em razonete:

| 3.6.1.7 VPD com Ajuste de Perdas de Créditos Tributários | 1.1.2.9 (–) Ajuste de Perdas de Créditos Tributários – AC |
|---|---|
| (1.1) 200,00 | 200,00 (1.1) |

**(1.2) Registro do reconhecimento da provisão de crédito tributário sujeito à repartição ajustado (50% de $ 1.800,00 = $ 900) de receita de (IPVA) do exercício corrente, com fins de distribuição constitucional e legal a outros entes da Federação.**

**Subsistema orçamentário:** não há registro.

**Subsistema de controle:** não há registro.

**Subsistema patrimonial**

Lançamento no Livro Diário:

| Cidade, 2 de janeiro de 20x1. | | |
|---|---|---|
| D | 3.9.7.5.0.00.00 VPD – Provisão para Repartição de Crédito Tributário | 900,00 |
| C | 2.1.7.5.0.00.00 Provisão para Repartição de Créditos a Curto Prazo – PC | 900,00 |
| Histórico: lançamento de reconhecimento da provisão da repartição de crédito tributário ajustado (50% de $ 1.800,00 = $ 900) de receita do (IPVA) do exercício corrente a ser transferido aos municípios. | | |

PC – Passivo circulante.

**PCASP**

3.9.7.5.0.00.00 **VPD – Provisão para Repartição de Crédito Tributário.** Conta de resultado de despesas que registra as variações patrimoniais diminutivas *decorrentes da constituição de provisões* de passivos de prazo ou de valores incertos relacionados aos créditos tributários e não tributários *reconhecidos no momento do lançamento* por parte do agente arrecadador, a serem repartidos/transferidos com outros entes da Federação.

2.1.7.5.0.00.00 **Provisão para Repartição de Créditos a Curto Prazo.** Conta patrimonial que registra os passivos de curto prazo ou de valores incertos relacionados aos créditos tributários e não tributários reconhecidos no momento do lançamento por parte do agente arrecadador, a serem repartidos com outros entes da Federação. Na arrecadação, essa provisão será revertida em conta específica de passivo.

Lançamento em razonete:

| 3.9.7.5 VPD com Provisão para Repartição de Crédito Tributário – Despesa Corrente | 2.1.7.5 Provisão para Repartição de Créditos Tributários – PC |
|---|---|
| (1.2) 900,00 | 900,00 (1.2) |

## 4.5.1.2    Arrecadação de crédito tributário sujeito à repartição

(2) Lançamento no Estado, o valor da arrecadação do tributo (IPVA) sujeito à repartição igual ao valor provisionado da obrigação do repasse a outros entes da Federação.

### Subsistema patrimonial

**Fato contábil:** quando o valor da arrecadação do tributo for igual ao valor da provisão da obrigação do repasse, registra-se a entrada de receita no caixa em contrapartida do crédito a receber e, na sequência, dá-se a baixa das obrigações e provisões de receita do IPVA do exercício corrente. Por fim, transfere-se ao ente de direito (município) o valor correspondente à quota da repartição (50%), cumprindo a distribuição constitucional e legal a outros entes da Federação. *Nesse momento, também se realizam os lançamentos no subsistema orçamentário.*

Somente na arrecadação do tributo ocorrerá a baixa do ativo, anteriormente registrado em conta de créditos a receber, em contrapartida do montante do recurso que ingressou no caixa da entidade. Vejamos.

Lançamento no Livro Diário:

| Cidade, 30 de janeiro de 20x1. | | |
|---|---|---|
| D | 1.1.1.1 Caixa e Equivalentes de Caixa em Moeda Nacional | 2.000,00 |
| C | 1.1.2.1.1.01.02 Crédito Tributário a Receber – IPVA (P) – AC | 2.000,00 |
| Histórico: registro de arrecadação do tributo (IPVA) do exercício corrente, correspondente ao valor total lançado na previsão orçamentária em crédito tributário a receber (P). | | |

#### PCASP

1.1.1.1.0.00.00 **Caixa e Equivalentes de Caixa em Moeda Nacional.** Compreende o somatório dos valores em caixa e em bancos, bem como equivalentes, que representam recursos com livre movimentação para aplicação nas operações da entidade e para os quais não haja restrições para uso imediato.

1.1.2.1.0.00.00 **Créditos Tributários a Receber**. Compreende os valores relativos a créditos a receber oriundos das variações patrimoniais aumentativas tributárias, realizáveis em até 12 meses da data das demonstrações. Os tributos são: impostos, taxas, contribuições de melhoria, contribuições e empréstimos compulsórios.

1.1.2.1.1.01.02 **IPVA**. Conta patrimonial do ativo circulante que registra os valores relativos a créditos a receber, decorrentes da cobrança do IPVA.

Lançamento em razonete:

| 1.1.1.1 Caixa e Equivalentes de Caixa Nacional – AC | | 1.1.2.1 Crédito Tributário **a Receber** (P) – AC | |
|---|---|---|---|
| (2) 2.000,00 | | (si) 2.000,00 | 2.000,00 (2) |

(si) saldo inicial. AC – Ativo Circulante. ANC – Ativo Não Circulante.

**Subsistema de controle**

**Fato contábil:** controle das disponibilidades em contas que registram a movimentação dos ingressos por destinação de recursos. Identifica a natureza da procedência das receitas no momento em que ingressam no cofre do Tesouro, acompanha seu comprometimento pela liquidação e pelo empenho e, por fim, a efetiva saída/utilização com o pagamento.

Lançamento no Livro Diário:

| Cidade, 30 de janeiro de 20x1. | | |
|---|---|---|
| D | 7.2.1.1.0.00.00 Controle da Disponibilidade de Recursos **Recebidos** | 2.000,00 |
| C | 8.2.1.1.1.00.00 Disponibilidade por Destinação de Recursos **a Utilizar** | 2.000,00 |
| Histórico: registro de receita (IPVA) com o ingresso no cofre do Tesouro e controle da aplicação e da destinação de recurso sujeito à repartição com outros entes. | | |

**PCASP**

7.2.1.1.0.00.00 **Controle da Disponibilidade de Recursos**. Conta de controle que registra as disponibilidades de *recursos recebidos*.

8.2.1.1.1.00.00 **Disponibilidade por Destinação de Recursos**. Conta de controle que registra o valor das disponibilidades de *recursos a utilizar*.

Lançamento em razonete:

| 7.2.1.1 Controle da Disponibilidade de Recursos **Recebidos** | | 8.2.1.1 Disponibilidade por Destinação de Recursos **a Utilizar** | |
|---|---|---|---|
| (2) 2.000,00 | | | 2.000,00 (2) |

## Subsistema orçamentário

Lançamento no Livro Diário:

| Cidade, 1º de janeiro de 20x1. | | |
|---|---|---|
| D | 6.2.1.1 Receita Orçamentária **a Realizar** – Impostos – IPVA | 2.000,00 |
| C | 6.2.1.2 Receita Orçamentária **Realizada** – Impostos – IPVA | 2.000,00 |
| Histórico: arrecadação orçamentária de crédito tributário de receita (IPVA), sujeito à repartição constitucional. | | |

**PCASP**

6.2.1.1.0.00.00 **Receita a Realizar**. Compreende o somatório dos valores relativos à receita pública aprovada pela Lei Orçamentária Anual e suas alterações, detalhada por natureza da receita.

6.2.1.2.0.00.00 **Receita Realizada**. Compreende o somatório dos valores relativos às receitas realizadas, detalhada por natureza de receita.

## Lançamento em razonete:

| 6.2.1.1 Receita Orçamentária **a Realizar** – Impostos – IPVA | | 5.2.1.1 Previsão Inicial da Receita Orçamentária – Impostos |
|---|---|---|
| (2) 2.000,00 | 2.000,00 (1) | (1) 2.000,00 |

| 6.2.1.2 Receita Orçamentária **Realizada** – Impostos – IPVA |
|---|
| 2.000,00 (2) |

**(2a) Lançamento no Estado, baixa da provisão e registro do passivo correspondente da obrigação de repartição a outros entes.**

Considerando a efetiva arrecadação e transferência da receita tributária com valor a maior que o provisionado, em $ 100,00, essa diferença deverá ser lançada diretamente na conta de Variação patrimonial diminutiva referente à *Distribuição constitucional e legal de receitas*. Ou seja, uma vez que já houve, no momento do lançamento da receita por estimativa, o provisionamento de $ 900,00, como Variação patrimonial diminutiva de *Provisão* para Repartição de crédito tributário, cabe agora o reconhecimento apenas da diferença ($ 1.000 – $ 900 = $ 100).

**Subsistema orçamentário:** não há registro.

**Subsistema de controle:** não há registro.

## Subsistema patrimonial

Lançamento no Livro Diário:

| Cidade, 30 de janeiro de 20x1. | | |
|---|---|---|
| D | 2.1.7.5 Provisão para Repartição de Créditos Curto Prazo – PC | 900,00 |
| D | 3.5.2.1 VPD – Distribuição Constitucional e Legal de Receitas | 100,00 |
| C | 2.1.5.0 Obrigações de Repartição a Outros Entes – PC | 1.000,00 |
| Histórico: registro de baixa da provisão e registro da obrigação correspondente, referente à arrecadação de tributo (IPVA) do exercício corrente e à complementação de valor da repartição (50%) de direto de outros entes (municípios). | | |

### PCASP

2.1.7.5.0.00.00 **Provisão para Repartição de Créditos a Curto Prazo.** Conta patrimonial que registra os passivos de prazo ou de valores incertos relacionados aos créditos tributários e não tributários *reconhecidos no lançamento* por parte do agente arrecadador, a serem repartidos com outros entes da Federação. Na arrecadação, essa provisão será revertida em conta específica de passivo.

3.5.2.0.0.00.00 **Transferências Intergovernamentais.** Compreende as variações patrimoniais diminutivas decorrentes de transferências à União, aos estados, ao Distrito Federal, aos municípios, inclusive as entidades vinculadas, de bens e/ou de valores.

3.5.2.1.0.00.00 **Distribuição Constitucional ou Legal de Receitas.** Conta de resultado de despesa que registra as variações patrimoniais diminutivas *decorrentes da efetiva transferência* a outras esferas de governo de receitas tributárias, de contribuições e de outras receitas vinculadas, prevista na Constituição ou em leis específicas, cuja competência de arrecadação é do órgão transferidor.

2.1.5.0.0.0.00.00 **Obrigações de Repartição a Outros Entes.** Conta patrimonial que registra os valores arrecadados de impostos e outras receitas a serem repartidos aos estados, ao Distrito Federal e aos municípios.

## Lançamento em razonete:

| 2.1.7.5 Provisão para Repartição de Créditos – Curto Prazo – PC | |
|---|---|
| (2a) 900,00 | 900,00 (1.2) |

| 2.1.5.0 Obrigações de Repartição a Outros Entes – Curto Prazo – PC | |
|---|---|
| | 1.000,00 (2a) |

| 3.5.2.1 VPD – Distribuição Constitucional e Legal de Receitas | |
|---|---|
| (2a) 100,00 | |

| VPD – Provisão para Repartição de Crédito Tributário – Despesa Corrente | |
|---|---|
| (1.2) 900,00 | |

**(2b)** Lançamento no Estado, pela reversão do ajuste de perdas estimadas não utilizada sobre créditos tributários a receber.

**Subsistema orçamentário:** não há registro.

**Subsistema de controle:** não há registro.

**Subsistema patrimonial**

Lançamento no Livro Diário:

| Cidade, 30 de janeiro de 20x1. | | |
|---|---|---|
| D | 1.1.2.9.1.01 (–) Perdas Estimadas em Créditos Tributários a Receber/ Ajuste de Perdas de Créditos de Curto Prazo – AC | 200,00 |
| C | 4.9.7.2 VPA com Reversão de Ajuste de Perdas de Créditos de Curto Prazo | 200,00 |
| Histórico: registro da reversão do ajuste de perdas estimadas (10%) de créditos tributários a receber de tributo (IPVA) do exercício corrente. | | |

### PCASP

1.1.2.9.0.00.00 (–) **Ajuste de Perdas de Créditos a Curto Prazo**. Compreende o ajuste para perdas estimadas com o não recebimento de valores referentes a créditos a curto prazo, por inadimplência de terceiros, entre outras.

1.1.2.9.1.00.00 (–) **Ajuste de Perdas de Créditos a Curto Prazo – Consolidação**. Compreende o ajuste para perdas estimadas com o não recebimento de valores referentes a créditos a curto prazo, por inadimplência de terceiros, entre outras. Compreende os saldos que não serão excluídos nos demonstrativos consolidados do OFSS.

1.1.2.9.1.01.00 (–) **Perdas Estimadas em Créditos Tributários a Receber**. Compreende o ajuste para perdas estimadas com o não recebimento dos créditos tributários.

4.9.7.0.0.00.00 **Reversão de Provisões e Ajustes de Perdas**. Compreende as variações patrimoniais aumentativas provenientes de reversões de provisões e ajustes de perdas.

4.9.7.2.0.00.00 **Reversão de Ajustes de Perdas**. Compreende as variações patrimoniais aumentativas provenientes de reversões de ajustes de perdas.

4.9.7.2.4.00.00 **Reversão de Ajustes de Perdas – Inter OFSS – Estado**. Registra as variações patrimoniais aumentativas provenientes de reversões de ajustes de perdas. Os saldos serão excluídos nos demonstrativos consolidados do OFSS de entes públicos distintos, resultantes das transações entre o ente e um estado.

Lançamento em razonete:

| 1.1.2.9 (–) Perdas Estimadas em Créditos Tributários a Receber/ Ajuste de Perdas de Créditos de Curto Prazo – AC | | 4.9.7.2 VPA com Reversão Ajuste de Perdas de Créditos a Curto Prazo (F) |
|---|---|---|
| (2b) 200,00 | 200,00 (1.1) | 200,00 (2b) |

**(2c)** Lançamento no Estado, pela transferência para outros entes da Federação de valor provisionado de receita tributária arrecadada sujeita à repartição.

### Subsistema patrimonial

Lançamento no Livro Diário:

| Cidade, 30 de janeiro de 20x1. | | |
|---|---|---|
| D | 2.1.5.0 Obrigações de Repartição a Outros Entes | 1.000,00 | |
| C | 1.1.1.1 Caixa e Equivalentes de Caixa em Moeda Nacional | | 1.000,00 |
| Histórico: registro da transferência para outros entes de parte (50%) do valor de créditos tributários arrecadados de tributo (IPVA) no exercício corrente. | | |

PCASP

**2.1.5.0.0.0.00.00 Obrigações de Repartição a Outros Entes.** Compreende os valores arrecadados de impostos e outras receitas a serem repartidos aos estados, ao Distrito Federal e aos municípios.

**2.1.5.0.4.00.00 Obrigações de Repartição a Outros Entes – Inter OFSS – Estado.** Compreende os valores arrecadados de impostos e outras receitas a serem repartidos aos estados, ao Distrito Federal e aos municípios. Compreende os saldos que serão excluídos nos demonstrativos consolidados do OFSS de entes públicos distintos, resultantes das transações entre o ente e um estado.

**2.1.5.0.5.00.00 Obrigações de Repartição a Outros Entes – Inter OFSS – Município.** Compreende os valores arrecadados de impostos e outras receitas a serem repartidos aos estados, ao Distrito Federal e aos municípios. Compreende os saldos que serão excluídos nos demonstrativos consolidados do OFSS de entes públicos distintos, resultantes das transações entre o ente e um município.

Lançamento em razonete:

| 2.1.5.0 Obrigações de Repartição a Outros Entes | |
|---|---|
| (2c) 1.000,00 | 1.000,00 (a) |

| 1.1.1.1 Caixa e Equivalentes de Caixa em Moeda Nacional | |
|---|---|
| (2) 2.000,00 | 1.000,00 (2c) |

### Subsistema de controle

**Fato contábil:** *controle de utilização das disponibilidades* de recursos, decorrente de pagamento, em contas que registram a movimentação dos ingressos e das saídas por destinação de recursos. Ou seja, identifica a natureza da procedência das receitas no momento que ingressam no cofre do Tesouro, acompanha seu comprometimento pela liquidação e pelo empenho e, por fim, a efetiva utilização/saída com o pagamento.

## Lançamento no Livro Diário:

| Cidade, 30 de janeiro de 20x1. | | |
|---|---|---|
| D | 8.2.1.1.3 DDR Comprometida por **Liquidação**(*) | 1.000,00 |
| C | 8.2.1.1.4 Disponibilidade por Destinação de Recursos **Utilizada**(**) | 1.000,00 |
| Histórico: registro controle de valor da aplicação de disponibilidade de recursos utilizado, repartição de receita tributária (IPVA) e transferida a outro ente. | | |

(*) Contas que registram as disponibilidades de recursos *comprometidos por liquidação*.
(**) Contas que registram o valor das disponibilidades de recursos *utilizadas por pagamento*.

### PCASP

**8.2.1.1.3.00.00 Disponibilidade por Destinação de Recursos Comprometida por Liquidação e Entradas Compensatórias.** Conta de controle que registra o valor das disponibilidades de recursos *comprometidas por ocasião da liquidação* e de entradas compensatórias e não pagas/devolvidas.

**8.2.1.1.4.00.00 Disponibilidade por Destinação de Recursos Utilizada.** Conta de controle que registra o valor das disponibilidades de *recursos efetivamente utilizadas* por meio de pagamento de despesa orçamentária, depósitos e/ou outros.

## Lançamento em razonete:

| 8.2.1.1.3 DDR Comprometida por Liquidação | | 8.2.1.1.4 Disponibilidade por Destinação de Recursos **Utilizada** | |
|---|---|---|---|
| (2c) 1.000,00 | 1.000,00 (2a) | | 1.000,00 (2c) |

## Subsistema orçamentário

**Fato contábil: empenho da despesa orçamentária corrente – *transferência de receita tributária de imposto sujeita à repartição constitucional*.** Após a emissão de nota de empenho pela autoridade competente, criando para o Estado a obrigação de pagamento, pendente ou não de implemento de condição, executam-se os seguintes lançamentos contábeis.

## Lançamento no Livro Diário:

| Cidade, 25 de janeiro de 20x1. | | |
|---|---|---|
| D | 6.2.2.1.1.00.00 Crédito Disponível – Corrente | 1.000,00 |
| C | 6.2.2.1.3.01.00 Crédito Empenhado **a Liquidar** – Corrente | 1.000,00 |
| Histórico: empenho de crédito orçamentário corrente decorrente de repartição de receita de direito de outros entes municipais. | | |

Lançamento em razonete:

| 6.2.2.1.1 Crédito Disponível – Corrente | | 6.2.2.1.3 Crédito Empenhado a Liquidar – Corrente |
|---|---|---|
| (2c) 1.000,00 | 70.000,00 (si) | 1.000,00 (2c) |

(si) saldo inicial.

**Fato contábil: liquidação da despesa orçamentária corrente – *transferência de receita tributária de imposto sujeita à repartição constitucional*.** Depois de verificado pela administração o reconhecimento de obrigação de repartição de receita tributária arrecadada, mas de direito constitucional de outros entes – municípios.

Lançamento no Livro Diário:

| Cidade, 30 de janeiro de 20x1. | | |
|---|---|---|
| D | 6.2.2.1.3.01.00 Crédito Empenhado a Liquidar – Corrente | 1.000,00 | |
| C | 6.2.2.1.3.03.00 Crédito Emp. Liquidado a Pagar – Corrente | | 1.000,00 |
| Histórico: liquidação de crédito orçamentário corrente transferência de repartição de receita tributária a outros entes municipais, por determinação constitucional. | | |

**PCASP**

6.2.2.1.3.01.00 **Crédito Empenhado A Liquidar.** Registra o valor da despesa empenhada a ser liquidada

6.2.2.1.3.03.00 **Crédito Empenhado Liquidado A Pagar.** Registra o valor da apropriação das despesas empenhadas com posterior verificação de sua regularidade por constituição do direto do credor.

6.2.2.1.3.04.00 **Crédito Empenhado Liquidado Pago.** Registra o valor da despesa empenhada liquidada paga.

Lançamento em razonete:

| 6.2.2.1.3.01.00 Crédito Empenhado a Liquidar – Corrente | | 6.2.2.1.3.03.00 Crédito Emp. Liquidado a Pagar – Corrente |
|---|---|---|
| (2d) 7.000,00 | 7.000,00 (2c) | 7.000,00 (2d) |

**Fato contábil: pagamento da despesa orçamentária corrente – *transferência de receita tributária de imposto sujeita à repartição constitucional*.** Depois de verificar a regular liquidação da despesa e a disponibilidade financeira em conta bancária da unidade, executa-se o pagamento/transferência.

Lançamento no Livro Diário:

| Cidade, 30 de janeiro de 20x1. | | | |
|---|---|---|---|
| D | 6.2.2.1.3.03.00 Crédito Emp. Liquidado **a Pagar** – Corrente | 1.000,00 | |
| C | 6.2.2.1.3.04.00 Crédito Emp. Liquidado **Pago** – Corrente | | 1.000,00 |
| Histórico: pagamento de crédito orçamentário corrente de transferência de repartição de receita tributária de direito de outros entes – municípios. | | | |

**PCASP**

6.2.2.1.3.03.00 **Crédito Empenhado Liquidado a Pagar**. Registra o valor da apropriação das despesas empenhadas com posterior verificação de sua regularidade por constituição do direto do credor.

6.2.2.1.3.04.00 **Crédito Empenhado Liquidado Pago**. Registra o valor da despesa empenhada liquidada paga.

Lançamento em razonete:

| 6.2.2.1.3.03 Crédito Emp. Liquidado **a Pagar** – Corrente | | 6.2.2.1.3.04 Crédito Emp. Liquidado **Pago** – Corrente | |
|---|---|---|---|
| (2e) 1.000,00 | 1.000,00 (2d) | | 1.000,00 (2e) |

(3) Lançamento no Estado, quando o valor arrecadado for maior que o valor provisionado da obrigação.

**Subsistema patrimonial**

**Fato contábil:** há situação em que o valor da arrecadação do tributo é maior que o provisionado da obrigação estimada de repasse ao ente da Federação. Assim, cabe lançamentos de ajuste do valor a maior arrecadado.

Lançamento no Livro Diário:

| Cidade, 30 de janeiro de 20x1. | | | |
|---|---|---|---|
| D | 1.1.1.1 Caixa e Equivalentes de Caixa em Moeda Nacional | 2.400,00 | |
| C | 1.1.2.1.4 Crédito Tributário a Receber | | 2.000,00 |
| C | 4.1.1.2.1 VPA Imposto sobre Patrimônio e a Renda – IPVA | | 400,00 |
| Histórico: registro do valor de créditos tributários arrecadados (IPVA) no exercício corrente, mais que o provisionado, sujeito à transferência para outros entes por repartição (50%). | | | |

**PCASP**

1.1.2.1.4.00.00 **Créditos Tributários a Receber – Inter OFSS – Estado**. Compreende os valores relativos a créditos a receber oriundos das variações patrimoniais aumentativas tributárias realizáveis em até 12 meses da data das demonstrações. Os tributos são: impostos, taxas, contribuições de melhoria, contribuições e empréstimos compulsórios. Compreende os saldos que serão excluídos nos demonstrativos consolidados do OFSS de entes públicos distintos, resultantes das transações entre o ente e um estado.

**4.1.1.2.1.00.00 Impostos sobre Patrimônio e a Renda – Consolidação.** Compreende os impostos sobre patrimônio e a renda, como exemplo: imposto sobre a propriedade territorial rural, imposto sobre a propriedade predial e territorial urbana, imposto sobre a transmissão de bens imóveis e de direitos a eles relativos e imposto sobre a renda e proventos de qualquer natureza. Compreende os saldos que não serão excluídos nos demonstrativos consolidados do OFSS.

**4.1.1.2.1.06.00 IPVA.** Registra a variação patrimonial aumentativa decorrente de imposto sobre a propriedade de veículos automotores.

## Lançamento em razonete:

| 1.1.1.1 Caixa e Equivalentes de Caixa em Moeda Nacional | |
|---|---|
| (3) 2.400,00 | $xxx,00 (si) |

| 1.1.2.1.4 Crédito Tributário **a Receber** | |
|---|---|
| (1) 2.000,00 | 2.000,00 (3) |

| 4.1.1.2 VPA Imposto sobre Patrimônio e Renda – IPVA | |
|---|---|
| | 2.000,00 (1) |
| | 400,00 (3) |

(si) saldo inicial.

## Subsistema de controle

**Fato contábil:** controle das disponibilidades em contas que registram a movimentação dos ingressos por destinação de recursos. Identifica a natureza da procedência das receitas no momento em que ingressam no cofre do Tesouro e acompanha seu comprometimento pelo empenho e pela liquidação até a saída com o pagamento.

Lançamento no Livro Diário:

| Cidade, 30 de janeiro de 20x1. | | |
|---|---|---|
| D | 7.2.1.1 Controle da Disponibilidade de Recursos Recebidos | 2.400,00 |
| C | 8.2.1.1.1 Disponibilidade por Destinação de Recursos **a Utilizar** | 2.400,00 |
| Histórico: registro de controle da aplicação/destinação de recurso sujeito à repartição, de receita (IPVA) ao ingressar no cofre do Tesouro. | | |

**PCASP**

7.2.1.1.0.00.00 **Controle da Disponibilidade de Recursos.** Compreende as contas que registram as disponibilidades de *recursos recebidos*.

7.2.1.1.1.00.00 **Recursos Ordinários.** Registra as disponibilidades por destinação de recursos ordinários.

7.2.1.1.2.00.00 **Recursos Vinculados.** Registra as disponibilidades por destinação de recursos vinculados.

8.2.1.1.1 **Disponibilidade por Destinação de Recursos a Utilizar.** Contas que registram o valor das disponibilidades de recursos *a utilizar*.

Lançamento em razonete:

| 7.2.1.1 Controle da Disponibilidade de Recursos **Recebidos** | 8.2.1.1.1 Disponibilidade por Destinação de Recursos **a Utilizar** |
|---|---|
| (3) 2.400,00 | 2.400,00 (3) |

## Subsistema orçamentário

**Fato contábil:** registro da realização da receita tributária IPVA sob o enfoque orçamentário.

Lançamento no Livro Diário:

| Cidade, 30 de janeiro de 20x1. | | |
|---|---|---|
| D | 6.2.1.1 Receita Orçamentária **a Realizar** – Corrente Impostos – IPVA | 2.400,00 | |
| C | 6.2.1.2 Receita Orçamentária **Realizada** – Corrente Impostos – IPVA | | 2.400,00 |
| Histórico: arrecadação orçamentária efetivada de crédito tributário de receita IPVA, sujeito à repartição constitucional. | | |

**PCASP**

6.2.1.1.0.00.00 **Receita a Realizar.** Compreende o somatório dos valores relativos à receita pública aprovada pela Lei Orçamentária Anual e suas alterações, detalhada por natureza da receita.

6.2.1.2.0.00.00 **Receita Realizada.** Compreende o somatório dos valores relativos às receitas realizadas, detalhada por natureza de receita.

Lançamento em razonete:

| 6.2.1.1 Receita Orçamentária **a Realizar** – Impostos – IPVA | | 5.2.1.1 Previsão Inicial da Receita Orçamentária – Impostos |
|---|---|---|
| (3) 2.400,00 | 2.000,00 (1) | (1) 2.000,00 |

| 6.2.1.2 Receita Orçamentária **Realizada** – Impostos – IPVA |
|---|
| 2.400,00 (3) |

**(3a)** Lançamento no Estado, pela baixa da provisão e do registro do passivo correspondente à repartição de tributo e pelo repasse a outros entes de parte da receita arrecadada a maior que o provisionado

**Subsistema orçamentário:** não há registro.

**Subsistema de controle:** não há registro.

**Subsistema patrimonial**

**Fato contábil:** o Estado reconhecendo a obrigação de transferência de valores aos municípios, referente ao Fundo de Participação dos Municípios.

Lançamento no Livro Diário:

| Cidade, 30 de janeiro de 20x1. | | |
|---|---|---|
| D | 2.1.7.5.5 Provisão para Repartição de Créditos a Curto Prazo | 900,00 |
| D | 3.5.2.1.5 VPD Distribuição Constitucional e Legal de Receitas | 300,00 |
| C | 2.1.5.0.5 Obrigações de Repartição a Outros Entes | 1.200,00 |
| Histórico: baixa da provisão e registro de obrigação de crédito tributário (IPVA) arrecadado superior ao provisionado no exercício corrente, que se transfere a outros entes por repartição (50%). | | |

**PCASP**

2.1.7.5.0.00.00 **Provisão para Repartição de Créditos a Curto Prazo.** Conta patrimonial que registra os passivos de prazo ou de valores incertos relacionados aos créditos tributários e não tributários reconhecidos no momento do lançamento por parte do agente arrecadador, a serem repartidos com outros entes da Federação. Na arrecadação, essa provisão será revertida em conta específica de passivo.

2.1.7.5.5.02.00 **Provisão para Repartição da Cota de IPVA.** Registra o valor da provisão para repartição da cota de IPVA reconhecida no lançamento por parte do agente arrecadador, *a ser repartido com os municípios.* Na arrecadação, essa provisão será revertida em conta de passivo referente a obrigações de repartição a municípios.

3.5.2.1.0.00.00 **Distribuição Constitucional ou Legal de Receitas.** Conta de resultado de despesa que registra as variações patrimoniais diminutivas decorrentes da efetiva transferência a outras esferas de governo de receitas tributárias, de contribuições e de outras receitas vinculadas, prevista na Constituição ou em leis específicas, cuja competência de arrecadação é do órgão transferidor.

3.5.2.1.5.02.00 **IPVA.** Registra as variações patrimoniais diminutivas por meio de *transferências constitucionais de IPVA aos municípios.*

2.1.5.0.0.00.00 **Obrigações de Repartição a Outros Entes.** Conta patrimonial que registra os valores arrecadados de impostos e outras receitas a serem repartidos aos estados, ao Distrito Federal e aos municípios.

2.1.5.0.5.02.00 **Repartição da Cota de IPVA.** Registra o valor da cota de IPVA arrecadado *devida aos municípios.*

**Lançamento em razonete:**

| 2.1.7.5.5.02 Provisão para Repartição de Créditos a Curto Prazo | |
|---|---|
| (3a) 900,00 | 900,00 (1.2) |

| VPD Provisão para Repartição de Créditos a Curto Prazo | |
|---|---|
| | (1.2) 900,00 |

| 2.1.5.0.5.02 Obrigações de Repartição a Outros Entes | |
|---|---|
| | 1.200,00 (3a) |

| 3.5.2.1.5.02 VPD Distribuição Constitucional e Legal de Receitas | |
|---|---|
| (3a) 300,00 | |

**(3b)** Lançamento no Estado, pela reversão do ajuste de perdas estimadas de créditos tributários a receber de tributo do IPVA, no exercício corrente, cujo valor arrecadado ultrapassou o valor da provisão estimada.

**Subsistema orçamentário:** não há registro.

**Subsistema de controle:** não há registro.

**Subsistema patrimonial**

Lançamento no Livro Diário:

| Cidade, 30 de janeiro de 20x1. | | |
|---|---|---|
| D | 1.1.2.9.4.01.01 (–) Ajuste de Perdas de Créditos Tributários a Curto Prazo – AC | 200,00 |
| C | 4.9.7.2.4.00.00 VPA Reversão de Ajustes de Perdas de Créditos | 200,00 |
| Histórico: reversão de ajustes de perdas de créditos a receber de tributo (IPVA) no exercício corrente, cujo valor arrecadado ultrapassou o valor da provisão. | | |

**PCASP**

1.1.2.9.4.01.00 (–) **Perdas Estimadas em Créditos Tributários a Receber.** Compreende o ajuste para perdas estimadas com o não recebimento dos créditos tributários.

1.1.2.9.4.01.01 (–) **Perdas Estimadas em Impostos.** Registra o ajuste para perdas estimadas com o não recebimento de impostos (ICMS, IPVA).

4.9.7.2.1.01.00 **Reversão de Ajustes de Perdas de Créditos.** Registra a variação patrimonial aumentativa proveniente de reversão de ajustes de perdas de créditos.

4.9.7.2.4.00.00 **Reversão de Ajustes de Perdas – Inter OFSS – Estado.** Registra as variações patrimoniais aumentativas provenientes de reversões de ajustes de perdas em âmbito dos estados. Compreende os saldos que serão excluídos nos demonstrativos consolidados do OFSS de entes públicos distintos, resultantes das transações entre o ente e um estado.

4.9.7.2.5.00.00 **Reversão de Ajustes de Perdas – Inter OFSS – Município.** Registra as variações patrimoniais aumentativas provenientes de reversões de ajustes de perdas em âmbito dos municípios. Compreende os saldos que serão excluídos nos demonstrativos consolidados do OFSS de entes públicos distintos, resultantes das *transações entre o ente e um município*.

Lançamento em razonete:

| 1.1.2.9.4 (–) Ajuste de Perdas de Créditos de Impostos a Curto Prazo – AC | | 4.9.7.2.4 VPA Reversão de Ajustes de Perdas | |
|---|---|---|---|
| (3b) 200,00 | 200,00 (1.1) | | 200,00 (3b) |

(3c) Lançamento no Estado, pela transferência para outros entes de receita tributária arrecadada.

**Subsistema patrimonial**

Lançamento no Livro Diário:

| Cidade, 30 de janeiro de 20x1. | | |
|---|---|---|
| D | 2.1.5.0.5.02 Obrigações de Repartição a Outros Entes – Impostos – IPVA | 1.200,00 |
| C | 1.1.1.1 Caixa e Equivalentes de Caixa em Moeda Nacional | 1.200,00 |
| Histórico: transferência a outros entes da Federação de receita tributária (IPVA) arrecadada no exercício corrente, sujeita à repartição, cujo valor arrecadado ultrapassou a provisão estimada. | | |

**PCASP**

2.1.5.0.0.00.00 **Obrigações de Repartição a Outros Entes.** Conta patrimonial que registra os valores arrecadados de impostos e outras receitas a serem repartidos aos estados, ao Distrito Federal e aos municípios.

2.1.5.0.5.00.00 **Obrigações de Repartição a Outros Entes – Inter OFSS – Município.** Compreende os valores arrecadados de impostos e outras receitas a serem repartidos aos estados, ao Distrito Federal e aos municípios. Compreende os saldos que serão excluídos nos demonstrativos consolidados do OFSS de entes públicos distintos, *resultantes das transações entre o ente e um município*.

2.1.5.0.5.02.00 **Repartição da Cota de IPVA.** Registra o valor da cota de IPVA arrecadado *devida aos municípios*.

Lançamento em razonete:

| 2.1.5.0 Obrigações de Repartição a Outros Entes – Impostos – IPVA | | 1.1.1.1 Caixa e Equivalentes de Caixa em Moeda Nacional | |
|---|---|---|---|
| (3c) 1.200,00 | 1.200,00 (3a) | (3) 2.400,00 | 1.200,00 (3c) |

## Subsistema de controle

**Fato contábil:** registro de controle de comprometimento e utilização das disponibilidades de recursos em contas que registram a movimentação dos ingressos e das saídas por destinação de recursos. Ou seja, identifica a natureza da procedência das receitas no momento em que ingressam no cofre do Tesouro e acompanha seu comprometimento pelo empenho e pela liquidação até a saída com o pagamento.

Lançamento no Livro Diário:

| Cidade, 30 de janeiro de 20x1. | | |
|---|---|---|
| D | 8.2.1.1.3 DDR – Comprometida por **Liquidação** | 1.200,00 |
| C | 8.2.1.1.4 Disponibilidade por Destinação de Recursos **Utilizada** | 1.200,00 |
| Histórico: registro e controle de valor da aplicação de disponibilidade de recursos utilizados, repartição de receita tributária (IPVA) transferida a outro ente município de Taboquinhas. | | |

> **PCASP**
>
> 8.2.1.1.3.00.00 **Disponibilidade por Destinação de Recursos – Comprometida por Liquidação.** Conta de controle que registra o valor das disponibilidades de recursos *comprometidas por liquidação.*
>
> 8.2.1.1.4.00.00 **Disponibilidade por Destinação de Recursos Utilizada.** Conta de controle que registra o valor das disponibilidades de recursos *utilizadas por pagamento.*

Lançamento em razonete:

| 8.2.1.1.3 DDR – Comprometida **por Liquidação** | | 8.2.1.1.4 Disponibilidade por Destinação de Recursos **Utilizada** | |
|---|---|---|---|
| (3c) 1.200,00 | 1.200,00 (3a) | | 1.200,00 (3c) |

## Subsistema orçamentário

**Fato contábil: empenho da despesa orçamentária corrente – *transferência de receita tributária de imposto sujeita à repartição constitucional.*** Após a emissão de nota de empenho pela autoridade competennte, criando para o Estado a obrigação de pagamento, pendente ou não de implemento de condição, executam-se os seguintes lançamentos contábeis.

## Lançamento no Livro Diário:

| Cidade, 30 de janeiro de 20x1. | | |
|---|---|---|
| D | 6.2.2.1.1 Crédito Disponível – Corrente | 1.200,00 |
| C | 6.2.2.1.3.01 Crédito Empenhado a Liquidar – Corrente | 1.200,00 |
| Histórico: empenho de crédito orçamentário corrente decorrente de repartição de receita de direito de outros entes municipais. | | |

**PCASP**

6.2.2.1.3.00.00 **Crédito Utilizado.** Compreende o somatório dos valores referentes aos créditos orçamentários empenhados.

6.2.2.1.3.01.00 **Crédito Empenhado a Liquidar.** Registra o valor da despesa empenhada a ser liquidada.

## Lançamento em razonete:

| 6.2.2.1.1 Crédito Disponível – Corrente | | 6.2.2.1.3 Crédito Empenhado a Liquidar – Corrente | |
|---|---|---|---|
| (3c) 1.200,00 | 70.000,00 (si) | | 1.200,00 (3c) |

(si) saldo inicial.

**Fato contábil: liquidação da despesa orçamentária corrente – *transferência de receita tributária de imposto sujeita à repartição constitucional.*** Após verificado pela administração o reconhecimento de obrigação de repartição de receita tributária arrecadada, mas de direito constitucional de outros entes – municípios.

## Lançamento no Livro Diário:

| Cidade, 30 de janeiro de 20x1. | | |
|---|---|---|
| D | 6.2.2.1.3.01 Crédito **Empenhado a Liquidar** – Corrente | 1.200,00 |
| C | 6.2.2.1.3.03 Crédito Empenhado **Liquidado a Pagar** – Corrente | 1.200,00 |
| Histórico: liquidação de crédito orçamentário corrente transferência de receita tributária (IPVA) por repartição a outros entes municipais, por determinação constitucional. | | |

**PCASP**

6.2.2.1.3.03.00 **Crédito Empenhado Liquidado a Pagar.** Registra o valor da apropriação das despesas empenhadas com posterior verificação de sua regularidade por constituição do direto do credor.

Lançamento em razonete:

| 6.2.2.1.3.01 Crédito **Empenhado a Liquidar** – Corrente | | 6.2.2.1.3.03 Crédito Empenhado Liquidado **a Pagar** – Corrente |
|---|---|---|
| (3d) 1.200,00 | 1.200,00 (3c) | 1.200,00 (3d) |

**Fato contábil: pagamento da despesa orçamentária corrente – *transferência de receita tributária de imposto sujeita à repartição constitucional*.** Depois de verificar a regular liquidação da despesa e a disponibilidade financeira em conta bancária da unidade, executa-se o pagamento/transferência.

Lançamento no Livro Diário:

| Cidade, 30 de janeiro de 20x1. | | |
|---|---|---|
| D | 6.2.2.1.3.03 Crédito Empenhado Liquidado **a Pagar** – Corrente | 1.200,00 |
| C | 6.2.2.1.3.04 Crédito Empenhado Liquidado **Pago** – Corrente | 1.200,00 |
| Histórico: pagamento de crédito orçamentário corrente de transferência de repartição de receita tributária de direito de outros entes – IPVA municípios. | | |

Lançamento em razonete:

| 6.2.2.1.3.03 Crédito Emp. Liquidado **a Pagar** – Corrente | | 6.2.2.1.3.04 Crédito Emp. Liquidado **Pago** – Corrente |
|---|---|---|
| (3e) 1.200,00 | 1.200,00 (3d) | 1.000,00 (3e) |

**(4)** Lançamento no Estado, quando o valor arrecadado for menor que o valor provisionado da obrigação.

**Fato contábil:** há situação em que o valor da arrecadação do tributo é **menor** que o provisionado da obrigação de repasse a outros entes da Federação. Assim cabem lançamentos de ajuste do valor arrecadado a menor. Vejamos.

**Subsistema patrimonial**

Lançamento no Livro Diário:

| Cidade, 30 de janeiro de 20x1. | | |
|---|---|---|
| D | 1.1.1.1 Caixa e Equivalentes de Caixa em Moeda Nacional | 1.600,00 |
| C | 1.1.2.1.5.01.02 Crédito Tributário **a Receber** – Imposto IPVA (P) | 1.600,00 |
| Histórico: valor de créditos tributários arrecadados (IPVA) no exercício corrente $ 400 menor que o provisionado, sujeito à transferência para outros entes por repartição constitucional (50% = $ 800) | | |

**PCASP**

1.1.2.1.5.00.00 **Créditos Tributários a Receber – Inter OFSS – Município.** Compreende os valores relativos a créditos a receber oriundos das variações patrimoniais aumentativas tributárias realizáveis em até 12 meses da data das demonstrações. Os tributos são: impostos, taxas, contribuições de melhoria, contribuições e empréstimos compulsórios. Compreende os saldos que serão excluídos nos demonstrativos consolidados do OFSS de entes públicos distintos, resultantes das *transações entre o ente e um município.*

1.1.2.1.5.01.02 **Créditos Tributários a Receber IPVA.** Registra os valores relativos a créditos a receber, decorrentes da cobrança do IPVA.

## Lançamento em razonete:

| 1.1.1.1 Caixa e Equivalentes de Caixa em Moeda Nacional | |
| --- | --- |
| (4) 1.600,00 | $x.xxx,00 (si) |

(si) saldo inicial.

| 1.1.2.1 Crédito Tributário **a Receber** IPVA (P) | |
| --- | --- |
| (1) 2.000,00 | 1.600,00 (4) |

## Subsistema de controle

**Fato contábil:** controle das disponibilidades em contas que registram a movimentação dos ingressos por destinação de recursos. Identifica a natureza da procedência das receitas no momento em que ingressam no cofre do Tesouro e acompanha seu comprometimento pelo empenho e pela liquidação até a saída com o pagamento.

## Lançamento no Livro Diário:

| Cidade, 30 de janeiro de 20x1. | | |
| --- | --- | --- |
| D | 7.2.1.1 Controle da Disponibilidade de Recursos **Recebidos** | 1.600,00 |
| C | 8.2.1.1.1 Disponibilidade por Destinação de Recursos **a Utilizar** | 1.600,00 |
| Histórico: registro de receita (IPVA) ao ingressar no cofre do Tesouro e controle da aplicação. | | |

**PCASP**

7.2.1.1.0.00.00 **Controle da Disponibilidade de Recursos.** Compreende as contas que registram as disponibilidades de recursos *recebidos.*

7.2.1.1.1.00.00 **Recursos Ordinários.** Registra as disponibilidades por destinação de recursos ordinários recebidos.

7.2.1.1.2.00.00 **Recursos Vinculados.** Registra as disponibilidades por destinação de recursos vinculados *recebidos.*

8.2.1.1.1.00.00 **Disponibilidade por Destinação de Recursos**. Compreende o valor das disponibilidades de recursos *a utilizar*.

8.2.1.1.1.01.00 **Recursos Disponíveis para o Exercício**. Registra o valor das disponibilidades de *recursos a utilizar*, incluindo os recursos provenientes de exercícios anteriores e legalmente autorizados *para utilização no exercício financeiro*.

8.2.1.1.3.00.00 **Disponibilidade por Destinação de Recursos Comprometida por Liquidação**. Conta de controle que registra o valor das disponibilidades de recursos *comprometidas por liquidação*.

8.2.1.1.3.01.00 **Comprometida por Liquidação**. Registra o valor das disponibilidades de recursos comprometidas por ocasião da liquidação. O saldo dessa conta representa o valor líquido dos empenhos a pagar.

8.2.1.1.4.00.00 **Disponibilidade por Destinação de Recursos Utilizada**. Conta de controle que registra o valor das disponibilidades de recursos *utilizadas por pagamento*.

**Lançamento em razonete:**

| 7.2.1.1 Controle da Disponibilidade de Recursos **Recebidos** | 8.2.1.1 Disponibilidade por Destinação de Recursos **a Utilizar** |
|---|---|
| (4) 1.600,00 | 1.600,00 (4) |

**Subsistema orçamentário**

**Fato contábil:** registro da realização da receita tributária IPVA sob o enfoque orçamentário.

**Lançamento no Livro Diário:**

| Cidade, 1º de janeiro de 20x1. | | |
|---|---|---|
| D | 6.2.1.1. Receita Orçamentária a Realizar – Impostos – IPVA | 1.600,00 |
| C | 6.2.1.2 Receita Orçamentária Realizada – Impostos – IPVA | 1.600,00 |
| Histórico: arrecadação orçamentária efetivada de crédito tributário de receita IPVA, sujeito à repartição constitucional. | | |

**PCASP**

6.2.1.1.0.00.00 **Receita a Realizar**. Compreende o somatório dos valores relativos à receita pública aprovada pela Lei Orçamentária Anual e suas alterações, detalhada por natureza da receita.

6.2.1.2.0.00.00 **Receita Realizada**. Compreende o somatório dos valores relativos às receitas realizadas, detalhada por natureza de receita.

Lançamento em razonete:

| 6.2.1.1 Receita Orçamentária **a Realizar** – Impostos – IPVA | |
|---|---|
| (4) 1.600,00 | 2.000,00 (1) |

| 5.2.1.1 Previsão Inicial da Receita Orçamentária – Impostos | |
|---|---|
| (1) 2.000,00 | |

| 6.2.1.2 Receita Orçamentária **Realizada** – Impostos – IPVA | |
|---|---|
| | 1.600,00 (4) |

**(4a) Lançamento no Estado, pela baixa da provisão reconhecida a maior, com reversão de despesa de distribuição constitucional e legal de receitas, bem como registro de obrigação de repasse a outros entes, decorrente de repartição de créditos tributários.**

**Subsistema orçamentário:** não há registro.

**Subsistema de controle:** não há registro.

**Subsistema patrimonial**

**Fato contábil:** reconhecimento pelo Estado da obrigação de transferência de valores aos municípios, referente ao Fundo de Participação dos Municípios, dando baixa da provisão para repartição de créditos tributários, anteriormente reconhecido a maior que o efetivamente realizado.

Lançamento no Livro Diário:

| Cidade, 30 de janeiro de 20x1. | | |
|---|---|---|
| D | 2.1.7.5.5.02 Provisão para Repartição de Créditos a Curto Prazo – AC | 900,00 |
| C | 2.1.5.0.5.02 Obrigações de Repartição a Outros Entes – Imposto IPVA – PC | 800,00 |
| C | 4.9.7.1.1.05 VPA – Reversão de Provisões Repartição de Créditos de Distribuição Constitucional e Legal de Receitas | 100,00 |
| Histórico: registro de baixa da provisão em contrapartida de obrigação de repasse de créditos tributários arrecadados, bem como reconhecimento de reversão a menor no exercício corrente, sujeito à transferência para outros entes por repartição (50% do IPVA = $ 800). | | |

**PCASP**

2.1.7.5.5.02.00 **Provisão para Repartição da Cota de IPVA**. Registra o valor da provisão para repartição da cota de IPVA reconhecida no lançamento por parte do agente arrecadador, a ser repartido com os municípios. Na arrecadação, essa provisão será revertida em conta de passivo referente a *obrigações de repartição a municípios*.

2.1.5.0.5.02.00 **Repartição da Cota de IPVA.** Registra o valor da cota de IPVA arrecadado devida aos municípios.

4.9.7.0.0.0.00.00 **Reversão de Provisões e Ajustes de Perdas.** Compreende as variações patrimoniais aumentativas provenientes de reversões de provisões e ajustes de perdas.

4.9.7.1.0.0.00.00 **Reversão de Provisões.** Compreende as variações patrimoniais aumentativas provenientes de reversões de provisões.

4.9.7.1.1.00.00 **Reversão de Provisões – Consolidação.** Compreende as variações patrimoniais aumentativas provenientes de *reversões de provisões*. Compreende os saldos que não serão excluídos nos demonstrativos consolidados do OFSS.

4.9.7.1.1.05.00 **Reversão de Provisões Repartição de Crédito**. Registra a variação patrimonial aumentativa proveniente de reversão de provisões por repartição de crédito.

Lançamento em razonete:

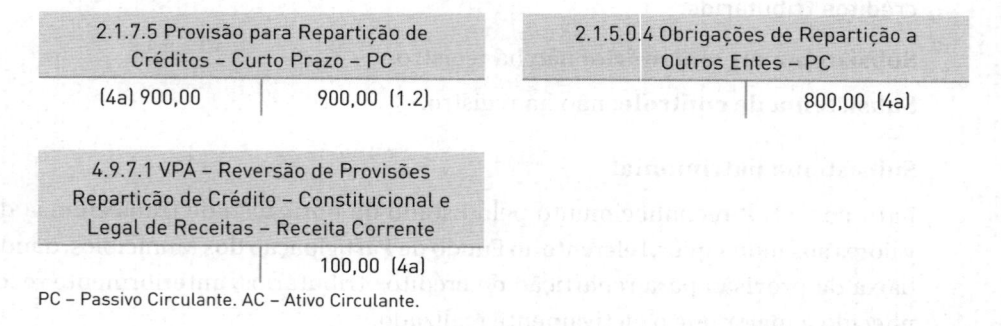

| 2.1.7.5 Provisão para Repartição de Créditos – Curto Prazo – PC | | 2.1.5.0.4 Obrigações de Repartição a Outros Entes – PC | |
|---|---|---|---|
| (4a) 900,00 | 900,00 (1.2) | | 800,00 (4a) |

| 4.9.7.1 VPA – Reversão de Provisões Repartição de Crédito – Constitucional e Legal de Receitas – Receita Corrente | |
|---|---|
| | 100,00 (4a) |

PC – Passivo Circulante. AC – Ativo Circulante.

**(4b) Lançamento no Estado, pelo reconhecimento de complementação de ajuste de perdas estimadas a menor, sobre créditos tributários a receber (IPVA) no exercício corrente, cujo valor arrecadado foi inferior à provisão estimada.**

No caso em tela, Perda estimada, Ajuste de perdas de créditos ou Provisão para créditos de liquidação duvidosa são termos equivalentes. **Provisão** é, na verdade, o reconhecimento de uma **estimativa**. As Normas Internacionais de Contabilidade utilizam o termo "perdas estimadas" para retificar e/ou ajustar o valor dos ativos [créditos/valores a receber] ao provável valor de realização.

A partir de janeiro de 1997, a provisão passou a ser contabilizada pela perda efetiva, ou seja, a falta comprovada de liquidez de um ativo. De acordo com a Lei n. 9.430, de 1996, art. 9º, combinada com a Lei n. 13.097, de 2015 (art. 8º), considera-se falta de liquidez dos valores a receber da atividade operacional quando o valor por operação for de até $ 15 mil e se vencido há mais de seis meses. Se o valor for superior a $ 15 mil, somente será considerado sem liquidez se o título estiver vencido após 12 meses.

A Lei n. 9.430, de 1996, orienta como o registro contábil das perdas deve ser executado. Quando o valor a receber, por operação, realizada até setembro de 2014, for de até $ 5 mil; e quando realizada após setembro de 2014 for de até $ 15 mil, a baixa dessa perda será efetuada na própria conta Clientes, ou seja, conta de Créditos tributário a receber. Agora, quando os valores excederem os limites retrocitados, o lançamento será efetuado pela conta redutora Ajuste de perdas de créditos ou de Provisão para créditos de liquidação duvidosa.

Assim, a conta redutora Ajuste de perdas de créditos ou Provisão para créditos de liquidação duvidosa registra os valores de clientes, vencidos há mais de 12 meses, cujos valores excedem a $ 5 mil ou $ 15 mil, dependendo de quando a operação foi realizada, se até setembro de 2014 ou depois desta data.

No caso em estudo, o valor da perda de $ 300,00, por ser inferior a $ 5 mil, será levado diretamente à conta Crédito tributário a receber (P). Cabe lembrar que haverá necessidade de reconhecer mais $ 100,00 de perda, considerando que o valor arrecadado foi inferior ao provisionado. Ou seja, em vez de $ 200,00, previsto inicialmente, houve perda efetiva de $ 300,00. Vejamos.

**Subsistema orçamentário:** não há registro.

**Subsistema de controle:** não há registro.

**Subsistema patrimonial**

Lançamento no Livro Diário:

| Cidade, 30 de janeiro de 20x1. | | |
|---|---|---|
| D | 3.6.1.7.1.01 VPD – Ajuste para Perdas de Créditos Tributários | 100,00 |
| D | 1.1.2.9.1.01 (–) Ajuste de Perdas em Créditos Tributários a Curto Prazo | 200,00 |
| C | 1.1.2.1.4 01.02 Crédito Tributário **a Receber** – Imposto IPVA (P) | 300,00 |
| Histórico: baixa e reconhecimento de complementação de ajustes de perdas de créditos a receber de tributo do IPVA, no exercício corrente, cujo valor arrecadado foi inferior ao provisionado. | | |

**PCASP**

3.6.1.7.1.01.00 **Ajuste para Perdas em Créditos Tributários**. Registra a variação patrimonial diminutiva com ajuste para perdas em créditos tributários.

1.1.2.9.1.01.00 (–) **Perdas Estimadas em Créditos Tributários a Receber**. Compreende o ajuste para *perdas estimadas* com o não recebimento dos créditos tributários.

1.1.2.1.4.01.02 **Crédito Tributário a Receber – IPVA**. Registra os valores relativos a créditos a receber, decorrentes da cobrança do IPVA.

## Lançamento em razonete:

| 3.6.1.7 VPD – Ajuste de Perdas de Créditos Tributários | |
|---|---|
| (4b) 100,00 | |

| 1.1.2.9 (–) Ajuste de Perdas de Créditos a Curto Prazo – AC | |
|---|---|
| (4b) 200,00 | 200,00 (1.1) |

| 1.1.2.1 Crédito Tributário a Receber – Impostos – IPVA (P) AC | |
|---|---|
| (1) 2.000,00 | 1.600,00 (4) |
| | 300,00 (4b) |

PC – Passivo Circulante. AC – Ativo Circulante.

**(4c)** Lançamento no Estado, pela transferência para outros entes públicos de receita tributária arrecadada sujeita à repartição constitucional.

### Subsistema patrimonial

Lançamento no Livro Diário:

| Cidade, 30 de janeiro de 20x1. | | |
|---|---|---|
| D | 2.1.5.0.5.02 Obrigações de Repartição a Outros Entes – IPVA | 800,00 | |
| C | 1.1.1.1 Caixa e Equivalentes de Caixa em Moeda Nacional | | 800,00 |
| Histórico: transferência a outros entes da Federação de receita de tributo (IPVA) arrecadada no exercício corrente, sujeita à repartição, cujo valor arrecadado ultrapassou a provisão estimada. | | |

**PCASP**

2.1.5.0.5.00.00 **Obrigações de Repartição a Outros Entes – Inter OFSS – Município**. Compreende os valores arrecadados de impostos e outras receitas a serem repartidos aos estados, ao Distrito Federal e aos municípios. Compreende os saldos que serão excluídos nos demonstrativos consolidados do OFSS de entes públicos distintos, resultantes das transações *entre o ente e um município*.

2.1.5.0.5.02.00 **Repartição da Cota de IPVA**. Registra o valor da cota de IPVA arrecadado *devida aos municípios*.

## Lançamento em razonete:

| 2.1.5.0 Obrigações de Repartição a Outros Entes – IPVA – PC | |
|---|---|
| (4c) 800,00 | 800,00 (4a) |

| 1.1.1.1 Caixa e Equivalentes de Caixa em Moeda Nacional – AC | |
|---|---|
| (4) 1.600,00 | 800,00 (4c) |

PC – Passivo Circulante. AC – Ativo Circulante.

## Subsistema de controle

**Fato contábil:** controle de comprometimento e utilização das disponibilidades de recursos em contas que registram a movimentação dos ingressos e das saídas por destinação de recursos; ou seja, identifica a natureza da procedência das receitas no momento em que ingressam no cofre do Tesouro e acompanha seu comprometimento pelo empenho e pela liquidação até a saída com o pagamento.

Lançamento no Livro Diário:

| Cidade, 30 de janeiro de 201x1. | | |
|---|---|---|
| D | 8.2.1.1.3. DDR Comprometida **por Liquidação** | 800,00 |
| C | 8.2.1.1.4 Disponibilidade por Destinação de Recursos **Utilizada** | 800,00 |
| Histórico: registro e controle de valor da aplicação de disponibilidade de recursos utilizados, repartição de receita do IPVA transferido a outro ente. | | |

### PCASP

8.2.1.1.3.00.00 DDR **Comprometida por Liquidação**. Contas de controle que registram as disponibilidades de recursos *comprometidos por liquidação*.

8.2.1.1.4.00.00 **Disponibilidade por Destinação de Recursos Utilizada**. Contas de controle que registram o valor das disponibilidades de recursos *utilizadas por pagamento*.

Lançamento em razonete:

| 8.2.1.1.3 DDR Comprometida **por Liquidação** | | 8.2.1.1.4 Disponibilidade por Destinação de Recursos **Utilizada** | |
|---|---|---|---|
| (4c) 800,00 | 800,00 (4a) | | 800,00 (4c) |

## Subsistema orçamentário

**Fato contábil: empenho da despesa orçamentária corrente – *transferência de repartição de receita tributária***. Após a emissão de nota de empenho pela autoridade competente, criando para o Estado a obrigação de pagamento, pendente ou não de implemento de condição, executam-se os seguintes lançamentos contábeis.

Lançamento no Livro Diário:

| Cidade, 30 de janeiro de 20x1. | | |
|---|---|---|
| D | 6.2.2.1.1 Crédito Disponível – Corrente | 800,00 |
| C | 6.2.2.1.3.01 Crédito Empenhado a Liquidar – Corrente | 800,00 |
| Histórico: empenho de crédito orçamentário corrente decorrente de repartição de receita de direito de outros entes municipais – IPVA. | | |

**PCASP**

6.2.2.1.3.01.00 **Crédito Empenhado a Liquidar.** Registra o valor da despesa empenhada a ser liquidada.

Lançamento em razonete:

| 6.2.2.1.1 Crédito Disponível Corrente | | 6.2.2.1.3 Crédito **Empenhado a Liquidar** – Corrente |
|---|---|---|
| (4c) 800,00 | 70.000,00 (si) | 800,00 (4c) |
| (si) saldo inicial. | | |

**Fato contábil: (4d) liquidação da despesa orçamentária corrente** – *transferência de receita tributária de imposto sujeita à repartição constitucional.* Depois de verificado pela administração o reconhecimento de obrigação de repartição de receita tributária arrecadada, mas de direito constitucional de outros entes – 50% IPVA dos municípios.

Lançamento no Livro Diário:

| Cidade, 30 de janeiro de 20x1. | | |
|---|---|---|
| D | 6.2.2.1.3.01 Crédito Empenhado **a Liquidar** – Corrente | 800,00 | |
| C | 6.2.2.1.3.03 Crédito Empenhado **Liquidado a Pagar** – Corrente | | 800,00 |
| Histórico: liquidação de crédito orçamentário corrente e transferência de repartição de receita tributária a outros entes municipais, por determinação constitucional. | | |

**PCASP**

6.2.2.1.3.03.00 **Crédito Empenhado Liquidado a Pagar.** Registra o valor da apropriação das despesas empenhadas com posterior verificação de sua regularidade por constituição do direto do credor.

6.2.2.1.3.04.00 **Crédito Empenhado Liquidado Pago.** Registra o valor da despesa empenhada, liquidada e paga.

Lançamento em razonete:

| 6.2.2.1.3.01 Crédito Empenhado **a Liquidar** – Corrente | | 6.2.2.1.3.03 Crédito Empenhado **Liquidado a Pagar** – Corrente |
|---|---|---|
| (4d) 800,00 | 800,00 (4c) | 800,00 (4d) |

**Fato contábil: (4e) pagamento da despesa orçamentária corrente – *transferência de receita tributária de imposto sujeita à repartição constitucional*.** Depois de verificar a regular liquidação da despesa e a disponibilidade financeira em conta bancária da unidade, executa-se o pagamento/transferência.

Lançamento no Livro Diário:

| | Cidade, 30 de janeiro de 20x1. | | |
|---|---|---|---|
| D | 6.2.2.1.3.03 Crédito Empenhado **Liquidado a Pagar** – Corrente | 800,00 | |
| C | 6.2.2.1.3.04 Crédito Empenhado Liquidado **Pago** – Corrente | | 800,00 |
| | Histórico: pagamento de crédito orçamentário corrente de transferência de repartição de receita tributária de direito de outros entes – 50% IPVA dos municípios. | | |

Lançamento em razonete:

| 6.2.2.1.3.03 Crédito Empenhado **Liquidado a Pagar** – Corrente | | | 6.2.2.1.3.04 Crédito Empenhado Liquidado **Pago** – Corrente | |
|---|---|---|---|---|
| (4e) 800,00 | | 800,00 (2d) | | 800,00 (4e) |

**(5)** Lançamento no município, pelo reconhecimento de crédito de transferências tributárias a receber por repartição constitucional.

**Subsistema orçamentário:** não há registro.

**Subsistema de controle:** não há registro.

**Subsistema patrimonial**

**Fato contábil:** ao início de cada exercício financeiro, os entes da Federação que têm direito a receber transferências de receita tributária por repartição constitucional (FPE e FPM), entre outros, devem registrar, contabilmente, o reconhecimento do direito ao crédito com reconhecimento da variação patrimonial aumentativa.

Lançamento no Livro Diário:

| | Cidade, 2 de janeiro de 20x1. | | |
|---|---|---|---|
| D | 1.1.2.3.4.01.02 Cota-parte do IPVA – Créditos de Transferências **a Receber** – Intergovernamentais – Repartição Tributária – do Estado Cota-Parte do IPVA aos municípios. | 800,00 | |
| C | 4.5.2.1.4.02.00 VPA Transferências Intergovernamentais – Repartição Tributária do Estado IPVA aos municípios. | | 800,00 |
| | Histórico: reconhecimento de crédito de transferência de receita tributária de imposto (IPVA) sujeita à repartição de obrigação de outros entes – estado cota-parte do IPVA aos municípios. | | |

**PCASP**

1.1.2.3.3.01.00 **Créditos Decorrentes da Participação nas Receitas da União**. Compreende os recursos a receber pelo estado por sua participação constitucional e legal em receitas arrecadadas pela União.

1.1.2.3.3.01.01 **Cota-parte do FPE**. Registra a participação dos estados e do Distrito Federal no produto da arrecadação dos Impostos sobre a Renda e sobre Produtos Industrializados, conforme coeficientes fixados pelo Tribunal de Contas da União, a receber.

1.1.2.3.3.01.02 **Cota-Parte do FPM**. Registra a participação dos municípios no produto da arrecadação dos Impostos sobre a Renda e sobre Produtos Industrializados, conforme coeficientes fixados pelo Tribunal de Contas da União, a receber.

1.1.2.3.4.01.00 **Créditos Decorrentes da Participação nas Receitas dos Estados**. Compreende os recursos a receber pelos municípios por sua participação constitucional e legal em receitas arrecadadas pelos estados.

1.1.2.3.4.01.02 **Cota-parte do IPVA**. Registra a parcela pertencente aos municípios, do Imposto sobre a Propriedade de Veículos Automotores, a receber.

4.5.2.1.4.02.00 **VPA – Cota-parte do IPVA**. Registra a variação patrimonial aumentativa decorrente da transferência da cota-parte de IPVA.

## Lançamento em razonete:

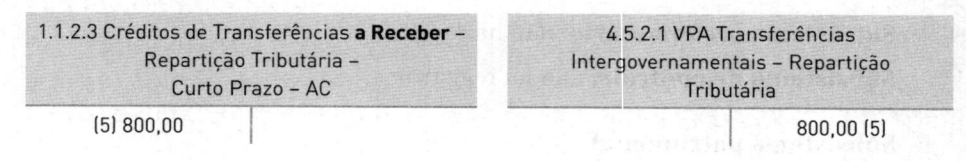

| 1.1.2.3 Créditos de Transferências **a Receber** – Repartição Tributária – Curto Prazo – AC | 4.5.2.1 VPA Transferências Intergovernamentais – Repartição Tributária |
|---|---|
| (5) 800,00 | 800,00 (5) |

## 4.6  RECEITA DA DÍVIDA ATIVA

No balanço patrimonial, no grupo do ativo, um dos componentes da conta Outras receitas correntes é a *receita da dívida ativa*.

Consoante a Lei n. 4.320, de 1964, os créditos do Estado, de natureza tributária ou não tributária, exigíveis pelo transcurso do prazo para pagamento – vencidos –, serão inscritos, na forma da legislação, como dívida ativa, em registro próprio, depois de apurada sua liquidez e sua certeza.

A **dívida ativa** é formada por tributos, multas e créditos fazendários lançados, mas não cobrados ou não recebidos no prazo do vencimento, a partir da data de sua inscrição. Podem ser de origem tributária ou não. A dívida ativa pode ser definida como a "constituída pelos créditos do Estado, devido ao não pagamento pelos contribuintes dos tributos, dentro do exercício em que foram lançados".

A dívida ativa classifica-se, conforme conceituação legal, em:

- **dívida ativa tributária** – é o crédito decorrente do não pagamento de tributos, inclusive os respectivos adicionais, como atualizações monetárias, juros e multas tributárias;
- **dívida ativa não tributária** – representa os demais créditos, como os provenientes de empréstimos compulsórios, contribuições estabelecidas em lei, multas de qualquer origem ou natureza, exceto as tributárias, foros, laudêmios, aluguéis ou taxas de ocupação, custas processuais, preços de serviços prestados por estabelecimentos públicos, indenizações, reposições, restituições, alcances dos responsáveis definitivamente julgados, assim como os créditos decorrentes de obrigações em moeda estrangeira, de sub-rogação de hipoteca, fiança, aval ou outra garantia, de contratos em geral ou de outras obrigações legais.

É importante ressaltar que, no momento em que são recebidas financeiramente as *dívidas ativas tributárias e não tributárias*, elas devem ser escrituradas como receita do exercício juntamente com as multas e os juros dela decorrente, vinculando à origem e à espécie de tributo de onde originou. Assim, na classificação da receita orçamentária, teríamos como categoria econômica: *1 Receitas correntes; como Origem: 1 Tributos; como Espécie: 1 Impostos. Ou seja, a receita principal com aquelas dela originadas como multas e juros, dívida ativa, multas e juros da dívida ativa.* No caso da receita de IPTU, teríamos:

1.1.0.0.0.00.0.0 **Tributos: Impostos, Taxas e Contribuições de Melhoria**. Agrega as receitas correntes **originadas de tributos** de impostos, taxas e contribuições de melhoria.

1.1.1.0.0.00.0.0 **Impostos**. Agrega as receitas correntes de origem tributária da *espécie de impostos*. Impostos constituem modalidade de tributo cuja cobrança tem por fato gerador situação independente de qualquer atividade estatal específica, relativa ao contribuinte. Regra geral, é vedada a vinculação da receita de impostos a qualquer tipo de despesa, ressalvada, entre outras hipóteses, aquelas previstas na Constituição Federal.

1.1.1.2.00.0.0 **Impostos sobre o Patrimônio**. Agrega as receitas que se originaram de impostos que incidem sobre o patrimônio e a renda.

1.1.1.8.01.0.0 **Impostos sobre o Patrimônio para estados/DF/municípios**. Registra o valor total da arrecadação dos impostos incidentes sobre o patrimônio, de competência dos estados, do Distrito Federal e dos municípios.

1.1.1.8.01.1.0 **Imposto sobre a Propriedade Predial e Territorial Urbana**. Registra o valor total da arrecadação de Imposto sobre a Propriedade Predial e Territorial Urbana, de competência dos municípios. Tem como fato gerador a propriedade, o domínio útil ou a posse de bem imóvel por natureza ou por acessão física, como definido na lei civil, localizado na zona urbana do município.

**E como dívida ativa, multas e juros do IPTU, teríamos:**

1.1.1.8.01.1.**3** Imposto sobre a Propriedade Predial e Territorial Urbana – **Dívida Ativa**

1.1.1.8.01.1.**4** Imposto sobre a Propriedade Predial e Territorial Urbana – **Dívida Ativa – Multas e Juros de Mora da Dívida Ativa**

1.1.1.8.01.1.**5** Imposto sobre a Propriedade Predial e Territorial Urbana – Multas

1.1.1.8.01.1.**6** Imposto sobre a Propriedade Predial e Territorial Urbana – Juros de Mora

1.1.1.8.01.1.**7** Imposto sobre a Propriedade Predial e Territorial Urbana – **Dívida Ativa – Multas da Dívida Ativa**

1.1.1.8.01.1.**8** Imposto sobre a Propriedade Predial e Territorial Urbana – **Juros de Mora da Dívida Ativa**

    **Origem** é o detalhamento das categorias econômicas "Receitas correntes" e "Receitas de capital", com vistas a identificar a procedência das receitas no momento em que ingressam nos cofres públicos. **Espécie** é o nível de classificação vinculado à **origem** que permite qualificar com maior detalhe o fato gerador das receitas. Por exemplo, dentro da **origem** "Contribuições", identificam-se as **espécies** "Contribuições sociais", "Contribuições econômicas", "Contribuições para entidades privadas de serviço social e de formação profissional" e "Contribuição para custeio de iluminação pública". Destaca-se que o ponto de partida – a origem – de todo o processo relatado no parágrafo anterior foi a existência da Receita orçamentária corrente.

    Mas a *dívida ativa da amortização de empréstimos e financiamentos* deve ser escriturada na rubrica *Outras receitas de capital*.

## 4.7    ASPECTO CONTÁBIL DA INSCRIÇÃO E DA ARRECADAÇÃO DA DÍVIDA ATIVA

A inscrição da dívida ativa compreende aspectos peculiares para o seu reconhecimento e controle contábil.

    Conforme vimos, como os tributos, as multas e os créditos fazendários lançados, mas não cobrados ou não recebidos no prazo do vencimento, a partir da data de sua inscrição, constituem a dívida ativa. A administração fazendária realiza uma série de providências administrativas e contábeis para registrar esses créditos depois de apurada sua liquidez e sua certeza.

Quanto às providências administrativas, o Código Tributário Nacional (CTN) define que o termo de inscrição da dívida ativa deverá ser autenticado pela autoridade competente, indicando obrigatoriamente:

- o nome do devedor e, se for o caso, o dos corresponsáveis, bem como sempre que possível, o domicílio ou a residência;
- a quantia devida e a maneira de calcular os juros de mora acrescidos;
- a origem e a natureza do crédito, mencionando, especificamente, a disposição da lei em que esteja fundamentada;
- a data em que foi inscrita;
- se for o caso, o número do processo administrativo de que se origina o crédito;
- a indicação do livro e da folha da inscrição.

Define, ainda, que a omissão de quaisquer dos requisitos anteriores ou o erro a eles relativo são causas de nulidade da inscrição e do processo de cobrança dela decorrente. Contudo, a dívida ativa regularmente inscrita goza de presunção de certeza e liquidez, e tem efeito de prova pré-constituída.

A Lei n. 6.830, de 1980, em seu art. 1º, § 3º, estabelece que a apuração da dívida ativa é uma atribuição dos órgãos competentes da União, dos estados, do Distrito Federal e dos municípios, caracterizando como ato de controle administrativo de legalidade. Aos **órgãos de contabilidade** da Administração é reservada a tarefa de sistematizar a escrituração de crédito a receber, bem como daqueles decorrentes de inscrição em dívida ativa.

A **dívida ativa** integra o grupamento da conta de créditos a receber e constitui uma parcela do ativo de grande destaque na composição patrimonial dos órgãos do setor público. Os créditos classificáveis em dívida ativa devem ser, inicialmente, registrados, contabilmente, no grupo Ativo Não Circulante, como Realizável a Longo Prazo, considerando a incerteza intrínseca de sua realização no curto prazo. O sucesso das ações de cobrança acaba resultando em *cronogramas de recebimento*, firmados com datas e parcelas definidas, por vezes em contratos registrados com garantias reais. No *ativo circulante*, devem ser registrados os valores inscritos cuja expectativa provável de recebimento é até 12 meses da data das demonstrações, ou seja, no curto prazo.

Os montantes a serem registrados, contabilmente, em contas de créditos a receber devem ser mensurados por seu valor líquido de realização, ou seja, pelo produto final em dinheiro ou equivalente que se espera obter, com o objetivo de assegurar a fiel demonstração dos fatos contábeis. Somente poderão ser encaminhados para inscrição em dívida ativa os créditos vencidos, anteriormente reconhecidos e registrados no Ativo patrimonial do ente público.

A seguir, apresentamos os registros contábeis dos principais fatos relacionados à dívida ativa.

| Fase de contabilização | Órgão originário do crédito | Órgão competente para inscrição em dívida ativa |
|---|---|---|
| **a) Reconhecimento da Receita Tributária** | D – Ativo / Créditos a Receber (Sistema Patrimonial) <br> C – Variação Patrimonial Ativa de Receita Tributária (Sistema Patrimonial) | Não há lançamentos. |
| **b) Inadimplemento** (Sistema Patrimonial) <br><br> D – Ativos / Créditos a Inscrever em Dívida Ativa CP <br> C – Ativo / Créditos a Receber | D – Ativos / Créditos a Encaminhar para Inscrição em Dívida Ativa CP (Sistema Patrimonial) <br> C – Ativo / Créditos a Receber CP (Sistema Patrimonial) | Não há lançamentos. |
| **c) Encaminhamento** | D – Ativo / Créditos Encaminhados para Inscrição em Dívida Ativa LP (Sistema Patrimonial) <br> C – Ativo / Créditos a Encaminhar para Inscrição em Dívida Ativa CP (Sistema Patrimonial) | D – Ativo compensado / Créditos a Inscrever em Dívida Ativa (Sistema Patrimonial) <br> C – Passivo Compensado / Créditos da Dívida Ativa (Sistema Patrimonial) |
| **d) Rejeição da Inscrição** | D – Ativos / Créditos a Encaminhar para Inscrição em Dívida Ativa CP (Sistema Patrimonial) <br> C – Ativo / Créditos Encaminhados para Inscrição em Dívida Ativa LP (Sistema Patrimonial) | D – Ativo compensado / Créditos a Inscrever em Dívida Ativa Devolvidos (Sistema Patrimonial) <br> C – Ativo Compensado / Créditos a Inscrever em Dívida Ativa (Sistema Patrimonial) |
| **e) Inscrição** (Sistema Patrimonial) <br><br> D – Variação Passiva / Créditos Inscritos em Dívida Ativa LP <br> C – Ativos / Créditos a Inscrever em Dívida Ativa **CP** | D – Ativo / Créditos Inscritos em Dívida Ativa LP (Sistema Patrimonial) <br><br> C – Ativos / Créditos Encaminhados para Inscrição em Dívida Ativa LP (Sistema Patrimonial) | D – Ativo / Créditos Inscritos em Dívida Ativa <br> C – Variação Ativa / Créditos Inscritos em Dívida Ativa <br><br> D – Ativo Compensado / Créditos Inscritos em Dívida Ativa <br> C – Ativo Compensado / Créditos a Inscrever em Dívida Ativa (Sistema Patrimonial) |

# 4.7.1 Registro contábil da dívida ativa – método completo

## (a) Reconhecimento da receita tributária

Após aprovação da Lei Orçamento Anual, em obediência ao princípio da competência contábil, registra-se o reconhecimento, no subsistema patrimonial, da variação patrimonial aumentativa de receita de crédito tributário e contrapartida no ativo, de valor do crédito tributário a receber de competência do exercício financeiro, ou seja, reconhecimento contábil da receita tributária de competência do exercício financeiro atual.

**Subsistema orçamentário:** não há registro.

**Subsistema controle:** não há registro.

**Subsistema Patrimonial**

Lançamento no Livro Diário:

| Cidade, 2 janeiro de 20xx. | | |
|---|---|---|
| D | 1.1.2.1.1.01.05 Crédito Tributário **a Receber** IPTU – Crédito de Curto Prazo – AC | 11.000,00 | |
| C | 4.1.1.2.1.02.00 VPA de Créditos Tributários – IPTU | | 11.000,00 |
| Histórico: registro de reconhecimento, por competência, de receita de crédito tributário (IPTU) e contrapartida no ativo de valor do crédito tributário a receber de competência do exercício financeiro atual. | | |

**PCASP**

1.1.2.1.1.00.00 **Créditos Tributários a Receber – Consolidação.** Compreende os valores relativos a créditos a receber oriundos das variações patrimoniais aumentativas tributárias, realizáveis em até 12 meses da data das demonstrações. Os tributos são: impostos, taxas, contribuições de melhoria, contribuições e empréstimos compulsórios. Compreende os saldos que não serão excluídos nos demonstrativos consolidados do OFSS.

1.1.2.1.1.01.05 **IPTU.** Registra os valores relativos a créditos a receber, decorrentes da cobrança do IPTU.

4.1.1.2.1.02.00 **IPTU.** Conta de resultado de receita que registra a variação patrimonial aumentativa decorrente de Imposto sobre a Propriedade Predial e Territorial Urbana (IPTU).

Lançamento em razonete:

| 1.1.2.1 Crédito Tributário **a Receber** IPTU – AC | | 4.1.1.2 VPA – IPTU | |
|---|---|---|---|
| (a) 11.000,00 | | | 11.000,00 (a) |

## (b) Apuração do inadimplemento do crédito tributário

**Fato contábil:** contabilização dos créditos tributários com prazo de recebimento vencido que devem ser encaminhados para inscrição em dívida ativa tributária, incluindo o reconhecimento de atualização monetária, juros e encargos financeiros incidentes, calculados até a data de inscrição da dívida ativa.

**Subsistema orçamentário:** não há registro.

**Subsistema patrimonial**

Lançamento no Livro Diário:

| Cidade, 31 dezembro de 20xx. | | |
|---|---|---|
| D | 1.1.2.5.1.01.05 Créditos Tributário **Inscrito** em Dívida Ativa do IPTU – AC | 13.500,00 |
| C | 1.1.2.1.1.01.05 Crédito Tributário **a Receber** do IPTU – AC | 11.000,00 |
| C | 4.4.2.4.1.05.00 VPA – Multa, Juros e Encargos de Mora sobre Créditos Tributários Vencidos – IPTU | 2.200,00 |
| C | 4.4.3.1.0.00.00 VPA – Variações Monetárias (Taxa Selic 2,27%) sobre Créditos Tributários Vencidos – IPTU | 300,00 |
| Histórico: reconhecimento de atualização monetária, juros e encargos financeiros incidentes (20%) sobre os créditos tributários (IPTU), com prazo vencido para inscrição em dívida ativa tributária. | | |

### PCASP

**1.1.2.5.1.00.00 Dívida Ativa Tributária – Consolidação.** Compreende os valores dos créditos de dívida ativa tributária inscritos, realizáveis em até 12 meses da data das demonstrações. Compreende os saldos que não serão excluídos nos demonstrativos consolidados do OFSS.

**1.1.2.5.1.01.00 Dívida Ativa Tributária dos Impostos.** Compreende os valores relativos aos créditos a receber, *inscritos em dívida ativa*, decorrentes da cobrança da modalidade de tributo, cuja obrigação tem por fato gerador uma situação independente de qualquer atividade estatal específica relativa ao contribuinte.

**1.1.2.5.1.01.05 Dívida Ativa do IPTU.** Registra os valores relativos a créditos a receber, *inscritos* em dívida ativa, decorrentes da cobrança do IPTU.

**1.1.2.1.1.01.05 Crédito Tributário a Receber do IPTU.** Registra os valores relativos a créditos a receber, decorrentes da cobrança do IPTU.

**4.4.2.4.0.00.00 Juros e Encargos de Mora sobre Créditos Tributários.** Conta de resultado que registra a variação patrimonial aumentativa com juros e encargos a título de penalidade aplicada em razão de atrasos e não cumprimento dos prazos de créditos tributários.

**4.4.2.4.1.00.00 Juros e Encargos de Mora sobre Créditos Tributários – Consolidação.** Compreende a variação patrimonial aumentativa com juros e encargos a título de penalidade aplicada em *razão de atrasos e não cumprimento dos prazos de créditos tributários*. Compreende os saldos que não serão excluídos nos demonstrativos consolidados do OFSS.

4.4.2.4.1.05.00 **Multas e Juros sobre IPTU**. Registra os valores relativos a créditos a *receber vencidos*, decorrentes da cobrança do IPTU.

4.4.3.1.0.00.00 **Variações Monetárias e Cambiais de Empréstimos Internos Concedidos**. Compreende a variação patrimonial aumentativa proveniente de variações da nossa própria moeda em relação aos índices ou aos coeficientes aplicáveis por dispositivo legal ou contratual e a variação do valor da nossa moeda em relação às moedas estrangeiras referentes aos empréstimos internos concedidos. Ressalte-se que será tratada como variação monetária apenas a correção monetária pós-fixada

## Lançamento em razonete:

| 1.1.2.5 Dívida Ativa do IPTU/ Crédito Tributário **Inscrito** em DA – AC | | 1.1.2.1 Crédito Tributário **a Receber** do IPTU – AC | |
|---|---|---|---|
| (b) 13.500,00 | | (a) 11.000,00 | 11.000,00 (b) |

| 4.4.2.4 Multa, Juros e Encargos de Mora sobre Créditos Tributários Vencidos/VPA – Inscrição Dívida Ativa IPTU | | 4.4.3.1 Atualização Monetária sobre Créditos Tributários Vencidos/VPA – Inscrição Dívida Ativa IPTU | |
|---|---|---|---|
| | 2.200,00 (b) | | 300,00 (b) |

## Subsistema controle

Lançamento no Livro Diário:

| Cidade, 31 dezembro de 20xx. | | |
|---|---|---|
| D | 7.3.1.1.1.01.00 Controle do Encaminhamento de Créditos para Inscrição em Dívida Ativa Tributária | 13.500,00 |
| C | 8.3.1.1.1.01.00 Créditos **a Encaminhar** para Inscrição em Dívida Ativa Tributária | 13.500,00 |
| Histórico: registro de créditos com prazo vencido encaminhados para inscrição em dívida ativa tributária (IPTU), incluindo reconhecimento de atualização monetária, juros e encargos financeiros incidentes. | | |

### PCASP

7.3.1.0.0.00.00 – **Controle do Encaminhamento de Créditos para Inscrição em Dívida Ativa**. Conta de controle que registra os valores passíveis de **serem encaminhados** e inscritos em dívida ativa.

7.3.1.1.1.01.00 **Encaminhamento de Créditos Para Inscrição em Dívida Ativa Tributária – Impostos**. Registra o montante dos créditos passíveis de serem encaminhados para inscrição em Dívida Ativa, referentes a impostos.

8.3.1.1.0.00.00 **Créditos a Encaminhar para a Dívida Ativa.** conta de controle que registra os valores **a encaminhar** para o órgão competente em inscrever em dívida ativa.

8.3.1.1.1.00.00 **Créditos a Encaminhar para a Dívida Ativa Tributária.** Compreende os créditos a serem encaminhados para o órgão competente em inscrever em dívida ativa tributária.

8.3.1.1.1.01.00 **Créditos a Encaminhar para a Dívida Ativa Tributária – Impostos.**

Lançamento em razonete:

| 7.3.1.1 Controle do Encaminhamento de Créditos para Inscrição em Dívida Ativa | 8.3.1.1 Créditos **a Encaminhar** para Inscrição em Dívida Ativa |
|---|---|
| (b) 13.500,00 | 13.500,00 (b) |

(c) **Encaminhamento de créditos tributários para inscrição em dívida ativa**

No âmbito da administração direta dos entes da Federação, nas três esferas de governo, deve existir órgão técnico jurídico competente (Procuradoria Jurídica Fazendária) para inscrição e cobrança administrativa e jurídica da dívida ativa. Os órgãos e as entidades originários da competência do crédito tributário, com prazo de pagamento vencido, devem encaminhar, para inscrição em dívida ativa, os documentos legais com o valor do principal dos créditos, incluindo, também, o valor de atualização monetária, juros e encargos financeiros incidentes. Cabe, assim, à unidade de contabilidade a classificação e os registros contábeis adequados ao acompanhamento das operações administrativas e financeiras processadas.

**Subsistema orçamentário:** não há registro.

**Subsistema patrimonial**

**Fato contábil:** registro contábil, depois de conferido pela administração, de todas as condições de regularidade jurídica, valor, prazo, liquidez e certeza do crédito tributário, encaminhando-se para inscrição em dívida ativa tributária.

Lançamento no Livro Diário:

| Cidade, 31 dezembro de 20xx. | | |
|---|---|---|
| D | 1.2.1.1.1.04.00 Dívida Ativa Tributária/Créditos **Encaminhados** para Inscrição (P) – Longo Prazo – ANC | 13.500,00 |
| C | 1.1.2.5.1.01.05 Crédito Tributário Inscrito em Dívida Ativa do IPTU/Créditos **a Encaminhar** para Inscrição – Curto Prazo – AC | 13.500,00 |
| Histórico: registro de créditos com prazo vencido encaminhados para inscrição em dívida ativa tributária (IPTU), incluindo reconhecimento de atualização monetária, juros e encargos financeiros incidentes. | | |

**PCASP**

1.2.1.1.1.00.00 **Créditos a Longo Prazo – Consolidação**. Compreende os valores a receber por fornecimento de bens, serviços, créditos tributários, dívida ativa, transferências, empréstimos e financiamentos concedidos com vencimento no longo prazo. Os saldos que não serão excluídos nos demonstrativos consolidados do OFSS.

1.2.1.1.1.01.00 **Créditos Tributários a Receber**. Compreende os valores relativos a créditos a receber com *vencimento após 12 (doze) meses* da data das demonstrações, oriundos das variações patrimoniais aumentativas tributárias. Os tributos são: impostos, taxas, contribuições de melhoria, contribuições e empréstimos compulsórios.

1.2.1.1.1.01.01 **Impostos**. Registra os créditos tributários a receber provenientes de impostos.

1.2.1.1.1.04.00 **Dívida Ativa Tributária**. Compreende os valores dos créditos de dívida ativa tributária inscritos, *realizáveis após os 12 meses* seguintes a data de publicação dos demonstrativos contábeis.

1.1.2.5.1.01.05 **Dívida Ativa do IPTU**. Registra os valores relativos a créditos a receber, inscritos em dívida ativa, decorrentes da cobrança do Imposto sobre a Propriedade Predial e Territorial Urbana.

## Lançamento em razonete:

| 1.2.1.1 Dívida Ativa Tributária Inscritos/**Encaminhados** para Inscrição – Longo Prazo/ANC | | 1.1.2.5 Dívida Ativa Tributária do IPTU – Créditos **a Encaminhar** para Inscrição – AC | |
|---|---|---|---|
| (c) 13.500,00 | | (b) 13.500,00 | 13.500,00 (c) |

### Subsistema controle

### Lançamento no Livro Diário:

| Cidade, 31 dezembro de 20xx. | | |
|---|---|---|
| D | 8.3.1.1.1.01 Créditos **a Encaminhar** para Inscrição em Dívida Ativa | 13.500,00 |
| C | 8.3.1.2.1.01 Créditos **Encaminhados** para Inscrição em Dívida Ativa | 13.500,00 |
| Histórico: registro de créditos com prazo vencido encaminhados para inscrição em dívida ativa tributária (IPTU), incluindo reconhecimento de atualização monetária, juros e encargos financeiros incidentes. | | |

**PCASP**

8.3.1.1.0.00.00 **Créditos a Encaminhar para a Dívida Ativa**. conta de controle que registra os valores *a encaminhar* para o órgão competente em inscrever em dívida ativa.

8.3.1.1.1.01.00 **Créditos a Encaminhar para a Dívida Ativa Tributária** – Impostos. Registra os créditos *a serem encaminhados* para o órgão competente em inscrever em dívida ativa, referente a impostos.

8.3.1.2.0.00.00 **Créditos Encaminhados para a Dívida Ativa**. Conta de controle que registra os valores *encaminhados* para o órgão competente em inscrever em dívida ativa.

8.3.1.2.1.00.00 **Créditos Encaminhados para a Dívida Ativa Tributária**. Compreende os créditos referentes a tributos encaminhados para o órgão competente em inscrever em dívida ativa.

8.3.1.2.1.01.00 **Créditos Encaminhados para a Dívida Ativa Tributária – Impostos**. Registra os créditos, referentes a impostos, encaminhados para o órgão competente em inscrever em dívida ativa.

Lançamento em razonete:

| 8.3.1.1 Créditos **a Encaminhar** para Inscrição em Dívida Ativa | | 8.3.1.2 Créditos **Encaminhados** para Inscrição em Dívida Ativa | |
|---|---|---|---|
| (c) 13.500,00 | 13.500,00 (b) | | 13.500,00 (c) |

**(d)  Rejeição da inscrição em dívida ativa – cancelamento**

Considerando que dos $ 13.500,00 encaminhados para inscrição em dívida ativa, o correspondente a $ 500,00 foi rejeitada a inscrição, por meio de comunicação da Procuradoria Jurídica Fazendária, por conter pendências administrativas e legais para o devido reconhecimento em dívida ativa. Ou seja, o valor de $ 500,00 será estornado e apenas com o valor de $ 13.000,00 será reconhecida a inscrição. O recebimento do crédito ou o cancelamento do direito por qualquer motivo justificado, em qualquer circunstância ou instância, enseja a baixa do direito registrado no âmbito do órgão originalmente responsável pelo crédito tributário. Em caso de recebimento ou cancelamento parcial, a baixa deverá ser também parcial, concomitante com o valor recebido. Assim, as **baixas da dívida ativa** podem ocorrer: a) pelo recebimento; b) pelos abatimentos ou pelas anistias previstos legalmente; e c) pelo cancelamento administrativo ou judicial da inscrição.

Depois de reconhecidas as pendências constatadas para a devida inscrição da dívida ativa e persistindo o inadimplemento do crédito, é reiniciado o processo de encaminhamento e inscrição. Por outro lado, verificada a irregularidade administrativa ou jurídica na inscrição, cancela-se o direto ao crédito e estornam-se os registros da inscrição.

**Subsistema orçamentário:** não há registro.

**Subsistema patrimonial**

**Fato contábil:** registro de estorno de crédito encaminhado para inscrição em dívida ativa tributária (IPTU), conforme informado pela Procuradoria Jurídica Fazendária por ter sido constatado não conformidade administrativa e/ou jurídica necessária à devida inscrição.

Lançamento no Livro Diário:

| Cidade, 31 março de 20x1. | | |
|---|---|---|
| D | 1.1.2.5.1.01.05 Dívida Ativa Tributária do IPTU/Créditos **a Encaminhar** para Inscrição – Curto Prazo – AC | 500,00 |
| C | 1.2.1.1.1.04 Dívida Ativa Tributária/Créditos **Encaminhados** para Inscrição (P) – Longo Prazo – ANC | 500,00 |
| Histórico: *estorno* parcial de crédito encaminhado para inscrição em dívida ativa tributária (IPTU), conforme comunicado da Procuradoria Jurídica Fazendária *em razão da irregularidade* administrativa e jurídica verificada, necessário à adequada inscrição. | | |

**PCASP**

1.2.1.1.1.04.00 **Dívida Ativa Tributária.** Compreende os valores dos créditos de dívida ativa tributária inscritos, *realizáveis após os 12 meses* seguintes a data de publicação dos demonstrativos contábeis.

1.1.2.5.1.01.05 **Dívida Ativa do IPTU.** Registra os valores relativos a créditos a receber a curto prazo, inscritos em dívida ativa, decorrentes da cobrança do IPTU.

Lançamento em razonete:

| 1.1.2.5 Dívida Ativa Tributária do IPTU/Dívida Ativa Tributária/Créditos **a Encaminhar** para Inscrição – AC | | 1.2.1.1 Dívida Ativa Tributária Inscritos/**Encaminhados** para Inscrição – Longo Prazo – ANC | |
|---|---|---|---|
| (b) 13.500,00 | 13.500,00 (c) | (c) 13.500,00 | 500,00 (d) |
| (d) 500,00 | | Saldo 13.000,00 | |
| Saldo 500,00 | | | |

**(d1) Reversão da VPA de ajuste de crédito reconhecido no momento do registro dos créditos a encaminhar para inscrição em dívida ativa pela Procuradoria Fazendária.**

Lançamento no Livro Diário:

| Cidade, 31 de março de 20x1 | | |
|---|---|---|
| D | 3.6.1.7.1.05.00 Ajuste para Perdas em Dívida Ativa Tributária – Variação Patrimonial Diminutiva | 500,00 |
| C | 1.1.2.5.1.01.05 Dívida Ativa Tributária do IPTU/Créditos **a Encaminhar** para Inscrição – Curto Prazo – AC | 500,00 |
| Histórico: reversão de VPA de ajuste de crédito, por *cancelamento* de receita de dívida ativa tributária (IPTU) reconhecida com irregularidade. Cancelamento de VPA concomitante à redução diretamente da conta de crédito do Ativo, conforme determinação legal. | | |

**PCASP**

**3.6.1.7.1.00.00 Variação Patrimonial Diminutiva com Ajuste de Perdas de Créditos e de Investimentos e Aplicações Temporárias.** Conta de resultado que registra a variação patrimonial diminutiva com ajuste de *perdas de créditos por inadimplência* ou outros fatores que impossibilitaram o recebimento de créditos. Por exemplo, a variação patrimonial diminutiva com ajuste para créditos de liquidação duvidosa e *ajuste para créditos da dívida ativa*.

**3.6.1.7.1.05.00 Ajuste para Perdas em Dívida Ativa Tributária.** Compreende a variação patrimonial diminutiva com ajuste para perdas em créditos da dívida ativa tributária.

**1.1.2.5.1.01.05 Dívida Ativa Tributária do IPTU.** Registra os valores relativos a créditos a receber, inscritos em dívida ativa, decorrentes da cobrança do IPTU.

| 3.6.1.7.1.05 VPD – Ajuste para Perdas em Dívida Ativa Tributária – Cancelamento de Dívida Ativa Tributária | | 1.1.2.5.1.01.05 Dívida Ativa Tributária do IPTU – Créditos **a Encaminhar** para Inscrição – AC | |
|---|---|---|---|
| (d1) 500,00 | | (b) 13.500,00 | 13.500,00 (c) |
| | | (d)   500,00 | 500,00 (d1) |

## Subsistema controle

**Fato contábil:** registro de cancelamento de crédito encaminhado para inscrição em dívida ativa tributária (IPTU), por não conformidade administrativa e jurídica necessárias à formalidade legal da inscrição, conforme informação da Procuradoria Jurídica Fazendária.

Lançamento no Livro Diário:

| Cidade, 31 março de 20x1. | | |
|---|---|---|
| D | 8.3.1.2.1.01 Créditos **Encaminhados** para Inscrição em Dívida Ativa Tributária | 500,00 |
| C | 8.3.1.3.1.01 Cancelamento de Créditos **Encaminhados** para a Dívida Ativa Tributária | 500,00 |
| Histórico: registro de *cancelamento* de créditos indevidamente encaminhados para inscrição em dívida ativa tributária (IPTU), incluindo reconhecimento de atualização monetária, juros e encargos financeiros incidentes. | | |

**PCASP**

**8.3.1.2.1.01.00 Créditos Encaminhados para a Dívida Ativa Tributária – Impostos.** Registra os créditos, referentes a impostos, encaminhados para o órgão competente em inscrever em dívida ativa.

**8.3.1.3.0.00.00 Cancelamento de Créditos Encaminhados para a Dívida Ativa.** Conta de controle que registra o *cancelamento dos valores indevidamente encaminhados* para o órgão competente em inscrever em dívida ativa (procuradoria fazendária). Ou seja, cancelamento de créditos encaminhados para a dívida ativa.

8.3.1.3.1.01.00 **Cancelamento de Créditos Encaminhados para a Dívida Ativa Tributária – Impostos.** Registra o cancelamento dos créditos de natureza tributária, referentes a impostos, encaminhados para o órgão competente em inscrever em dívida ativa.

Lançamento em razonete:

| 8.3.1.2 Créditos **Encaminhados** para Inscrição em Dívida Ativa Tributária | |
|---|---|
| (d) 500,00 | 13.500,00 (c) |
| | 13.000,00 saldo |

| 8.3.1.3 Cancelamento de Créditos **Encaminhados** para a Dívida Ativa Tributária |
|---|
| 500,00 (d) |

### (e) Inscrição de dívida ativa tributária

Quando do recebimento de notificação do órgão competente (Procuradoria Jurídica Fazendária) informando o valor devidamente reconhecido ($ 13.000,00) da inscrição e da cobrança jurídica da dívida ativa, deve-se realizar o lançamento contábil no grupo Ativo Não Circulante pela inscrição em dívida ativa de crédito a receber tributária, ou seja, no subgrupo Crédito realizável de longo prazo, no título Créditos de longo prazo, subtítulo Créditos inscritos em dívida ativa tributária do IPTU.

**Subsistema orçamentário:** não há registro.

**Subsistema patrimonial**

Lançamento no Livro Diário:

| | | |
|---|---|---|
| Cidade, 28 fevereiro de 20x1. | | |
| D | 1.2.1.1.5.04.05 Dívida Ativa Tributária do IPTU – Créditos Inscritos em Dívida Ativa (P) – ANC | 13.000,00 |
| C | 1.2.1.1.1.04 Dívida Ativa Tributária/Créditos **Encaminhados** para Inscrição em Dívida Ativa Tributária (P) – ANC | 13.000,00 |
| Histórico: registro de crédito inscrito em dívida ativa tributária (IPTU), conforme comunicado de confirmação da inscrição pela Procuradoria Jurídica Fazendária. | | |

**PCASP**

1.2.1.1.1.01.00 **Créditos Tributários a Receber.** Compreende os valores relativos a créditos a receber com *vencimento após 12 (doze) meses* da data das demonstrações, oriundos das variações patrimoniais aumentativas tributárias. Os tributos são: impostos, taxas, contribuições de melhoria, contribuições e empréstimos compulsórios.

1.2.1.1.1.04.00 **Dívida Ativa Tributária.** Compreende os valores dos créditos de dívida ativa tributária inscritos, realizáveis após os 12 meses seguintes à data de publicação dos demonstrativos contábeis.

1.2.1.1.1.04.05 **Dívida Ativa Tributária do IPTU.** Compreende os valores dos créditos de dívida ativa tributária inscritos, *realizáveis após os 12 meses* seguintes à data de publicação dos demonstrativos contábeis.

## Lançamento em razonete:

| 1.2.1.1.5 Dívida Ativa Tributária do IPTU – Créditos Inscritos em Dívida Ativa – Longo Prazo – ANC | | 1.2.1.1.1 Dívida Ativa Tributária Inscritos – **Encaminhados** para Inscrição – Longo Prazo – ANC | |
|---|---|---|---|
| (e) 13.000,00 | | (c) 13.500,00 | 500,00 (d) |
| | | | 13.000,00 (e) |

## Subsistema de controle

## Lançamento no Livro Diário:

| Cidade, 30 de dezembro de 20xx. | | |
|---|---|---|
| D | 7.3.2.1.1.00.00 Inscrição de Créditos em Dívida Ativa Tributária/ Controle da Inscrição de Créditos em Dívida Ativa Tributária | 13.000,00 |
| C | 8.3.2.3.1 Execução de Créditos Inscritos em Dívida Ativa Tributária **a Receber** – IPTU (*) | 13.000,00 |
| Histórico: controle da inscrição em dívida ativa de receitas tributárias lançadas e não arrecadadas neste exercício financeiro. | | |

(*) Conta de controle que registra os valores inscritos em dívida ativa tributária "natureza IPTU" pelo órgão competente pela inscrição, a Procuradoria Jurídica Fazendária.

### PCASP

7.3.2.0.0.00.00 **Controle da Inscrição de Créditos em Dívida Ativa.** Conta de controle que monitora os créditos passíveis de serem inscritos em dívida ativa pelo órgão responsável pela inscrição em dívida ativa.

7.3.2.1.0.00.00 **Inscrição de créditos em Dívida Ativa.** Conta de controle que registra os valores dos créditos *passíveis de serem inscritos* em dívida ativa pelo órgão responsável pela inscrição em dívida ativa.

7.3.2.1.1.00.00 **Inscrição de Créditos em Dívida Ativa Tributária.** Compreende o valor dos créditos de origem tributária, passíveis de serem inscritos em dívida ativa pelo órgão competente.

8.3.2.3.0.00.00 **Créditos Inscritos em Dívida Ativa a Receber.** Conta de controle que registra os valores dos créditos *efetivamente inscritos* em dívida ativa a receber pelo órgão competente pela inscrição em dívida ativa.

8.3.2.3.1.00.00 **Créditos Inscritos em Dívida Ativa Tributária a Receber**. Registra os créditos inscritos em dívida ativa tributária pelo órgão competente em inscrever em dívida ativa.

8.3.2.3.1.02.00 **Créditos Inscritos em Dívida Ativa Tributária a Receber em Cobrança Judicial**. Registra os créditos a receber, inscritos em dívida ativa tributária pelo órgão competente em inscrever em dívida ativa, em fase judicial de cobrança.

## Lançamento em razonete:

| 7.3.2.1.1 Inscrição de Créditos em Dívida Ativa Tributária/Controle da Inscrição de Créditos em Dívida Ativa Tributária | 8.3.2.3.1.02 Execução de Créditos Inscritos em Dívida Ativa **a Receber** – Cobrança Judicial |
|---|---|
| (e) 13.000,00 | 13.000,00 (e) |

# 4.7.2  Registro contábil da dívida ativa – método simplificado

Vejamos outro caminho, simplificado, para a inscrição em dívida ativa dos créditos a receber tributário e não realizado no prazo previsto em lei.

## (a)  Inscrição de dívida ativa tributária

Já sabemos que a inscrição da dívida ativa constitui fato contábil de natureza extraorçamentária, acolhido apenas nos subsistemas patrimonial e de controle. A inscrição de créditos em dívida ativa representa contabilmente um fato permutativo, dentro do ativo patrimonial, entre a conta Crédito tributário a receber (circulante) e a conta Créditos inscritos em dívida ativa tributária (longo prazo). E decorre de créditos tributários com prazo de recebimento vencido. O registro contábil deve incluir, inclusive, o reconhecimento de juros, multas e atualização monetária ou quaisquer outros encargos incidentes sobre o valor inscrito em dívida ativa, ou seja, seu *valor líquido atualizado de realização*.

**Para os registros de inscrição da dívida ativa não tributária, seguem-se os mesmos procedimentos contábeis.**

**Subsistema orçamentário:** não há registro.

### Subsistema patrimonial

Fato contábil: registro permutativo no ativo de valores dos créditos tributários a receber não realizados no curto prazo em contrapartida da conta de dívida ativa tributária de longo prazo, em processo de inscrição e já inscritos, realizáveis após os 12 meses seguintes à data de publicação dos demonstrativos contábeis.

## Lançamento no Livro Diário:

| Cidade, 30 dezembro de 20x0. | | |
|---|---|---|
| D | 1.2.1.1.1.04.00 Dívida Ativa Tributária Inscrita/Créditos Tributários a Receber – RLP/ANC | 13.500,00 |
| C | 1.1.2.1.1.01.05 Créditos Tributários a Receber do IPTU – AC | 11.000,00 |
| C | 4.4.2.4.1.05.00 VPA – Multas e Juros sobre IPTU/Multa (20%) sobre Créditos Tributários **Vencidos** | 2.200,00 |
| C | 4.4.3.1.1 VPA – Atualização Monetária (taxa Selic) sobre Créditos Tributários **Vencidos** do IPTU | 300,00 |
| Histórico: registro permutativo no ativo entre contas do grupo Circulante e o Não circulante, de valores de créditos tributários a receber não realizados, em processo de inscrição e já inscritos. Multa e juros de 20% e atualização monetária (taxa Selic) sobre créditos tributários vencidos. | | |

### PCASP

1.2.1.1.1.04.00 **Dívida Ativa Tributária.** Compreende os valores dos créditos de dívida ativa tributária *inscritos*, realizáveis após os 12 meses seguintes à data de publicação dos demonstrativos contábeis.

1.1.2.1.1.00.00 **Créditos Tributários a Receber – Consolidação.** Compreende os valores relativos a créditos a receber oriundos das variações patrimoniais aumentativas tributárias, realizáveis em até 12 meses da data das demonstrações. Os tributos são: impostos, taxas, contribuições de melhoria, contribuições e empréstimos compulsórios. Compreende os saldos que não serão excluídos nos demonstrativos consolidados do OFSS.

1.1.2.1.1.01.00 **Créditos Tributários a Receber – Impostos.** Compreende os valores relativos aos créditos a receber, decorrentes da cobrança da modalidade de tributo cuja obrigação tem por fato gerador uma situação independentemente de qualquer atividade estatal específica relativa ao contribuinte.

1.1.2.1.1.01.05 **Créditos Tributários a Receber do IPTU.** Registra os valores relativos a créditos a receber, decorrentes da cobrança do IPTU.

4.4.2.4.1.00.00 **Juros e Encargos de Mora sobre Créditos Tributários – Consolidação.** Compreende a variação patrimonial aumentativa com juros e encargos a título de penalidade aplicada em razão de atrasos e não cumprimento dos prazos de créditos tributários. Compreende os saldos que não serão excluídos nos demonstrativos consolidados do OFSS.

4.4.2.4.1.05.00 **Multas e Juros sobre IPTU.** Registra os valores relativos a créditos a receber, decorrentes da cobrança do Imposto sobre a Propriedade Predial e Territorial Urbana.

4.4.3.1.1.00.00 **Variações Monetárias e Cambiais de Empréstimos Internos Concedidos – Consolidação.** Compreende a variação patrimonial aumentativa proveniente de variações da nossa própria moeda em relação aos índices ou aos coeficientes aplicáveis por dispositivo legal ou contratual e a variação do valor da nossa moeda em relação às moedas estrangeiras referentes aos empréstimos internos concedidos. Ressalte-se que será tratada como variação monetária apenas a correção monetária pós-fixada. Compreende os saldos que não serão excluídos nos demonstrativos consolidados do OFSS.

Lançamento em razonete:

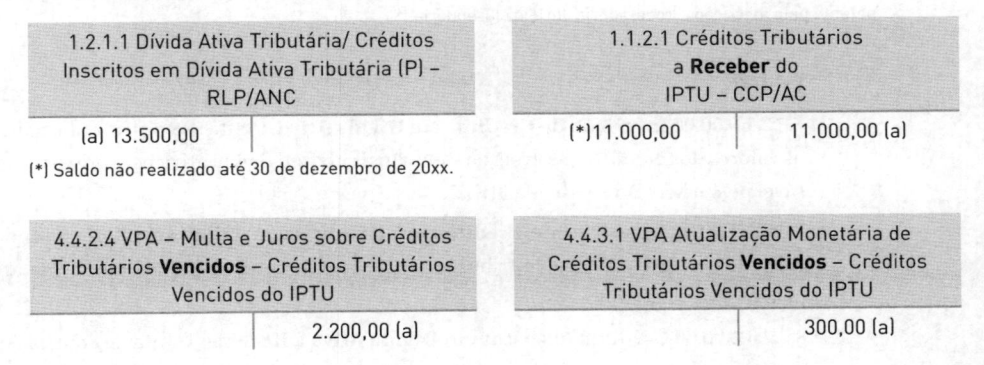

| 1.2.1.1 Dívida Ativa Tributária/ Créditos Inscritos em Dívida Ativa Tributária (P) – RLP/ANC | | 1.1.2.1 Créditos Tributários a **Receber** do IPTU – CCP/AC | |
| --- | --- | --- | --- |
| (a) 13.500,00 | | (*)11.000,00 | 11.000,00 (a) |

(*) Saldo não realizado até 30 de dezembro de 20xx.

| 4.4.2.4 VPA – Multa e Juros sobre Créditos Tributários **Vencidos** – Créditos Tributários Vencidos do IPTU | | 4.4.3.1 VPA Atualização Monetária de Créditos Tributários **Vencidos** – Créditos Tributários Vencidos do IPTU | |
| --- | --- | --- | --- |
| | 2.200,00 (a) | | 300,00 (a) |

### Subsistema de controle

A contabilização dos créditos tributários a receber (ativo circulante) com prazo de pagamento expirado a serem encaminhados para inscrição em dívida ativa (Procuradoria Jurídica Fazendária) deve ser registrada em contas de **Controle da execução da dívida ativa (atos administrativos).** Essa contabilização em contas de controle de compensação dos "*atos administrativos*" da execução da dívida ativa são registradas no grupo de contas 8.3.0.0.0.00.00 – Execução da dívida ativa, ou seja, as contas que controlam os *atos administrativos* da execução dos créditos passíveis de serem encaminhados e inscritos em dívida ativa pela unidade responsável pela cobrança administrativa e jurídica.

No caso em tela, considerou que a totalidade dos créditos tributários a receber (Ativo Circulante) com prazo de recebimento expirado será inscrito em dívida ativa na Procuradoria Jurídica Fazendária. Assim, para a **efetiva inscrição em dívida ativa**, serão utilizadas as *contas de controle* identificadas pelo código 8.3.2.0.0.00.00 que "compreende as contas que registram *os valores inscritos* em dívida ativa pelo órgão competente em inscrever em dívida ativa".

## Lançamento no Livro Diário:

| Cidade, 30 de dezembro de 20x0. | | |
|---|---|---|
| D | 7.3.2.1.1 Controle da Inscrição de Créditos em Dívida Ativa/ Inscrição em Dívida Ativa Tributária | 13.500,00 |
| C | 8.3.2.3.1 Execução de Créditos Inscritos em Dívida Ativa **a Receber** do IPTU (*) | 13.500,00 |
| Histórico: controle da inscrição em dívida ativa de receitas tributárias lançadas e não arrecadadas neste exercício financeiro. Inscritos em dívida ativa tributária pelo órgão competente em inscrever em dívida ativa, em fase judicial de cobrança. | | |

(*) Conta de controle que registra os valores inscritos em dívida ativa tributária "natureza IPTU" pelo órgão competente pela inscrição, Procuradoria Jurídica fazendária.

### PCASP

**7.3.2.1.0.00.00 Inscrição de Créditos em Dívida Ativa.** Conta de controle que registra os valores dos créditos passíveis de serem inscritos em dívida ativa pelo órgão responsável pela inscrição em dívida ativa.

**7.3.2.1.1.00.00 Inscrição de Créditos em Dívida Ativa Tributária.** Compreende o valor dos créditos de origem tributária, passíveis de serem inscritos em dívida ativa pelo órgão competente.

**8.3.2.3.0.00.00 Créditos Inscritos em Dívida Ativa a Receber.** Conta de controle que registra os valores dos créditos efetivamente inscritos em dívida ativa a receber pelo órgão competente pela inscrição em dívida ativa.

**8.3.2.3.1.00.00 Créditos Inscritos em Dívida Ativa Tributária a Receber.** Registra os créditos inscritos em dívida ativa tributária pelo órgão competente em inscrever em dívida ativa.

**8.3.2.3.1.02.00 Créditos Inscritos em Dívida Ativa Tributária a Receber em Cobrança Judicial.** Registra os créditos a receber, inscritos em dívida ativa tributária pelo órgão competente em inscrever em dívida ativa, em fase judicial de cobrança.

## Lançamento em razonete:

| 7.3.2.1.1 Controle da Inscrição de Créditos em Dívida Ativa Tributária | 8.3.2.3.1 Execução de Créditos Inscritos em Dívida Ativa **a Receber** |
|---|---|
| (a) 13.500,00 | 13.500,00 (a) |

**(a1) Transferência para o ativo circulante de parte dos créditos inscritos em dívida ativa, com estimativa de realização no exercício corrente.**

Já aprendemos que o sucesso das ações de cobrança da dívida ativa acaba resultando em cronogramas de recebimento, firmados com datas e valores das parcelas definidas, por vezes em contratos registrados com garantias reais. No *ativo circulante*, devem ser registrados os valores inscritos, cuja *expectativa provável de recebimento*, é até 12 meses da data de publicação das demonstrações, ou seja, no curto prazo.

Por outro lado, considerando que, nos últimos três anos, tem-se observado que o recebimento efetivo dos créditos de curto prazo inscritos em dívida ativa apresentou uma média de realização no valor de $ 3.000,00. O órgão ou a entidade de origem do crédito deve transferir contabilmente para o grupo Ativo Circulante aquele valor estimado, ficando a diferença, no valor de $ 10.500,00, no grupo Ativo Não Circulante, no subgrupo Realizável a longo prazo, como dívida ativa tributária. Vejamos.

**Subsistema orçamentário:** não há registro.

**Subsistema controle:** não há registro.

**Subsistema patrimonial**

Lançamento no Livro Diário:

| Cidade, 30 janeiro de 20x1. | | |
|---|---|---|
| D | 1.1.2.5.1.01.05 Dívida Ativa Tributária do IPTU – Crédito de Curto Prazo – AC | 3.000,00 |
| C | 1.2.1.1.2.04 Dívida Ativa Tributária (P) – Realizável LP – ANC | 3.000,00 |
| Histórico: lançamento permutativo no ativo entre contas do grupo Circulante e do grupo Não circulante, de valores inscritos em dívida ativa tributária do IPTU, com estimativa de realização neste exercício. | | |

PCASP

1.1.2.5.1.00.00 **Dívida Ativa Tributária – Consolidação**. Compreende os valores dos créditos de dívida ativa tributária inscritos, realizáveis em até 12 meses da data das demonstrações. Compreende os saldos que não serão excluídos nos demonstrativos consolidados do OFSS.

1.1.2.5.1.01.05 **Dívida Ativa do IPTU**. Registra os valores relativos a créditos a receber, inscritos em dívida ativa, decorrentes da cobrança do IPTU.

1.2.1.1.2.04.00 **Dívida Ativa Tributária** (P). Conta patrimonial que registra os valores dos créditos de dívida ativa tributária, em processo de inscrição e já inscritos, realizáveis **após os doze meses** seguintes à data de publicação dos demonstrativos contábeis, ou seja, realizável a longo prazo.

Lançamento em razonete:

| 1.1.2.5 Dívida Ativa Tributária do IPTU – Curto Prazo – AC | |
|---|---|
| (a1) 3.000,00 | |

| 1.2.1.1 Dívida Ativa Tributária (P) – Longo Prazo – ANC | |
|---|---|
| (a) 13.500,00 | 3.000,00 (a1) |
| saldo 10.500,00 | |

## (b)  Recebimento de dívida ativa tributária

Vamos considerar o recolhimento de $ 3.000,00 aos cofres públicos no exercício corrente (20x1), decorrente do valor inscrito em dívida ativa no exercício anterior (20x0), considerando, ainda, os juros, as multas e a mora, bem como os incidentes.

Todo recebimento de dívida ativa, qualquer que seja a forma, deverá corresponder a uma receita orçamentária (subsistema de informação orçamentária) e simultânea baixa contábil de crédito a receber registrado, anteriormente, no ativo circulante por estimativa (subsistema patrimonial). O recebimento da dívida ativa sem a baixa do crédito no ativo configura a realização de receita sem o respectivo cancelamento do direito a receber do Estado, gerando uma informação incorreta nos demonstrativos contábeis do ente público, em especial no balanço patrimonial.

As **baixas da dívida ativa** podem ocorrer: a) pelo recebimento; b) pelos abatimentos ou anistias previstos legalmente; e c) pelo cancelamento administrativo ou judicial da inscrição. Contudo, o plano de contas aplicado ao setor público (no subsistema de controle) define contas específicas para o registro contábil da baixa *pelo efetivo recebimento* e para o cancelamento *por irregularidades cometidas* pela administração na inscrição.

As **formas de recebimento da dívida ativa** são definidas em lei, destacando-se o recebimento em espécie e na forma de bens, tanto pela adjudicação quanto pela dação em pagamento, e na forma de bens também poderá corresponder a uma receita orçamentária no momento do recebimento do bem, efetuando-se o registro da execução orçamentária da despesa com sua aquisição, *mesmo que não tenha havido fluxo financeiro.*

O registro das receitas orçamentárias originadas do recebimento da dívida ativa deve ser discriminado em contas contábeis de acordo com a natureza do crédito original (exemplo: Receita de dívida ativa tributária ICMS – Receita corrente). Também devem ser classificados em contas específicas os recebimentos referentes a multas, juros e outros encargos (exemplo: Receita de dívida ativa tributária juros e encargos – Outra receita corrente).

Os lançamentos a seguir, por conta da arrecadação da dívida ativa inscrita, ocorrem no exercício seguinte ao da inscrição, ou seja, em 20x1, bem como sua previsão no orçamento e seu reconhecimento contábil nos três subsistemas: orçamentário, patrimonial e de controle.

### Subsistema orçamentário

**Fato contábil:** reconhecimento orçamentário do recolhimento de $ 3.000,00 ao cofre público no presente exercício (20x1) decorrente do valor inscrito na dívida ativa no exercício financeiro anterior (20x0), considerando, ainda, os juros, as multas e a mora, caso incidente.

Lançamento no Livro Diário:

| Cidade, 30 de julho de 20x1. | | |
|---|---|---|
| D | 6.2.1.1 Receita Orçamentária **a Realizar** – Dívida Ativa | 3.000,00 |
| C | 6.2.1.2 Receita Orçamentária **Realizada** – Dívida Ativa Impostos – Outras Receitas Corrente | 3.000,00 |
| Histórico: conforme aviso bancário de arrecadação de receitas da dívida ativa tributária. Recolhimento aos cofres públicos do valor inscrito na dívida ativa no exercício financeiro de 20x0, considerando os juros, as multas e a mora. | | |

### PCASP

6.2.1.1.0.00.00 **Receita a Realizar**. Compreende o somatório dos valores relativos à receita pública aprovada pela Lei Orçamentária Anual e suas alterações, detalhada por natureza da receita.

6.2.1.2.0.00.00 **Receita Realizada**. Compreende o somatório dos valores relativos às receitas realizadas, *detalhada por natureza de receita*.

Lançamento em razonete:

| 6.2.1.1 Receita Orçamentária **a Realizar**/ Outras Rec. Corrente – Dívida Ativa | |
|---|---|
| (b) 3.000,00 | 13.500,00 (si) |

| 6.2.1.2 Receita Orçamentária **Realizada**/ Outras Rec. Corrente – Dívida Ativa | |
|---|---|
| | 3.000,00 (b) |

(si) saldo inicial.

## Subsistema patrimonial

**Fato contábil: (b1) arrecadação de dívida ativa e créditos tributários** – Os valores a receber são registrados em uma conta de ativo, com atributo "P" (permanente). Qualquer recebimento de recursos financeiros relativos a esses créditos só deve ser reconhecido com o concomitante registro nas classes de natureza de informação orçamentária, ou seja, o reconhecimento da receita orçamentária. Assim, será garantida a observância dos preceitos legais, inclusive a repartição tributária prevista na Constituição Federal de 1988.

Lançamento no Livro Diário:

| Cidade, 30 de julho de 20x1. | | |
|---|---|---|
| D | 1.1.1.1 Caixa e Equivalente de Caixa – Ativo Circulante | 3.000,00 |
| C | 1.1.2.5.1.01.05 Dívida Ativa Tributária do IPTU (P) – Crédito Curto Prazo – Ativo Circulante | 3.000,00 |
| Histórico: conforme aviso bancário de arrecadação de receitas da dívida ativa tributária IPTU. Recolhimento aos cofres públicos do valor inscrito na dívida ativa no exercício financeiro de 20x0, considerando os juros, as multas e a mora. | | |

**PCASP**

1.1.2.5.0.00.00 **Dívida Ativa Tributária.** Conta patrimonial do ativo circulante que registra os valores dos créditos de dívida ativa tributária inscritos, realizáveis no curto prazo, **até os doze meses** seguintes à data de publicação dos demonstrativos contábeis, ou seja, crédito de curto prazo.

1.1.2.5.1.01.05 **Dívida Ativa do IPTU.** Registra os valores relativos a créditos a receber, *inscritos em dívida ativa*, decorrentes da cobrança do IPTU.

## Lançamento em razonete:

| 1.1.1.1 Caixa e Equivalente de Caixa – Disponível – AC | | 1.1.2.5 Dívida Ativa Tributária do IPTU – Curto Prazo – Créditos CP – AC | |
|---|---|---|---|
| (si) 200.000,00 | | (a1) 3.000,00 | 3.000,00 (b1) |
| (b1)    3.000,00 | | | |

(si) saldo inicial.

## Subsistema de controle

**Fato contábil:** a inscrição da dívida ativa são atos administrativos que compreendem dois estágios: o do encaminhamento dos créditos vencidos e o da efetiva inscrição em dívida ativa. Assim, são registradas em contas de controle da execução de atos potenciais e controles específicos (atos administrativos). Essas contas são iniciadas com o dígito "8", ou seja, 8.0.0.0.0.00.00.

## (b2) Controle da execução da dívida ativa (controle dos atos administrativos)

Na execução da dívida ativa, as contas de controle dos "atos administrativos" do encaminhamento do crédito, pelo órgão de origem, e a efetiva inscrição em dívida ativa pela unidade da procuradoria fazendária, devem ser registradas no grupo de contas 8.3.0.0.0.00.00 – Execução da dívida ativa, que compreende as contas que *controlam os atos administrativos* da execução dos créditos passíveis de serem encaminhados e inscritos em dívida ativa.

No órgão de origem, responsável pelo encaminhamento do crédito vencido para inscrição em dívida ativa, os atos devem ser registrados nas contas de controle 8.3.1.0.0.00.00 – Execução do encaminhamento de créditos para inscrição em dívida ativa. Compreende as contas que registram os valores dos créditos a serem *encaminhados e os já encaminhados* para o órgão competente em inscrever em dívida ativa.

Já no órgão fazendário competente para a efetiva inscrição da dívida ativa, os fatos devem ser registrados em contas de controle 8.3.2.0.0.00.00 – Execução da inscrição de créditos em dívida ativa. Compreende as contas que registram os valores inscritos em dívida ativa pelo órgão competente em inscrever o crédito vencido em dívida ativa.

Lançamento no Livro Diário:

| Cidade, 30 de julho de 20x1. | | |
|---|---|---|
| D | 8.3.2.3.1.02.00 Créditos Inscritos em Dívida Ativa Tributária **a Receber** em Cobrança Judicial/Execução de Créditos Inscritos em Dívida Ativa Tributária do IPTU | 3.000,00 |
| C | 8.3.2.4.1.02.00 Recebimento de Créditos Inscritos em Dívida Ativa Tributária em Cobrança Judicial/Execução de Créditos Inscritos em Dívida Ativa **Recebidos** – IPTU | 3.000,00 |
| Histórico: a contabilização em contas de controle do recebimento dos créditos tributários inscritos em dívida ativa tributária no órgão de origem do crédito, em fase judicial de cobrança. | | |

**PCASP**

8.3.2.3.0.00.00 **Créditos Inscritos em Dívida Ativa a Receber.** Conta de controle que registra os valores inscritos em *dívida ativa a receber*, executada pelo órgão competente em inscrever em dívida ativa.

8.3.2.3.1.02.00 **Créditos Inscritos em Dívida Ativa Tributária a Receber em Cobrança Judicial.** Conta de controle que registra os *créditos a receber, inscritos em dívida ativa tributária* pelo órgão competente em inscrever em dívida ativa, em fase judicial de cobrança.

8.3.2.4.0.00.00 **Créditos Inscritos em Dívida Ativa Recebidos.** Compreende os valores recebidos relativos aos créditos anteriormente inscritos em dívida ativa.

8.3.2.4.1.00.00 **Recebimento de Créditos Inscritos em Dívida Ativa Tributária.** Compreende o recebimento dos valores referentes aos créditos inscritos em dívida ativa tributária.

8.3.2.4.1.01.00 **Recebimento de Créditos Inscritos em Dívida Ativa Tributária em Cobrança Administrativa.** Registra o recebimento dos valores referentes aos créditos inscritos em dívida ativa tributária, em fase administrativa de cobrança.

8.3.2.4.1.02.00 **Recebimento de Créditos Inscritos em Dívida Ativa Tributária em Cobrança Judicial.** Conta de controle que registra o recebimento dos valores referentes aos créditos inscritos em dívida ativa tributária, em fase judicial de cobrança.

Lançamento em razonete:

| 8.3.2.3 Execução de Créditos Inscritos em Dívida Ativa **a Receber** do IPTU | | 8.3.2.4 Execução de Créditos Inscritos em Dívida Ativa **Recebidos** do IPTU | |
|---|---|---|---|
| (b2) 3.000,00 | 13.500,00 (a) | | 3.000,00 (b2) |

## (b2.1) Controle da execução da dívida ativa administração financeira (controle financeiro)

O registro em contas de **controle das disponibilidades financeiras da efetiva arrecadação** dos créditos inscritos em dívida ativa será realizado em contas de controle 8.2.0.0.0.00.00 – Execução da administração financeira, que registra a execução da programação financeira e de controle das disponibilidades (**fato contábil financeiro**), ou seja, controle das disponibilidades de recursos arrecadados, lançados em grupo de contas específicas, que registram a realização da programação financeira por natureza de fonte/destinação de recursos.

| Cidade, 30 de julho de 20x1. | | | |
|---|---|---|---|
| D | 7.2.1.1 Controle da Disponibilidade de Recursos **Recebidos** – Arrecadação de Dívida Ativa Tributária | 3.000,00 | |
| C | 8.2.1.1.1 Disponibilidade por Destinação de Recursos **a Utilizar** | | 3.000,00 |
| Histórico: controle do ingresso financeiro de arrecadação de créditos tributários inscritos em dívida ativa em exercícios anteriores. Registro de controle do efetivo recebimento dos créditos tributários de dívida ativa no exercício financeiro corrente. | | | |

### PCASP

7.2.1.1 **Controle da Disponibilidade de Recursos**. Conta de controle que registra as *disponibilidades de recursos recebidos*.

7.2.1.1.1.00.00 **Recursos Ordinários**. Registra as disponibilidades por destinação de recursos ordinários.

7.2.1.1.2.00.00 **Recursos Vinculados**. Registra as disponibilidades por destinação de recursos vinculados.

8.2.1.1 **Execução da Disponibilidade por Destinação de Recursos**. Conta que registra o valor das *disponibilidades de recursos a utilizar*.

8.2.1.1.1.00.00 **Disponibilidade por Destinação de Recursos**. Compreende o valor das disponibilidades de recursos *a utilizar*.

8.2.1.1.1.01.00 **Recursos Disponíveis para o Exercício**. Registra o valor das disponibilidades de recursos a utilizar, incluindo os recursos provenientes de exercícios anteriores e legalmente autorizados *para utilização no exercício financeiro*.

Lançamento em razonete:

| 7.2.1.1.1 Controle da Disponibilidade de **Recursos Recebidos** – Arrecadação de Dívida Ativa | 8.2.1.1.1 Disponibilidade por Destinação de Recursos **a Utilizar** |
|---|---|
| (si) 200.000,00 | 3.000,00 (b2.1) |
| (b2.1) 3.000,00 | |
| (si) saldo inicial. | |

## (c) Cancelamento de dívida ativa

Em decorrência de fato superveniente pela inobservância de requisitos administrativo e legal, a dívida ativa pode ser cancelada. Esse fato é de natureza extraorçamentária e é acolhido somente no subsistema patrimonial e de controle.

Os **créditos de dívida ativa**, nas três esferas de governo, são cobrados por meio da emissão de certidão de dívida ativa da Fazenda Pública, inscrita na forma da lei, com validade de título executivo. Isso confere à certidão da dívida ativa caráter líquido e certo, embora se admita prova em contrário. Nos casos comprovados em contrário, em processo transitado e julgado, administrativa ou judicial, *os créditos inscritos, indevidamente, em dívida ativa devem ser cancelados*, revertendo o direito ao crédito em contrapartida de variação patrimonial diminutiva (despesa patrimonial). Ou seja, será permutada, no resultado, a variação patrimonial aumentativa, anteriormente reconhecida, concomitante à redução do crédito a receber no ativo, curto ou longo prazo, a depender da natureza do crédito.

**Subsistema orçamentário:** não há registro.

**Subsistema patrimonial**

**Fato contábil:** o **cancelamento de dívida ativa**, desse exemplo, resulta na baixa de Créditos inscritos em dívida ativa – *por recebimento ou cancelamento*, ou seja, realizam-se a baixa do direito constituído em exercícios anteriores e a reversão da correspondente variação patrimonial aumentativa reconhecida (receita originária). A baixa e a reversão ocorrem em razão da irregularidades administrativas ou jurídicas incorridas no processo de inscrição em dívida ativa, assim trata-se de uma reversão da variação patrimonial aumentativa, reconhecida irregularmente em exercícios anteriores, e não de reconhecimento de uma nova despesa a ser contabilizada. A reversão deve ser lançada em contrapartida do saldo da conta de créditos inscritos em Dívida ativa tributária, do ativo não circulante.

É bom lembrar que o cancelamento de dívida ativa *não se confunde com o pagamento decorrente do ressarcimento ou da restituição de terceiros*, reconhecidos em exercícios anteriores, que nesse caso devem ser pagos como despesa orçamentária de exercícios anteriores (DEA).

Lançamento no Livro Diário:

| Cidade, 30 de agosto de 20x1. | | |
|---|---|---|
| D | 3.6.1.7.2.01 Variação Patrimonial Diminutiva – Ajuste de Perdas de Créditos Tributários | 2.000,00 |
| C | 1.2.1.1.1.04.00 Dívida Ativa Tributária/Créditos Tributários (P) – Longo Prazo – ANC | 2.000,00 |
| Histórico: reversão de VPA de ajuste de crédito, por cancelamento de receita de dívida ativa tributária (IPTU), lançada irregularmente em exercício financeiro anterior. Cancelamento de VPA concomitante à redução diretamente da conta de crédito no Ativo, conforme determinação legal. | | |

**PCASP**

3.6.1.7.0.00.00 **Variação Patrimonial Diminutiva com Ajuste de Perdas de Créditos e de Investimentos e Aplicações Temporárias.** Conta de resultado que registra a variação patrimonial diminutiva com ajuste de **perdas de créditos por inadimplência** ou outros fatores que impossibilitam o recebimento de créditos. Por exemplo, a variação patrimonial diminutiva com ajuste para créditos de liquidação duvidosa e **ajuste para créditos da dívida ativa.**

3.6.1.7.2.01.00 **Ajuste para Perdas em Créditos Tributários.** Registra a variação patrimonial diminutiva com ajuste para perdas em créditos tributários.

1.2.1.1.1.04.00 **Dívida Ativa Tributária.** Compreende os valores dos créditos de dívida ativa tributária inscritos, realizáveis após os doze meses seguintes à data de publicação dos demonstrativos contábeis.

| 3.6.1.7.2.01 VPD – Ajuste de Perdas de Créditos/Cancelamento Dívida Ativa Tributária | 1.2.1.1.1.04 Dívida Ativa Tributária do IPTU – RLP/ANC | |
|---|---|---|
| (c) 2.000,00 | (a) 13.500,00 | 3.000,00 (a1) |
|  |  | 2.000,00 (c) |
|  | saldo 8.500,00 | |

## Subsistema de controle

### Lançamento no Livro Diário:

| Cidade, 30 de agosto de 20x1 | |
|---|---|
| D 8.3.2.3.1.02 Execução de Créditos Inscritos em Dívida Ativa **a Receber** do IPTU – em Cobrança Judicial | 2.000,00 |
| C 8.3.2.5.1.02 Baixa de Créditos Inscritos em Dívida Ativa – Cancelamento | 2.000,00 |
| Histórico: registro de controle de baixa de crédito inscrito em dívida ativa, por cancelamento, de receitas de dívida ativa tributária, lançadas com irregularidade na inscrição em exercício financeiro anterior. | |

**PCASP**

8.3.2.3.1.00.00 **Créditos Inscritos Em Dívida Ativa Tributária A Receber.** Registra os créditos inscritos em dívida ativa tributária pelo órgão competente em inscrever em dívida ativa.

8.3.2.3.1.01.00 **Créditos Inscritos Em Dívida Ativa Tributária A Receber Em Cobrança Administrativa.** Registra os créditos a receber, inscritos em dívida ativa tributária pelo órgão competente em inscrever em dívida ativa, em fase administrativa de cobrança.

**8.3.2.3.1.02.00 Créditos Inscritos em Dívida Ativa Tributária a Receber em Cobrança Judicial.** Registra os créditos a receber, inscritos em dívida ativa tributária pelo órgão competente em inscrever em dívida ativa, em fase judicial de cobrança.

**8.3.2.5 Baixa de Créditos Inscritos em Dívida Ativa – por recebimento ou cancelamento.** Conta de controle que registra os valores relativos às baixas de créditos inscritos em dívida ativa.

**8.3.2.5.1.00.00 Baixas De Créditos Inscritos em Dívida Ativa Tributária.** Compreende as baixas de créditos inscritos em dívida ativa tributária.

**8.3.2.5.1.01.00 Baixas de Créditos Inscritos em Dívida Ativa Tributária – Cobrança Administrativa.** Registra as baixas de créditos inscritos em dívida ativa tributária, em cobrança administrativa.

**8.3.2.5.1.02.00 Baixas de Créditos Inscritos em Dívida Ativa Tributária – Cobrança Judicial.** Registra as baixas de créditos inscritos em dívida ativa tributária, em cobrança judicial.

## Lançamento em razonete:

| 8.3.2.3 Execução de Créditos Inscritos em Dívida Ativa **a Receber** do IPTU | | 8.3.2.5 Baixa de Créditos Inscritos em Dívida Ativa – Cancelamento | |
|---|---|---|---|
| (b2) 3.000,00 | 13.500,00 (a) | | 2.000,00 (c) |
| (c) 2.000,00 | | | |

## SINOPSE

1.  Receita pública é conceituada como todo e qualquer recolhimento de recursos feito aos cofres públicos que o governo tem o direito de arrecadar em virtude da Constituição, das leis, dos contratos ou de quaisquer outros títulos que derivem direitos a favor do Estado, ou mesmo o recebimento de valores que não lhe pertençam.

2.  A Lei n. 4.320, de 1964, classifica a receita pública em orçamentária e extraorçamentária, sendo esta valores que não constam do orçamento e aquela os que constam.

3.  A receita orçamentária divide-se em dois grupos: correntes e de capital. As receitas correntes compreendem as receitas tributárias, de contribuições, patrimoniais, agropecuárias, industriais, de serviços, de transferências, entre outras. Já as receitas de capital compreendem as operações de crédito, alienação de bens, amortização de empréstimos, transferências de capital, entre outras.

4.  Os estágios da receita pública representam as fases percorridas por ela na execução orçamentária. São eles: previsão, lançamento, arrecadação e recolhimento.

5.  No que tange à previsão da receita, a LRF determina que devem ser observadas as normas técnicas e legais, os efeitos das alterações na legislação, da variação do índice de preços, do crescimento econômico ou de qualquer outro fator relevante. Ela

deverá ser acompanhada de demonstrativo de sua evolução nos últimos três anos, da projeção para os dois seguintes àquele a que se referirem e da metodologia de cálculo e das premissas utilizadas.

6. No que se refere à renúncia de receita, o art. 14 da LRF estabelece que a concessão ou a ampliação de incentivo ou benefício de natureza tributária da qual decorra renúncia de receita deverá estar acompanhada de estimativa do impacto orçamentário-financeiro no exercício em que deva iniciar sua vigência e nos dois seguintes, e atender ao disposto na Lei de Diretrizes Orçamentárias.

7. A dívida ativa compreende os créditos da Fazenda Pública de natureza tributária ou não tributária, exigíveis pelo transcurso do prazo para pagamento – vencidos –, sendo inscritos, na forma da legislação própria, em registro próprio, depois de apurada sua liquidez e sua certeza.

8. A administração fazendária realiza uma série de providências administrativas e contábeis para registrar, contabilmente, a dívida ativa, depois de apurada sua liquidez e sua certeza. O termo de inscrição da dívida ativa deverá ser autenticado pela autoridade competente, identificando nele todos os dados previstos na legislação própria, sem os quais se torna inaplicável.

# CAPÍTULO 5

## Despesa pública

### Objetivos do capítulo

▶ Apresentar o conceito de despesa definido pela contabilidade geral e o de despesa pública, enfocando suas características.

▶ Classificar e definir os tipos de despesas públicas apresentados pela legislação e pela doutrina.

▶ Descrever cada um dos estágios da despesa pública no ciclo orçamentário.

▶ Demonstrar os meios e os procedimentos de que o Estado se utiliza para a realização das despesas necessárias às suas finalidades constitucionais.

▶ Entender a contabilização da despesa pública.

## 5.1   CONCEITO

Em contabilidade, a **despesa** é conceituada como o consumo de um bem ou serviço, que, direta ou indiretamente, contribui para a geração de receitas. Ela se refere também à redução do ativo sem correspondente redução do passivo. A **despesa pública**, todavia, é definida em duas acepções:

- **financeira:** desembolso de recursos voltados para o custeio da máquina pública e transferências para o custeio da seguridade social, bem como para investimentos públicos, que são denominados gastos de capital;
- **econômica:** gasto ou promessa de gasto de recursos em função da realização de serviços que visam atender às finalidades constitucionais do Estado.

No setor privado, a despesa é incorrida para que se possa auferir receita, e do confronto (***princípio da confrontação da receita e da despesa***) entre ambas, em determinado período, apura-se o lucro ou o prejuízo. No setor público, contudo, a receita é auferida independentemente da ocorrência de um gasto. Portanto, enquanto no setor privado é preciso incorrer em gastos para arrecadar; no setor público, arrecada-se necessariamente para gastar.

A **despesa pública** pode ser definida como o gasto ou o compromisso de gasto dos recursos governamentais, devidamente autorizados pelo poder competente, com o objetivo de atender às necessidades de interesse coletivo previstas na Lei do Orçamento, elaborada em conformidade com o Plano Plurianual de investimentos, com a LDO e com a LRF. Em outras palavras, representa o desembolso efetuado pelos agentes pagadores do Estado, ou mesmo a promessa desse pagamento, em face de serviço prestado ou bem consumido. A despesa pública também pode ser definida como o conjunto de dispêndios realizados pelos entes públicos para o funcionamento e a manutenção dos serviços públicos prestados à sociedade.

## 5.2   TIPOS DE DESPESA PÚBLICA

As despesas públicas são classificadas, conforme a Lei n. 4.320, de 1964, segundo a categoria econômica, em despesas extraorçamentárias e em despesas orçamentárias.

### 5.2.1  Despesa extraorçamentária

As **despesas extraorçamentárias** são aquelas pagas à margem do orçamento. Portanto, elas independem de autorização do Poder Legislativo, pois se constituem em diminuições do passivo financeiro, compensatórias de saídas no ativo financeiro, mas oriundas de receitas extraorçamentárias, que correspondem à restituição ou à entrega de valores recebidos pela administração como cauções, depósitos, consignações, retenções legais, entre outros.

Os **gastos extraorçamentários** são decorrentes de duas situações: (i) *Saídas compensatórias no ativo e no passivo financeiro* – representam desembolsos de recursos de terceiros em poder do ente público; e (ii) *Pagamento de restos a pagar* – são as saídas pelos pagamentos de despesas empenhadas em exercícios anteriores, ou seja, de competência de outros exercícios. Como saídas compensatórias, temos: devolução dos valores de terceiros (cauções/depósitos/garantias); recolhimento de consignações e/ou retenções, que podem ser de natureza legal ou voluntária; pagamento das operações de crédito por antecipação de receita orçamentária, que constituem débitos de tesouraria; e pagamentos de salário-família, salário-maternidade e auxílio-natalidade, que compreendem os benefícios da Previdência Social adiantados pelo empregador, por força de lei, tendo natureza extraorçamentária, e, posteriormente, serão objeto de compensação ou restituição.

Cabe salientar que se o **desembolso é extraorçamentário**, não há registro de despesa orçamentária, mas uma desincorporação de passivo ou uma apropriação de ativo. Também não impacta na situação líquida patrimonial, ou seja, não impacta na apuração do resultado do exercício.

## 5.2.2 Despesa orçamentária

As **despesas orçamentárias** são as despesas públicas que, para serem realizadas, dependem de autorização legislativa e não podem se efetivar sem crédito orçamentário correspondente. Ainda segundo a categoria econômica (art. 13), elas podem ser subdivididas em despesas correntes e despesas de capital.

Para fins contábeis, a despesa orçamentária pode ser ainda classificada quanto ao impacto na situação líquida patrimonial em *despesa orçamentária efetiva e não efetiva*. A **despesa orçamentária efetiva** é aquela que, no momento de sua realização, reduz a situação líquida patrimonial da entidade e constitui fato contábil modificativo diminutivo. Em geral, a despesa orçamentária efetiva é despesa corrente. Entretanto, pode haver despesa corrente não efetiva, como a despesa com a aquisição de materiais para estoque e a despesa com adiantamentos, que representam fatos permutativos.

A **despesa orçamentária não efetiva** é aquela que, no momento de sua realização, não reduz a situação líquida patrimonial da entidade, constituindo fato contábil permutativo. A despesa não efetiva normalmente é uma despesa de capital. Entretanto, há despesa de capital que é efetiva, como as transferências de capital que causam variação patrimonial diminutiva e, por isso, classificam-se como despesa efetiva.

As **despesas correntes** são as de natureza operacional realizadas para a manutenção dos equipamentos e para o funcionamento dos órgãos governamentais.

As **despesas de capital** são aquelas realizadas com o propósito de formar e/ou adquirir ativos reais, envolvendo o planejamento e a execução de obras, a compra de instalações, equipamentos, material permanente, títulos representativos do capital de empresas ou entidades de qualquer natureza, bem como as amortizações de dívida e concessões de empréstimos. Representam os gastos realizados pela administração pública com a finalidade de criar novos bens de capital, ou mesmo adquirir bens já em uso, como é o caso, respectivamente, dos investimentos e das inversões financeiras, e que constituirão, em última análise, incorporações ao patrimônio público de forma efetiva, por meio de mutação patrimonial ou formando bens de uso comum. Dividem-se em:

a) *investimentos:* são as dotações para o planejamento e a execução de obras, inclusive as destinadas à aquisição de imóveis considerados necessários à realização dessas obras, bem como para os programas especiais de trabalho, aquisição de instalações, equipamentos e material permanente, além de constituição ou aumento do capital de empresas que não sejam de caráter comercial ou financeiro.[1] Dividem-se em:
   - obras públicas;
   - serviços em regime de programação especial;
   - equipamentos e instalações;
   - material permanente;[2]
   - participação em constituição ou aumento de capital de empresas ou entidades industriais ou agrícolas.

b) *inversões financeiras*: as dotações destinadas à aquisição de imóveis ou de bens de capital já em utilização; aquisição de títulos representativos do capital de empresas ou entidades de qualquer espécie, já constituídas, quando a operação não importe aumento de capital e constituição ou aumento do capital de entidades ou empresas que visem a objetivos comerciais ou financeiros, inclusive operações bancárias ou de seguros. São divididas em:
   - aquisição de imóveis;
   - participação em constituição ou aumento de capital de empresas ou entidades comerciais ou financeiras;

---

1   Consoante o art. 20 da Lei n. 4.320, de 1964, os investimentos serão discriminados na Lei de Orçamento, segundo os projetos de obras e de outras aplicações. Os programas especiais de trabalho que, por sua natureza, não possam se cumprir subordinadamente às normas gerais de execução das despesas poderão ser custeados por dotações globais, classificadas entre as despesas de capital.

2   Para efeito de classificação da despesa, considera-se material permanente um material de duração superior a dois anos.

- aquisição de títulos representativos de capital de empresas em funcionamento;
- constituição de fundos rotativos;
- concessão de empréstimos;
- diversas inversões financeiras.

c) **transferências de capital**: as dotações para investimentos ou as inversões financeiras que outras pessoas de direito público ou privado devam realizar, independentemente de contraprestação direta em bens ou serviços, constituindo a essas transferências auxílios ou contribuições, segundo derivem diretamente da Lei de Orçamento ou de lei especial anterior, bem como as dotações para amortização da dívida pública.[3]

A **Portaria Interministerial n. 163**, de 4 de maio de 2001, alterou a sistemática de classificação da despesa, com o objetivo de possibilitar a consolidação das contas públicas nacionais, em obediência ao disposto no art. 51 da LRF e em face da necessidade da uniformização dos procedimentos de execução orçamentária.

A classificação da despesa, segundo sua natureza, compõe-se de:

a) **categoria econômica:** corrente e capital, já vista anteriormente;
b) **grupo de natureza da despesa:** compreende a agregação de elementos de despesa que apresentam as mesmas características quanto ao objeto de gasto e são complementados pela modalidade de aplicação, que pode ser por transferência ou de forma direta;
c) **elemento de despesa:** tem por finalidade identificar os objetos de gasto, de que a administração pública se serve para a consecução de seus fins. Em consequência, a estrutura da natureza da despesa a ser observada na execução orçamentária será "c.g.mm.ee.dd", em que:
   - *c,* representa a categoria econômica;
   - *g,* o grupo de natureza da despesa;
   - *mm,* a modalidade de aplicação;
   - *ee,* o elemento de despesa;
   - *dd,* o desdobramento, facultativo, do elemento de despesa, denominado de **subelemento de despesa**.

---

[3] O art. 21 da Lei n. 4.320, de 1964, determina que a Lei de Orçamento não consignará auxílio para investimento que deva incorporar ao patrimônio de empresas privadas de fins lucrativos. Esses fato não se aplica às transferências de capital à conta de fundos especiais ou dotações sob regime excepcional de aplicação.

Assim, a **classificação da despesa por natureza** passou, a partir de 2002, a obedecer à seguinte estrutura:

- **Categorias econômicas**
  1 – Despesas correntes
  2 – Despesas de capital
- **Grupos de natureza de despesa**
  1 – Pessoal e encargos sociais
  2 – Juros e encargos da dívida
  3 – Outras despesas correntes
  4 – Investimentos
  5 – Inversões financeiras
  6 – Amortização da dívida
  9 – Reserva de Contingência (A reserva de contingência e a reserva do RPPS, destinadas ao atendimento de passivos contingentes e outros riscos, bem como eventos fiscais imprevistos, inclusive a abertura de créditos adicionais, serão classificadas com o código "9", quanto ao grupo de natureza de despesa.).
- **Modalidades de aplicação:** a modalidade de aplicação tem por finalidade indicar se os recursos são aplicados diretamente por órgãos ou entidades no âmbito da mesma esfera de governo ou por outro ente da Federação e seus respectivos órgãos e entidades; ou seja, indica se os recursos serão aplicados diretamente pela unidade detentora do crédito orçamentário ou mediante transferência para entidades públicas ou privadas. A modalidade também permite a eliminação de dupla contagem no orçamento. São elas:
  20 a 22 – Transferências à União (inclui execução delegada à União)
  30 a 36 – Transferências aos estados e ao Distrito Federal (execução delegada e Fundo a Fundo)
  40 a 46 – Transferências aos municípios (Fundo a Fundo e execução delegada)
  50 – Transferências a instituições privadas sem fins lucrativos
  60 – Transferências a instituições privadas com fins lucrativos
  67 – Execução de contrato de Parceria Público-Privada (PPP)
  70 a 76 – Transferências a instituições multigovernamentais (consórcios públicos e execução delegada)
  80 – Transferências ao exterior
  90 – Aplicação direta
  91 – Aplicação direta decorrente de operação entre órgãos, fundos e entidades integrantes dos orçamentos fiscal e da Seguridade Social

93 – Aplicação direta decorrente de operação de órgãos, fundos e entidades integrantes dos orçamentos fiscal e da Seguridade Social com consórcio público do qual o ente participe

94 – Aplicação direta decorrente de operação de órgãos, fundos e entidades integrantes dos orçamentos fiscal e da Seguridade Social com consórcio público do qual o *ente **não** participe*

95 – Aplicação direta à conta de recursos de que tratam os §§ 1º e 2º do art. 24 da Lei Complementar n. 141, de 2012 [financiamento da saúde pública – ações e serviços de saúde]. *A disponibilidade de caixa vinculada aos Restos a pagar, considerados para fins do mínimo do Fundo de Saúde e, posteriormente, cancelados ou prescritos, deverá ser, necessariamente, aplicada em ações e serviços públicos de saúde.*

96 – Aplicação direta à conta de recursos de que trata o art. 25 da Lei Complementar n. 141, de 2012 [financiamento da saúde pública – ações e serviços de saúde]. *Valor referente à compensação obrigatória no exercício seguinte do valor que ficou faltando para a aplicação mínima em ações e serviços públicos de saúde no exercício anterior nas três esferas de governo.*

99 – A definir

O art. 21 da Lei n. 4.320, de 1964, determina que a Lei de Orçamento não consignará auxílio para investimento que deva incorporar ao patrimônio de empresas privadas de fins lucrativos. Esse fato, contudo, não se aplica às ***transferências de capital à conta de fundos especiais*** ou ***dotações sob regime excepcional de aplicação.***

• **Elementos de despesa:** identificam os objetos de gastos, como aposentadorias, reservas e reformas, pensões, contratação por tempo determinado, outros benefícios previdenciários, contribuições a entidades fechadas de previdência, vencimentos e vantagens fixas, obrigações patronais, diárias, outras despesas variáveis pessoal, juros sobre a dívida por contrato, encargos sobre operações de crédito por antecipação da receita, material de consumo, passagens e despesas com locomoção, outras despesas de pessoal decorrentes de contratos de terceirização, serviços de consultoria, outros serviços de terceiros pessoa física, locação de mão de obra, arrendamento mercantil, outros serviços de terceiros pessoa jurídica, contribuições, auxílios, subvenções sociais, auxílio-alimentação, auxílio-transporte, obras e instalações, equipamentos e material permanente, aquisição de imóveis, constituição ou aumento de capital de empresas, concessão de empréstimos e financiamentos, rateio pela participação em consórcio público, principal da dívida contratual resgatado, principal da dívida mobiliária resgatado, distribuição constitucional ou legal de receitas, sentenças judiciais, despesas de exercícios

anteriores, indenizações e restituições, indenizações e restituições trabalhistas, ressarcimento de despesas de pessoal requisitado, compensações ao
Regime Geral de Previdência Social (RGPS).

É facultado o desdobramento suplementar dos elementos de despesa, *em subele-
mentos*, para atendimento das necessidades de escrituração contábil e controle da
execução orçamentária.

A classificação completa da despesa por categoria econômica, por grupo de
natureza, modalidade de aplicação e elemento de despesa, bem como respectivos
conceitos e/ou especificações, consta no *site* da STN.[4]

Na Lei de Orçamento, a discriminação da despesa deve ser feita, no mínimo, por
elementos de despesa que representam o desdobramento da despesa com pessoal,
material, serviços, obras e outros meios de que se serve a administração pública para
consecução de seus fins. Em nossa opinião, a utilização da expressão "despesa de
capital" não é adequada contabilmente falando, pois a despesa deve decorrer sempre
do consumo de um bem ou serviço, ou seja, em face do fato gerador do gasto. Logo,
a aquisição de determinado material permanente, por exemplo, não deve ser considerada despesa, pois representa o aumento do patrimônio duradouro do Estado.
A aceitação dessa denominação ocorre em função de a despesa de capital ser mera-
mente uma classificação das despesas orçamentárias. Como o orçamento possui
apenas duas vertentes – receita e despesa –, a primeira representando as entradas
de recursos estimados e a segunda, as aplicações fixadas em certos limites, utiliza-se
da expressão "despesa de capital" para designar as saídas ou as promessas de saídas
em decorrência da realização de investimentos em bens de capital. Portanto, é mera
denominação orçamentária.

## 5.2.3 Despesa de exercícios anteriores

Não podemos nos esquecer das **despesas de exercícios anteriores**, que são as relativas a exercícios encerrados, para as quais o orçamento respectivo consignava
crédito próprio, com dotação suficiente para atendê-las, mas que não foram processadas na época própria, bem como os restos a pagar com prescrição interrompida
e os compromissos reconhecidos após o encerramento do exercício correspondente.
Essas *despesas de competência de exercícios anteriores* poderão ser pagas à conta
de dotação específica consignada no orçamento corrente, discriminada por elemento e obedecida, sempre que possível, a ordem cronológica.

---

[4] Em face das constantes alterações promovidas pelo governo federal, recomenda-se a permanente consulta, também, à página
do Ministério da Economia. Disponível em: http://www.planejamento.gov.br/assuntos/orcamento-1/legislacao/legislacao/
portaria-interm-163_2001_atualizada_2015_04jul2016_ultima-alteracao-2016-2.docx/view. Acesso em: 2 set. 2019.

## 5.2.4 Deduções de receitas

Por fim, cabe um breve esclarecimento quanto à **transferência de receita de impostos e à restituição de impostos aos contribuintes**, que, como regra, devem ser tratadas como dedução de receita, e não como despesa pública.

Há receita arrecadada de impostos que possui parcelas destinadas a outros entes da Federação, decorrente da repartição tributária prevista na Constituição (art. 153, § 5º, I; art. 157; art. 159, I, *a*, II; §§ 1º e 2º, art. 161 e ADCT, art. 34, § 2º). A transferência dessa receita de repartição tributária poderá ser registrada como **dedução de receita** orçamentária ou como despesa orçamentária, de acordo com a legislação em vigor.

A **restituição de receitas de impostos aos contribuintes** consiste na devolução total ou parcial de receitas orçamentárias que foram recolhidas a maior ou indevidamente, as quais devem ser devolvidas, em observância aos princípios constitucionais da capacidade contributiva e da vedação ao confisco. Nesses casos, em regra, esses fatos não devem ser tratados como despesa orçamentária, mas como **dedução de receita orçamentária**, pois correspondem a recursos arrecadados que não pertencem à entidade pública e não são aplicáveis em programas e ações governamentais sob a responsabilidade do ente arrecadador, não necessitando, portanto, de autorização orçamentária para a execução desse tipo de transferência ou da restituição, que são constitucionais ou legais e constituem valores que não são passíveis de alocação em despesas pelo ente público arrecadador. No entanto, alguns entes da Federação podem optar pela inclusão no orçamento das receitas de impostos destinadas à repartição, sendo, nesse caso, o recebimento integralmente computado como receita, caracterizando-se como uma despesa por ocasião da entrega ao beneficiário.

## 5.3 ESTÁGIOS DA DESPESA PÚBLICA

As **fases da despesa pública** compreendem o planejamento e a execução. A fase do planejamento abrange, de modo geral, toda a análise e diagnóstico preliminar para a formulação do plano e das ações governamentais que servirão de base para a fixação da despesa orçamentária e a programação orçamentária e financeira. A fase de execução subdivide-se em descentralização/movimentação de créditos, processo de licitação e contratação, empenho, liquidação e pagamento.

A **fixação da despesa** orçamentária inserida no processo de planejamento refere-se aos limites de gastos, incluídos nas leis orçamentárias com base nas receitas previstas, a serem realizadas pelas entidades públicas e observando as diretrizes e as prioridades traçadas pelo governo. A fixação da despesa ocorre com a publicação da Lei Orçamentária.

É comum se falar, de forma resumida, que as fases da execução da despesa orçamentária são apenas três, ou seja, empenho, liquidação e pagamento. Contudo, a doutrina contábil menciona que os estágios da despesa pública são: programação, licitação, empenho, liquidação e pagamento.

A **programação** ocorre após a publicação da Lei Orçamentária, quando o setor competente, por meio de decretos, estabelece um programa de utilização dos créditos orçamentários aprovados para o exercício. Visa ao ajuste da despesa fixada às novas projeções de resultados e da arrecadação.

A **programação orçamentária e financeira** objetiva assegurar aos órgãos e às entidades do Estado, oportunamente, os recursos necessários e suficientes para a melhor execução de suas atividades, assim como para manter, durante o exercício, o equilíbrio entre a receita arrecadada e a despesa realizada, a fim de reduzir ao mínimo eventuais insuficiências financeiras. No que se refere à programação da despesa, o art. $8^{\circ}$ da LRF estabelece que até trinta dias após a publicação dos orçamentos, nos termos em que dispuser a LDO, o Poder Executivo estabelecerá a programação financeira e o cronograma de execução mensal de desembolso. Cabe salientar que, se houver frustração da receita estimada no orçamento, deverá ser estabelecida limitação de empenho e movimentação financeira, com objetivo de atingir os resultados previstos na LDO e impedir a assunção de compromissos sem respaldo financeiro.

As **descentralizações de créditos orçamentários** ocorrem quando for efetuada movimentação de parte do orçamento, mantidas as classificações institucional, funcional, programática e econômica, para que outras unidades administrativas possam executar a despesa orçamentária. A descentralização envolvendo unidades gestoras de um mesmo órgão (ministério ou secretaria) caracteriza-se como descentralização interna, chamada de **provisão**. Se ocorrer entre unidades gestoras de órgãos ou entidades de estrutura diferente, ter-se-á uma descentralização externa, também denominada de **destaque**.

A licitação, embora não aplicável a todas as despesas, representa o procedimento administrativo destinado a escolher, entre fornecedores previamente habilitados e qualificados, aquele que apresentar proposta mais vantajosa para a contratação de obras, serviços, compras e para a realização de alienações. É o que preconiza o art. 37, inciso XXI, da Constituição Federal.

Consoante o art. $3^{\circ}$ da Lei Federal n. 8.666, de 1993,[5] a licitação destina-se a garantir a observância do princípio constitucional da isonomia e a selecionar a proposta mais vantajosa para a administração, e será processada e julgada em estreita conformidade com os princípios básicos da legalidade, impessoalidade, moralidade,

---

[5]   Regulamenta o art. 37, inciso XXI, da Constituição Federal, institui normas para licitações e contratos da administração pública e dá outras providências.

igualdade, publicidade, probidade administrativa, vinculação ao instrumento convocatório (Edital), julgamento objetivo e de outros que lhes são correlatos. São modalidades de licitação:

a) **convite**: para aquisições de pequeno montante. É a modalidade de licitação entre interessados, do ramo pertinente ao seu objeto, cadastrados ou não, escolhidos e convidados em número mínimo de três pela unidade administrativa, a qual afixará, em local apropriado, cópia do instrumento convocatório e o estenderá aos demais cadastrados na correspondente especialidade que manifestarem seu interesse com antecedência de até 24 horas da apresentação das propostas;

b) **tomada de preços**: para aquisições intermediárias. É a modalidade de licitação entre interessados, devidamente cadastrados ou que atenderem a todas as condições exigidas para cadastramento, até o terceiro dia anterior à data do recebimento das propostas, observada a necessária qualificação;

c) **concorrência**: para aquisições de grande montante. É a modalidade que ocorre entre quaisquer interessados que, na fase inicial de habilitação preliminar, comprovem possuir os requisitos mínimos de qualificação exigidos no edital para execução de seu objeto;

d) **concurso**: utilizado para aquisições específicas. Ocorre entre quaisquer interessados para a escolha de trabalho técnico, científico ou artístico, mediante a instituição de prêmios ou remuneração aos vencedores, conforme critérios constantes de edital publicado na imprensa oficial com antecedência mínima de 45 dias;

e) **leilão**: utilizado na alienação de bens. É a modalidade de licitação entre quaisquer interessados para a venda de bens móveis inservíveis para a administração ou de produtos legalmente apreendidos ou penhorados, ou para a alienação de bens imóveis, a quem oferecer um lance igual ou superior ao valor da avaliação;

f) **pregão**: utilizado para aquisição de bens e serviços comuns, qualquer que seja o valor estimado da contratação, em que a disputa pelo fornecimento é feita por meio de propostas e lances em sessão pública. Bens e serviços comuns, nos termos da Lei Federal n. 10.520, de 2002, que instituiu essa modalidade de licitação, são aqueles cujos padrões de desempenho e qualidade possam ser objetivamente definidos pelo edital, por meio de especificações usuais do mercado;

g) **chamada pública**: modalidade de edital restrito à agricultura familiar para atender às aquisições de gêneros alimentícios para a alimentação escolar do Programa Nacional de Alimentação Escolar (PNAE) com recursos do Fundo Nacional de Desenvolvimento da Educação (FNDE).

O **empenho** é o ato emanado de autoridade competente que cria para o Estado obrigação de pagamento, pendente ou não de implemento de condição (art. 58 da Lei n. 4.320, de 1964). É de fundamental importância para a relação contratual entre o setor governamental e seus fornecedores de bens e serviços. Representa a garantia de que existe o crédito necessário para a liquidação de dívida assumida.

O empenho corresponde apenas ao ato do servidor público responsável, que estabelece a redução do valor da despesa a ser executada da dotação orçamentária. Em suma, o empenho vincula dotações de créditos orçamentários para suprir pagamentos de obrigações assumidas, ou seja, o empenho da despesa é apenas o ato emanado de autoridade competente que compromete previamente dotações orçamentárias.

A **dotação** ou a **verba orçamentária** representa o detalhamento da despesa incluído em um orçamento público, sempre vinculado a um programa de governo de uma unidade orçamentária, na qual são estabelecidos o montante da disponibilidade e os limites para sua realização. O art. 60 da Lei n. 4.320, de 1964, estabelece que é vedada a realização de despesa sem prévio empenho.

O instrumento utilizado pela administração pública para materializar o empenho, ou seja, para formalizar o registro do comprometimento total ou parcial de dotação em favor de determinado credor é denominado de **nota de empenho**. Podemos dizer que o empenho é o ato que cria para o Estado a obrigação de pagamento (art. 58 da Lei n. 4.320, de 1964). Como exemplo, temos a assinatura de um contrato, a formalização de um pedido, entre outros. A nota de empenho é apenas a materialização formal desse ato. Em casos especiais, previstos em legislação própria, sua emissão é dispensada. São modalidades de empenho:

a) **empenho por estimativa**: destinado a atender a despesa de valor não quantificável durante o exercício. Em outras palavras, é utilizado nos casos em que não se possa determinar o montante da despesa. Por exemplo, gasto total de pessoal, gasto com energia, telefone, entre outros;

b) **empenho global**: destina-se a atender despesa determinada e quantificada e a ser liquidada e paga parceladamente, em geral em cada mês. Por exemplo, aquela relacionada a um contrato de aluguel com valor determinado;

c) **empenho ordinário**: é destinado a atender despesa quantificada e liquidável de uma só vez; ou seja, utilizado nos casos em que se conhece o valor do bem ou do serviço a ser adquirido e o pagamento ocorre de uma única vez. É a modalidade de empenho mais comum na administração. A Lei n. 4.320, de 1964, somente especifica nos §§ 2º e 3º do art. 60 os empenhos por estimativa e o global. Todavia, a doutrina é unânime em aceitar o empenho ordinário.

A **liquidação** é o estágio que consiste na verificação do direito do credor, tendo por base os títulos e os documentos comprobatórios do respectivo crédito. Essa verificação tem por objetivo determinar: a origem e o objeto do que se deve pagar, a importância exata a pagar e a quem se deve pagar a importância para extinguir a obrigação. Ainda, conforme a citada lei, a liquidação da despesa por fornecimentos feitos ou serviços prestados terá por base: o contrato, o ajuste ou o acordo respectivo, a nota de empenho e os comprovantes da entrega do material ou da prestação do serviço.

Por fim, o **pagamento** representa a fase final do processo da despesa pública. O pagamento somente poderá ser efetuado quando ordenado[6] após sua regular liquidação. Pode ser realizado mediante ordem bancária, cheque ou na boca do cofre. O pagamento da despesa pública será efetuado por tesouraria regularmente instituída, por estabelecimentos bancários credenciados e, em casos excepcionais, por meio de adiantamento. Atualmente, são realizados mediante ordens bancárias eletrônicas.

## 5.4 A DESPESA PÚBLICA E A LRF

Para conseguir o desejado equilíbrio fiscal, a LRF tratou da receita pública, como vimos no capítulo anterior, assim como reservou três capítulos (IV, V e VI) para estabelecer regras de gestão no que diz respeito ao controle da despesa pública. Nos ditames da LRF, serão consideradas não autorizadas, irregulares e lesivas ao patrimônio público a geração de despesa ou a assunção de obrigação que não atendam às regras descritas a seguir.

Primeiro, a criação, a expansão ou o aperfeiçoamento de ação governamental que acarrete aumento da despesa será acompanhado de:

- estimativa do impacto orçamentário-financeiro no exercício em que deva entrar em vigor e nos dois subsequentes;
- declaração do ordenador da despesa de que o aumento tem adequação orçamentária e financeira com a Lei Orçamentária Anual, bem como compatibilidade com o Plano Plurianual e com a LDO.

Segundo, os atos que criarem ou aumentarem despesa obrigatória de caráter continuado – despesa corrente derivada de lei, medida provisória ou ato administrativo normativo que fixem para o ente a obrigação legal de sua execução por período superior a dois exercícios – deverão ser instruídos com a estimativa do impacto orçamentário-financeiro no exercício em que deva entrar em vigor e nos dois subsequentes, e demonstrar a origem dos recursos para seu custeio, não se aplicando essa regra, contudo, às despesas destinadas ao serviço da dívida nem ao reajustamento de remuneração de pessoal de que trata o inciso X do art. 37 da Constituição Federal.

---

[6] A ordem de pagamento é o despacho exarado por autoridade competente, determinando que a despesa seja paga.

Como um dos principais gastos do Estado é com o funcionalismo, a LRF estabeleceu que as despesas com pessoal,[7] para os fins do disposto no caput do art. 169 da Constituição, em cada período de apuração, não poderão exceder os percentuais da receita corrente líquida, a seguir discriminados:

- União: 50%.
- Estados: 60%.
- Municípios: 60%.

A repartição dos limites globais descritos não poderá exceder os seguintes percentuais:

- **na esfera federal:**
  (a) 2,5% para o Legislativo, incluído o Tribunal de Contas da União;
  (b) 6% para o Judiciário;
  (c) 40,9% para o Executivo;
  (d) 0,6% para o Ministério Público da União.
- **na esfera estadual:**
  (a) 3% para o Legislativo, incluído o Tribunal de Contas do Estado;[8]
  (b) 6% para o Judiciário;
  (c) 49% para o Executivo;
  (d) 2% para o Ministério Público dos estados.
- **na esfera municipal:**
  (a) 6% para o Legislativo, incluído o Tribunal de Contas do Município, quando houver;
  (b) 54% para o Executivo.

Para possibilitar o controle da despesa total com pessoal, a LRF estabelece que é nulo de pleno direito o ato que provoque aumento da despesa com pessoal e não atenda:

- às exigências da LRF e ao disposto no inciso XIII do art. 37 e no § 1º do art. 169 da Constituição Federal;
- ao limite legal de comprometimento aplicado às despesas com pessoal inativo;

---

[7]  Para os efeitos da LRF, entende-se como despesa total com pessoal: o somatório dos gastos do ente da Federação com os ativos, os inativos e os pensionistas, os gastos relativos a mandatos eletivos, cargos, funções ou empregos, civis, militares e de membros de Poder com quaisquer espécies remuneratórias, como: vencimentos e vantagens, fixas e variáveis, subsídios, proventos da aposentadoria, reformas e pensões, inclusive adicionais, gratificações, horas extras e vantagens pessoais de qualquer natureza, bem como encargos sociais e contribuições recolhidas pelo ente às entidades de previdência.

[8]  Nos estados em que houver Tribunal de Contas dos Municípios, os percentuais definidos nas alíneas *a* e *c* serão, respectivamente, acrescidos e reduzidos em 0,4%.

- ao prazo de 180 dias anteriores ao final do mandato do titular do respectivo Poder ou órgão.

Outro aspecto é que, se a **despesa total com pessoal exceder 95% do limite**, são vedados ao Poder ou ao órgão que houver incorrido no excesso:

- concessão de vantagem, aumento, reajuste ou adequação de remuneração a qualquer título, salvo os derivados de sentença judicial ou de determinação legal ou contratual, ressalvada a revisão prevista no inciso X do art. 37 da Constituição Federal;
- criação de cargo, emprego ou função;
- alteração de estrutura de carreira que implique aumento de despesa;
- provimento de cargo público, admissão ou contratação de pessoal a qualquer título, *ressalvada a reposição decorrente de aposentadoria ou falecimento de servidores das áreas de educação, saúde e segurança*;
- contratação de hora extra, salvo no caso do disposto no inciso II, § 6º, do art. 57 da Constituição Federal, e as situações previstas na LDO.

Quanto às **transferências voluntárias**,[9] que não podem ser utilizadas com finalidade diversa da pactuada, a LRF exige:

- existência de dotação específica;
- observância do disposto no inciso X do art. 167 da Constituição Federal;[10]
- comprovação, por parte do beneficiário, de:
  - **a)** que se acha em dia quanto ao pagamento de tributos, empréstimos e financiamentos devidos ao ente transferidor, bem como quanto à prestação de contas de recursos anteriormente dele recebidos;
  - **b)** cumprimento dos limites constitucionais relativos à educação e à saúde;
  - **c)** observância dos limites da dívida consolidada e mobiliária, de operações de crédito, inclusive por antecipação de receita, de inscrição em restos a pagar e de despesa total com pessoal;
  - **d)** previsão orçamentária de contrapartida.

---

[9] Para efeito da LRF, entende-se por transferência voluntária a entrega de recursos correntes ou de capital a outro ente da Federação, a título de cooperação, auxílio ou assistência financeira, que não decorra de determinação constitucional, legal ou os destinados ao Sistema Único de Saúde (SUS).

[10] Art. 167, inciso X – a transferência voluntária de recursos e a concessão de empréstimos, inclusive por antecipação de receita, pelos Governos Federal e Estaduais e suas instituições financeiras, para pagamento de despesas com pessoal ativo, inativo e pensionista, dos Estados, do Distrito Federal e dos Municípios. (Incluído pela Emenda Constitucional n. 19, de 1998).

Por fim, a destinação de recursos para, direta ou indiretamente, **cobrir necessidades de pessoas físicas ou *deficits* de pessoas jurídicas**, deverá, segundo a LRF, ser autorizada por lei específica, atender às condições estabelecidas na LDO e estar prevista no orçamento ou em seus créditos adicionais.

## 5.5 ASPECTO CONTÁBIL DA FIXAÇÃO E DA EXECUÇÃO DA DESPESA PÚBLICA

### (a) Orçamento da despesa

**Fato contábil:** depois de aprovada a LOA, dá-se início ao exercício financeiro a partir de 1º de janeiro com os respectivos registros contábeis.

**Subsistema orçamentário**

Lançamento no Livro Diário:

| Cidade, 2 de janeiro 20xx. | | |
|---|---|---|
| D | 5.2.2.1.1.01.00 Dotação Inicial da Despesa – Fixada | 100.000,00 |
| C | 6.2.2.1.1.xx.xx Crédito Disponível Corrente | 70.000,00 |
| C | 6.2.2.1.1.xx.xx Crédito Disponível Capital | 30.000,00 |
| Histórico: registro da fixação de créditos orçamentários corrente e de capital pela aprovação da LOA a serem executados no exercício. | | |

#### PCASP

5.2.2.1.0.00.00 **Dotação Orçamentária.** Compreende o somatório dos valores monetários da dotação orçamentária inicial, adicional e seus cancelamentos.

5.2.2.1.1.00.00 **Dotação Inicial.** Compreende a dotação inicial autorizada na Lei Orçamentária Anual.

5.2.2.1.1.01.00 **Crédito Inicial.** Compreende os valores pertinentes aos créditos inicialmente aprovados para dar suporte à execução orçamentária.

6.2.2.1.0.00.00 **Disponibilidades de Crédito.** Compreende o somatório da disponibilidade de crédito orçamentário e suas alterações.

6.2.2.1.1.00.00 **Crédito Disponível.** Registra o valor da disponibilidade de crédito referente à dotação inicial e adicional aprovada no orçamento geral da União na LOA ou lei específica ou antecipada pela LDO.

Lançamento em razonete:

| 5.2.2.1.1 Dotação Inicial da Despesa – Fixada | 6.2.2.1.1 Crédito Disponível Corrente |
|---|---|
| (1) 100.000,00 | 70.000,00 (1) |

| 6.2.2.1.1 Crédito Disponível Capital |
| --- |
| 30.000,00 (1) |

É oportuno lembrar que as contas Orçamento da despesa e do Crédito disponível devem ser abertas por natureza, segundo a categoria econômica – corrente e capital, no mínimo discriminado por elemento de despesa.

**Subsistema patrimonial:** não há registro.

**Subsistema de controle:** não há registro.

## (b) Empenho da despesa orçamentária corrente – prestação de serviços

**Fato contábil:** após a emissão de nota de empenho pela autoridade competente, criando para o Estado obrigação de pagamento, pendente ou não de implemento de condição, executam-se os seguintes lançamentos contábeis.

**Subsistema orçamentário**

Lançamento no Livro Diário:

| Cidade, 28 de janeiro 20xx. | | |
| --- | --- | --- |
| D | 6.2.2.1.1.00.00 Crédito Disponível Corrente | 7.000,00 | |
| C | 6.2.2.1.3.01.00 Crédito Empenhado a Liquidar | | 7.000,00 |
| Histórico: empenho de crédito orçamentário corrente decorrente de serviço de manutenção de elevador, conforme contrato n. 03/20x0. | | |

PCASP

6.2.2.1.3.00.00 **Crédito Utilizado.** Compreende o somatório dos valores referentes aos créditos orçamentários empenhados.

6.2.2.1.3.01.00 **Crédito Empenhado A Liquidar.** Registra o valor da despesa empenhada a ser liquidada. Conta de natureza orçamentária que registra os valores referentes aos *créditos orçamentários empenhados.*

Lançamento em razonete:

| 6.2.2.1.1 Crédito Disponível Corrente | | 6.2.2.1.3 Crédito **Empenhado** a Liquidar – Corrente |
| --- | --- | --- |
| (2) 7.000,00 | 70.000,00 (1) | 7.000,00 (2) |

**Subsistema patrimonial:** não há registro.

**Subsistema de controle**

**Fato contábil:** registro do valor das disponibilidades de recursos comprometidas por ocasião do empenho, ainda não liquidadas.

Lançamento no Livro Diário:

| Cidade, 28 de janeiro 20xx. | | |
|---|---|---|
| D | 8.2.1.1.1.00.00 Disponibilidade por Destinação de Recursos **a Utilizar** | 7.000,00 |
| C | 8.2.1.1.2.00.00 DDR Comprometida por Empenho | 7.000,00 |
| Histórico: registro do valor das disponibilidades de recursos comprometidas por empenho de despesa, ainda não liquidadas. | | |

**PCASP**

8.2.1.1.1.00.00 **Disponibilidade por Destinação de Recursos**. Conta de controle que registra o valor das disponibilidades de *recursos a utilizar*.

8.2.1.1.2.00.00 **Disponibilidade por Destinação de Recursos Comprometida por Empenho**. Conta de controle que registra o valor das disponibilidades de recursos comprometidas por *ocasião do empenho de despesa*, mas não liquidadas.

Lançamento em razonete:

| 8.2.1.1.1 Disponibilidade por Destinação de Recursos – **a Utilizar** | |
|---|---|
| (2) 7.000,00 | xx.000,00 (si) |

(si) saldo inicial.

| 8.2.1.1.2 DDR Comprometida por **Empenho** | |
|---|---|
| | 7.000,00 (2) |

(c) **Liquidação da despesa orçamentária corrente – prestação de serviços**

**Fato contábil:** depois de verificado pela administração o cumprimento do contrato, ajuste ou acordo respectivo; a regularidade da nota de empenho e os comprovantes da entrega do material ou da prestação do serviço pelo contratado.

**Subsistema orçamentário**

Lançamento no Livro Diário:

| Cidade, 29 de janeiro 20xx. | | |
|---|---|---|
| D | 6.2.2.1.3.01.00 Crédito **Empenhado** a Liquidar – Corrente | 7.000,00 |
| C | 6.2.2.1.3.03.00 Crédito Empenhado **Liquidado a Pagar** | 7.000,00 |
| Histórico: liquidação de crédito orçamentário corrente, referente ao serviço de manutenção de elevador, pela comprovação do serviço prestado, contrato n. 03/20x0, nota fiscal eletrônica n. 134.252. | | |

**PCASP**

6.2.2.1.3.03.00 **Crédito Empenhado Liquidado a Pagar**. Conta de natureza orçamentária que registra o valor da apropriação das despesas empenhadas com a verificação de sua regularidade por constituição do direito do credor.

## Lançamento em razonete:

| 6.2.2.1.3.01 Crédito **Empenhado** a Liquidar – Corrente | | 6.2.2.1.3.03 Crédito Empenhado **Liquidado a Pagar** – Corrente |
|---|---|---|
| (3) 7.000,00 | 7.000,00 (2) | 7.000,00 (3) |

## Subsistema patrimonial

Recebimento da nota fiscal de serviços e liquidação. Considerando o caso em que a liquidação da despesa orçamentária coincida com o fato gerador da despesa.

## Lançamento no Livro Diário:

| Cidade, 29 de janeiro 20xx. | | |
|---|---|---|
| D | 3.3.2.3.0.00.00 Variação Patrimonial Diminutiva – Serviços | 7.000,00 | |
| C | 2.1.3.0.0.00.00 Fornecedores e Contas a Pagar a Curto Prazo (F) | | 7.000,00 |
| Histórico: reconhecimento de variação patrimonial diminutiva em contrapartida da obrigação a pagar provenientes da prestação de serviços por pessoa jurídica à entidade governamental. | | |

**PCASP**

3.3.2.3.0.00.00 **Serviços de Terceiros – PJ**. Compreende as variações patrimoniais diminutivas provenientes da prestação de serviços por pessoa jurídica fornecida à entidade governamental. Na classificação da despesa de material por encomenda, a variação patrimonial diminutiva só deverá ser classificada com serviços de terceiros se o próprio órgão ou entidade fornecer a matéria-prima. Conta de resultado que registra as variações patrimoniais diminutivas provenientes da *prestação de serviços ou do fornecimento de bens por pessoa jurídica* à entidade governamental. Na classificação da despesa de material por encomenda, a variação patrimonial diminutiva só deverá ser classificada com serviços de terceiros se o próprio órgão ou entidade fornecer a matéria-prima.

2.1.3.0.0.00.00 **Fornecedores e Contas a Pagar a Curto Prazo**. Conta de natureza patrimonial que registra as obrigações junto a fornecedores de matérias-primas, mercadorias e outros materiais utilizados nas atividades operacionais da entidade, bem como as obrigações decorrentes do fornecimento de utilidades e da prestação de serviços, como energia elétrica, água, telefone, propaganda, aluguéis e todas as outras contas a pagar, inclusive os precatórios decorrentes dessas obrigações, *com vencimento no curto prazo*.

Lançamento em razonete:

| 3.3.2.3 Variação Patrimonial Diminutiva – Serviços Terceiros – PJ | 2.1.3.0 Fornecedores e Contas a Pagar a Curto Prazo (F) |
|---|---|
| (3) 7.000,00 | 7.000,00 (3) |

## Subsistema de controle

**Fato contábil:** disponibilidades de recursos comprometidas pelo reconhecimento da obrigação a pagar no passivo financeiro.

Lançamento no Livro Diário:

| Cidade, 29 de janeiro 20xx. | | |
|---|---|---|
| D | 8.2.1.1.2.00.00 DDR Comprometida por **Empenho** | 7.000,00 | |
| C | 8.2.1.1.3.00.00 DDR Comprometida por **Liquidação** | | 7.000,00 |
| Histórico: registro do valor das disponibilidades de recursos comprometidas por ocasião da liquidação, ainda não paga. | | |

> **PCASP**
>
> 8.2.1.1.2.00.00 **DDR Comprometida por Empenho**. Conta de controle que registra o valor das disponibilidades de recursos comprometidas por *ocasião do empenho de despesa*.
>
> 8.2.1.1.3.00.00 **DDR Comprometida por Liquidação**. Conta de controle que registra o valor das disponibilidades de recursos comprometidas *por ocasião da liquidação* e de entradas compensatórias e não pagas/não devolvidas.

Lançamento em razonete:

| 8.2.1.1.2 DDR Comprometida **por Empenho** | | 8.2.1.1.3 DDR Comprometida **por Liquidação** | |
|---|---|---|---|
| (3) 7.000,00 | 7.000,00 (2) | | 7.000,00 (3) |

## (d) Pagamento da despesa orçamentária corrente – prestação de serviços

**Fato contábil:** depois de verificada a regular liquidação da despesa e a disponibilidade financeira em conta bancária da unidade, executa-se o pagamento.

## Subsistema orçamentário

Lançamento no Livro Diário:

| Cidade, 30 de janeiro 20xx. | | |
|---|---|---|
| D | 6.2.2.1.3.03.00 Crédito Empenhado Liquidado **a Pagar** | 7.000,00 |
| C | 6.2.2.1.3.04.00 Crédito Empenhado Liquidado **Pago** – Corrente | 7.000,00 |
| Histórico: liquidação de crédito orçamentário corrente, referente ao serviço de manutenção de elevador, pela comprovação do serviço prestado, contrato n. 03/20x0, nota fiscal eletrônica n. 134.252. | | |

### PCASP

6.2.2.1.3.04.00 **Crédito Empenhado Liquidado Pago**. Conta de natureza orçamentária que registra o valor das despesas empenhadas liquidadas *pago*.

Lançamento em razonete:

| 6.2.2.1.3.03 Crédito Emp. Liquidado **a Pagar** – Corrente | |
|---|---|
| (4) 7.000,00 | 7.000,00 (3) |

| 6.2.2.1.3.04 Crédito Empenhado Liquidado **Pago** – Corrente | |
|---|---|
| | 7.000,00 (4) |

## Subsistema patrimonial

Lançamento no Livro Diário:

| Cidade, 30 de janeiro 20xx. | | |
|---|---|---|
| D | 2.1.3.0.0.0.00.00 Fornecedores e contas a pagar a curto prazo (F) | 7.000,00 |
| C | 1.1.1.1.0.00.00 Caixa e equivalentes de caixa em moeda nacional (F) | 7.000,00 |
| Histórico: pagamento da obrigação a pagar provenientes da prestação de serviços por pessoa jurídica à entidade governamental devidamente liquidada. | | |

### PCASP

1.1.1.1.0.00.00 **Caixa e equivalentes de caixa em moeda nacional**. Conta de natureza patrimonial que registra os valores em caixa e em bancos, bem como equivalentes, que representam recursos com livre movimentação para aplicação nas operações da entidade e para os quais não haja restrições para uso imediato. Compreende os saldos que não serão excluídos nos demonstrativos consolidados do OFSS.

Lançamento em razonete:

| 2.1.3.0 Fornecedores e Contas a pagar a curto prazo (F) | |
|---|---|
| (4) 7.000,00 | 7.000,00 (3) |

| 1.1.1.1 Caixa e Equivalentes de caixa em moeda nacional (F) | |
|---|---|
| (si) XX.000,00 | 7.000,00 (4) |

(si) saldo inicial

## Subsistema de controle

**Fato contábil:** registro do valor das disponibilidades de recursos utilizadas por ocasião do pagamento.

Lançamento no Livro Diário:

| Cidade, 30 de janeiro 20xx. | | |
|---|---|---|
| D | 8.2.1.1.3.00.00 DDR Comprometida por Liquidação | 7.000,00 |
| C | 8.2.1.1.4.00.00 Disponibilidade por Destinação de Recurso **Utilizada** | 7.000,00 |
| Histórico: registro do valor das disponibilidades de recursos utilizadas por ocasião do pagamento. | | |

### PCASP

**8.2.1.1.3.00.00 Disponibilidade por Destinação de Recursos Comprometida por Liquidação e Entradas Compensatórias.** Conta de controle que registra o valor das disponibilidades de recursos comprometidas *por ocasião da liquidação* e de entradas compensatórias e não pagas/não devolvidas.

**8.2.1.1.4.00.00 Disponibilidade por Destinação de Recursos Utilizada.** Registra o valor dos recursos utilizados por meio de pagamento de despesa orçamentária, depósitos e/ou outros. Conta de controle que registra o valor das disponibilidades de *recursos utilizadas por meio de pagamento* de despesa orçamentária, restituição de depósitos, caução e/ou outros.

Lançamento em razonete:

| 8.2.1.1.3 DDR Comprometida **por Liquidação** | | 8.2.1.1.4 DDR **Utilizada** | |
|---|---|---|---|
| (4) 7.000,00 | 7.000,00 (3) | | 7.000,00 (4) |

---

## SINOPSE

1. A despesa pública é definida em duas acepções: a financeira e a econômica. A primeira é a aplicação de recursos voltada ao custeio ou à manutenção da máquina pública, bem como para gastos de capital (investimentos públicos); a segunda compreende os gastos ou a promessa de gastos de recursos para possibilitar a realização de serviços que visem atender ao interesse público.

2. A despesa pública também é definida como o gasto ou o compromisso de gasto dos recursos governamentais, devidamente autorizados pelo poder competente, com o objetivo de atender às necessidades de interesse coletivo, previstas na Lei do Orçamento, representando desembolso efetuado pelo Estado, ou mesmo a promessa desse pagamento, em face de serviço prestado ou bem consumido.

3. A Lei n. 4.320, de 1964, classifica as despesas públicas em orçamentárias e extraorçamentárias. As primeiras são as que, para serem realizadas, dependem de autorização legislativa e que não podem se efetivar sem crédito orçamentário correspondente. As segundas são pagas à margem do orçamento e independem de autorização do Poder Legislativo, pois constituem reduções do passivo financeiro ou compensatórias de entradas no ativo financeiro.

4. A despesa pública, assim como a receita, classifica-se, segundo a Lei n. 4.320, de 1964, em despesa corrente e despesa de capital. As despesas correntes são aquelas de natureza operacional realizadas para a manutenção dos equipamentos e para o funcionamento dos órgãos governamentais; as de capital são os gastos realizados pela administração pública com a finalidade de criar novos bens de capital, ou mesmo adquirir bens já em uso, como é o caso, respectivamente, dos investimentos e das inversões financeiras, e que constituirão incorporações ao patrimônio público de forma efetiva ou por meio de mutação patrimonial.

5. Os estágios da despesa pública são: programação, licitação, empenho, liquidação e pagamento, apesar de a lei apenas mencionar a partir do empenho.

6. Nos ditames da LRF, serão consideradas não autorizadas, irregulares e lesivas ao patrimônio público a geração de despesa ou a assunção de obrigação que não atendam às seguintes regras:

   a) a criação, a expansão ou o aperfeiçoamento de ação governamental que acarrete aumento da despesa será acompanhada de:

      • estimativa do impacto orçamentário-financeiro no exercício em que deva entrar em vigor e nos dois subsequentes;

      • declaração do ordenador da despesa de que o aumento tem adequação orçamentária e financeira com a Lei Orçamentária Anual e compatibilidade com o Plano Plurianual e com a LDO;

   b) os atos que criarem ou aumentarem despesa obrigatória de caráter continuado – despesa corrente derivada de lei, medida provisória ou ato administrativo normativo que fixem para o ente a obrigação legal de sua execução por período superior a dois exercícios – deverão ser instruídos com a estimativa do impacto orçamentário-financeiro no exercício em que deva entrar em vigor e nos dois subsequentes, e demonstrar a origem dos recursos para seu custeio, não se aplicando essa regra, contudo, às despesas destinadas ao serviço da dívida nem ao reajustamento de remuneração de pessoal de que trata o inciso X do art. 37 da Constituição Federal.

7. Nas transferências voluntárias, que não podem ser utilizadas em finalidade diversa da pactuada, a LRF exige:

   • existência de dotação específica;

   • observância do disposto no inciso X do art. 167 da Constituição Federal;

   • comprovação, por parte do beneficiário, de:

- que se acha em dia quanto ao pagamento de tributos, empréstimos e financiamentos devidos ao ente transferidor, bem como quanto à prestação de contas de recursos recebidos deles anteriormente;
- cumprimento dos limites constitucionais relativos à educação e à saúde;
- observância dos limites da dívida consolidada e mobiliária, de operações de crédito, inclusive por antecipação de receita, de inscrição em restos a pagar e de despesa total com pessoal;
- previsão orçamentária de contrapartida.

8. A destinação de recursos para, direta ou indiretamente, cobrir necessidades de pessoas físicas ou *deficits* de pessoas jurídicas deverá, segundo a LRF, ser autorizada por lei específica, atender às condições estabelecidas na LDO e estar prevista no orçamento ou em seus créditos adicionais.

# CAPÍTULO 6

# Classificação orçamentária

▶ Apresentar e conceituar as principais classificações orçamentárias.

▶ Demonstrar a utilização do orçamento como instrumento para planejar as ações do Estado.

▶ Analisar e compreender a estruturação e a codificação com que se elabora e estrutura o orçamento público.

## 6.1 CONCEITO

A **classificação orçamentária** representa o conjunto de procedimentos técnicos e normativos com o objetivo de organizar o orçamento, obedecendo a regras e critérios definidos de padronização, a fim de permitir a compreensão geral das funções desse instrumento de planejamento, propiciando informações adequadas para a tomada de decisões pela administração pública. Objetiva, de modo geral, tornar mais fácil o processo de compreensão dos detalhamentos do orçamento e de sua gestão e seu controle.

Essas classificações são adotadas tanto para facilitar como para padronizar as informações do orçamento que se deseja obter. Por meio delas, pode-se, por exemplo, visualizar o orçamento de diversas formas: por Poder, função ou subfunção de governo, programa ou ainda por categoria econômica.[1]

No Brasil, temos os seguintes modelos de classificação orçamentária:

- **institucional**: demonstra a distribuição dos recursos orçamentários pelos órgãos e pelas unidades responsáveis pela execução do orçamento;
- **funcional**: representa o agrupamento das ações do governo em grandes áreas de sua atuação, para fins de planejamento, programação e orçamento;
- **da receita**: dividida por categorias econômicas e por grupo de fontes;
- **da despesa**: dividida por categorias econômicas e por natureza.

## 6.2 CLASSIFICAÇÃO INSTITUCIONAL

A **classificação institucional** do orçamento apresenta a distribuição dos recursos públicos pelos órgãos responsáveis por sua gerência e aplicação. Essa classificação estrutura o orçamento em dois níveis hierárquicos: órgão orçamentário e unidade orçamentária. Os **órgãos orçamentários** representam os órgãos centrais de gestão dos três Poderes (como ministérios e secretarias dos estados). É qualquer uma das grandes entidades que compõem a estrutura governamental e correspondem ao agrupamento de unidades orçamentárias. As dotações são consignadas às unidades orçamentárias, responsáveis pela efetiva realização das ações.

A **unidade orçamentária** representa a segmentação do órgão central, com atribuições equivalentes. Conforme a Lei n. 4.320, de 1964, em seu art. 14, constitui unidade orçamentária o agrupamento de serviços subordinados ao mesmo órgão

---

[1] Ver a página Planejamento, Desenvolvimento e Gestão do Ministério da Economia. Disponível em: http:// www.planejamento. gov.br.; e a página da Secretaria do Tesouro Nacional. Disponível em: http:// www.tesouro.fazenda.gov.br. Acessos em: 2 set. 2019.

ou repartição a que serão consignadas dotações próprias. Corresponde em geral às unidades administrativas responsáveis pela efetiva execução da despesa, investida do poder de gerir recursos orçamentários e financeiros. Há casos em que uma unidade orçamentária pode não corresponder a uma estrutura administrativa, como nos estados que tem Encargos gerais do estado, Transferência a municípios, Reserva de contingência. Ela representa qual órgão vai realizar o gasto público. Na União, temos como exemplos Transferências a estados, Distrito Federal e municípios, Encargos financeiros da União, Operações oficiais de crédito, Refinanciamento da dívida pública mobiliária federal.

O código da classificação institucional compõe-se de cinco algarismos; os dois primeiros destinam-se a identificar o órgão orçamentário central e os três últimos, a unidade orçamentária. Como exemplo, temos nos estados: 13.002, sendo 13, Secretaria da Fazenda, e 002, Diretoria-Geral da Secretaria da Fazenda; e, na União: 30.107, sendo 30, Ministério da Justiça, e 107, Departamento de Polícia Rodoviária Federal.

Consoante o glossário[2] elaborado pela STN, temos os seguintes conceitos relevantes:

- **Unidade administrativa**: segmento da administração direta ao qual a Lei Orçamentária Anual não consigna recursos e que depende de destaques ou provisões para executar seus programas de trabalho.
- **Unidade gestora**: unidade orçamentária ou administrativa investida do poder de gerir recursos orçamentários e financeiros, próprios ou sob descentralização.
- **Descentralização de crédito**: transferência de uma unidade orçamentária ou administrativa para outra, do poder de utilizar créditos orçamentários ou adicionais que estejam sob a sua supervisão, ou lhe tenham sido dotados ou transferidos. São operações descentralizadoras de crédito: o destaque e a provisão.
- **Destaque de crédito**: operação descentralizadora de crédito orçamentário em que um ministério ou órgão transfere para outro ministério ou órgão o poder de utilização dos recursos que lhe foram dotados.
- **Provisão**: operação descentralizadora de crédito orçamentário, em que a unidade orçamentária de origem possibilita a realização de seus programas de trabalho por parte de unidade administrativa diretamente subordinada, ou por outras unidades orçamentárias ou administrativas não subordinadas, dentro de um mesmo ministério ou órgão.
- **Repasse**: importância (no sistema financeiro) que a unidade orçamentária transfere a outro ministério ou órgão, estando associado ao destaque orçamentário.

---

2   Disponível em: http://www.tesouro.fazenda.gov.br. Acesso em: 2 set. 2019.

- **Sub-Repasse:** importância (no sistema financeiro) que a unidade orçamentária transfere para outra unidade orçamentária ou administrativa do mesmo ministério ou órgão cuja figura está ligada à provisão.
- **Transferência:** conforme art. 12 da Lei n. 4.320, de 1964, corresponde à entrega de recursos financeiros a outro ente da Federação, a consórcios públicos ou a entidades privadas, com e sem fins lucrativos, que não corresponda à contraprestação direta em bens ou serviços ao transferidor. Os bens ou serviços gerados ou adquiridos com a aplicação desses recursos pertencem ou se incorporam ao patrimônio do ente ou da entidade recebedora.
- **Delegação:** entrega de recursos financeiros a outro ente da Federação ou a consórcio público para execução de ações de responsabilidade ou competência do ente delegante. Deve observar a legislação própria e as designações da LDO do delegante, considerando-se que o recebedor executa ações em nome do transferidor. Os bens adquiridos ou os serviços gerados com a aplicação desses recursos pertencem ou se incorporam ao patrimônio do delegante/transferidor.

## 6.3 CLASSIFICAÇÃO FUNCIONAL

### 6.3.1 Introdução

Como já discutimos, o orçamento-programa é o principal instrumento legal de planejamento da administração pública, por meio do qual o Estado define seu plano de governo para um exercício financeiro em perfeita vinculação com suas funções constitucionais, estimando as receitas e planejando as aplicações com prévia fixação das despesas.

Nesse instrumento, são detalhadas em primeiro nível todas as funções precípuas do Estado, como educação, segurança, saúde, saneamento, justiça.

Essas funções são subdivididas em subfunções que, por sua vez, são subdetalhadas por meio dos programas de governo – daí o nome orçamento-programa.

### 6.3.2 A antiga classificação funcional-programática

O inciso I, § 1º, do art. 2º da Lei n. 4.320, de 1964, estabelece que integrará a Lei de Orçamento o sumário geral da despesa pública por funções de governo. Portanto, como se depreende desse normativo, os gastos públicos devem ser fixados, obedecendo a uma classificação que evidencie as realizações do setor governamental por suas grandes áreas de atuação, apresentando, em suma, o que o governo realiza e não o que ele compra ou gasta. Esta é a premissa básica da classificação funcional prevista na Lei n. 4.320, de 1964.

Em 28 de janeiro de 1974, pela Portaria n. 09,[3] do então Ministro de Estado do Planejamento e Coordenação-Geral, foi atualizada a discriminação da despesa por funções estabelecidas no inciso I, § 1º, do art. 2º da Lei n. 4.320, de 1964, diante da necessidade de estabelecer um esquema de classificação que fornecesse informações mais amplas sobre as programações de governo, inclusive para implementação do processo integrado de planejamento e orçamento, bem como de uniformizar a terminologia do governo da União, dos estados, do Distrito Federal e dos municípios. A citada Portaria n. 09, que foi por diversas vezes modificada, atualizou as funções e padronizou os programas e os subprogramas nas três esferas de governo, numa tentativa de implantar efetivamente o orçamento-programa no Brasil, instituindo uma classificação por programas de trabalho ou por objetivos. Surgiu então a classificação funcional-programática.

Essa classificação representava, portanto, o conjunto de procedimentos técnicos com o objetivo de organizar a despesa pública, obedecendo a regras e critérios normatizados de padronização, a fim de permitir a visualização das funções de governo por programas. Ela permite vincular as dotações orçamentárias aos objetivos estatais, que são viabilizados pelos programas de governo, e estes por subprogramas, conforme demonstrado na **Figura 6.1**.

**FIGURA 6.1** Antiga classificação funcional-programática

A **classificação funcional-programática** objetiva a sistematização do programa de realizações do setor público, feita a partir de suas grandes áreas de atuação. Desse modo, podem ser obtidas informações qualificadas sobre a ação do setor

3  Revogada pela Portaria n. 117, de 12 de novembro de 1998 – Ministério do Planejamento e Orçamento da União. Disponível em: http://www.orcamentofederal.gov.br/orcamentos-anuais/orcamento-1998/Portaria_Ministerial_117_121198.pdf. Acesso em: 2 set. 2019.

público, que são disponibilizadas em uma linguagem adequada tanto ao planejamento como ao orçamento.[4]

Essa classificação funcional-programática trouxe um novo enfoque à área e, sobretudo, um grande avanço quanto à técnica de apresentação orçamentária. Entre os benefícios proporcionados, destaca-se o fato de ela ter possibilitado que as dotações orçamentárias pudessem ser vinculadas aos objetivos de governo e estes, por sua vez, viabilizados pelos programas de governo. Assim, aflorou uma nova mentalidade, diferente da anterior, com base no "que o governo comprava", que passa a enfatizar o "que o governo faz".[5]

Ela representa, em resumo, a ação que será realizada. Contudo, essa sistemática, muito enfatizada em sua implantação, não atingiu seu objetivo fundamental, pois transformou-se em uma "mera classificação de despesa", sem efetiva preocupação com a natureza da transação registrada, perdendo sua eficácia gerencial e dificultando a prática efetiva do orçamento-programa.

## 6.3.3  A nova classificação funcional

O então Ministério do Orçamento e Gestão, por meio da Portaria n. 42, de 14 de abril de 1999, procedeu à atualização da classificação funcional programática, objetivando estimular a adoção, em todas as esferas de governo, do uso do gerenciamento por programas, na forma preconizada pelo Decreto Federal n. 2.829,[6] de 29 de outubro de 1998. Objetivou, também, facilitar a compreensão dos gastos públicos, tornar mais prática a classificação desses gastos, dar maior transparência ao orçamento-programa, permitir maior interligação das ações entre o Plano Plurianual de investimentos e os orçamentos anuais, e enfatizar a função de planejamento do orçamento,[7] bem como ajustar a estrutura do orçamento-programa à necessidade de modernização da administração pública.

Ela é composta de um rol de funções e subfunções prefixadas, que servem como agregador dos gastos públicos por área de ação governamental nos três Poderes e nas três esferas de governo. Trata-se de classificação de aplicação comum e obrigatória, no âmbito da União, dos estados, do Distrito Federal e dos municípios, o que permite a consolidação nacional dos gastos do setor público.

---

[4]  SANCHES, 1997, p. 48.

[5]  Modificação realizada pela Portaria n. 42, de 14 de abril de 1999.

[6]  O art. 1º deste decreto estabelece que, para a elaboração e a execução do Plano Plurianual (PPA) e dos orçamentos da União, a partir do exercício financeiro do ano 2000, toda ação finalística do governo federal deverá ser estruturada em programas orientados para a consecução dos objetivos estratégicos definidos para o período do plano. Ainda segundo esse Decreto, os programas previstos no PPA, que terão seus resultados avaliados anualmente, serão estabelecidos em atos próprios da União, dos estados, do Distrito Federal e dos municípios, e deverão conter, obrigatoriamente: objetivo; órgão responsável; valor global; prazo de conclusão; fonte de financiamento; indicador que quantifique a situação que o programa tenha por fim modificar; **metas** correspondentes aos bens e serviços necessários para atingir o objetivo; ações não integrantes do Orçamento Geral da União necessárias à consecução do objetivo e à regionalização das metas por Estado.

[7]  As outras funções são controle e gerência.

Essa nova classificação abrange as funções, representando o maior nível de agrupamento das ações do governo. Divide-se em programas, pelos quais se estabelecem objetivos finais, que contribuem para a solução dos problemas e das grandes questões sociais. Eles desdobram-se, para uma melhor especificação dos produtos finais a serem obtidos, em projetos, atividades e operações especiais. A União, os estados, o Distrito Federal e os municípios, em suas leis orçamentárias e seus balanços, deverão apresentar as ações de governo identificadas nos seguintes termos: funções, subfunções, programas, projetos, atividades e operações especiais. Dessa forma, a Portaria n. 42, de 1999, apenas padronizou, em seu anexo único, as funções e as subfunções de governo, conforme demonstra a **Figura 6.2**.

**FIGURA 6.2** Nova classificação funcional-programática

Logo, os programas deixaram de ser padronizados e os subprogramas foram extintos, cabendo a cada esfera de governo estabelecer sua estrutura. Isso quer dizer que retornamos à classificação funcional, contudo, com uma nova visão gerencial. Portanto, cada esfera de governo deverá adotar uma disposição própria de programas, devidamente concatenados com a solução dos problemas e das demandas sociais de cada região, e descritos no Plano Plurianual.

Os conceitos apresentados pela Portaria n. 42 estão dispostos a seguir.

A **função** representa, do ponto de vista administrativo-programático, o maior nível de agregação das diversas áreas de despesa que competem ao setor público executar. Corresponde, acima de tudo, aos objetivos fundamentais do Estado com vistas ao desenvolvimento socioeconômico equilibrado do país.

De acordo com a nova Portaria, as funções a que se referem o art. $2^{\circ}$, inciso I, da Lei n. 4.320, de 1964 – discriminadas no seu Anexo 5 –, passam a ser as 28 que estão relacionadas no **Quadro 6.1**, comparativamente com as 16 funções previstas pela revogada Portaria n. 09, de 1974.

| QUADRO 6.1 Quadro comparativo: nova e antiga classificação das funções ||
| Funções ||
| Portaria n. 42, de 1999 | Portaria n. 09, de 1974 |
| --- | --- |
| 01 Legislativa | 01 Legislativa |
| 02 Judiciária | 02 Judiciária |
| 03 Essencial à justiça | 03 Administração e planejamento |
| 04 Administração | 04 Agricultura |
| 05 Defesa nacional | 05 Comunicações |
| 06 Segurança pública | 06 Defesa nacional e segurança pública |
| 07 Relações exteriores | 07 Desenvolvimento regional |
| 08 Assistência social | 08 Educação e cultura |
| 09 Previdência social | 09 Energia e recursos minerais |
| 10 Saúde | 10 Habitação e urbanismo |
| 11 Trabalho | 11 Indústria, comércio e serviços |
| 12 Educação | 12 Relações exteriores |
| 13 Cultura | 13 Saúde e saneamento |
| 14 Direitos da cidadania | 14 Trabalho |
| 15 Urbanismo | 15 Assistência e previdência |
| 16 Habitação | 16 Transportes |
| 17 Saneamento | |
| 18 Gestão ambiental | |
| 19 Ciência e tecnologia | |
| 20 Agricultura | |
| 21 Organização agrária | |
| 22 Indústria | |
| 23 Comércio e serviços | |
| 24 Comunicações | |
| 25 Energia | |
| 26 Transportes | |
| 27 Desportos e lazer | |
| 28 Encargos especiais | |

As funções previstas no orçamento, com esse incremento quantitativo de 16 para 28, ficaram mais detalhadas e facilitaram o entendimento. Cada função não corresponde necessariamente às ações realizadas por determinado ministério, secretaria ou órgão, mas a um agregado de gastos relevantes da atuação governamental.

A função **Encargos especiais** corresponde às despesas que não podem ser associadas a um bem ou serviço a ser gerado no processo produtivo em curso, como dívidas, ressarcimentos, indenizações e afins, representando, portanto, uma agregação neutra, nos termos do § 2º do art. 1º da Portaria n. 42, de 1999.

A **subfunção** representa uma divisão da função, visando agregar determinado subconjunto de despesa do setor público, podendo ser combinada com funções diferentes daquelas a que esteja vinculada. A principal vantagem da adoção desse novo elemento, em nossa opinião, é a possibilidade de o Estado apresentar suas ações de forma mais clara, lógica e detalhada, permitindo a cada esfera do governo criar seus programas – que passam a ser o único módulo integrador do planejamento com o orçamento – de acordo com suas particularidades e suas necessidades. As subfunções podem ser combinadas com funções diferentes daquelas a que estejam vinculadas. São as funções e as subfunções que possibilitam, de forma confiável, a consolidação pelos órgãos responsáveis das despesas públicas em termos nacionais.

O **programa** compreende o instrumento de organização da ação governamental, visando à concretização dos objetivos pretendidos, e é mensurado por indicadores estabelecidos no Plano Plurianual. Em síntese, representa os objetivos que se pretende alcançar com as ações, que são classificadas em: projetos, atividades e operações especiais. São dois os tipos de programas previstos, a saber: finalísticos e de apoio às políticas públicas e às áreas especiais.[8]

O **projeto** representa um instrumento de programação para alcançar o objetivo de um programa, envolvendo um conjunto de operações limitadas no tempo, das quais resulta um produto que concorre para a expansão ou o aperfeiçoamento da ação de governo. Caracteriza-se, especificamente, pela criação de um novo elemento econômico na composição dos bens públicos.

A **atividade** corresponde a um instrumento de programação para alcançar o objetivo de um programa, envolvendo um conjunto de operações que se realizam de modo contínuo e permanente, das quais resulta um produto necessário à manutenção da ação de governo.

As **operações especiais**, outra inovação da Portaria n. 42, de 1999, representam uma categoria neutra em relação ao ciclo produtivo, agregadas, integralmente, na

---

[8] Programas finalísticos: dos quais resultam bens ou serviços ofertados diretamente à sociedade, cujos resultados sejam passíveis de mensuração; programas de apoio às políticas públicas e às áreas especiais: são programas voltados aos serviços típicos de Estado, ao planejamento, à formulação de políticas setoriais, à coordenação, à avaliação ou ao controle dos programas finalísticos, resultando em bens ou serviços ofertados ao próprio Estado, podendo ser composto inclusive de despesas de natureza tipicamente administrativas.

função Encargos especiais, e que englobam as despesas que não contribuem para a manutenção das ações de governo, das quais não resulta um produto e não gera contraprestação direta sob a forma de bens ou serviços.

A nova classificação pode ser representada graficamente da maneira mostrada na **Figura 6.3**.

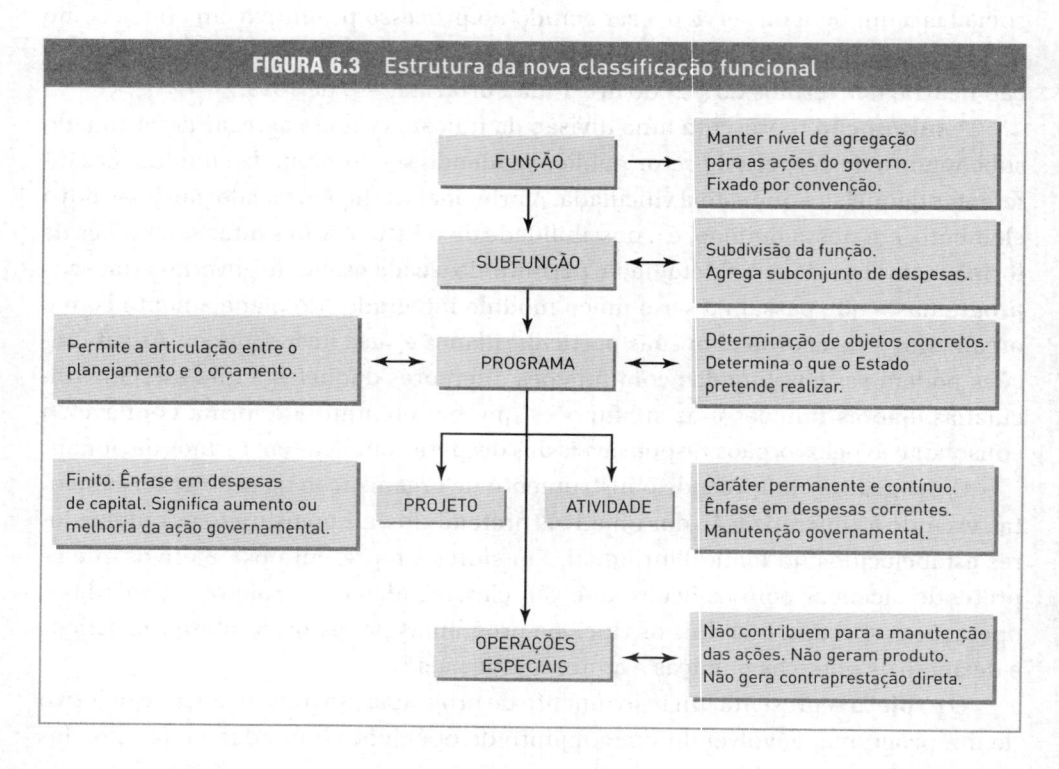

**FIGURA 6.3** Estrutura da nova classificação funcional

Pela Portaria sob comento, a codificação da classificação funcional passa a ser a seguinte:

**XX** – Função (dois dígitos);
**XXX** – Subfunção (três dígitos).

Os códigos das funções vão do n. 01 ao 28. Os das subfunções iniciam-se no n. 031 (Ação legislativa), da função 01 – Legislativa, variando de 30 em 30 por grupo de função, até chegar à subfunção 847 (Outros encargos especiais), na função 28 – Encargos especiais.

Os programas possuem quatro dígitos. Os projetos, as atividades e as operações especiais também possuem quatro dígitos, e o primeiro desses dígitos é o identificador da natureza, da seguinte forma: se ímpar, projeto (P); se par, atividade (A); e se zero, operações especiais (OE).

Dessa forma, a classificação funcional possui a seguinte codificação:

| FUNÇÃO | SUBFUNÇÃO | PROGRAMA | P/A/OE |
|--------|-----------|----------|--------|
| XX | XXX | XXXX | YXXX |

O **Quadro 6.2** apresenta as funções de governo e suas respectivas subfunções, na forma estabelecida pela Portaria n. 42, de 1999:

| QUADRO 6.2 Funções e subfunções do governo ||
|---|---|
| **Funções** | **Subfunções** |
| 01 Legislativa | 031 Ação legislativa<br>032 Controle externo |
| 02 Judiciária | 061 Ação judiciária<br>062 Defesa do interesse público no processo judiciário |
| 03 Essencial à justiça | 091 Defesa da ordem jurídica<br>092 Representação judicial e extrajudicial |
| 04 Administração | 121 Planejamento e orçamento<br>122 Administração geral<br>123 Administração financeira<br>124 Controle interno<br>125 Normalização e fiscalização<br>126 Tecnologia da informação<br>127 Ordenamento territorial<br>128 Formação de recursos humanos<br>129 Administração de receitas<br>130 Administração de concessões<br>131 Comunicação social |
| 05 Defesa nacional | 151 Defesa aérea<br>152 Defesa naval<br>153 Defesa terrestre |
| 06 Segurança pública | 181 Policiamento<br>182 Defesa civil<br>183 Informação e inteligência |
| 07 Relações exteriores | 211 Relações diplomáticas<br>212 Cooperação internacional |
| 08 Assistência social | 241 Assistência ao idoso<br>242 Assistência ao portador de deficiência<br>243 Assistência à criança e ao adolescente<br>244 Assistência comunitária |

| Funções | Subfunções |
|---------|------------|
| 09 Previdência social | 271 Previdência básica<br>272 Previdência do regime estatutário<br>273 Previdência complementar<br>274 Previdência especial |
| 10 Saúde | 301 Previdência básica<br>302 Assistência hospitalar e ambulatorial<br>303 Suporte profilático e terapêutico<br>304 Vigilância sanitária<br>305 Vigilância epidemiológica<br>306 Alimentação e nutrição |
| 11 Trabalho | 331 Proteção e benefícios ao trabalhador<br>332 Relações de trabalho<br>333 Empregabilidade<br>334 Fomento ao trabalho |
| 12 Educação | 361 Ensino fundamental<br>362 Ensino médio<br>363 Ensino profissional<br>364 Ensino superior<br>365 Educação infantil<br>366 Educação de jovens e adultos<br>367 Educação especial |
| 13 Cultura | 391 Patrimônio histórico, artístico e arqueológico<br>392 Difusão cultural |
| 14 Direitos da cidadania | 421 Custódia e reintegração social<br>422 Direitos individuais, coletivos e difusos<br>423 Assistência aos povos indígenas |
| 15 Urbanismo | 451 Infraestrutura urbana<br>452 Serviços urbanos<br>453 Transportes coletivos urbanos |
| 16 Habilitação | 481 Habilitação rural<br>482 Habilitação urbana |
| 17 Saneamento | 511 Saneamento básico rural<br>512 Saneamento básico urbano |
| 18 Gestão ambiental | 541 Preservação e conservação ambiental<br>542 Controle ambiental<br>543 Recuperação de áreas degradadas<br>544 Recursos hídricos<br>545 Meteorologia |
| 19 Ciência e tecnologia | 571 Desenvolvimento científico<br>572 Desenvolvimento tecnológico e engenharia<br>573 Difusão do conhecimento científico e tecnológico |

| Funções | Subfunções |
|---|---|
| 20 Agricultura | 601 Promoção da produção vegetal<br>602 Promoção da produção animal<br>603 Defesa sanitária vegetal<br>604 Defesa sanitária animal<br>605 Abastecimento<br>606 Extensão rural<br>607 Irrigação |
| 21 Organização agrária | 631 Reforma agrária<br>632 Colonização |
| 22 Indústria | 661 Promoção industrial<br>662 Produção industrial<br>663 Mineração<br>664 Propriedade industrial<br>665 Normalização e qualidades |
| 23 Comércio e serviços | 691 Promoção comercial<br>692 Comercialização<br>693 Comércio exterior<br>694 Serviços financeiros<br>695 Turismo |
| 24 Comunicações | 721 Comunicações postais<br>722 Telecomunicações |
| 25 Energia | 751 Conservação de energia<br>752 Energia elétrica<br>753 Petróleo<br>754 Álcool |
| 26 Transporte | 781 Transporte aéreo<br>782 Transporte rodoviário<br>783 Transporte ferroviário<br>784 Transporte hidroviário<br>785 Transporte especiais |
| 27 Desporto e lazer | 811 Desporto de rendimento<br>812 Desporto comunitário<br>813 Lazer |
| 28 Encargos especiais | 841 Refinanciamento da dívida interna<br>842 Refinanciamento da dívida externa<br>843 Serviço da dívida interna<br>844 Serviço da dívida externa<br>845 Transferências<br>846 Outros encargos especiais |

Como se pode constatar no quadro anterior, as **transferências constitucionais a estados e municípios** são classificadas como **encargos especiais**, quanto à subfunção, corrigindo uma imperfeição, pois eram classificadas como programação a cargo de estados e municípios, na função Desenvolvimento regional, que foi extinta.

Diante da relevância, os juros e as amortizações das dívidas interna e externa deveriam ser apresentados como subfunções específicas, e não agregadas na subfunção Serviços da dívida. Algumas funções foram desmembradas de forma correta, como saúde e saneamento; assistência e previdência; educação e cultura; indústria, comércio e serviços; e energia e recursos minerais, essa última substituída pela subfunção 663 – Mineração. Outra grande inovação foi a criação da função 18 – Gestão ambiental, incluindo as seguintes subfunções: preservação e conservação ambiental, controle ambiental, recuperação de áreas degradadas e recursos hídricos e meteorologia; e da função 21 – Organização Agrária –, abarcando as subfunções: reforma agrária e colonização, que deixam mais claras as ações dos governos nessas importantes áreas.

Não se pode deixar de enfatizar que a Portaria n. 42, de 1999, estabeleceu a autonomia dos estados, do Distrito Federal e dos municípios para definir, em suas áreas de competência a estrutura de programas, códigos e identificações, respeitando, contudo, as conceituações ditadas em seus artigos.

O **orçamento-programa**, em uma visão moderna, deve compreender a materialização do esforço da administração pública para atingir seus objetivos constitucionais, por meio da combinação de técnicas de planejamento, programação e orçamento, tornando-se peça essencial para a administração estratégica do Estado. É evidente que essa missão somente pode ser alcançada com uma classificação adequada, que contribua para transformar o orçamento-programa de um documento burocrático, robusto e complexo em um instrumento eficiente de gestão de fácil compreensão, delineando os aspectos mais peculiares da administração pública.

A nova classificação dá maior mobilidade de manejo à aplicação dos recursos públicos, pela combinação eficiente das áreas de atuação do Estado, flexibilizando a criação de programas de acordo com as necessidades de cada esfera governamental, transformando o orçamento-programa no principal instrumento de divulgação das ações a serem realizadas pela administração pública.

Não se pode afirmar se essa classificação por função e subfunção é a ideal. Contudo, toda ação que vise tornar o gasto público, orçado de forma programática, mais transparente, que promova a *accountability*, que integre o planejamento ao orçamento, que facilite a avaliação e o controle, deve ser louvada por todos aqueles que labutam com os aspectos orçamentários e contábeis da área governamental.

A **Figura 6.4** apresenta resumidamente a estrutura para as categorias programáticas.

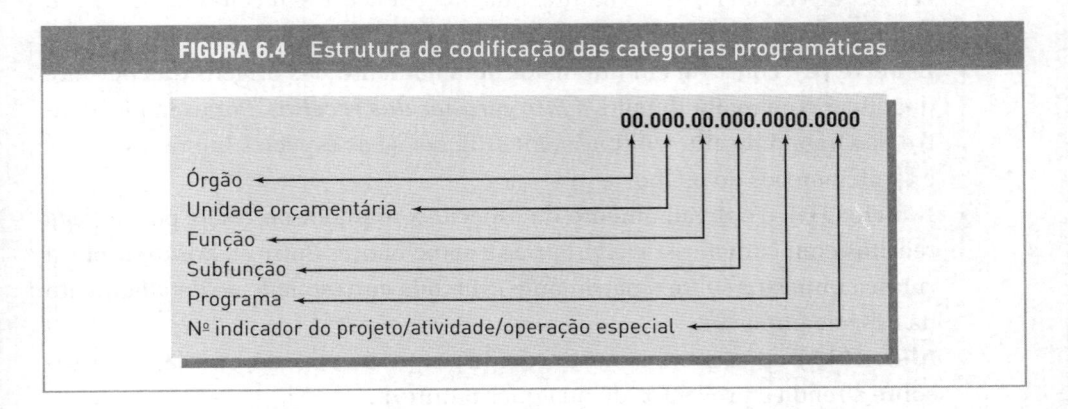

**FIGURA 6.4** Estrutura de codificação das categorias programáticas

00.000.00.000.0000.0000

Órgão
Unidade orçamentária
Função
Subfunção
Programa
Nº indicador do projeto/atividade/operação especial

## 6.4 CLASSIFICAÇÃO DAS RECEITAS PÚBLICAS

A **classificação das receitas públicas** também decorre da Lei n. 4.320, de 1964, que, ao dar ênfase ao critério econômico, adotou a seguinte dicotomia: operações correntes e de capital. Dessa forma, como vimos, o art. 11 da citada lei estabelece que a receita deve ser classificada nas seguintes categorias econômicas: Receitas correntes e Receitas de capital. O § 4º do mesmo art. 11 apresenta a discriminação das fontes de receitas distribuídas pelas duas categorias econômicas básicas, sendo a codificação e o detalhamento apresentados no Anexo n. 3, da referida lei, permanentemente atualizados por portarias do governo federal.

**Até o exercício de 2015**, a classificação das receitas compreendendo o detalhamento previsto na Lei n. 4.320, de 1964, composto de contas que expressem melhor as receitas e sua origem. Cada conta é composta de um **código de oito algarismos**, distribuídos em seis níveis de detalhamento; ou seja, esse código estabelece a hierarquia da classificação em seis níveis, a partir da categoria econômica até o menor nível de detalhe da receita, que é a subalínea, conforme segue.

| Categoria econômica | Origem | Espécie | Rubrica | Alínea | Subalínea |
|---|---|---|---|---|---|
| x | X | x | x | xx | xx |

Como se nota do nível de detalhamento apresentado, a classificação por natureza é a de *nível mais analítico da receita*; por isso, auxilia na elaboração de análises econômico-financeiras sobre a atuação estatal.

- **Categoria Econômica (CE)**: classifica as receitas orçamentárias em duas categorias em Receitas correntes e Receitas de capital, conforme §§ 1º e 2º do art. 11 da Lei n. 4.320, de 1964.

- **Origem (O):** representa o detalhamento da classificação econômica das receitas, que visa identificar a natureza da procedência das receitas no momento em que ingressam nos cofres públicos.
- **Espécie (E):** constitui em um maior detalhamento das origens que permite qualificar com maior detalhe *o fato gerador das receitas*. Por exemplo, dentro da Origem receita tributária, identificam-se as espécies Impostos, Taxas e Contribuições de melhoria.
- **Rubrica (R):** é o detalhamento da espécie com maior precisão, pois agrega receitas com características próprias e semelhantes entre si. Por exemplo, a rubrica Impostos sobre o patrimônio e a renda corresponde ao detalhamento da espécie Impostos.
- **Alínea (AA):** apresenta o nome da receita propriamente dita, ou seja, Impostos sobre a renda e proventos de qualquer natureza.
- **Subalínea (SS):** constitui o nível mais analítico da receita, quando há necessidade de se detalhar a alínea com maior especificidade. Por exemplo, a *subalínea* Pessoas físicas é o detalhamento da *alínea* Impostos sobre a renda e proventos de qualquer natureza.

Assim, no orçamento da União, para a receita de código "1112.04.10 – Impostos sobre a renda e proventos de qualquer natureza", temos o seguinte esquema a seguir:

| C | O | E | R | AA | SS |
|---|---|---|---|---|---|
| 1 | 1 | 1 | 2 | 04 | 10 |
| Receita corrente | Tributária | Impostos | Impostos sobre o patrimônio e a renda | Impostos sobre a renda e proventos de qualquer natureza | Pessoa física |
| "1112.04.10 – Impostos sobre a renda e proventos de qualquer natureza" | | | | | |

No âmbito dos estados, para a receita de código "1113.02.01 – ICMS do Estado" teríamos a seguinte codificação.

| C | O | E | R | AA | SS |
|---|---|---|---|---|---|
| 1 | 1 | 1 | 3 | 02 | 01 |
| Receita corrente | Tributária | Impostos | Imposto sobre a produção e a circulação | ICMS | ICMS estado |
| "1113.02.01 – ICMS do Estado" | | | | | |

Para melhor ilustrar, esse exemplo também é mostrado na **Figura 6.5**.

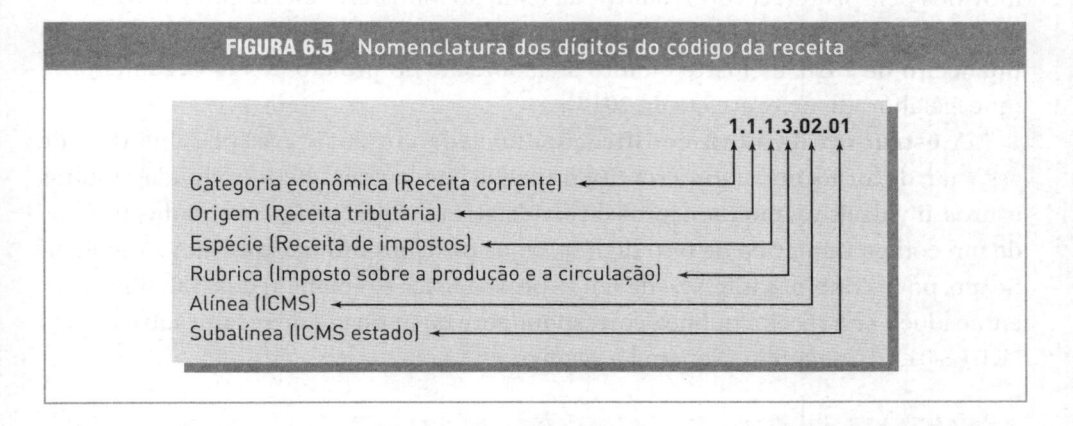

**FIGURA 6.5** Nomenclatura dos dígitos do código da receita

## 6.4.1 Nova classificação da receita pública

Como já comentado anteriormente, o § 1º do art. 8º da Lei n. 4.320, de 1964, define que os itens da discriminação da receita, mencionados no art. 11 dessa lei, serão identificados por números de código decimal. Convencionou-se denominar esse código de natureza de receita.

Em âmbito federal, a codificação da classificação por natureza da receita é normatizada por meio de Portarias da SOF. Já para os estados e os municípios, é feita por meio de Portaria Interministerial da SOF e da STN.

Importante destacar que essa classificação é utilizada por todos os entes da Federação e visa identificar a origem do recurso segundo o fato gerador: acontecimento real que ocasionou o ingresso da receita nos cofres públicos.

Assim, a **natureza de receita** é a menor célula de informação no contexto orçamentário para as receitas públicas; por isso, contém todas as informações necessárias para as devidas alocações orçamentárias.

Na União, a partir do exercício de 2016, incluindo a elaboração do orçamento, entrou em vigor a nova estrutura de codificação das naturezas de receita, com o objetivo de prover melhorias na estrutura de formação dos códigos da classificação, aplicando lógica integralmente voltada para a gestão das receitas orçamentárias.

A nova codificação estrutura os códigos de forma a proporcionar extração de informações imediatas, a fim de prover celeridade, simplicidade e transparência, sem a necessidade de qualquer procedimento paralelo para concatenar dados.

Essa alteração foi estabelecida pela Portaria Interministerial STN/SOF n. 05, de 25 de agosto de 2015,[9] que também determinou que os desdobramentos específicos para

---

[9] Alterou a Portaria Interministerial STN/SOF n. 163, de 4 de maio de 2001.

atendimento das peculiaridades de estados, Distrito Federal e municípios serão promovidos pela Secretaria do Tesouro Nacional do Ministério da Fazenda. Ressalta-se que, para os referidos entes, essa codificação passou a ser válida a partir do exercício financeiro de 2018, inclusive quanto à elaboração do projeto de Lei Orçamentária (que é elaborado no exercício de 2017).

A **estrutura da nova codificação**, iniciada em 2017, cria possibilidade de associar, de forma imediata, a receita principal com aquelas dela originadas: multas e juros, dívida ativa, multas e juros da dívida ativa. A associação é efetuada por meio de um código numérico de oito dígitos, cujas posições ordinais passam a ter significado; por exemplo, o imposto de renda pessoa física é recolhido dos trabalhadores, então aloca-se a receita pública correspondente na natureza de receita sob o código "1.1.1.3.01.1.1", segundo esquema a seguir:

| Categoria econômica | Origem | Espécie | Desdobramentos de identificação de peculiaridades da receita | Tipo |
|---|---|---|---|---|
| 1.<br>Receita corrente | 1.<br>Impostos, taxas e contribuições de melhoria (tributos) | 1.<br>Impostos | 3.01.1.<br>3 – Impostos sobre a Renda e Proventos de Qualquer Natureza<br>01 – Impostos sobre a Renda de Pessoa Física – IRPF<br>1 – Impostos sobre a Renda de Pessoa Física – IRPF | 1<br>Principal |
| "1.1.1.3.01.1.1 Impostos sobre a Renda de Pessoa Física – IRPF – Principal" | | | | |

Fonte: MCASP/STN-ME.

Vejamos outro exemplo, o da dívida ativa do imposto sobre importação cujo código é "1.1.1.1.01.1.3 Imposto sobre a Importação – Dívida Ativa".

| Categoria Econômica | Origem | Espécie | Desdobramentos de Identificação de peculiaridades da receita | Tipo |
|---|---|---|---|---|
| 1.<br>Receita corrente | 1.<br>Impostos, taxas e contribuições de melhoria (tributos) | 1.<br>Impostos | 1.01.1.<br>1 – Impostos sobre o Comércio Exterior<br>01 – Imposto sobre a Importação<br>1 – Imposto sobre a Importação | 3<br>Dívida ativa |
| "1.1.1.1.01.1.3 Imposto sobre a Importação – Dívida Ativa" | | | | |

Fonte: MCASP/STN-ME.

Note que o oitavo dígito, o Tipo "3", é quem identifica a dívida ativa do referido tributo/imposto. Os valores das multas e juros de mora incidentes também serão identificados pelo oitavo dígito.

**Categoria Econômica (CE):** Receita corrente e Receita de capital.

Cabe destacar as receitas de operações intraorçamentárias que daremos mais detalhes no Capítulo 6, item 6.4.1.1 adiante.

**Origem da Receita (O):** é o detalhamento das categorias econômicas "Receitas correntes" e "Receitas de capital", com vistas a identificar a procedência das receitas no momento em que ingressam nos cofres públicos.

Os códigos da origem para as receitas correntes e de capital, de acordo com a Lei n. 4.320, de 1964, são:

| Origem da receita | |
|---|---|
| **1 Receitas correntes** <br> *7 Receita correntes intraorçamentárias* | **2 Receitas de capital** <br> *8 Receitas de capital intraorçamentárias* |
| 1 Impostos, taxas e contribuições de melhoria | 1 Operações de crédito |
| 2 Contribuições | 2 Alienação de bens |
| 3 Receita patrimonial | 3 Amortização de empréstimos |
| 4 Receita agropecuária | 4 Transferências de capital |
| 5 Receita industrial | 9 Outras receitas de capital |
| 6 Receita de serviços | |
| 7 Transferências correntes | |
| 9 Outras receitas correntes | |

**Espécie (E):** é o nível de classificação vinculado à origem que permite qualificar com maior detalhe o fato gerador das receitas. Por exemplo, dentro da origem contribuições, identifica-se as espécies Contribuições sociais, Contribuições econômicas, Contribuições para entidades privadas de serviço social e de formação profissional e Contribuição para custeio de iluminação pública.

**Desdobramentos para Identificação de Peculiaridades da Receita (DIPR):** Na nova estrutura de codificação, foram reservados quatro dígitos para desdobramentos com o objetivo de identificar as particularidades de cada receita, caso seja necessário. Assim, esses dígitos podem ou não ser utilizados, observando-se a necessidade de especificação do recurso.

Quanto às receitas exclusivas de estados, Distrito Federal e municípios, *serão identificadas pelo quarto dígito da codificação*, que utilizará o número "**8**" (Ex.: 1.9.0.**8**.xx.x.x – Outras receitas correntes exclusivas de estados e municípios), respeitando a estrutura dos três dígitos iniciais. Assim, os demais dígitos (quinto, sexto e sétimo) serão utilizados para atendimento das peculiaridades e das necessidades gerenciais dos entes.

**Tipo (T)**: o tipo, correspondente ao último dígito na natureza de receita, tem a finalidade de identificar o tipo de arrecadação a que se refere aquela natureza, sendo:

"**0**", quando se tratar de natureza de receita não valorizável ou agregadora;

"**1**", quando se tratar da arrecadação do **Principal da receita**;

"**2**", quando se tratar de **Multas e juros de mora** da respectiva receita;

"**3**", quando se tratar de **Dívida ativa** da respectiva receita;

"**4**", quando se tratar de **Multas e juros de mora da dívida ativa** da respectiva receita;

"**5**", quando se tratar das **Multas** da respectiva receita quando a legislação pertinente diferenciar a destinação das multas da destinação dos juros de mora, situação na qual não poderá ser efetuado registro de arrecadação no tipo "2 – Multas e Juros de Mora";

"**6**", quando se tratar dos **Juros de mora** da respectiva receita, quando a legislação pertinente diferenciar a destinação das multas da destinação dos juros de mora, situação na qual não poderá ser efetuado registro de arrecadação no tipo "2 – Multas e juros de mora";

"**7**", quando se tratar das **Multas da dívida ativa** da respectiva receita, quando a legislação pertinente diferenciar a destinação das multas da dívida ativa da destinação dos juros de mora da dívida ativa, situação na qual não poderá ser efetuado registro de arrecadação no tipo "4 – Multas e juros de mora da dívida ativa";

"**8**", quando se tratar dos **Juros da dívida ativa** da respectiva receita, quando a legislação pertinente diferenciar a destinação das multas da dívida ativa da destinação dos juros de mora da dívida ativa, situação na qual não poderá ser efetuado registro de arrecadação no tipo "4 – Multas e juros de mora da dívida ativa";

"9", quando se tratar de **desdobramentos que poderão ser criados**, caso a caso, pela Secretaria de Orçamento Federal do Ministério do Planejamento, Desenvolvimento e Gestão – SOF/MP, mediante Portaria específica.

## 6.4.1.1  Receitas de operações intraorçamentárias

A fim de se evitar a dupla contagem dos valores financeiros decorrentes de operações intraorçamentárias na consolidação das contas públicas, a Portaria Interministerial STN/SOF n. 338, de 2006, incluiu as Receitas correntes intraorçamentárias e as Receitas de capital intraorçamentárias, representadas, respectivamente, pelos códigos 7 e 8 em suas categorias econômicas. Essas classificações, segundo disposto pela Portaria, *não constituem novas categorias econômicas de receita*, mas apenas especificações das categorias econômicas Receita corrente e Receita de capital. As receitas intraorçamentárias são a contrapartida das despesas classificadas na modalidade de aplicação "91 – Aplicação direta decorrente de operação entre órgãos, fundos e entidades integrantes do orçamento fiscal e do orçamento da seguridade social", que possibilita anular o efeito da dupla contagem na consolidação das contas governamentais.

**Operações intraorçamentárias** são aquelas realizadas entre órgãos e demais entidades da administração pública, integrantes do orçamento fiscal e do orçamento da seguridade social do mesmo ente federativo, por isso *não representam novas entradas de recursos nos cofres públicos do ente*, mas apenas movimentação de receitas entre seus órgãos internamente.

## 6.5  CLASSIFICAÇÃO DAS DESPESAS PÚBLICAS

A classificação econômica das despesas objetiva divulgar de forma macroeconômica o efeito do gasto do setor público na economia e possibilita seu controle gerencial, por meio da natureza da despesa. Ela é composta, como vimos no **Capítulo 5**, da Categoria econômica – corrente e de capital; do Grupo de natureza da despesa – que agrega as despesa com as mesmas características quanto ao objeto de gasto; da Modalidade de aplicação – direta ou por transferências; e pelo objeto final de gasto – que são o elemento de despesa e o subelemento.

O código da classificação da natureza da despesa é constituído por oito algarismos, distribuídos de acordo com a **Figura 6.6**. Logo, temos a identificação exemplificativa apresentada a seguir.

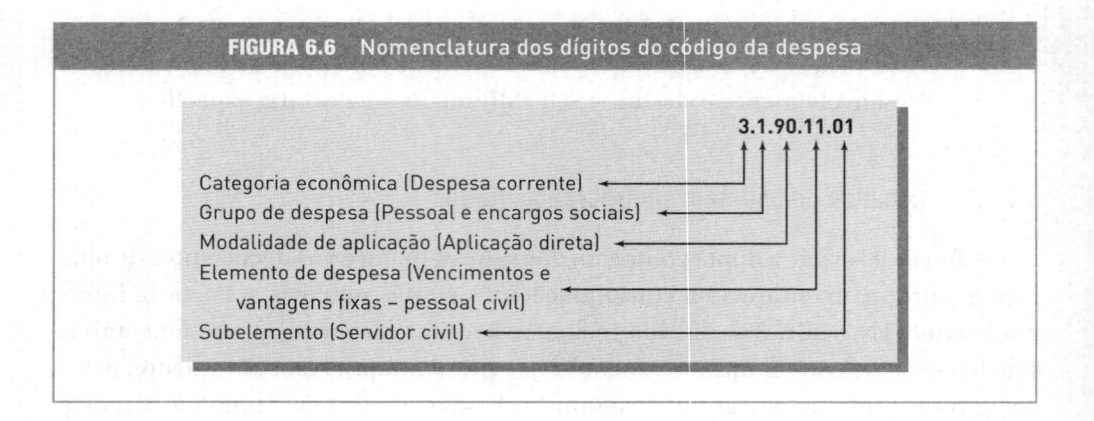

**FIGURA 6.6**   Nomenclatura dos dígitos do código da despesa

3.1.90.11.01

Categoria econômica (Despesa corrente)
Grupo de despesa (Pessoal e encargos sociais)
Modalidade de aplicação (Aplicação direta)
Elemento de despesa (Vencimentos e
    vantagens fixas – pessoal civil)
Subelemento (Servidor civil)

## 6.5.1 Classificação orçamentária por fontes/destinações de recursos

Há, ainda, a identificação da fonte dos recursos financeiros para demonstrar a origem dos recursos que custeiam os gastos orçamentários. Adota-se um esquema de *codificação composto de três algarismos*, registrado no final, após a classificação econômica da despesa. Essa *classificação orçamentária por fontes/destinações de recursos* funciona como *mecanismo integrador entre a receita e a despesa*, o código de fonte/destinação de recursos exerce um duplo papel no processo orçamentário. *Para a receita orçamentária*, esse código tem a finalidade de indicar a destinação de recursos para a realização de determinadas despesas orçamentárias. Já *para a despesa orçamentária*, identifica a origem dos recursos que estão sendo utilizados.

Assim, um mesmo código utilizado para controle das destinações da receita orçamentária também é utilizado na despesa, para controle das fontes financiadoras da despesa orçamentária. Dessa forma, esse mecanismo contribui para o atendimento do parágrafo único do art. 8º da LRF e do art. 50, inciso I da mesma lei:

> Art. 8º [...]
>
> Parágrafo único. Os recursos legalmente vinculados à finalidade específica serão utilizados exclusivamente para atender ao objeto de sua vinculação, ainda que em exercício diverso daquele em que ocorrer o ingresso.
>
> [...]
>
> Art. 50. Além de obedecer às demais normas de contabilidade pública, a escrituração das contas públicas observará as seguintes:
>
> I – a disponibilidade de caixa constará de registro próprio, de modo que os recursos vinculados a órgão, fundo ou despesa obrigatória fiquem identificados e escriturados de forma individualizada.

Identifica, ainda, se os recursos são vinculados ou não, podendo indicar a sua finalidade ou não. Assim, subdivide-se em dois tipos: destinação vinculada e destinação ordinária.

A **Destinação vinculada** é o processo de vinculação entre a origem e a aplicação de recursos, em atendimento às finalidades específicas definidas em norma constitucional ou legal, seja para cumprir funções julgadas essenciais e especiais, seja para entes, órgãos, entidades e fundos. Outro tipo de vinculação é aquela derivada de convênios e contratos de empréstimos e financiamentos, cujos recursos são obtidos com finalidade específica. Já a **Destinação ordinária** é o processo de alocação livre entre a origem e a aplicação de recursos, para atender a quaisquer finalidades.

## SINOPSE

1. A classificação orçamentária objetiva organizar o orçamento, obedecendo a regras e critérios definidos de padronização, facilitando o processo de compreensão dos detalhamentos do orçamento.

2. No Brasil, temos os seguintes modelos de classificação orçamentária:

   - Institucional: demonstra a distribuição dos recursos orçamentários pelos órgãos e pelas unidades responsáveis pela execução do orçamento.

   - Funcional: representa o maior nível de agrupamento das ações do governo em grandes áreas de sua atuação, para fins de planejamento, programação e orçamentação. Divide-se em: função, subfunção, programa, projeto, atividade e operações especiais.

   - Da receita: classificação por categorias econômicas e por grupo de fontes. Especificamente, divide-se em: categoria econômica, subcategoria econômica, fonte, rubrica, alínea e subalínea.

   - Da despesa: dividida em categoria econômica, grupo de despesa, modalidade de aplicação, elemento de despesa e subelemento de despesa.

3. A classificação econômica das despesas objetiva divulgar de forma macroeconômica o efeito do gasto do setor público na economia, bem como possibilitar seu controle gerencial por meio da natureza da despesa.

4. A função representa, do ponto de vista administrativo-programático, o maior nível de agregação das diversas áreas de despesa que competem ao setor público executar. Corresponde, acima de tudo, aos objetivos fundamentais do Estado, com vistas fundamentalmente ao desenvolvimento socioeconômico equilibrado do país.

5. A subfunção representa uma divisão da função, visando agregar determinado subconjunto de despesa do setor público, podendo ser combinada com funções diferentes daquelas a que esteja vinculada. A principal vantagem da adoção desse novo elemento, em nossa opinião, é a possibilidade de o Estado apresentar suas ações de forma mais clara, lógica e detalhada, permitindo a cada esfera do governo criar seus

programas – que passam a ser o único módulo integrador do planejamento com o orçamento – de acordo com suas particularidades e necessidades. As subfunções podem ser combinadas com funções diferentes daquelas a que estejam vinculadas.

6. O programa compreende o instrumento de organização da ação governamental, visando à concretização dos objetivos pretendidos, sendo mensurado por indicadores estabelecidos no Plano Plurianual. Em síntese, representa os objetivos que se pretende alcançar por meio dos projetos, das atividades e das operações especiais. São dois os tipos de programas previstos, a saber: finalísticos e de apoio às políticas públicas e às áreas especiais.

7. O projeto representa um instrumento de programação para alcançar o objetivo de um programa, envolvendo um conjunto de operações limitadas no tempo, das quais resulta um produto que concorre para a expansão ou o aperfeiçoamento da ação de governo. Caracteriza-se, especificamente, pela criação de novo elemento econômico na composição dos bens públicos.

8. A atividade corresponde a um instrumento de programação para alcançar o objetivo de um programa, envolvendo um conjunto de operações que se realizam de modo contínuo e permanente, das quais resulta um produto necessário à manutenção da ação de governo.

9. As operações especiais representam uma categoria neutra em relação ao ciclo produtivo, agregadas, integralmente, na função Encargos especiais, e que englobam as despesas que não contribuem para a manutenção das ações de governo, das quais não resulta um produto e não geram contraprestação direta sob a forma de bens ou serviços.

# CAPÍTULO 7

## Créditos adicionais

**OBJETIVOS DO CAPÍTULO**

▶ Apresentar a conceituação de créditos adicionais, sua classificação e as condições para sua utilização.

▶ Demonstrar as principais características das três espécies de créditos adicionais existentes.

▶ Demonstrar as fontes de recursos para abertura de créditos adicionais.

▶ Demonstrar a contabilização da abertura de créditos adicionais.

## 7.1 INTRODUÇÃO

O **orçamento governamental** é um instrumento de planejamento e controle de receitas e despesas públicas que segue regras legais bem definidas, como vimos no **Capítulo 3**, porém, não pode ser considerado uma peça imutável que restrinja a atuação do administrador público na busca de atender aos interesses da sociedade. Seus limites de realização das despesas podem ser alterados pelos créditos adicionais.

O **crédito orçamentário inicial** é aquele limite de despesa aprovado pela Lei Orçamentária Anual, constante dos orçamentos fiscal, da seguridade social e de investimento das empresas estatais não dependentes.

O **crédito adicional** é o meio legal de ajuste do orçamento, utilizado para amenizar ou corrigir distorções identificadas durante a execução orçamentária. Por exemplo, excesso de créditos alocados em determinadas dotações e insuficiências em outras. Corresponde, em síntese, às autorizações de despesas não computadas ou insuficientemente dotadas na Lei Orçamentária. Classificam-se, segundo a Lei Federal n. 4.320, de 1964, em três espécies: suplementares, especiais e extraordinários.

O **crédito suplementar** é destinado ao reforço de dotação já existente no orçamento em vigor. Deve ser autorizado por lei e aberto por decreto do Poder Executivo. Os créditos suplementares incorporam-se ao orçamento, adicionando-se a importância autorizada à dotação orçamentária. A autorização legislativa pode constar da própria Lei Orçamentária.

Já o **crédito especial** destina-se à despesa para o qual não haja previsão orçamentária específica. Cria novo programa ou evento de despesa para atender a um objetivo não previsto no orçamento. É autorizado por lei e aberto por decreto do Poder Executivo. Se, durante sua execução, o crédito especial for insuficiente para a realização do gasto, ele poderá ser alterado mediante a abertura de crédito suplementar.

O **crédito extraordinário** é voltado, exclusivamente (art. 167, § 3º, da Constituição Federal de 1988), ao atendimento de despesas urgentes e imprevisíveis, em caso de guerra, comoção interna ou calamidade pública. O art. 44 da Lei Federal n. 4.320, de 1964, define que ele deve ser autorizado e aberto por decreto do Poder Executivo. Contudo, na União, esse tipo de crédito é aberto por **Medida Provisória** do Poder Executivo e submetido ao Congresso Nacional. Caracteriza-se:

a) por independer da existência de recursos para custear o gasto;
b) pela imprevisibilidade do fato, que requer ação urgente do poder público;
c) por não decorrer de planejamento;
d) por independer de autorização legislativa.

Vale repisar que os créditos especiais e extraordinários criam novos programas ou eventos de despesa para objetivo não previsto no orçamento, conservando sua especificidade, vinculando-se ao fato novo que justificou suas criações, demonstrando as despesas realizadas por conta desses novos programas ou eventos destacadamente. Dessa maneira, entende-se que o reforço de um crédito especial ou de um crédito extraordinário deve se ocorrer, respectivamente, pela regra definida e prevista nos respectivos créditos ou, no caso de omissão, pela abertura de novos créditos especiais e extraordinários.

## 7.1.1 Fonte de recursos disponíveis para abertura de créditos adicionais

De acordo com o art. 43 da Lei Federal n. 4.320, de 1964, a abertura dos créditos suplementares e especiais depende da **existência de recursos disponíveis** para acorrer à despesa e será precedida de exposição justificada. Consideram-se seis tipos de recursos disponíveis, para o fim desses dois créditos, desde que não comprometidos.

a) O *superavit* **financeiro** apurado em balanço patrimonial do exercício anterior, encerrado em 31 de dezembro (art. 43, § 1º, inciso I, Lei n. 4.320, de 1964). Entende-se por *Superavit* Financeiro (SF) a diferença positiva entre o Ativo Financeiro (AF) e o Passivo Financeiro (PF), conjugando-se, ainda: os Saldos dos Créditos Adicionais Transferidos (SCAT) especiais e extraordinários de vigência plurianual; as Operações de Crédito a eles Vinculadas (OCV) e os Créditos Adicionais já Abertos, tendo como fonte o *Superavit* do Exercício Anterior (CAE); ou seja: SF = (AF − PF) − SCAT + OCV − CAE.

b) Os provenientes de **excesso de arrecadação** (art. 43, § 1º, inciso II, Lei n. 4.320, de 1964): o saldo positivo das diferenças, acumuladas mês a mês, entre a arrecadação prevista e a realizada, considerando-se, ainda, a tendência do exercício. Para o fim de apurar os recursos utilizáveis, provenientes de excesso de arrecadação, deduzir-se-á a importância dos créditos extraordinários abertos no exercício.

c) Os resultantes de **anulação parcial ou total** de dotações orçamentárias ou de créditos adicionais autorizados em lei (art. 43, § 1º, inciso III, Lei n. 4.320, de 1964).

d) O **produto de operações de crédito** autorizadas, de forma que, juridicamente, possibilite ao Poder Executivo realizá-las (art. 43, § 1º, inciso IV, Lei n. 4.320, de 1964).

e) Os *recursos que, em decorrência de veto, emenda ou rejeição do projeto de Lei Orçamentária Anual*, ficarem sem despesas correspondentes, desde que haja prévia e específica autorização legislativa (art. 166, § 8º Constituição Federal de 1988).

f) Os resultantes da **reserva para contingências** estabelecidos na LOA (art. 5º, inciso III, alínea *b*, da LRF), destinada ao atendimento de passivos contingentes e outros riscos, bem como eventos fiscais imprevistos, visto que não há execução direta da reserva.

O **cálculo do *superavit* financeiro** para definir o limite de abertura de créditos adicionais, aparentemente simples, tem gerado muitos erros em sua interpretação e devida aplicação. Vejamos um exemplo:

Ativo Financeiro (AF): $ 700

Passivo Financeiro (PF): $ 400

Saldos dos Créditos Adicionais (especiais e extraordinários) Transferidos (SCAT): $ 200

Saldo das Operações de Crédito a eles Vinculadas (SOCV): $ 100

Crédito Adicional Aberto já no Exercício (CAE) de $ 50, tendo como fonte *Superavit* Financeiro (SF).

Transferindo os valores para a fórmula, considerando que SF = (AF – PF), teremos:

Limite = SF – SCAT + SOCV – CAE

Limite = (AF – PF) – SCAT + SOCV – CAE

Limite = (700 – 400) – 200 + 100 – 50

Limite = 300 – 150

**Limite = 150**

Ou seja, limite de abertura de créditos adicionais com uso de *superavit* financeiro apurado no balanço patrimonial do exercício anterior.

Quanto ao cálculo para definir o limite de abertura de créditos adicionais, com uso do **excesso de arrecadação**, cabe também uma exemplificação. Nesse caso, vale ressaltar que, para apurar os recursos utilizáveis, provenientes de excesso de arrecadação, devem ser deduzidos os créditos extraordinários abertos no exercício.

(+) Excesso de arrecadação apurado mês a mês: $ 1000

(–) Crédito Extraordinário (CE) aberto no exercício: $ 650

(=) **Limite apurado**: $ 350.

Segundo a Constituição Federal, art. 167, § 2º, os créditos especiais e extraordinários terão vigência no exercício financeiro em que forem autorizados, salvo se o ato de autorização for promulgado nos últimos quatro meses daquele exercício, caso em que, reabertos nos limites de seus saldos, serão incorporados ao orçamento do exercício financeiro subsequente.

O **Quadro 7.1** resume as principais características dos créditos adicionais.

| **QUADRO 7.1** Principais características dos créditos adicionais | | | | | |
|---|---|---|---|---|---|
| Características dos créditos adicionais<br>Base legal: art. 167 da Constituição Federal e arts. 40 a 46 da Lei Federal n. 4.320, de 1964 | | | | | |
| Espécie | Finalidade | Autorização legislativa | Forma de abertura | Vigência | Prorrogação |
| Suplementares | Reforçar o orçamento | Prévia, podendo ser incluída na Lei de Orçamento ou em lei especial | Decreto do Executivo | No exercício | Não é permitida |
| Especiais | Atender a programas não contemplados no orçamento | Prévia em lei especial | Decreto do Executivo | No exercício | Só para o exercício seguinte, se aberto em um dos quatro últimos meses |
| Extraordinários | Atender a despesas imprevisíveis e urgentes | Independe | Decreto do Executivo com remessa imediata ao Parlamento | No exercício | Só para o exercício seguinte, se aberto em um dos quatro últimos meses |

## 7.2 ASPECTO CONTÁBIL DA ABERTURA DE CRÉDITOS ADICIONAIS

Cabe repisar o lançamento de fixação de fixação da despesa decorrente da aprovação da LOA. A fixação da despesa é concluída com a autorização dada pelo Poder Legislativo, por meio da LOA, ressalvadas as eventuais aberturas de créditos adicionais no decorrer da vigência do orçamento.

Lançamento no Livro Diário:

| Cidade, 30 de dezembro 20x0. | | |
|---|---|---|
| D | 5.2.2.1.1.01.00 Dotação Inicial | 100.000,00 |
| C | 6.2.2.1.1.00.00 Crédito Disponível Corrente | 70.000,00 |
| C | 6.2.2.1.1.00.00 Crédito Disponível Capital | 30.000,00 |
| Histórico: registro da fixação de créditos corrente e de capital pela aprovação do orçamento a serem executados no exercício. | | |

**PCASP**

5.2.2.1.0.00.00 **Dotação Orçamentária.** Compreende o somatório dos valores monetários da dotação orçamentária inicial, adicional e seus cancelamentos.

5.2.2.1.1.00.00 **Dotação Inicial.** Compreende a dotação inicial autorizada na Lei Orçamentária Anual.

5.2.2.1.1.01.00 **Crédito Inicial.** Compreende os valores pertinentes aos créditos inicialmente aprovados para dar suporte à execução orçamentária.

6.2.2.1.0.00.00 **Disponibilidades de Crédito.** Compreende o somatório da disponibilidade de crédito orçamentário e suas alterações.

6.2.2.1.1.00.00 **Crédito Disponível.** Registra o valor da disponibilidade de crédito referente à dotação inicial e adicional aprovada no orçamento geral da União na LOA ou lei específica ou antecipada pela LDO.

Vejamos a seguir alguns procedimentos contábeis necessários à abertura de créditos adicionais.

(a) Anulação de despesa orçamentária de capital

**Fato contábil:** pela anulação de crédito disponível de capital para abertura de créditos adicionais.

**Subsistema orçamentário**

Lançamento no Livro Diário:

| Cidade, 20 de fevereiro de 20x1. | | |
|---|---|---|
| D | 6.2.2.1.1.00.00 Crédito Disponível Capital | 9.000,00 | |
| C | 5.2.2.1.9.00.00 Cancelamento/Remanejamento de dotação (Anulação) | | 9.000,00 |
| Histórico: anulação de dotação/remanejamento para abertura de crédito adicional suplementar. | | |

**PCASP**

5.2.2.1.9.00.00 **Cancelamento/Remanejamento de dotação.** Compreende o somatório dos valores relativos aos créditos suplementar, especial e extraordinário cancelados ou remanejados, em casos regularmente previstos.

5.2.2.1.9.04.00 (–) **Cancelamento de Dotações.** Registra o valor da redução da dotação por causa da alteração da Lei Orçamentária em razão de cancelamento.

Lançamento em razonete:

| 6.2.2.1.1 Crédito Disponível Capital | | 5.2.2.1.9 Cancelamento/Remanejamento de dotação (Anulação) |
|---|---|---|
| (a) 9.000,00 | 30.000 (si) | 9.000,00 (a) |

(si) saldo inicial.

**Subsistema patrimonial:** não há registro.

**Subsistema de controle:** não há registro.

## (b) Abertura de crédito adicional suplementar capital

**Fato contábil:** pela necessidade de reforçar dotação que se tornou insuficiente durante a execução do orçamento; observados os limites de valores estabelecidos pelo Poder Legislativo na LOA; aprovada a exposição de motivos para suplementação e indicados os recursos disponíveis compensatórios por anulação (*superavit* financeiro, excesso de arrecadação, **anulação parcial ou total de dotação orçamentária** etc.).

### Subsistema orçamentário

Lançamento no Livro Diário:

| Cidade, 21 de fevereiro de 20x1. | | |
|---|---|---|
| D | 5.2.2.1.9.00.00 Cancelamento/Remanejamento de dotação (Anulação) | 9.000,00 |
| C | 5.2.2.1.2.01.00 Crédito Adicional Suplementar – Capital | 9.000,00 |
| Histórico: abertura de crédito adicional suplementar capital por meio da anulação de dotação/remanejamento de mesma natureza. | | |

**PCASP**

5.2.2.1.9.00.00 **Cancelamento/Remanejamento de Dotação.** Compreende o somatório dos valores relativos aos créditos inicial, suplementar, especial e extraordinário cancelados ou remanejados, em casos regularmente previstos.

5.2.2.1.2.00.00 **Dotação Adicional por Tipo de Crédito.** Compreende o somatório dos valores monetários da dotação orçamentária decorrentes da abertura de créditos adicionais e seus cancelamentos.

5.2.2.1.2.01.00 **Crédito Adicional Suplementar – Capital.** Compreende o somatório dos valores relativos aos créditos adicionais suplementares, com vista ao reforço da dotação orçamentária constante da Lei Orçamentária.

Lançamento em razonete:

| 5.2.2.1.9 Cancelamento/Remanejamento de dotação (Anulação) | | 5.2.2.1.2 Crédito Adicional Suplementar – Capital |
|---|---|---|
| (b) 9.000,00 | 9.000 (1) | 9.000,00 (b) |

Procede-se da mesma forma para abertura de créditos adicionais de despesa corrente, bem como para os créditos especiais e extraordinários nos casos da utilização de anulação de créditos, diferenciando-se apenas as justificativas legais e os recursos utilizáveis para os extraordinários.

**Subsistema patrimonial:** não há registro.

**Subsistema de controle:** não há registro.

(c) **Abertura de crédito adicional especial corrente – Por excesso de arrecadação**

**Fato contábil:** pela necessidade de abertura de crédito adicional especial, destinado a atender despesas para as quais não havia dotação orçamentária específica; que se julgou prioritário sua inclusão durante a execução do orçamento; observados os limites de valores estabelecidos pelo Legislativo na Lei Orçamentária Anual; aprovada a exposição de motivos que caracterizou de natureza especial e indicados os recursos disponíveis compensatórios por excesso de arrecadação (*superavit* financeiro, excesso de arrecadação, anulação parcial ou total de dotação orçamentária etc.).

(c1) **Pelo reconhecimento do excesso de arrecadação**

**Subsistema orçamentário**

Lançamento no Livro Diário:

| Cidade, 20 de março de 20x1. | | |
|---|---|---|
| D | 5.2.1.2.1.00.00 Previsão Adicional da Receita – Excesso de arrecadação/Crédito adicional | 5.000,00 |
| C | 6.2.1.1.0.00.00 Receita a Realizar – Corrente | 5.000,00 |
| Histórico: excesso de arrecadação apurada para ampliação de receita prevista tributária com fins de abertura de crédito adicional especial corrente autorizado em lei específica. | | |

**PCASP**

5.2.1.2.0.00.00 **Alteração da Previsão da Receita.** Compreende o valor dos créditos previstos após a aprovação do orçamento independente da autorização já concedida na Lei Orçamentária para abertura de crédito suplementar.

5.2.1.2.1.00.00 **Previsão Adicional da Receita.** Compreende o valor adicional da receita para abertura de créditos adicionais.

5.2.1.2.1.01.00 **Reestimativa.** Registra o valor adicional da receita para abertura de créditos adicionais por motivo de reestimativa da receita.

6.2.1.1.0.00.00 **Receita a Realizar.** Compreende o somatório dos valores relativos à receita pública aprovada pela LOA e suas alterações, detalhada por natureza da receita.

## Lançamento em razonete:

| 5.2.1.2.1 Previsão Adicional da Receita –<br>Excesso de arrecadação/Crédito Adicional | 6.2.1.1 Receita a Realizar –<br>Corrente |
|---|---|
| (c1) 5.000,00 | 70.000,00 |
| | 5.000,00 (c1) |

## c2) Pela abertura do crédito, após reconhecimento do excesso de arrecadação

Lançamento no Livro Diário:

| Cidade, 20 de março de 20x1. | | |
|---|---|---|
| D | 5.2.2.1.2.02.01 Crédito Adicional Especial Aberto – Corrente | 5.000,00 | |
| C | 6.2.2.1.1.00.00 Crédito Disponível – Corrente | | 5.000,00 |
| Histórico: abertura de crédito adicional especial corrente autorizado em lei específica coberto com recursos de excesso de arrecadação. | | |

**PCASP**

5.2.2.1.2.00.00 **Dotação Adicional por Tipo de Crédito.** Compreende o somatório dos valores monetários da dotação orçamentária decorrente da abertura de créditos adicionais e seus cancelamentos.

5.2.2.1.2.02.00 **Crédito Adicional – Especial.** Compreende o somatório dos valores dos créditos adicionais especiais destinados a atender programas não contemplados na LOA.

5.2.2.1.2.02.01 **Créditos Especiais Abertos.** Registra os valores referentes à abertura de créditos especiais autorizados em lei específica.

6.2.2.1.1.00.00 **Crédito Disponível.** Registra o valor da disponibilidade de crédito referente à *dotação inicial e adicional* aprovada no orçamento geral da União na LOA ou lei específica ou antecipada pela LDO.

Lançamento em razonete:

| 5.2.2.1 Crédito Adicional Especial Aberto – Corrente | 6.2.2.1.1 Crédito Disponível Corrente |
|---|---|
| (c2)  5.000,00 | 70.000 (si) |
|  | 5.000,00 (c2) |

(si) saldo inicial.

**Subsistema patrimonial:** não há registro.

**Subsistema de controle:** não há registro.

## SINOPSE

1. Crédito adicional é um meio legal de ajuste do orçamento. É utilizado para amenizar ou corrigir distorções identificadas durante sua execução, por despesa não computada ou insuficientemente dotada.

2. Segundo a Lei Federal n. 4.320, de 1964, os créditos adicionais classificam-se em suplementares, especiais e extraordinários.

3. A abertura dos créditos suplementares e especiais depende da existência de recursos disponíveis para acorrer à despesa e será precedida de exposição justificada.

4. O crédito suplementar destina-se ao reforço de dotação já existente no orçamento em vigor. Deve ser autorizado por lei e aberto por decreto do Poder Executivo. A autorização legislativa pode constar da própria Lei Orçamentária.

5. O crédito especial destina-se à despesa para a qual não haja previsão orçamentária específica, criando novo programa ou evento de despesa para atender a objetivo não previsto no orçamento. É autorizado por lei e aberto por decreto do Poder Executivo.

6. O crédito extraordinário é destinado, exclusivamente, ao atendimento de despesas urgentes e imprevisíveis, em caso de guerra, comoção interna ou calamidade pública. É autorizado e aberto por decreto do Poder Executivo. Caracteriza-se, entre outros fatores, pela imprevisibilidade do fato, que requer ação urgente do poder público e por não decorrer de planejamento e, consequentemente, de orçamento.

# CAPÍTULO 8

# Demonstrações contábeis do setor público

## Objetivos do capítulo

▶ Apresentar as demonstrações contábeis do setor público previstas nas NBC TSP/CFC,[1] nas normas da STN/MF e na Lei n. 4.320, de 1964.

▶ Apresentar as principais aplicações das notas explicativas às demonstrações contábeis do setor público.

▶ Demonstrar as principais contas utilizadas pela contabilidade aplicada ao setor público e suas respectivas particularidades.

▶ Apresentar os principais conceitos de prestação de contas definidos pela legislação e pela doutrina, bem como sua importância para a avaliação da gestão na administração pública.

▶ Demonstrar, com exemplos práticos, alguns lançamentos contábeis e a confecção dos demonstrativos exigidos pela legislação.

▶ Apresentar a estrutura das principais demonstrações contábeis com os grupos de contas que os compõem.

---

[1] Norma Brasileira de Contabilidade – Técnica aplicada ao Setor Público do Conselho Federal de Contabilidade (NBC TSP – CFC).

## 8.1  INTRODUÇÃO

Demonstração Contábil é a técnica contábil que evidencia, em período determinado, as informações sobre os resultados alcançados e os aspectos de natureza orçamentária, econômica, financeira e física do patrimônio de entidades do setor público e suas mutações. As demonstrações contábeis são a representação estruturada da situação patrimonial e do desempenho da entidade. Assim, pode-se dizer que as demonstrações contábeis assumem papel fundamental por representarem importantes saídas de informações geradas pela Contabilidade Aplicada ao Setor Público, promovendo transparência dos resultados orçamentário, financeiro, econômico e patrimonial do setor público.

A **finalidade** das demonstrações contábeis é proporcionar informação sobre a situação patrimonial, o desempenho e os fluxos de caixa da entidade que seja útil a grande número de usuários em suas avaliações e tomada de decisões sobre a alocação de recursos. Especificamente, as demonstrações contábeis no setor público devem proporcionar informação útil para subsidiar a tomada de decisão e a prestação de contas e responsabilização da entidade quanto aos recursos que lhe foram confiados, fornecendo informações:

a)  sobre as fontes, as alocações e os usos de recursos financeiros;

b)  sobre como a entidade financiou suas atividades e como supriu suas necessidades de caixa;

c)  úteis na avaliação da capacidade de a entidade financiar suas atividades e cumprir com suas obrigações e seus compromissos;

d)  sobre a condição financeira da entidade e suas alterações;

**e)** agregadas e úteis para a avaliação do desempenho da entidade em termos dos custos dos serviços, da eficiência e do cumprimento de seus objetivos.

A *divulgação* e a *disponibilização* para a sociedade de todas as demonstrações contábeis e de suas versões simplificadas é ato obrigatório na administração pública, faz parte do cumprimento dos Princípios da Transparência e de Acesso à Informação e deve compreender, entre outras, as seguintes formas:

**a)** publicação na imprensa oficial em qualquer de suas modalidades;
**b)** remessa aos órgãos de controle interno e externo, às associações e aos conselhos representativos;
**c)** disponibilização para acesso da sociedade em local e prazos indicados;
**d)** disponibilização em meios de comunicação eletrônicos de acesso público.

As demonstrações contábeis também devem apresentar informações extraídas dos registros e dos documentos que integram o sistema contábil da entidade do setor público de onde se originaram os fatos e as transações; conter a identificação da entidade, da autoridade responsável e do contabilista; ser divulgadas com a apresentação dos valores correspondentes ao período anterior. Não é por demais lembrar que nas demonstrações contábeis: a) as contas semelhantes podem ser agrupadas, os pequenos saldos podem ser agregados, desde que indicada sua natureza e não ultrapassem 10% do valor do respectivo grupo de contas, sendo vedadas a compensação de saldos e a utilização de designações genéricas; b) para fins de publicação, podem apresentar os valores monetários em unidades de milhar ou em unidades de milhão, devendo indicar a unidade utilizada; c) os saldos devedores ou credores das contas retificadoras devem ser apresentados como valores redutores das contas ou do grupo de contas que lhes deram origem.

O conjunto completo das demonstrações contábeis inclui:

**a)** balanço patrimonial;
**b)** demonstração do resultado;
**c)** demonstração das mutações do patrimônio líquido;
**d)** demonstração dos fluxos de caixa;
**e)** quando a entidade divulga publicamente seu orçamento aprovado, comparação entre o orçamento e os valores realizados, quer seja como demonstração contábil adicional (demonstração das informações orçamentárias), quer seja como coluna para o orçamento nas demonstrações contábeis;
**f)** notas explicativas, compreendendo a descrição sucinta das principais políticas contábeis e outras informações elucidativas;

**g) informação comparativa** com o período anterior, conforme informação comparativa, com as seguintes considerações:

**i)** *A menos que uma norma permita ou exija de outra forma, a entidade deve divulgar informação comparativa com respeito ao período anterior para todos os montantes apresentados nas demonstrações contábeis do período corrente. Também deve ser apresentada de forma comparativa a informação narrativa e descritiva que vier a ser apresentada quando for relevante para a compreensão do conjunto das demonstrações contábeis do período corrente.*

**ii)** *A entidade (direito privado) do setor público deve apresentar, como informação mínima de natureza contábil, balanço patrimonial, demonstração do resultado, demonstração dos fluxos de caixa e demonstração das mutações do patrimônio líquido, todos com informação comparativa relativa ao período anterior, bem como as respectivas notas explicativas.*

Quanto à **estrutura**, cada componente das demonstrações contábeis deve ser identificado claramente. Além disso, as seguintes informações devem ser divulgadas de forma destacada e repetida, quando necessário, para a devida compreensão da informação apresentada:

**a)** o nome da entidade às quais as demonstrações contábeis se referem ou outro meio que permita sua identificação, bem como qualquer alteração que possa ter ocorrido nessa identificação desde o término do período anterior;

**b)** se as demonstrações contábeis se referem a uma entidade individual ou a um grupo de entidades;

**c)** a data de encerramento do período a que se referem ou o período a que se refere o conjunto das demonstrações contábeis;

**d)** a moeda de apresentação;

**e)** o nível de arredondamento utilizado na apresentação dos valores nas demonstrações contábeis.

A LRF em seu art. 50, inciso III, estabelece que as demonstrações contábeis compreenderão, isolada e conjuntamente, as transações e as operações de cada órgão, fundo ou entidade da administração direta, autárquica e fundacional, inclusive empresa estatal dependente.

A Lei n. 4.320, de 1964 determina que, no final de cada exercício, os resultados gerais do exercício da administração pública sejam demonstrados principalmente no balanço orçamentário, no balanço financeiro, no balanço patrimonial e na demonstração das variações patrimoniais.

A STN, por meio de portarias normativas, e o CFC, por meio das NBC TSP,[2] estabeleceram novos conceitos ao estudo das demonstrações contábeis, em obediência ao processo de convergência à IPSA e de consolidação das constas públicas. Esse normativo incluiu novos demonstrativos, alterações em suas estruturas e apresentação das informações, bem como novas definições. As demonstrações contidas nos anexos da Lei n. 4.320, de 1964 foram atualizadas por Portarias da STN (Portaria n. 438, de 2012), em consonância com os novos padrões da Norma Brasileira de Contabilidade Aplicada ao Setor Público (NBC TSP/CFC). Assim, as *demonstrações contábeis definidas para o setor público* são:

a) Balanço Patrimonial (BP);
b) Balanço Orçamentário (BO);
c) Balanço Financeiro (BF);
d) Demonstração das Variações Patrimoniais (DVP);
e) Demonstração dos Fluxos de Caixa (DFC);
f) Demonstração das Mutações do Patrimônio Líquido (DMPL);
g) Notas Explicativas (NE).

Como se pode notar, a NBC TSP/CFC acolheu mais duas demonstrações e as notas explicativas ao conjunto de demonstrativos contábeis obrigatórios do setor público, cabendo salientar que a demonstração das mutações do patrimônio líquido se aplica às empresas estatais dependentes (controladas) e as notas explicativas devem acompanhar como *parte integrante de todas as demonstrações contábeis, tanto do setor privado como do público*.

Conclui-se assim que as Demonstrações Contábeis Aplicadas ao Setor Público (DCASP)[3] são compostas das demonstrações definidas na Lei n. 4.320, de 1964, nas Portarias normativas da STN, nas NBC TSP do CFC e, em caráter especial, na Lei Complementar n. 101, de 2000 (LRF).[4] Cabe destacar que a DCASP, constante do manual de contabilidade aplicado ao setor público da STN, *tem por objetivo padronizar a estrutura e as definições dos elementos que compõem as DCASP*. Esses padrões devem ser seguidos pela União, pelos estados, pelo Distrito Federal e pelos municípios, permitindo a evidenciação, a análise e a consolidação das contas públicas em âmbito nacional, em consonância com o Plano de Contas Aplicado ao Setor Público (PCASP), bem como em obediência ao processo de convergência à IPSA.

A **divulgação** das demonstrações contábeis, atualmente previstas pelas normas de contabilidade aplicada ao setor público, deve ser publicada anualmente em dois momentos, da seguinte forma:

---

[2] Norma Brasileira de Contabilidade – Técnica Setor Público do Conselho Federal de Contabilidade (NBC TSP – CFC).
[3] Conforme art. 1º, III da Portaria n. 700, de 10 de dezembro 2014, aprovada e definidas pela Parte V do MCASP, 6ª edição.
[4] Lei de Responsabilidade Fiscal.

a) **Demonstrações contábeis consolidadas**: as que compõem a prestação de contas anual de governo – dos Poderes Públicos, que recebem parecer prévio pelo Tribunal de Contas competente;

b) **Demonstrações contábeis não consolidadas**: as que compõem a tomada ou prestação de contas anual dos administradores públicos dos órgãos e das entidades da administração direta, autarquias, fundações e empresas estatais dependentes.

A STN e o CFC têm baixado normas específicas de contabilidade pública com o objetivo de padronizar os procedimentos contábeis no âmbito da Federação sob a mesma base conceitual, buscando assegurar o reconhecimento, a mensuração, a avaliação e a evidenciação de todos os elementos que integram o patrimônio público. São por meio das **Instruções de Procedimentos Contábeis** (IPC)[5] que a STN tem orientado quanto à elaboração, estrutura e análise das demonstrações contábeis do setor público, alinhado às diretrizes de NBC TSP/CFC, de IPSA e de consolidação das contas públicas.

As **estruturas das demonstrações contábeis**, contidas nos anexos da Lei n. 4.320, de 1964, foram alteradas pela Portaria STN n. 438, de 2012, em consonância com os novos padrões da CASP. Ressalte-se que as definições contidas nas Resoluções do CFC (por exemplo: NBC TSP 11 – Apresentação das Demonstrações Contábeis) e suas atualizações devem ser observadas por todas as entidades abrangidas no campo de aplicação da CASP, conforme o item 2 daquela norma.

As DCASP também devem obedecer a **requisitos elementares**, visando atender a princípios de transparência e evidenciação contábil, dentre outros, vejamos:

1. Ser acompanhadas por notas explicativas.
2. Apresentar informações extraídas dos registros e dos documentos que integram o sistema contábil da entidade.
3. Conter a identificação da entidade do setor público, da autoridade responsável e do contabilista.
4. Ser divulgadas com a apresentação dos valores correspondentes ao período anterior.
5. As contas semelhantes podem ser agrupadas; os pequenos saldos podem ser agregados, desde que indicada sua natureza e não ultrapassem 10% do valor do respectivo grupo de contas, sendo vedadas a compensação de saldos e a utilização de designações genéricas.

---

5  Conforme Portaria STN n. 634/2013, IPC são publicações técnicas que buscam auxiliar a União, os estados, o Distrito Federal e os municípios na implantação dos novos procedimentos contábeis, contribuindo para a geração de informações úteis e fidedignas para os gestores públicos e para toda a sociedade brasileira.

6. Para fins de publicação, podem apresentar os valores monetários em unidades de milhar ou em unidades de milhão, devendo indicar a unidade utilizada.
7. Os saldos devedores ou credores das contas retificadoras devem ser apresentados como valores redutores das contas ou do grupo de contas que lhes deram origem.

A seguir, cada uma das demonstrações do setor público é comentada especificamente.

## 8.1.1 Balanço orçamentário

Inicialmente é bom informar que a **elaboração das demonstrações contábeis** tem por base as contas contábeis do PCASP aplicável à União, aos estados, ao Distrito Federal e aos municípios. Da análise das normas da STN e do CFC, o balanço orçamentário é a demonstração contábil do setor público que **evidencia**:

- as receitas e as despesas orçamentárias por categoria econômica;
- confronta o orçamento inicial e suas alterações com a execução;
- demonstra o resultado orçamentário – *superavit* ou *deficit*;
- discrimina as receitas por fonte e as despesas por grupo de natureza.

O balanço orçamentário ainda deve ser acompanhado do anexo das despesas por função e subfunção e, opcionalmente, por programa. É importante ressaltar que, como forma de avaliar a ação anual e a gestão, a estrutura do balanço orçamentário deve permitir evidenciar a ***integração entre o planejamento e a execução orçamentária***, ou seja, deve permitir a análise do resultado orçamentário do confronto entre as receitas e as despesas realizadas, apurando-se o *superavit* ou o *deficit* orçamentário, bem como o desempenho tanto da receita quanto da despesa em suas execuções em relação ao planejado inicialmente.

O balanço orçamentário possibilita analisar as receitas estimadas e as despesas fixadas no orçamento em confronto, respectivamente, com as receitas arrecadadas e com as despesas realizadas. Dessa forma, permite apurar:

- a economia orçamentária: ocorre quando a despesa realizada é menor que a despesa fixada;
- o *superavit* orçamentário: ocorre quando a despesa realizada é menor que a receita arrecadada;
- o *deficit* orçamentário: ocorre quando a despesa realizada é maior que a receita arrecadada;

- o excesso de arrecadação: ocorre quando a receita arrecadada é maior que a receita estimada;
- a frustração de arrecadação: ocorre quando a receita arrecadada é menor que a receita estimada.

O Balanço Orçamentário é composto de três quadros, compreendendo:

**a)** Quadro principal;
**b)** Quadro da execução dos Restos a Pagar Não Processados (RPNP);
**c)** Quadro da execução dos Restos a Pagar Processados (RPP).

No quadro principal, são apresentadas as receitas e as despesas previstas em confronto com as realizadas. As receitas e as despesas são apresentadas conforme a classificação por natureza. No caso da despesa, a classificação funcional também é utilizada complementarmente à classificação por natureza.

As estruturas das demonstrações contábeis contidas nos anexos da Lei n. 4.320, de 1964, foram alteradas por Portarias da STN e normas do Conselho Federal de Contabilidade (por exemplo: NBC TSP/CFC 11 – Apresentação das Demonstrações Contábeis) e estabeleceram nova estrutura e conceitos ao balanço orçamentário, em obediência ao processo de convergência à IPSA e de consolidação das contas públicas.

No **Quadro 8.1** é apresentado o modelo do quadro principal previsto na **IPC 07/STN – Metodologia para elaboração do balanço orçamentário** e nas NBC TSP/CFC, considerando as especificações do PCASP da STN.

| QUADRO 8.1 | Modelo do quadro principal IPC 07 | | | |
|---|---|---|---|---|
| <Nome do ente da Federação> | | | | |
| Balanço orçamentário – modelo novo | | | | |
| Exercício:　　Mês:　　Emissão:　　Página: | | | | |
| Receitas orçamentárias | Previsão inicial (a) | Previsão atualizada (b) | Receitas realizadas (c) | Saldo (d) = (b – c) |
| Conta contábil | 5.2.1.1.0.00.00 | 5.2.1.1.0.00.005.2.1.2.0.00.00 | 6.2.1.2.0.00.006.2.1.3.0.00.00 | |
| **Receitas correntes (I)** | | | | |
| Receita tributária | | | | |
| Receita de contribuições | | | | |
| Receita patrimonial | | | | |
| Receita agropecuária | | | | |
| Receita industrial | | | | |

| Receitas orçamentárias | Previsão inicial (a) | Previsão atualizada (b) | Receitas realizadas (c) | Saldo (d) = (b – c) |
|---|---|---|---|---|
| Receita de serviços | | | | |
| Transferências correntes | | | | |
| Outras receitas correntes | | | | |
| **Receitas de capital (II)** | | | | |
| Operações de crédito | | | | |
| Alienação de bens | | | | |
| Amortizações de empréstimos | | | | |
| Transferências de capital | | | | |
| Outras receitas de capital | | | | |
| **Recursos arrecadados em exercícios anteriores (III)** | | | | |
| *Subtotal das receitas* (IV) = (I + II + III) | | | | |
| **Operações de crédito/ refinanciamento (V)** | | | | |
| (=) Operações de crédito internas | | | | |
| (+) Mobiliária | | | | |
| (+) Contratual | | | | |
| (=) Operações de crédito externas | | | | |
| (+) Mobiliária | | | | |
| (+) Contratual | | | | |
| *Subtotal com refinanciamento* (VI) = (IV + V) | | | | |
| *Deficit* (VII) | | | | |
| Total (VIII) = (VI + VII) | | | | |
| (=) Saldos de exercícios anteriores (utilizados para créditos adicionais) | | | | |
| (+) *Superavit* financeiro | | | | |
| (+) Reabertura de créditos adicionais | | | | |

| Despesas orçamentárias | Dotação inicial (e) | Dotação atualizada (f) | Despesa empenhada (g) | Despesa liquidada (h) | Despesa paga (i) | Saldo da dotação (j) = (f – g) |
|---|---|---|---|---|---|---|
| Conta contábil do razão | 5.2.2.1.1.00.00 | 5.2.2.1.1.00.00 5.2.2.1.2.00.00 5.2.2.1.9.00.00 | 6.2.2.1.3.01.00 Ao 6.2.2.1.3.07.00 | 6.2.2.1.3.03.0 6.2.2.1.3.04.0 6.2.2.1.3.07.0 | 6.2.2.1.3.04.00 | |
| **Despesas correntes (IX)** | | | | | | |
| Pessoal e encargos sociais | | | | | | |
| Juros e encargos da dívida | | | | | | |
| Outras despesas correntes | | | | | | |
| **Despesas de capital (X)** | | | | | | |
| Investimentos | | | | | | |
| Inversões financeiras | | | | | | |
| Amortização da dívida | | | | | | |
| ***Reserva de contingência* (XI)** | | | | | | |
| ***Reserva do RPPS* (XII)** | | | | | | |
| **Subtotal das despesas (XIII) = (IX + X + XI + XII)** | | | | | | |
| **Amortização da dívida – refinanciamento (XIV)** | | | | | | |
| (=) Amortização da dívida interna | | | | | | |
| (+) Dívida mobiliária | | | | | | |
| (+) Outras dívidas | | | | | | |
| (=) Amortização da dívida externa | | | | | | |
| (+) Dívida mobiliária | | | | | | |
| (+) Outras dívidas | | | | | | |
| **Subtotal com refinanciamento (XV) = (XIII + XIV)** | | | | | | |
| ***Superavit* (XVI)** | | | | | | |
| **Total (XVII) = (XV + XVI)** | | | | | | |
| Assinatura do gestor público (CPF): | | | Assinatura do contador (n. CRC): | | | |

Nota: A estrutura completa deste balanço encontra-se ao final deste capítulo.

Fonte: NBC TSP 11/CFC e ICP 07/STN.

Essa demonstração, ao relacionar as despesas detalhadas por estágios, desde os créditos iniciais e adicionais (atualizados), permite uma visão mais clara da execução orçamentária. O detalhamento por categoria econômica mantém coerência entre as colunas de receitas e despesas, sendo uma estruturação mais correta para uma melhor análise orçamentária quanto ao seu desempenho como instrumento de gestão e tomada de decisão.

Para fins de transparência na gestão fiscal, cabe lembrar que o Relatório Resumido da Execução Orçamentária (RREO), inclui o Balanço orçamentário e o Demonstrativo da execução das despesas por função e subfunção.

No **quadro principal do balanço orçamentário**, as receitas estão detalhadas até o terceiro nível [Espécie]. Elas deverão ser informadas pelos valores líquidos das respectivas deduções, como restituições, descontos, retificações, deduções para o Fundo de Manutenção e Desenvolvimento da Educação Básica e de Valorização dos Profissionais da Educação (Fundeb) e as repartições de receita entre os entes da Federação, quando reconhecidas como dedução, conforme já comentado no Capítulo 4, item 4.2 – Tipos de receita pública.

As **notas explicativas ao balanço orçamentário** devem, no mínimo, informar: a) o detalhamento das receitas e das despesas intraorçamentárias, quando relevante; e b) a utilização do *superavit* financeiro e da reabertura de créditos especiais e extraordinários. No item 8.3, traremos mais detalhes a respeito.

Além disso, os **Balanços orçamentários não consolidados** (por exemplo, de órgãos e entidades, da administração direta, autarquias, fundações e empresas estatais dependentes) poderão apresentar desequilíbrio e *deficit* orçamentário, pois muitos deles não são agentes arrecadadores, ou seja, não possuem receitas próprias ou suficientes, mas executam programas orçamentários como prestação de serviços públicos e realização de investimentos. Esse fato não representa irregularidade, devendo ser evidenciado complementarmente por nota explicativa que demonstre o montante da movimentação financeira (transferências financeiras recebidas e concedidas) relacionado à execução do orçamento do exercício; ou seja, quando relevante, o detalhamento das **receitas e das despesas intraorçamentárias** deve ser apresentado em notas explicativas.

O **balanço orçamentário** deve demonstrar, no grupo das receitas, o saldo de exercício anterior utilizado para abertura de créditos adicionais do exercício atual. Em decorrência da utilização do *superavit* financeiro do exercício anterior, para abertura de créditos adicionais, apurado no Balanço Patrimonial do exercício anterior ao atual, esse balanço demonstrará uma situação de desequilíbrio entre a previsão atualizada da receita e a dotação atualizada. Essa situação também pode ser causada pela reabertura de créditos adicionais, especificamente os créditos especiais e extraordinários que tiveram o ato de autorização promulgado nos últimos quatro meses do ano anterior, caso em que esses créditos serão reabertos nos limites de seus saldos e incorporados ao orçamento do exercício financeiro em obediência ao art. 167, § 2º da Constituição Federal de 1988.

Dessa forma, o equilíbrio entre receita prevista e despesa fixada no Balanço Orçamentário pode ser verificado (sem influenciar seu resultado), somando-se os valores da linha Total e da linha Saldo de exercícios anteriores, apresentados na coluna Previsão atualizada, e confrontando esse montante com o total da coluna Dotação atualizada; ou seja, equilibrando com as receitas reconhecidas no ano anterior e que deram cobertura às despesas (créditos adicionais) de competência do exercício atual.

### 8.1.1.1 Estrutura e análise do balanço orçamentário

De início, cabe salientar que o preenchimento do balanço orçamentário, necessariamente, deve partir das contas constantes no PCASP, obedecendo a algumas especificidades de cada ente da Federação. A descrição e a função das contas encontram-se no próprio PCASP,[6] e o detalhamento de sua elaboração no IPC 07/STN – Metodologia para elaboração do balanço orçamentário.

#### I – Quadro principal: composição da estrutura das receitas orçamentárias

a) **Composição das colunas**

**Previsão inicial** (coluna *a*): essa coluna demonstra os valores da previsão inicial das receitas, constantes da LOA, e permanecerão inalterados durante todo o exercício, pois refletem a posição inicial do orçamento constante da LOA. As atualizações monetárias autorizadas por lei, efetuadas até a data da publicação da LOA, deverão compor essa coluna, sendo mencionadas em notas explicativas.

**Previsão atualizada** (coluna *b*): essa coluna demonstra os valores da previsão atualizada das receitas, que refletem a reestimativa da receita decorrente de, por exemplo: a) abertura de créditos adicionais, seja mediante excesso de arrecadação ou contratação de operações de crédito; b) criação de novas naturezas de receita não previstas na LOA; c) remanejamento entre naturezas de receita; ou d) atualizações monetárias autorizadas por lei, efetuadas após a data da publicação da LOA, sendo mencionadas em notas explicativas.

Se não ocorrerem eventos que ocasionem a reestimativa da receita, a coluna Previsão atualizada apresentará os mesmos valores da coluna Previsão inicial.

---

6   Disponível em: https://www.tesouro.fazenda.gov.br/pcasp. Acesso em: 2 set. 2019.

**Receitas realizadas** (coluna *c*): essa coluna demonstra os valores das receitas arrecadadas diretamente pelo órgão, ou por meio de outras instituições, como a rede bancária.

b) **Composição das linhas**

**Receitas correntes**: essa linha demonstra as receitas orçamentárias efetivas que aumentam as disponibilidades financeiras do Estado e que, em geral, provocam efeito positivo sobre o Patrimônio Líquido. E são instrumentos de financiamento dos programas e das ações orçamentários, a fim de se atingirem as finalidades públicas.

**Receitas de capital**: essa linha demonstra as receitas orçamentárias não efetivas (permutativas) que aumentam as disponibilidades financeiras do Estado e que, em geral, não provocam efeito sobre o Patrimônio Líquido. E são instrumentos de financiamento dos programas e das ações orçamentários, a fim de se atingirem as finalidades públicas.

**Recursos arrecadados em exercícios anteriores**: essa linha demonstra as receitas de competência de exercícios anteriores que serão utilizados para custear despesas do exercício corrente, permitindo o equilíbrio na aprovação da Lei Orçamentária. A classificação orçamentária criada para essa finalidade é a "9990.00.00 – Recursos arrecadados em exercícios anteriores", conforme estabelecido na Portaria Interministerial STN/SOF n. 163, de 2001.

Os **recursos arrecadados em exercícios anteriores** poderão ser incluídos na previsão da receita na LOA para demonstrar o equilíbrio orçamentário. Todavia, esses recursos não são passíveis de execução/reconhecimento, por já terem sido arrecadados em exercícios anteriores; ou seja, são recursos incluídos na LOA para evidenciar o equilíbrio do orçamento, mas não podem ser classificados como *superavit* financeiro para elaboração da LOA, nem são passíveis de execução (por exemplo: Recursos de RPPS).

Por ocasião da elaboração do **projeto de Lei Orçamentária**, esses recursos arrecadados ainda não podem ser classificados como *superavit* financeiro, pois este só pode ser apurado ao final do exercício financeiro. Entretanto, na **execução do orçamento atual**, esses recursos serão lançados como *superavit* financeiro no balanço orçamentário na coluna (*c*) da receita realizada.

Como exemplo, pode-se citar a utilização de **recursos arrecadados em exercícios anteriores** para o pagamento de aposentadorias e pensões do RPPS. Nesse caso, inicialmente há mais receitas do que pagamentos de benefícios (fase de capitalização). Assim, para que haja equilíbrio orçamentário, a diferença de valores é lançada como reserva do RPPS do lado da despesa orçamentária.

Entretanto, a partir de determinada fase, é provável que haja mais despesas do que receitas, fazendo-se necessário utilizar os recursos que foram anteriormente capitalizados. Assim, a parcela de recursos de exercícios anteriores, que será utilizada para complementar os pagamentos de aposentadorias e pensões, deverá constar do lado da receita orçamentária, a fim de permitir o equilíbrio do orçamento.

**Operações de crédito/refinanciamento**: essa linha demonstra o valor da receita decorrente da emissão de títulos públicos e da obtenção de empréstimos, inclusive as destinadas ao refinanciamento da dívida pública.

Os valores referentes ao *refinanciamento da dívida pública* são segregados em operações de crédito internas e externas, e estas em dívida mobiliária e dívida contratual. Esse nível de agregação também se aplica às *despesas com amortização da dívida de refinanciamento*, no grupo das despesas orçamentárias; ou seja, os valores referentes ao refinanciamento da dívida mobiliária e de outras dívidas deverão constar, destacadamente, nas receitas de operações de crédito internas e externas e, nesse mesmo nível de agregação, nas despesas com amortização da dívida de refinanciamento.

*Deficit*: essa linha demonstra a diferença negativa entre as receitas realizadas e as despesas empenhadas, se for o caso. Equivale à diferença negativa entre a linha Subtotal com refinanciamento (VI) das receitas e a linha Subtotal com refinanciamento (XV) das despesas. Se, porém, as receitas realizadas forem superiores às despesas empenhadas, essa diferença será lançada como *Superavit* (XVI), sendo, nesse caso, a linha *Deficit* (VII) preenchida com um traço (–), indicando valor inexistente ou nulo.

O *deficit* é apresentado junto às receitas a fim de demonstrar o equilíbrio do balanço orçamentário.

**Saldos de exercícios anteriores (utilizados para créditos adicionais)**: essa linha demonstra o valor dos recursos provenientes de *superavit* financeiro de exercícios anteriores que está sendo utilizado como fonte para abertura de créditos adicionais. Demonstra, também, os valores referentes aos créditos adicionais autorizados nos últimos quatro meses do exercício anterior ao de referência e reabertos no exercício atual.

Apresenta valores somente nas colunas Previsão atualizada e Receita realizada e deverá corresponder ao valor utilizado para a execução de despesas no exercício atual. Esses valores não são considerados na receita orçamentária do exercício de referência nem serão considerados no cálculo do *deficit* ou *superavit* orçamentário, pois foram arrecadados em exercício anterior, ou seja, são de competência de outro exercício.

## II – Quadro principal: composição da estrutura das despesas orçamentárias

### a) Composição das colunas

**Dotação inicial** (coluna *e*): essa coluna demonstra os valores dos créditos iniciais conforme consta na LOA. Os valores registrados nessa coluna permanecerão inalterados durante todo o exercício, pois refletem a posição inicial do orçamento previsto na LOA.

**Dotação atualizada** (coluna *f*): essa coluna demonstra a dotação inicial somada aos créditos adicionais abertos ou reabertos durante o exercício de referência, deduzidos das respectivas anulações e cancelamentos. Caso não ocorram eventos que provoque a atualização da despesa, essa coluna apresentará os mesmos valores da coluna Dotação inicial.

**Despesas empenhadas** (coluna *g*): essa coluna demonstra os valores das despesas empenhadas no exercício, inclusive das despesas em liquidação, liquidadas ou pagas. Considera-se despesa orçamentária executada a despesa empenhada.

**Despesas liquidadas** (coluna *h*): essa coluna demonstra os valores das despesas liquidadas no exercício de referência, inclusive das despesas pagas. Excluídos os valores referentes à liquidação de RPNP.

**Despesas pagas** (coluna *i*): essa coluna demonstra os valores das despesas pagas no exercício de referência. Excluídos os valores referentes ao pagamento de restos a pagar, processados ou não processados.

### b) Composição das linhas

**Reservas de contingências**: segregadas em duas linhas, apresentam a reserva de contingência e a reserva do RPPS, destinadas ao atendimento de passivos contingentes e outros riscos, bem como eventos fiscais imprevistos, inclusive a abertura de créditos adicionais.

**Amortização da dívida/refinanciamento**: essa linha apresenta o valor de amortização decorrente da substituição da parcela correspondente ao principal dos títulos vencidos por novos títulos. Gramaticalmente, refinanciamento significa tornar a financiar (prover despesas). Em relação à dívida pública mobiliária federal é o que denominamos rolagem da dívida, ou, ainda, a substituição da parcela correspondente ao principal dos títulos vencidos por novos títulos. A partir de um novo sistema de classificação e da introdução do conceito de refinanciamento, o montante de recursos relativo ao refinanciamento da dívida fará parte da proposta orçamentária destacadamente dos pagamentos efetivos da dívida pública.

## III. Quadro da execução dos Restos a Pagar Não Processados (RPNP)

No Quadro 8.2, são informados os RPNP inscritos até o exercício anterior nas respectivas fases de execução. Os restos a pagar inscritos na condição de não processados que tenham sido liquidados em exercício anterior ao de referência compõem o quadro da execução de RPP.

| QUADRO 8.2 | Execução dos Restos a Pagar Não Processados (RPNP) | | | | | |
|---|---|---|---|---|---|---|
| RPNP | Inscritos | | Liquidados (c) | Pagos (d) | Cancelados (e) | Saldo f=(a+b-d-e) |
| | Em exercícios anteriores (a) | Em 31 de dezembro do exercício anterior (b) | | | | |
| **Despesas correntes (I)** | | | | | | |
| Pessoal e encargos sociais | | | | | | |
| Juros e encargos da dívida | | | | | | |
| Outras despesas correntes | | | | | | |
| **Despesas de capital (II)** | | | | | | |
| Investimentos | | | | | | |
| Inversões financeiras | | | | | | |
| Amortização da dívida | | | | | | |
| **Total** | | | | | | |
| Assinatura do gestor público (CPF): | | | Assinatura do contador (n. CRC): | | | |

Fonte: NBC TSP 11/CFC e ICP 07/STN.

Para um bom entendimento da elaboração desse quadro, apresentamos a seguir, conforme PCASP, as contas da razão contábil que devem subsidiar a montagem e a conferência desse demonstrativo.

- Restos a pagar inscritos em exercícios anteriores (coluna *a*): para apurar o valor, utiliza-se as contas contábeis 5.3.1.2.0.00.00 + 5.3.1.3.0.00.00 + 5.3.1.6.0.00.00 (–) 6.3.1.6.0.00.00.
- Restos a pagar inscritos em 31 de dezembro do exercício anterior (coluna *b*): para apurar o valor, utiliza-se a conta contábil 5.3.1.1.0.00.00.

- Restos a pagar liquidados (coluna $c$): para apurar o valor, utilizam-se as contas contábeis 6.3.1.3.0.00.00 + 6.3.1.4.0.00.00.
- Restos a pagar pagos (coluna $d$): para apurar o valor, utiliza-se a conta contábil 6.3.1.4.0.00.00.
- Restos a pagar cancelados (coluna $e$): para apurar o valor, utiliza-se a conta contábil 6.3.1.9.0.00.00.

### IV. Quadro da execução dos Restos a Pagar Processados (RPP) e dos Restos a Pagar Não Processados Liquidados (RPNP)

No Quadro 8.3, são informados os restos a pagar processados inscritos até o exercício anterior nas respectivas fases de execução. São informados, também, os restos a pagar inscritos na condição de não processados que tenham sido liquidados em exercício anterior. Os entes que não conseguem fazer o controle dos restos a pagar não processados liquidados podem, ao final do exercício, transferir seus saldos para restos a pagar processados.

| **QUADRO 8.3** Execução dos Restos a pagar processados e Restos a pagar não processados liquidados | | | | | |
|---|---|---|---|---|---|
| | Inscritos | | | | |
| **RPNP** | Em exercícios anteriores (a) | Em 31 de dezembro do exercício anterior (b) | Pagos (c) | Cancelados (d) | Saldo e = (a + b – c – d) |
| **Despesas correntes (I)** | | | | | |
| Pessoal e encargos sociais | | | | | |
| Juros e encargos da dívida | | | | | |
| Outras despesas correntes | | | | | |
| **Despesas de capital (II)** | | | | | |
| Investimentos | | | | | |
| Inversões financeiras | | | | | |
| Amortização da dívida | | | | | |
| **Total** | | | | | |
| Assinatura do gestor público (CPF): | | | Assinatura do contador (n. CRC): | | |

Fonte: NBC TSP 11/CFC e ICP 07/STN.

Para um bom entendimento da elaboração desse quadro, apresentamos a seguir, conforme PCASP, as contas do razão contábil que devem subsidiar a montagem e a conferência desse demonstrativo.

- Restos a pagar inscritos em exercícios anteriores (coluna *a*): para apurar o valor, utilizam-se as contas contábeis 5.3.2.2.0.00.00 + 5.3.2.6.0.00.00 (–) 6.3.2.6.0.00.00.
- Restos a pagar inscritos em 31 de dezembro do exercício anterior (coluna *b*): para apurar o valor, utiliza-se a conta contábil 5.3.2.1.0.00.00.
- Restos a pagar pagos (coluna *c*): para apurar o valor, utiliza-se a conta contábil 6.3.2.2.0.00.00.
- Restos a pagar cancelados (coluna *d*): para apurar o valor, utiliza-se a conta contábil 6.3.2.9.0.00.00.

## 8.1.2 Balanço financeiro

O **balanço financeiro** espelha a movimentação dos recursos financeiros do Estado, demonstrando seu saldo inicial, os ingressos (receitas), os egressos (despesas) e o saldo apurado no exercício corrente que será transferido para o próximo exercício. Conforme conceituação legal (art. 103 da Lei n. 4.320, de 1964), o balanço financeiro deve apresentar a receita e a despesa orçamentárias, bem como os recebimentos e os pagamentos de natureza extraorçamentária, chamados, respectivamente, de receitas e despesas extraorçamentárias, conjugados com os saldos em espécie provenientes do exercício anterior, e os que se transferem para o exercício seguinte. Representa o fluxo de caixa do Estado.

As estruturas das demonstrações contábeis contidas nos anexos da Lei n. 4.320, de 1964, foram alteradas por meio de Portarias da STN e da NBC TSP, que estabeleceram novos conceitos ao estudo do balanço financeiro, em obediência ao processo de convergência à IPSA e de consolidação das contas públicas.

Assim, o **balanço financeiro** evidencia a movimentação financeira das entidades do setor público no período a que se refere, geralmente num exercício financeiro de um ano, e deve discriminar:

a) a receita orçamentária realizada por destinação de recurso;
b) a despesa orçamentária executada por destinação de recurso e o montante não pago como parcela retificadora, (os repasses constitucionais, por exemplo: FPM e FPE, e outros de natureza obrigatória/vinculada, por exemplo: Fundeb, não concluídos até 31 de dezembro);
c) os recebimentos e os pagamentos extraorçamentários;
d) as transferências ativas e passivas decorrentes, ou não, da execução orçamentária;

**e)** o saldo inicial e o saldo final das disponibilidades;

**f)** sempre que necessário, as informações relevantes devem ser detalhadas em **notas explicativas**. A referência à nota é evidenciada na coluna Nota, presente na estrutura do demonstrativo, a fim de facilitar sua localização pelo usuário.

Nesse balanço, as informações são apresentadas por *fonte/destinação de recursos*, segregando em *destinações ordinárias e vinculadas*. O detalhamento das vinculações é feito de acordo com as características específicas de cada ente, como as vinculações para a previdência social, as transferências obrigatórias para outro ente e outras vinculações constitucionais e legais.

A apresentação das receitas e das despesas por **fonte/destinação de recursos orçamentários** visa discriminar, no mínimo, as vinculações legais, como das áreas de saúde, educação e previdência social. Ou seja, identifica as receitas comprometidas com ações e programas governamentais definidas na Constituição e nas normas legais (Fundeb, Sistema Único de Saúde – SUS, Sistema Único de Assistência Social – SUAS).

O **balanço financeiro é composto de dois quadros**, a saber: (a) Quadro principal e o (b) Quadro anexo das deduções da receita orçamentária.

Em seu quadro principal, esse balanço contempla duas seções: (a) **os ingressos** (receitas orçamentárias e recebimentos extraorçamentários) e (b) **os dispêndios** (despesa orçamentária e pagamentos extraorçamentários), que se equilibram com a inclusão do saldo em espécie do exercício anterior na coluna dos ingressos e o saldo em espécie para o exercício seguinte na coluna dos dispêndios.

O **Quadro 8.4** apresenta o modelo do quadro principal recomendado na **IPC 06/STN – Metodologia para elaboração do balanço financeiro**, considerando as especificações do PCASP.

| QUADRO 8.4  Modelo do quadro principal IPC 06 | | | | | | | |
|---|---|---|---|---|---|---|---|
| <Nome do ente da Federação> | | | | | | | |
| Balanço financeiro | | | | | | | |
| Exercício:         Mês:         Emissão:         Página: | | | | | | | |
| Ingressos | | | | Desembolso | | | |
| Especificação | N | Exercício atual | Exercício anterior | Especificação | N | Exercício atual | Exercício anterior |
| Receita orçamentária (I) | | | | Despesa orçamentária (VI) | | | |
| Ordinária | | | | Ordinária | | | |
| Vinculada | | | | Vinculada | | | |

| Ingressos | | | | Desembolso | | | |
|---|---|---|---|---|---|---|---|
| Especificação | N | Exercício atual | Exercício anterior | Especificação | N | Exercício atual | Exercício anterior |
| Recursos vinculados à educação | | | | Recursos destinados à Educação | | | |
| Recursos vinculados à Saúde | | | | Recursos destinados à Saúde | | | |
| Recursos vinculados à Previdência Social (RPPS) | | | | RPPS | | | |
| Recursos vinculados à Previdência Social (RGPS) | | | | RGPS | | | |
| Recursos vinculados à Seguridade Social | | | | Recursos destinados à Seguridade Social | | | |
| Outras destinações de recursos | | | | Outras destinações de recursos | | | |
| Convênios | | | | Convênios | | | |
| Recursos próprios diretamente arrecadados | | | | Recursos próprios diretamente arrecadados | | | |
| Operações de crédito | | | | Operações de crédito | | | |
| Alienação de bens | | | | Alienação de bens | | | |
| (Deduções da receita) | | | | | | | |
| **Transferências financeiras recebidas (II)** | | | | **Transferências financeiras concedidas (VII)** | | | |
| Transferência recebida para a execução orçamentária | | | | Transferência concedida para a execução orçamentária | | | |
| Transferência recebida independentes de execução orçamentária | | | | Transferência concedida independentes de execução orçamentária | | | |
| Transferência recebida para aportes de recursos ao RPPS | | | | Transferência concedida para aportes de recursos ao RPPS | | | |
| Transferência recebida para aportes de recursos ao RGPS | | | | Transferência concedida para aportes de recursos ao RGPS | | | |

| Ingressos | | | | Desembolso | | | |
|---|---|---|---|---|---|---|---|
| Especificação | N | Exercício atual | Exercício anterior | Especificação | N | Exercício atual | Exercício anterior |
| **Recebimentos extraorçamentários (III)** | | | | **Pagamentos extraorçamentários (VIII)** | | | |
| Inscrição de RPNP | | | | Pagamentos de RPNP | | | |
| Inscrição de RPP | | | | Pagamentos de RPP | | | |
| Depósitos restituíveis e valores vinculados | | | | Depósitos restituíveis e valores vinculados | | | |
| Outros recebimentos extraorçamentários | | | | Outros pagamentos extraorçamentários | | | |
| **Saldo do período anterior (IV)** | | | | **Saldo para o exercício seguinte (IX)** | | | |
| Caixa e equivalentes de caixa | | | | Caixa e equivalentes de caixa | | | |
| Depósitos restituíveis e valores vinculados | | | | Depósitos restituíveis e valores vinculados | | | |
| **Total V = (I + II + III + IV)** | | | | **Total X = (V + VI + VII + VIII + IX)** | | | |
| Assinatura do gestor público (CPF): | | | | Assinatura do contador (n. CRC): | | | |

Fonte: ICP 06/STN.

As **notas explicativas ao balanço financeiro** devem, no mínimo, informar: (a) os ajustes relacionados às retenções e (b) o detalhamento das deduções da receita orçamentária por fonte/destinação de recursos. No item 8.3, traremos mais detalhes a respeito.

A **classificação por fonte não é padronizada**. Cabe a cada ente adaptá-lo à classificação por ele adotada. Caso o ente resolva **agrupar algumas vinculações de receitas**, devem ser divulgados os critérios para o agrupamento por meio de notas explicativas.

As **receitas orçamentárias nesse balanço são apresentadas líquidas das deduções**. O detalhamento das deduções da receita orçamentária por fonte/destinação de recursos *deve ser apresentado em quadro anexo ao balanço financeiro ou em notas explicativas*.

O **Quadro 8.5** apresenta o modelo do quadro das deduções da receita orçamentária previsto na **IPC 06 – Metodologia para elaboração do balanço financeiro**.

| QUADRO 8.5 | Quadro anexo ao balanço financeiro – deduções da receita orçamentária | | | | | |
|---|---|---|---|---|---|---|
| Especificação | Exercício atual | | | Exercício anterior | | |
| | Receita orçamentária (a) | Deduções da receita orçamentária (b) | Saldo (c) = (a – b) | Receita orçamentária (d) | Deduções da receita orçamentária (e) | Saldo (f) = (d – e) |
| Ordinária | | | | | | |
| Vinculada | | | | | | |
| Recursos vinculados à Educação | | | | | | |
| Recursos vinculados à Saúde | | | | | | |
| Recursos vinculados à Previdência Social – RPPS | | | | | | |
| Recursos vinculados à Previdência Social – RGPS | | | | | | |
| Recursos vinculados à Seguridade Social | | | | | | |
| Outras destinações de recursos | | | | | | |
| Total | | | | | | |
| Assinatura do gestor público (CPF): | | | Assinatura do contador (n. CRC): | | | |

Fonte: ICP 06/STN e NBC TSP 11.

## Resultado financeiro

Esse balanço permite apurar o **Resultado financeiro** do período, o qual pode ser *superavitário* ou *deficitário*. Caso o saldo financeiro disponível final seja superior ao saldo financeiro inicial, teremos um **Resultado financeiro do período superavitário**; por outro lado, se o saldo financeiro disponível final for inferior ao saldo financeiro inicial, teremos um **Resultado financeiro do período deficitário**. Vejamos o exemplo.

Nesse contexto, para entender melhor o funcionamento do balanço financeiro, devemos sempre considerar que ele representa apenas uma movimentação financeira; logo, sempre teremos:

$$SI + E - S = SF$$

Em que:

SI = Saldo inicial dos recursos.
E = Entradas de recursos.
S = Saídas de recursos.
SF = Saldo final dos recursos.

Financeiramente falando, as entradas representam as receitas; e as saídas, as despesas. Assim, podemos apresentar a seguinte equação:

$$SI + R - D = SF$$

ou

$$SI + R = D + SF$$

Considerando que as receitas e as despesas são ingressos e desembolsos do período, respectivamente, e que elas são subdivididas em subcontas; e que essa equação pode ser apresentada em colunas, conforme IPC 06/STN, considerando a NBC TSP 11/CFC apresentada no **Quadro 8.5**, teremos:

| Balanço financeiro | | | |
|---|---|---|---|
| **Receitas/ingressos** | | **Despesas/desembolsos** | |
| Receita orçamentária | $ 600 | Despesas orçamentária | $ 400 |
| Transferências financeiras recebidas | $ 300 | Transferências financeiras concedidas | $ 200 |
| Recebimentos extraorçamentários | $ 100 | Recebimentos extraorçamentários | $ 100 |
| Saldo inicial | $ 700 | Saldo final | $ 1.000 |
| **Total $ 1.700** | | **Total $ 1.700** | |

Vamos apurar agora o Resultado financeiro do período por dois métodos.

a) **Primeiro método**: considerando o balanço financeiro acima em que o saldo financeiro inicial era de $ 700 e, ao fim do exercício financeiro, se apurou um saldo financeiro final de $ 1.000, teremos:

> Resultado financeiro = Saldo financeiro final – Saldo financeiro inicial

Resultado financeiro = $ 1.000 – $ 700

Resultado financeiro do período = $ 300, ou seja, superavitário.

Partindo do modelo do balanço financeiro acima teríamos:

> Resultado financeiro = Saldo para o exercício seguinte (IX) – Saldo do período anterior (IV)

b) **Segundo método**: considerando ainda o balanço financeiro acima em que, ao fim do exercício financeiro, se apurou ingressos de $ 1.000 e desembolso de $ 700, teremos:

| (=) Ingressos | $ 1.000 | (=) Desembolsos | $ 700 |
|---|---|---|---|
| (+) Receita orçamentária | $ 600 | (+) Despesas orçamentária | $ 400 |
| (+) Transferências financeiras recebidas | $ 300 | (+) Transferências financeiras concedidas | $ 200 |
| (+) Recebimentos extraorçamentários | $ 100 | (+) Recebimentos extraorçamentários | $ 100 |

Resumindo, teríamos:

> Resultado financeiro = Ingressos – Desembolsos

Resultado financeiro = $ 1.000 – $ 700

Resultado financeiro do período = $ 300, ou seja, superavitário.

Por fim, cabe salientar que não se deve confundir Resultado financeiro do período com *Superavit* ou *Deficit* financeiro apurado no Balanço patrimonial, que consiste no resultado, positivo ou negativo, respectivamente, da subtração do Ativo financeiro menos o Passivo financeiro.

## 8.1.2.1    Estrutura e análise do balanço financeiro

Cabe salientar inicialmente que o preenchimento do balanço financeiro, necessariamente, deve partir das contas do PCASP, obedecendo a algumas especificidades de cada ente da Federação. A descrição e a função das contas encontram-se detalhadas no próprio PCASP,[7] e sua elaboração, no IPC 06/STN – Metodologia para elaboração do balanço financeiro.

O **balanço financeiro** será elaborado utilizando-se das seguintes classes de contas do PCASP:

a) **Classe 6** – classe 6 (Execução da receita e despesa orçamentária). Assim, para o grupo **Receita orçamentária (I)**, seus saldos são extraídos do razão, das contas contábeis 6.2.1.2.0.00.00 – 6.2.1.3.0.00.00 para Recursos ordinários e Recursos vinculados. Já para o grupo **Despesa orçamentária (VI)**, seus saldos são extraídos do razão, da conta contábil 6.2.2.1.3.00.00 para Recursos destinados (ordinários e vinculados).

b) **Classes 4 e 3** – classes 4 (VPA) e classe 3 (VPD) para as Transferências financeiras recebidas e concedidas, respectivamente. Assim, para o grupo das **Transferências financeiras recebidas (II)**, seus saldos são extraídos do razão, contas contábeis 4.5.1.1.0.00.00 a 4.5.1.4.0.00.00 Variações patrimoniais aumentativas; e para o grupo **Transferências financeiras concedidas (VII)**, seus saldos são extraídos do razão, das contas contábeis 3.5.1.1.0.00.00 a 3.5.1.4.0.00.00 Variações patrimoniais diminutivas.

Cabe salientar, quando forem utilizadas contas de VPA e de VPD, para as contas das linhas de Transferências financeiras concedidas e recebidas, respectivamente, que o regime usado para as movimentações em questão **é o regime de caixa**, considerando que essas contas, originalmente, em seus registros, seguem o regime de competência.

As **Transferências financeiras recebidas e as concedidas** demonstram a movimentação de recursos orçamentários inter e intragovernamentais (saldos de transações intra e inter do OFSS). Ou seja, apresenta o somatório das variações patrimoniais aumentativas (receitas) ou diminutivas (despesas) decorrentes de transferências intergovernamentais e intragovernamentais para os entes governamentais, as instituições multigovernamentais, as instituições privadas com ou sem fins lucrativos e de transferências ao exterior, que compreendem subvenções sociais, subvenções econômicas e doações concedidas. As **transferências intragovernamentais** compreendem as

---

[7]   Disponível em: https://www.tesouro.fazenda.gov.br/pcasp. Acesso em: 2 set. 2019.

variações patrimoniais diminutivas (despesas) decorrentes das transferências financeiras relativas à execução orçamentária, e de bens e valores, referentes às transações intragovernamentais. As aplicações [91 – Aplicações diretas intraorçamentárias] demonstram a movimentação de recursos orçamentários entre ministérios diferentes de um mesmo Poder, por meio de Cotas financeiras. Já a movimentação de recursos se for entre unidades administrativas de um mesmo ministério são operacionadas, orçamentariamente, por repasse e subrepasse financeiro.

As **transferências intergovernamentais concedidas**, de bens e/ou valores, compreendem as variações patrimoniais diminutivas (despesas) decorrentes de transferências a União, estados, Distrito Federal e municípios, inclusive as entidades vinculadas [20 – Transferências à União, 30 – Transferências a estados e ao Distrito Federal, 40 – Transferências a municípios, 70 – Transferências a instituições multigovernamentais nacionais]. Essas transferências serão excluídas na consolidação das contas, ou seja, se uma transferência, por exemplo, ocorrer entre unidades da mesma esfera de governo, pertencentes ao OFSS.

As demonstrações contábeis são baseadas nas contas de cada ente da Federação, órgão, entidade ou empresa pública. Assim, segundo a lógica do PCASP, *as contas intra e interorçamentárias devem ser excluídas para fins de consolidação nacional das demonstrações contábeis e no âmbito de cada ente da Federação.* Entretanto, se as demonstrações contábeis se referirem apenas às contas de um órgão, uma entidade ou uma empresa pública, *não há exclusão das contas intraorçamentárias das operações intragovernamentais e intergovernamentais.*

c) **Classes 2, 5 e 6** – classe 2 (Passivo) para os recebimentos e os pagamentos extraorçamentários. Assim, para o grupo **Recebimentos extraorçamentários (III)**, seus saldos são extraídos do razão, classe 5 (Planejamento e orçamento), contas contábeis 5.3.1.1.0.00.00 e 5.3.2.1.0.00.00 para os restos a pagar; e classe 2 (Passivo), conta 2.1.8.8.0.00.00 para os Depósitos restituíveis e valores vinculados. Já para o grupo **Pagamentos extraorçamentários (VIII)**, seus saldos são extraídos do razão, classe 6 (Execução da receita e despesa orçamentária), contas contábeis 6.3.1.4.0.00.00 e 6.3.2.2.0.00.00 para os restos a pagar; e classe 2 (Passivo), conta contábil 2.1.8.8.0.00.00 para os Depósitos restituíveis e valores vinculados. Os campos Outros recebimentos extraorçamentários e Outros pagamentos extraorçamentários contemplam situações não previstas no modelo sugerido pela ICP 06/STN, cabendo a cada ente adaptá-los conforme suas necessidades. Geralmente, *são valores que não transitam pelo orçamento*, mas afetam o Saldo do exercício anterior e o Saldo para o exercício seguinte, conforme citado anteriormente.

**d)** **Classes 1** – classe 1 (Ativo) para o saldo em espécie do exercício anterior e para o exercício seguinte. Assim, para os grupos **Saldo do exercício anterior (IV)** e **Saldo para o exercício seguinte (IX)**, seus saldos são extraídos do razão, classe 1 (Ativo), contas contábeis 1.1.1.0.0.00.00 e 1.1.3.5.0.00.00 (saldo inicial e final de ambas)

## 8.1.3 Balanço patrimonial

O Balanço Patrimonial tem por objetivo evidenciar qualitativa e quantitativamente a situação patrimonial da entidade pública. Ele é estruturado em Ativo, Passivo e Patrimônio Líquido e também em Contas de compensação. Assim, conceituando cada grupo, temos:

**a)** Ativo é um recurso controlado pela entidade como resultado de eventos passados e do qual se espera que fluam futuros benefícios econômicos para a entidade;

**b)** Passivo é uma obrigação presente da entidade, derivada de eventos passados, cuja liquidação se espera que resulte na saída de recursos da entidade capazes de gerar benefícios econômicos;

**c)** Patrimônio líquido é o interesse residual nos ativos da entidade depois de deduzidos todos os seus passivos. No Patrimônio Líquido, deve ser evidenciado *o resultado do período segregado dos resultados acumulados de períodos anteriores*.

**d)** Contas de compensação compreendem os atos que possam vir a afetar o patrimônio.

As estruturas das demonstrações contábeis contidas nos anexos da Lei n. 4.320, de 1964, foram alteradas por Portarias do STN e da NBC TSP 11 que estabeleceram nova estrutura e conceitos ao balanço patrimonial, em obediência ao processo de convergência à IPSA e de consolidação das contas públicas. Dessa maneira, *o balanço patrimonial é composto de quatro quadros demonstrativos*:

**a)** Quadro principal;
**b)** Quadro dos Ativos e Passivos financeiros e permanentes;
**c)** Quadro das Contas de compensação;
**d)** Quadro do *Superavit/Deficit* financeiro.

O **Quadro 8.6** a seguir apresenta o modelo do balanço patrimonial proposto pela **IPC/STN 04 – Metodologia para elaboração do balanço patrimonial**, combinado com a NBC TSP/CFC 11, considerando as especificações do PCASP.

| QUADRO 8.6 – Modelo do Balanço Patrimonial | | | | | | | |
|---|---|---|---|---|---|---|---|
| <Ente da Federação> | | | | | | | |
| **Balanço Patrimonial** | | | | | | | |
| Exercício:     Mês:       Emissão:      Página: | | | | | | | |
| **Ativo** | | | | **Passivo** | | | |
| **Especificação** | **N** | **Exercício atual** | **Exercício anterior** | **Especificação** | **N** | **Exercício atual** | **Exercício anterior** |
| **ATIVO** | | | | **PASSIVO E PATRIMÔNIO LÍQUIDO** | | | |
| **ATIVO CIRCULANTE** | | | | **PASSIVO CIRCULANTE** | | | |
| Caixa e equivalentes de caixa | | | | Obrigações trabalh. prev. assist. a pagar CP | | | |
| Créditos a curto prazo (CP) | | | | Empréstimos e financiamentos a CP | | | |
| Créditos tributários a receber | | | | Fornecedores e contas a pagar a CP | | | |
| Clientes | | | | Obrigações fiscais a curto prazo | | | |
| Créditos de transferências a receber | | | | Obrigações repartições a outros ente a CP | | | |
| Empréstimos e financiamentos concedidos | | | | Provisões de curto prazo | | | |
| Dívida ativa tributária | | | | Demais obrigações a curto prazo | | | |
| Dívida ativa não tributária/clientes | | | | Valores de terceiros restituíveis | | | |
| (–) Ajuste de perdas de créditos a curto prazo | | | | **Total do Passivo Circulante** | | | |
| Demais créditos e valores a CP | | | | **PASSIVO NÃO CIRCULANTE** | | | |
| Investimentos e aplicações temporários a CP | | | | Obrigações trab. prev. e assist. a pagar a LP | | | |
| Estoques | | | | Empréstimos e financiamentos a LP | | | |
| VPD pagas antecipada a CP | | | | Fornecedores e contas a pagar a LP | | | |
| **Total do Ativo Circulante** | | | | Obrigações fiscais a longo prazo | | | |

| Ativo | | | | Passivo | | | |
|---|---|---|---|---|---|---|---|
| Especificação | N | Exercício atual | Exercício anterior | Especificação | N | Exercício atual | Exercício anterior |
| **ATIVO NÃO CIRCULANTE** | | | | Provisões a longo prazo | | | |
| Realizável a longo prazo (LP) | | | | Demais obrigações a longo prazo | | | |
| Créditos a longo prazo | | | | Resultado diferido | | | |
| Investimentos e aplicações temporários a LP | | | | **Total do Passivo Não Circulante** | | | |
| Estoques | | | | **PATRIMÔNIO LÍQUIDO** | | | |
| VPD Pagas antecipada a LP | | | | Patrimônio social e capital social | | | |
| Investimento | | | | Adiantamento para futuro aumento de capital | | | |
| (–) Ajuste de perdas de créditos a longo prazo | | | | Reservas de capital | | | |
| Imobilizado | | | | Ajustes de avaliação patrimonial | | | |
| (Depreciação acumulada) | | | | Reservas de lucros | | | |
| (Red. val. recuperável imobilizado) | | | | Demais reservas | | | |
| Intangível | | | | Resultados acumulados | | | |
| (Amortização acumulada) | | | | *Superavit* ou *deficit* do exercício | | | |
| Diferido | | | | *Superavit* ou *deficit* de exercícios anteriores | | | |
| **Total do Ativo Não Circulante** | | | | Ajustes de exercícios anteriores | | | |
| | | | | (Ações/cotas em tesouraria) | | | |
| | | | | **Total do Patrimônio Líquido** | | | |
| **TOTAL ATIVO** | | | | **TOTAL DO PASSIVO E DO PATRIMÔNIO LÍQUIDO** | | | |
| Assinatura do gestor público (CPF): | | | | Assinatura do contador (n. CRC): | | | |

Fonte: ICP 04/STN e NBC TSP 11/CFC.

As **notas explicativas ao balanço patrimonial** devem, no mínimo, informar: a) o detalhamento das contas em função da dimensão e da natureza dos valores envolvidos nos ativos e nos passivos e b) as políticas de depreciação, amortização e exaustão. No item 8.3, traremos mais detalhes a respeito.

## 8.1.3.1   Estrutura e análise do balanço patrimonial

Cabe salientar inicialmente que o preenchimento do balanço patrimonial, necessariamente, deve partir das contas do PCASP, obedecendo a algumas especificidades de cada ente da Federação. A descrição e a função das contas encontram-se detalhadas no próprio PCASP,[8] e sua elaboração, no IPC 04/STN – Metodologia para elaboração do balanço patrimonial.

A classificação dos elementos patrimoniais nesse balanço considera a segregação em "circulante" e "não circulante", com base em seus atributos de *conversibilidade e exigibilidade*. Assim, define-se que: (i) o **Circulante** é o conjunto de bens e direitos *realizáveis* e obrigações *exigíveis* até 12 meses da data das demonstrações contábeis; e (ii) o **Não Circulante** é o conjunto de bens e direitos realizáveis e obrigações exigíveis após 12 meses da data das demonstrações contábeis.

As **contas no Ativo** devem ser classificadas como Circulante quando satisfizerem a um dos seguintes critérios (i) estarem *disponíveis* para realização imediata; e (ii) tiverem a *expectativa de realização* até 12 meses da data das demonstrações contábeis. Também no ativo as contas devem ser dispostas em *ordem decrescente de grau de conversibilidade*. Os demais ativos devem ser classificados como não circulante.

As **contas no Passivo** devem ser classificadas como Circulante quando satisfizerem um dos seguintes critérios: (i) corresponderem a valores *exigíveis* até 12 meses da data das demonstrações contábeis; e (ii) corresponderem a *valores de terceiros ou retenções* em nome deles, quando a entidade do setor público *for a fiel depositária*, independentemente do prazo de exigibilidade. Os demais passivos devem ser classificados como não circulante. No passivo, as contas devem ser dispostas em *ordem decrescente de grau de exigibilidade*.

É recomendável que os ativos e os passivos devem ser apresentados em níveis sintéticos, ou seja, terceiro nível: Créditos a curto prazo ou quarto nível: Créditos tributários a receber.

As **notas explicativas** são parte integrante das demonstrações contábeis. Assim, as informações relevantes devem ser detalhadas em notas explicativas. A referência à nota deve ser evidenciada na coluna Nota (N), presente na estrutura do demonstrativo, a fim de facilitar sua localização pelo usuário. Para uma adequada **transparência e evidenciação** contábil, recomenda-se o detalhamento de alguns itens em

---

[8]   Disponível em: https://www.tesouro.fazenda.gov.br/pcasp. Acesso em: 2 set. 2019.

notas explicativas, como: Créditos a curto prazo; Créditos a longo prazo; Imobilizado; Intangível; Obrigações trabalhistas, Previdenciárias e assistenciais a curto prazo; Provisões a curto prazo; Obrigações trabalhistas, Previdenciárias e assistenciais a longo prazo; e Provisões a longo prazo. Os demais itens deverão ser detalhados quando forem significativos.

No **Quadro 8.7**, os Ativos e os Passivos financeiros e permanentes e o saldo patrimonial são apresentados pelos seus valores totais, podendo ser detalhados em notas explicativas, a critério de cada ente. Esse balanço patrimonial resumido, no modelo do Anexo 12 da Lei n. 4.320, de 1964, atualmente serve para apuração do *Superavit* financeiro, destinado à cobertura de créditos adicionais; quando o resultado da subtração do Ativo financeiro menos o Passivo financeiro for positivo.

| QUADRO 8.7    Ativos e Passivos financeiros e permanentes | | | |
|---|---|---|---|
| <Ente da Federação> | | | |
| Quadro dos Ativos e Passivos financeiros e permanentes – Lei n. 4.320, de 1964<br>Exercício: 20XX | | | |
| Contas | Nota | Exercício atual | Exercício anterior |
| Ativo financeiro | | | |
| Ativo permanente | | | |
| **Total do Ativo (I)** | | | |
| Passivo financeiro | | | |
| Passivo permanente | | | |
| **Total do Passivo (II)** | | | |
| **Saldo Patrimonial III = (I – II)** | | | |
| Assinatura do gestor público (CPF): | | Assinatura do contador (n. CRC): | |

Para elaboração desse demonstrativo, utilizam-se as contas do PCASP, seguindo o seguinte esquema.

- **Ativo financeiro**: a soma das contas escrituráveis de ativo com o atributo financeiro (F), excluídas as contas intraorçamentárias;
- **Ativo permanente**: a soma das contas escrituráveis de ativo com o atributo permanente (P), excluídas as contas intraorçamentárias;
- **Passivo financeiro**: a soma das contas 2.1.0.0.0.00.00 (Passivo Circulante), atributo financeiro (F) + 2.2.0.0.0.00.00 (Passivo Não Circulante) atributo (F) + 6.2.2.1.3.01.00 (Crédito empenhado a liquidar) + 6.2.2.1.3,05.00 (Empenhos

a liquidar inscritos em RPNP) + 6.3.1.1.0.00.00 (RPNP a liquidar), excluídas as contas intraorçamentárias;

- **Passivo permanente**: a soma das contas 2.1.0.0.0.00.00 (Passivo Circulante), atributo Permanente (P) + 2.2.0.0.0.00.00 (Passivo Não Circulante), atributo (P), excluídas as contas intraorçamentárias.

O **Quadro 8.8** é elaborado utilizando-se de contas do razão da classe 8 (Controles credores) do PCASP. Os valores dos atos potenciais já executados não devem ser considerados. Somente devem ser considerados os atos potenciais do ativo e do passivo a executar. Os potenciais – compreendem contas relacionadas às situações não compreendidas no patrimônio, mas que, direta ou indiretamente, possam vir a afetá-lo, inclusive as que dizem respeito a atos e fatos ligados à execução orçamentária e financeira e a conta com função precípua de controle; ou seja, no quadro das compensações, deverão ser incluídos os atos potenciais do ativo e do passivo que possam, mediata ou indiretamente, vir a afetar o patrimônio, como direitos e obrigações conveniadas ou contratadas; responsabilidade por valores, títulos e bens de terceiros; garantias e contragarantias de valores recebidas e concedidas; e outros atos potenciais do ativo e do passivo.

| QUADRO 8.8 Contas de compensação | | | |
|---|---|---|---|
| <Ente da Federação> | | | |
| Quadro das contas de compensação – Lei n. 4.320, de 1964<br>Exercício: 20XX | | | |
| Especificação | Nota | Exercício atual | Exercício anterior |
| Atos potenciais ativos | | | |
| Garantias e contragarantias recebidas | | | |
| Direitos conveniados e outros instrumentos congêneres | | | |
| Direitos contratuais | | | |
| Outros Atos potenciais ativos | | | |
| **Total dos Atos potenciais ativos** | | | |
| Atos potenciais passivos | | | |
| Garantias e contragarantias concedidas | | | |
| Obrigações conveniadas e outros instrumentos congêneres | | | |
| Obrigações contratuais | | | |
| Outros Atos potenciais passivos | | | |
| **Total dos Atos potenciais passivos** | | | |
| Assinatura do gestor público (CPF): | | Assinatura do contador (n. CRC): | |

O **Quadro 8.9** é elaborado utilizando-se do saldo da conta 8.2.1.1.1.00.00 – Disponibilidade por destinação de recurso, segregado por fonte/destinação de recurso. Nesse quadro, cabe a cada ente da Federação adaptar a especificação do código e a descrição das fontes de acordo com à classificação por ele adotada. Podem ser apresentadas algumas fontes com *deficit* e outras com *superavit* financeiro, de modo que o total seja igual ao *superavit/deficit* financeiro apurado pela diferença entre o Ativo financeiro e o Passivo financeiro.

| QUADRO 8.9 Superavit/Deficit Financeiro | | | | |
|---|---|---|---|---|
| &lt;Ente da Federação&gt; | | | | |
| Quadro do *superavit/deficit* financeiro<br>Exercício: 20xx | | | | |
| Fontes de Recursos | | Nota | Exercício atual | Exercício anterior |
| Código | Descrição da fonte | | | |
| | Saldo das contas 8.2.1.1.1.00.00 | | | |
| | | | | |
| | | | | |
| | | | | |
| Total das Fontes de Recursos | | | | |
| Assinatura do gestor público (CPF): | | Assinatura do contador (n. CRC): | | |

Já sabemos que a Portaria n. 438, de 2012, da STN, alterou a estrutura e os componentes do balanço patrimonial. Contudo, para um melhor estudo, apresentamos alguns conceitos dos componentes patrimoniais da antiga estrutura previstos no Anexo 12 da Lei n. 4.320, de 1964. Vejamos a antiga estrutura dos grupos mostrados no **Quadro 8.10**.

| QUADRO 8.10 Antiga estrutura dos grupos | |
|---|---|
| Balanço Patrimonial | |
| Ativo | Passivo |
| Financeiro<br>Permanente<br>Saldo patrimonial<br>Compensação | Financeiro<br>Permanente<br>Saldo patrimonial<br>Compensação |

No **Ativo financeiro**, são agrupados os valores numerários, os créditos e os valores realizáveis no curto prazo.

No **Ativo permanente**, são agrupados os bens, os créditos e os valores utilizados na exploração da atividade estatal, cuja mobilização ou alienação dependa de autorização legislativa. O almoxarifado também é considerado ativo permanente, com o que não concordamos, tendo em vista seu caráter realizável.

**Bens permanentes** compreendem todo material que, em razão de uso, não perde sua identidade física e sua autonomia de funcionamento, mesmo quando incorporado a outro bem, e tem durabilidade prevista superior a dois anos. Para identificar um material de natureza permanente, também devemos levar em consideração os seguintes parâmetros excludentes:[9]

- **fragilidade**: quando a estrutura do material é passível de modificação, quebra ou deformação, caracterizando-se pela irrecuperabilidade e/ou perda de sua identidade ou utilidade;
- **perecibilidade**: quando o material está sujeito à dissolução, deterioração, extinção ou modificações químicas, perdendo sua identidade e/ou característica normal de uso;
- **descartabilidade**: quando o material depois de utilizado se torna inservível e é jogado fora;
- **incorporabilidade**: o material é destinado à incorporação de outro bem, não podendo dele ser retirado sem prejuízo das características ou das condições de funcionamento do objeto principal;
- **transformabilidade**: o material é destinado à transformação, composição ou fabricação de outro material, produto intermediário ou final.

Os bens identificados como material permanente estão sujeitos à **reavaliação e depreciação**, observadas as normas técnicas aplicáveis, bem como os gastos com reparos, conservação e substituição de partes e peças que resultarem em aumento da vida útil prevista do bem a que sejam relacionados e, desde que seu valor seja relevante, devem ser ativados.

Na administração pública, o levantamento detalhado de todos os bens do Estado dar-se-á pela execução do **inventário analítico** de cada unidade administrativa em confronto com seus registros contábeis.

Nesse ponto, vale ressaltar que o principal objetivo do inventário na administração pública, além do controle patrimonial, é a prestação de contas anual ao Tribunal de Contas competente, devida pelos administradores das entidades da administração indireta de direito privado e pelos ordenadores de despesas das

---

[9]   Consideramos as disposições do Decreto n. 6.809, de 1997, do estado da Bahia, que dispõe sobre a classificação de material para fins de controle do orçamento público, de apropriação contábil da despesa e de administração patrimonial do estado.

unidades gestoras da administração direta e pelos gestores das autarquias e das fundações públicas.

Alguns **bens de uso comum**, portanto de domínio público, como estradas, viadutos, pontes, praças, terminais, bens do patrimônio artístico e cultural, entre outros, apesar de serem construídos pelo Estado, não são registrados como ativo permanente. Isso provoca distorções nas demonstrações contábeis, visto que o investimento é considerado despesa de capital, sem a correspondente mutação patrimonial ativa para compensá-la.

Os investimentos orçamentários, ou mesmo as transferências e as doações desse tipo de bens recebidas de outras esferas governamentais, devem figurar no ativo imobilizado, em grupo especial.

Na ausência de contabilização desse tipo de bem, as demonstrações contábeis não representam adequadamente a situação patrimonial e ainda podem originar um passivo a descoberto, na hipótese de o bem ser construído ou adquirido com recursos de financiamento.[10]

O **passivo financeiro** compreende compromissos exigíveis a curto prazo, cujo pagamento independa de autorização orçamentária. Dividia-se nos seguintes subgrupos:

> 2 Passivo
>> 2.1 Passivo financeiro
>>> 2.1.1 Dívida flutuante
>>> Restos a pagar
>>> Serviços da dívida a pagar – Amortização do principal
>>> Serviços da dívida a pagar – Encargos com juros e correções
>>> Depósitos e cauções
>>> Consignações e retenções fiscais e previdenciárias
>>> Débitos de tesouraria

A **dívida flutuante**, um termo em desuso, compreende as dívidas de curto prazo, as quais devem ser saldadas até o final do exercício financeiro seguinte, resultantes geralmente de empenhos não pagos até o encerramento do exercício financeiro. Os depósitos, as cauções e os empréstimos para cobrir insuficiência momentânea de caixa também são fatos registrados nesse grupo.

Os **restos a pagar** constituem a contrapartida das despesas correntes ou de capital incorridas e não pagas. Logo, referem-se às contas a pagar da contabilidade geral. A Lei n. 4.320, de 1964, considera restos a pagar as despesas empenhadas e não pagas

---

[10] O professor Nelson Petri, em tese, foi um dos primeiros defensores da adoção dessa prática.

até 31 de dezembro, classificadas em processadas (despesas liquidadas, isto é, efetivamente incorridas) e não processadas (despesas empenhadas, mas não liquidadas).

Apesar da previsão legal, não há concordância quanto ao uso da expressão "restos a pagar" para designar dívidas, geralmente com fornecedores de bens e serviços, que serão exigidas no transcurso do exercício social subsequente. A palavra "resto", isoladamente, possui conotação depreciativa. Pode corresponder ao que sobrou de um todo, o que ficou por fazer; é a sobra, o resíduo. Etimologicamente, representa uma derivação do verbo restar, que tem origem no latim *restare*, que significa, entre outras coisas, o dever por saldo. Daí, talvez, a sua utilização no Código de Contabilidade Pública de 1922, quando na Subseção V, da Seção II (Da dívida consolidada), do Capítulo V (Do pagamento das dívidas de exercícios findos), tratou dos Resíduos passivos de exercícios anteriores e mencionou expressamente o termo Restos a pagar.

Do ponto de vista histórico, é provável que, na época de aprovação do Código de Contabilidade Pública, as obrigações de curto prazo do Estado não fossem tão significativas, representando, efetivamente, verdadeiros restos ou resíduos decorrentes da execução do orçamento para serem pagos. Além do mais, a própria palavra "resto" poderia ser utilizada para designar o dever, sendo comum a expressão: "Da execução do orçamento da despesa de 1923 da Prefeitura de Bom Governo, restou $ 500 (quinhentos réis) a serem quitados no início de 1924. Logo, esse é o montante dos seus restos a pagar em 1923".

Todavia, adotar a palavra "restar" como sinônimo de "dever por saldo" está em desuso nosso idioma.[11] Assim, em nome da transparência das informações que deve sempre ser buscada pelas demonstrações contábeis, a denominação de "restos a pagar" para as dívidas com servidores, fornecedores e outras contas a pagar de curto prazo deveria ser revista, uma vez que, para um leitor menos avisado, pode parecer que esses passivos, por serem "restos", são insignificantes, o que, na maioria das vezes, não é verdade.

A LRF manteve a expressão como título da Seção VI, do Capítulo VII (Da Dívida e do endividamento), enfatizando, no art. 42, que *é vedado ao administrador público, nos últimos dois quadrimestres do seu mandato, contrair obrigação de despesa*[12] *que não possa ser cumprida integralmente dentro dele, ou que tenha parcelas a serem pagas no exercício seguinte sem que haja suficiente disponibilidade de caixa para esse efeito.*

---

11 FERREIRA, Aurélio Buarque de Holanda. *Novo Aurélio:* século XXI. Rio de Janeiro: Nova Fronteira, 1999.
12 Lembre-se de que, nos termos do art. 50, II, da LRF, somente deve ser considerada obrigação cujo gasto efetivamente tenha ocorrido, ou seja, o que deve prevalecer é o registro por competência.

Consequentemente, enquanto mantida essa imperfeição técnica por exigência legal, sugere-se que no balanço patrimonial elaborado pela contabilidade governamental seja mantida a expressão "restos a pagar" com a devida composição, como: fornecedores de bens, fornecedores de serviços, salários a pagar e outras contas a pagar. Também poderiam ser utilizadas notas explicativas, além do detalhamento já previsto no Anexo 17 da Lei n. 4.320, de 1964.

As **amortizações do principal e os encargos com juros e correções monetárias** são considerados **serviços da dívida**. Com relação à **dívida externa**, esta compreende o pagamento de juros, dos encargos adicionais e das parcelas de amortização do principal dos empréstimos contraídos com agentes sediados em países estrangeiros, de acordo com os cronogramas pactuados. Já em relação à **dívida interna**, esta envolve o pagamento dos juros, dos encargos, e o resgate dos respectivos títulos mobiliários[13] de operações no país.

Os **depósitos** representam valores repassados à administração pública como garantia, em face de exigência contratual. São semelhantes às cauções, contudo estas são retidas quando ocorre o pagamento das parcelas do bem ou serviço contratado. As retenções correspondem a valores descontados, por exigência fiscal ou previdenciária, de servidores e fornecedores. **Com exceção do imposto de renda retido na fonte**, que é receita para os municípios e os estados, os demais valores são devolvidos ou repassados para outros entes.

Os **débitos em tesouraria** compreendem as dívidas decorrentes de empréstimos por antecipação da receita orçamentária.

O montante relativo a férias dos servidores públicos e seus respectivos encargos, na contabilidade aplicada ao setor público, somente são registrados como despesa independente do exercício em que ocorre o efetivo pagamento. Contabilmente, o fato gerador desse gasto ocorre proporcionalmente a cada mês de serviço prestado, na razão de 1/12 do valor do salário. Assim, diante do que determina o princípio da competência e do obrigatório em face do estabelecido no art. 50, II, da LRF, e para evitar distorções no passivo financeiro, a importância correspondente a férias ainda não gozadas e seus respectivos encargos deve ser reconhecida como dívida de curto prazo, contabilizada no exercício em que ocorreu o fato gerador.

Nessa linha de entendimento, o art. 18, § 2º, da LRF, estabelece que, para fins de **cálculo do limite da despesa com pessoal**, seu valor será apurado somando-se a despesa realizada no mês em referência com as dos 11 imediatamente anteriores, adotando-se o regime de competência.

O **passivo permanente** compreende as dívidas fundadas e outras que dependam de autorização legislativa para amortização ou resgate. Apresentava os seguintes subgrupos:

---

[13] SANCHES, 1997, p. 240.

2  **Passivo**
[..]
2.3  **Passivo permanente**
    2.3.1  Dívida fundada interna
        Em títulos
        Por contratos
    2.3.2  Dívida fundada externa
        Em títulos
        Por contratos
    2.3.3  **Outras obrigações**
        Renegociação de débitos de contribuições
        Outras renegociações

A **dívida fundada** representa os compromissos de exigibilidade superior a 12 meses, contraídos para atender a desequilíbrios orçamentários ou a financiamentos de obras e serviços públicos. Deve ser escriturada com individuação e especificações que permitam verificar, a qualquer momento, a posição dos empréstimos, bem como os respectivos serviços de amortização e juros.

A prática contábil vigente determina o registro de **todo o saldo das dívidas fundadas no passivo permanente**, inclusive as parcelas vincendas nos 12 meses subsequentes à data do balanço patrimonial, que, em verdade, constituem compromissos de curto prazo. Esse procedimento decorre da interpretação do disposto no § 4º, art. 105, da Lei n. 4.320, de 1964, que preconiza que o passivo permanente compreende as dívidas fundadas e outras que dependam de autorização legislativa para amortização ou resgate.

O pagamento das parcelas vencíveis nos 12 meses subsequentes à data de publicação do balanço (curto prazo), portanto, é uma despesa de capital do exercício seguinte, com previsão orçamentária autorizada pela LOA.

Assim, o total a ser amortizado no curto prazo deve ser divulgado detalhadamente no balanço patrimonial ou, pelo menos, em notas explicativas, pois foi, evidentemente, incluído no orçamento do ano seguinte. Dessa forma, se tem mais transparência das informações apresentadas pela contabilidade pública, que é um dos requisitos da LRF.

A STN, ao divulgar o passivo não circulante (antigo passivo permanente) no balanço patrimonial da União, classifica-o em Obrigações em circulação e em Exigível a longo prazo. As notas explicativas esclarecem que as obrigações em circulação compreendem, basicamente, as operações de crédito internas, que representam passivos exigíveis a serem honrados *até 12 meses* da data das demonstrações contábeis. Já o Exigível a longo prazo contempla as dívidas exigíveis a serem resgatadas *após 12 meses* da data das demonstrações contábeis.

Ademais, a **dívida fundada de curto prazo** é classificada no item Obrigações em circulação, no grupo Passivo não circulante, enquanto as de longo prazo são colocadas no grupo Exigível a longo prazo.[14]

O **saldo patrimonial** representa a diferença entre o ativo e o passivo, podendo configurar como ativo real líquido se a diferença for positiva, e como passivo real a descoberto, se for negativa. Corresponde ao patrimônio líquido.

As **contas de compensação** registram os bens, os valores, as obrigações e as situações não compreendidas nos parágrafos anteriores e que, mediata ou indiretamente, possam vir a afetar o patrimônio do ente governamental.

O **passivo real a descoberto** deveria ser apresentado no passivo, mas de forma negativa.

A palavra **"exator"**, em desuso, significa cobrador de impostos. Assim, a conta Exatores no ativo financeiro era utilizada para registrar os valores cobrados, mas que ainda se encontram nas mãos dos exatores.

## 8.1.4  Demonstração das variações patrimoniais

A DVP evidencia as alterações verificadas no patrimônio, resultantes ou independentes da execução orçamentária, e indica o resultado patrimonial do exercício. Ou seja, demonstra as variações quantitativas e qualitativas **resultantes e as independentes** da execução orçamentária, bem como o **resultado patrimonial**. Para melhor elucidar, cabe informar que as **variações quantitativas** são decorrentes de transações no setor público que aumentam ou diminuem o patrimônio líquido, ou seja, fato contábil efetivo; e as **variações qualitativas** que são decorrentes de transações no setor público que alteram a composição dos elementos patrimoniais sem afetar o patrimônio líquido, ou seja, fato contábil permutativo.

Como já comentado, a estrutura das demonstrações contábeis contidas nos anexos da Lei n. 4.320, de 1964, foram alteradas por Portarias da STN e normas do Conselho Federal de Contabilidade, em consonância com os padrões da CASP. Assim, foi estabelecido nova estrutura e conceitos ao estudo da demonstração das variações patrimoniais, em obediência ao processo de convergência à IPSA e de consolidação das contas públicas. Seguindo esses parâmetros, a demonstração das variações patrimoniais compreende dois quadros demonstrativos:

a) Quadro principal das variações patrimoniais quantitativas;
b) Quadro das variações patrimoniais qualitativas ( facultativo).

---

[14] Segundo a Portaria n. 109 da Secretaria do Tesouro Nacional, no anexo do balanço patrimonial consolidado.

Pode-se dizer que a DVP evidencia as variações quantitativas, o resultado patrimonial e as variações qualitativas decorrentes da execução orçamentária.

O quadro principal da demonstração das variações patrimoniais é elaborado utilizando-se as classes 3 – variações patrimoniais diminutivas e 4 – variações patrimoniais aumentativas do PCASP, a fim de demonstrar as **variações quantitativas ocorridas** no patrimônio da entidade ou do ente público.

O **Quadro 8.11** apresenta o modelo da demonstração das variações patrimoniais quantitativas propostas pela **IPC 05/STN – Metodologia para elaboração da demonstração das variações patrimoniais**, combinado com a NBC TSP/CFC 11, considerando as contas do PCASP.

| QUADRO 8.11 | Modelo da demonstração das variações patrimoniais quantitativas | | |
|---|---|---|---|
| <Ente da Federação> | | | |
| Demonstração das variações patrimoniais<br>Variações patrimoniais quantitativas<br>Exercício: 20xx | | | |
| Contas | Nota | Exercício atual | Exercício anterior |
| **Impostos, taxas e contribuições de melhoria** | | | |
| Impostos | | | |
| Taxas | | | |
| Contribuições de melhoria | | | |
| **Contribuições** | | | |
| Contribuições sociais | | | |
| Contribuição de intervenção no domínio econômico | | | |
| Contribuição de iluminação pública | | | |
| Contribuições de interesse das categorias profissionais | | | |
| **Exploração e venda de bens, serviços e direitos** | | | |
| Venda de mercadorias | | | |
| Venda de produtos | | | |
| Exploração de bens, direitos e prestação de serviços | | | |
| **Variações patrimoniais aumentativas financeiras** | | | |
| Juros e encargos de empréstimos e financiamentos concedidos | | | |
| Juros e encargos de mora | | | |
| Variações monetárias e cambiais | | | |

| Contas | Nota | Exercício atual | Exercício anterior |
|---|---|---|---|
| Descontos financeiros obtidos | | | |
| Remuneração de depósitos bancários e aplicações financeiras | | | |
| Outras variações patrimoniais aumentativas – financeiras | | | |
| **Transferências e delegações recebidas** | | | |
| Transferências intragovernamentais | | | |
| Transferências intergovernamentais | | | |
| Transferências das instituições privadas | | | |
| Transferências das instituições multigovernamentais | | | |
| Transferências de consórcios públicos | | | |
| Transferências do exterior | | | |
| Execução orçamentária delegada de entes | | | |
| Transferências de pessoas físicas | | | |
| Outras transferências e delegações recebidas | | | |
| **Valorização e ganhos com Ativos e desincorporação de Passivos** | | | |
| Reavaliação de Ativos | | | |
| Ganhos com alienação | | | |
| Ganhos com incorporação de Ativos | | | |
| Ganhos com desincorporação de Passivos | | | |
| Reversão de redução ao valor recuperável | | | |
| **Outras variações patrimoniais aumentativas** | | | |
| VPA a classificar | | | |
| Resultado positivo de participações em coligadas e controladas | | | |
| Reversão de provisões e ajustes para perdas | | | |
| Diversas variações patrimoniais aumentativas | | | |
| **Total das variações patrimoniais aumentativas (I)** | | | |
| **Pessoal e encargos** | | | |
| Remuneração a pessoal | | | |
| Encargos patronais | | | |
| Benefícios a pessoal | | | |
| Custo de pessoal e encargos | | | |

| Contas | Nota | Exercício atual | Exercício anterior |
|---|---|---|---|
| Outras variações patrimoniais diminutivas – pessoais e encargos | | | |
| **Benefícios previdenciários e assistenciais** | | | |
| Aposentadorias e reformas | | | |
| Pensões | | | |
| Benefícios de prestação continuada | | | |
| Benefícios eventuais | | | |
| Políticas públicas de transferência de renda | | | |
| Benefícios assistenciais | | | |
| Outros benefícios previdenciários e assistenciais | | | |
| **Uso de bens, serviços e consumo de capital fixo** | | | |
| Uso de material de consumo | | | |
| Serviços | | | |
| Depreciação, amortização e exaustão | | | |
| **Variações patrimoniais diminutivas financeiras** | | | |
| Juros e encargos sobre empréstimos e financiamentos obtidos | | | |
| Juros e encargos de mora | | | |
| Variações monetárias e cambiais | | | |
| Descontos financeiros concedidos | | | |
| Outras variações patrimoniais diminutivas – financeiras | | | |
| **Transferências e delegações concedidas** | | | |
| Transferências intragovernamentais | | | |
| Transferências intergovernamentais | | | |
| Transferências a instituições privadas | | | |
| Transferências a instituições multigovernamentais | | | |
| Transferências a consórcios públicos | | | |
| Transferências ao exterior | | | |
| Execução orçamentária delegada a entes | | | |
| Outras transferências e delegações concedidas | | | |

| Contas | Nota | Exercício atual | Exercício anterior |
|---|---|---|---|
| **Desvalorização e perdas de Ativos e incorporação de Passivos** | | | |
| Redução a valor recuperável e ajuste para perdas | | | |
| Perdas com alienação | | | |
| Perdas involuntárias | | | |
| Incorporação de Passivos | | | |
| Desincorporação de Ativos | | | |
| **Tributárias** | | | |
| Impostos, taxas e contribuições de melhoria | | | |
| Contribuições | | | |
| **Custo das mercadorias e produtos vendidos, e dos serviços prestados** | | | |
| Custo das mercadorias vendidas | | | |
| Custo dos produtos vendidos | | | |
| Custo dos serviços prestados | | | |
| **Outras variações patrimoniais diminutivas** | | | |
| Premiações | | | |
| Resultado negativo de participações em coligadas e controladas | | | |
| Incentivos | | | |
| Subvenções econômicas | | | |
| Participações e contribuições | | | |
| Constituição de provisões | | | |
| Diversas variações patrimoniais diminutivas | | | |
| **(=) Total das variações patrimoniais diminutivas (II)** | | | |
| **(=) Resultado patrimonial do período [*superavit/ – deficit*] (I – II)** | | | |
| Assinatura do gestor público (CPF): Assinatura do contador (n. CRC): | | | |

Fonte: IPC 05/STN e NBC TSP/CFC 11.

As **notas explicativas da DVP** devem, no mínimo, informar: a) o detalhamento das variações patrimoniais qualitativas; b) as baixas de investimento; e c) a constituição ou a reversão de provisões. No Item 8.3, traremos mais detalhes a respeito.

## 8.1.4.1 Estrutura e análise da demonstração das variações patrimoniais

Cabe salientar inicialmente que o preenchimento da demonstração das variações patrimoniais, necessariamente, deve partir das contas do PCASP, obedecendo a algumas especificidades de cada ente da Federação. A descrição e a função das contas encontram-se detalhadas no próprio PCASP,[15] e sua elaboração, no **IPC 05/STN – Metodologia para elaboração da demonstração das variações patrimoniais.**

O **resultado patrimonial** do exercício é apurado pelo confronto entre as variações patrimoniais quantitativas aumentativas e as diminutivas. O valor apurado deverá compor o saldo patrimonial do Balanço Patrimonial (BP) do exercício.

Tanto as variações patrimoniais aumentativas quanto as diminutivas podem ser obtidas *excluindo-se as contas intraorçamentárias* para viabilizar a consolidação das contas no ente da Federação. Entretanto, no levantamento da DVP de um órgão, unidade ou entidade que faz parte da estrutura desse ente, *as operações intraorçamentárias não podem ser excluídas*.

A Lei Complementar Federal n. 101, de 2000 (LRF), em seu art. 50, inciso VI, estabelece que *a demonstração das variações patrimoniais deverá dar destaque à origem e ao destino dos recursos provenientes da alienação de ativos*.

> Art. 50. Além de obedecer às demais normas de contabilidade pública, a escrituração das contas públicas observará as seguintes:
>
> [..]
>
> VI – a demonstração das variações patrimoniais dará destaque à origem e ao destino dos recursos provenientes da alienação de ativos.

Essa determinação visa ao controle especial sobre a destinação dos valores decorrentes da venda de bens imóveis do ativo imobilizado dos órgãos e das entidades do setor público, que *devem ser aplicados na aquisição de novos bens dessa mesma natureza*, ou seja, esses recursos não podem ser usados em gastos correntes, de custeio e/ou de manutenção. A LRF destina capítulo específico quanto à **preservação do patrimônio público**, em seu art. 44 estabelece que "É vedada a aplicação da receita de capital derivada da alienação de bens e direitos que integram o patrimônio público para o financiamento de despesa corrente, salvo se destinada por lei aos regimes de previdência social, geral e próprio dos servidores públicos".

O **quadro de variações patrimoniais qualitativas** é de elaboração facultativa, não sendo, portanto, obrigatória sua apresentação. Mas, cabe ressaltar que para fins de apresentação dos demonstrativos contábeis, esse quadro pode ser apresentado

---

[15] Disponível em: https://www.tesouro.fazenda.gov.br/pcasp. Acesso em: 2 set. 2019.

como nota explicativa da DVP, caso a administração julgue que as alterações ocorridas foram significativas e materiais.

O **Quadro 8.12** a seguir apresenta o modelo da demonstração das variações patrimoniais qualitativas proposta pela IPC 05/STN – Metodologia para elaboração da demonstração das variações patrimoniais, combinada com a NBC TSP 11/CFC, considerando o PCASP. Para a elaboração da demonstração das **variações qualitativas**, utiliza-se as contas da classe 6. Correlacionam operações orçamentárias de receitas e despesa de capital com operações patrimoniais permutativas de contas do Ativo e do Passivo não circulante – ou seja, aumento do não circulante por incorporação de ativo e desincorporação de passivo –, as quais são compensadas por aumento do não circulante por incorporação de passivo e desincorporação de ativo.

| QUADRO 8.12   Demonstração das variações patrimoniais qualitativas |||||
|---|---|---|---|---|
| <Ente da Federação> |||||
| **Demonstração das variações patrimoniais** <br> Variações patrimoniais qualitativas <br> Decorrentes da execução orçamentária <br> Exercício: 20XX |||||
| **Contas** | | **Nota** | **Exercício atual** | **Exercício anterior** |
| (=) Variações patrimoniais qualitativas (III) | | | | |
| (+) Incorporação de Ativos Não Circulantes | | | | |
| (+) Desincorporação de Passivos Não Circulantes | | | | |
| (–) (Incorporação de Passivos Não Circulantes) | | | | |
| (–) (Desincorporação de Ativos Não Circulantes) | | | | |
| RESULTADO | | | | |
| Assinatura do gestor público (CPF): | | Assinatura do contador (n. CRC): | | |

Fonte: IPC 05/e NBC TSP 11/CFC.

O **Quadro 8.13** traz, a título de exemplo e estudo histórico, o modelo antigo previsto no Anexo 15, da Lei n. 4.320, de 1964.

A demonstração das variações patrimoniais, como poderá ser observada, apresentava-se, basicamente, dividida em três grupos de contas: Resultante da Execução Orçamentária (REO), independente da Execução Orçamentária (IEO) e Resultado Patrimonial (RP). A Demonstração das variações patrimoniais prevista na Lei n. 4.320, de 1964, assim estabelece:

Art. 89. A contabilidade evidenciará os fatos ligados à administração orçamentária, financeira, patrimonial e industrial.

Art. 100. As alterações da situação líquida patrimonial, que abrangem os resultados da execução orçamentária, bem como as variações independentes dessa execução e as superveniências e insubsistência ativas e passivas, constituirão elementos da conta patrimonial.

Art. 104. A Demonstração das Variações Patrimoniais evidenciará as alterações verificadas no patrimônio, resultantes ou independentes da execução orçamentária, e indicará o resultado patrimonial do exercício.

A referida lei também estabelece que para fins de apresentação na DVP, as **variações *devem ser agrupadas em ativas e passivas*, discriminando: (i) as variações orçamentárias por categoria econômica; e (ii) as mutações e as variações independentes da execução orçamentária em grau de detalhamento compatível com a estrutura do PCASP.

| QUADRO 8.13 Modelo antigo da demonstração das variações patrimoniais | | | | | | |
|---|---|---|---|---|---|---|
| Demonstração das variações patrimoniais | | | | | | |
| Variações ativas | | | | Variações passivas | | |
| Títulos | $ | $ | $ | Títulos | $ | $ | $ |
| RESULTANTES DA EXECUÇÃO ORÇAMENTÁRIA | | | | RESULTANTES DA EXECUÇÃO ORÇAMENTÁRIA | | | |
| RECEITA ORÇAMENTÁRIA | | | | DESPESA ORÇAMENTÁRIA | | | |
| Receitas correntes | | | | Despesas correntes | | | |
| Receita tributária | | | | Despesas de custeio | | | |
| Receita patrimonial | | | | Transferências correntes | | | |
| Receita industrial | | | | Despesas de capital | | | |
| Transferências correntes | | | | Investimentos | | | |
| Receitas diversas | | | | Inversões financeiras | | | |
| Receita de capital | | | | Transferências de capital | | | |
| MUTAÇÕES PATRIMONIAIS | | | | MUTAÇÕES PATRIMONIAIS | | | |
| Aquisição de bens móveis | | | | Cobrança da dívida ativa | | | |
| Construção e aquisição de bens de natureza industrial | | | | Alienação de bens móveis | | | |
| Aquisição de títulos e valores | | | | Alienação de bens imóveis | | | |

| Títulos | $ | $ | $ | Títulos | $ | $ | $ |
|---|---|---|---|---|---|---|---|
| Empréstimos concedidos | | | | Alienação de bens de natureza industrial | | | |
| Diversos | | | | Alienação de títulos e valores | | | |
| | | | | Empréstimos tomados | | | |
| | | | | Recebimento de créditos | | | |
| | | | | Diversos | | | |
| **INDEPENDENTES DA EXECUÇÃO ORÇAMENTÁRIA** | | | | **INDEPENDENTES DA EXECUÇÃO ORÇAMENTÁRIA** | | | |
| Inscrição Da Dívida Ativa | | | | Cancelamento da dívida ativa | | | |
| Inscrição de outros créditos | | | | Encampação de dívidas | | | |
| Incorporação de bens (doações, legados etc.) | | | | Passivas | | | |
| Cancelamento de dívidas | | | | Diversas | | | |
| Passivas | | | | Total de variações passivas | | | |
| Diversas | | | | | | | |
| Total de variações ativas | | | | | | | |
| **RESULTADO PATRIMONIAL** | | | | **RESULTADO PATRIMONIAL** | | | |
| *Deficit* verificado (se for o caso) | | | | *Superavit* verificado (se for o caso) | | | |
| **Total Geral** | | | | **Total Geral** | | | |

Fonte: BRASIL. *Lei n. 4.320, de 1964.* Disponível em: http://www.planalto.gov.br/ccivil_03/leis/l4320.htm. Acesso em: 17 set. 2019.

**Resultante da Execução Orçamentária** (REO) é um termo que designa uma das formas de avaliação de resultado orçamentário, decorrente da antiga estrutura da Demonstração das variações patrimoniais. Nesse demonstrativo, o grupo REO subdivide-se em receita orçamentária, despesa orçamentária e em mutações patrimoniais. Como o próprio nome explicita, nesse grupo é demonstrado o saldo final da execução do orçamento por categoria econômica. As **mutações patrimoniais** representam fatos permutativos e decorrem de variações positivas e negativas no ativo e passivo permanente, resultantes da execução das receitas e das despesas de capital, cujos conceitos foram debatidos nos **Capítulos 4 e 5**.

As **Variações Independentes da Execução Orçamentária** (IEO) apresentam os acréscimos ou as reduções no patrimônio, não originados da execução do orçamento, bem como os fatos supervenientes e insubsistentes ativos e passivos.

As **Superveniências** representam aumentos patrimoniais de origem extraorçamentários. Significa fato inesperado que provoca o aumento do ativo ou do passivo, aumentando ou diminuindo a situação líquida. Se a superveniência é ativa, esse aumento tem efeito positivo sobre a situação líquida, se passiva será negativo. Já as **Insubsistências** são diminuições patrimoniais de origem extraorçamentárias. Insubsistência é a condição de algo que deixa de existir, que desaparece; ou seja, casos fortuitos como sinistros.

As superveniências e as insubsistências classificam-se em ativas e passivas, a saber:

a) **superveniências ativas**: aumentos de valores representativos de ativos de origens extraorçamentárias (incorporação de bens e direitos). São receitas, decorrentes de fatos modificativos, de natureza credora;

b) **superveniências passivas**: aumentos de valores representativos do passivo de origem extraorçamentária (encampação de dívidas e obrigações). São despesas, decorrentes de fatos modificativos, de natureza devedora;

c) **insubsistências ativas**: algo que, ao deixar de existir, provoca o aumento do patrimônio, ou seja, significa um *efeito positivo* sobre o patrimônio de algo que deixa de existir. Diminuições de valores representativos de passivo de origens extraorçamentárias (prescrição e/ou cancelamento de dívidas e obrigações). Assim, as **insubsistências ativas são receitas**, decorrentes de fatos modificativos, de natureza credora.

d) **insubsistências passivas**: algo que, ao deixar de existir, provoca diminuição do patrimônio, ou seja, significa um *efeito negativo* sobre o patrimônio. Diminuições de valores representativos do ativo de origens extraorçamentárias. É bom frisar que o termo "**passiva**" tem o sentido de ***negativa*** ou "que causa efeito negativo", o que não deve ser confundido com a expressão "do passivo", ou seja, das obrigações do passivo exigível (perda de mercadoria em um incêndio, cancelamento de bens e direitos). Assim, as **insubsistências passivas são despesas**, decorrentes de fatos modificativos, de natureza devedora.

O esquema a seguir apresenta melhor as correlações.

- Superveniência ativa = Receita = Aumento da situação líquida = Superveniência do Ativo = Aumento do Ativo.
- Superveniência passiva = Despesa = Redução da situação líquida = Superveniência do Passivo = Aumento do Passivo.
- Insubsistência ativa = Receita = Aumento da situação líquida = Insubsistência do Passivo = Redução do Passivo.
- Insubsistência passiva = Despesa = Redução da situação líquida = Insubsistência do Ativo = Redução do Ativo.

Trazendo essas definições para o confronto entre o levantamento do inventário e os registros contábeis, teríamos:

a) **Variações ativas independentes da execução orçamentária**
   • Resultado do inventário do ativo > registrado = superveniência ativa
   • Resultado do inventário do passivo < registrado = insubsistência ativa

b) **Variações passivas independentes da execução orçamentária**
   • Resultado do inventário do passivo > registrado = superveniência passiva
   • Resultado do inventário do ativo < registrado = insubsistência passiva

São vários os exemplos de superveniência e insubsistência ativas e passivas, entre os quais se têm:

• **superveniência ativa**: levantamento do inventário de bens maior que o registro contábil, registro da dívida ativa e seus eventuais acréscimos, qualquer espécie de doação, herança vacante, qualquer espécie de bonificação auferida nas aquisições e nas negociações, nascimento de animais nas criações pecuárias do Estado, variação monetária positiva de empréstimos concedidos, reavaliação de ativos, entre outros;
• **insubsistências ativas**: levantamento do inventário de obrigações menor que o registro contábil, cancelamento de restos a pagar, perdão de dívidas, entre outros;
• **superveniência passiva**: encampação de dívida, levantamento do inventário de obrigações maior que o registro contábil, variação monetária ou cambial de dívida fundada, entre outros;
• **insubsistências passivas**: morte de animais nas criações pecuárias do Estado, extravio (roubo devidamente comprovado), destruição ou perecimento por razões naturais ou estranhas ao controle ou à vontade dos responsáveis, incidência em obsolescência ou imprestabilidade e desuso e qualquer espécie de doação, cancelamento de dívida ativa, depreciação, entre outros.

Por força do disposto no art. 52, VI, da LRF, a demonstração das variações patrimoniais deve destacar a origem e o destino dos recursos provenientes da alienação de ativos.

## 8.1.5 Demonstração dos Fluxos de Caixa

A Demonstração dos Fluxos de Caixa (DFC) permite aos usuários projetar cenários de fluxos futuros de caixa e elaborar análise sobre eventuais mudanças em torno da capacidade de manutenção do regular financiamento dos serviços públicos. Conforme o MCASP, a Demonstração dos Fluxos de Caixa tem por objetivo contribuir para a transparência da gestão pública, pois permite um melhor gerenciamento e controle financeiro dos órgãos e das entidades do setor público. As informações dos fluxos de caixa são úteis para proporcionar aos usuários da informação contábil instrumento para avaliar a capacidade de a entidade gerar caixa e equivalentes de caixa, bem como suas necessidades de liquidez. Assim, a DFC permite projetar cenários de fluxos futuros de caixa e elaborar a análise sobre eventuais mudanças em torno da capacidade de manutenção do regular financiamento dos serviços públicos.

A DFC é uma das novas demonstrações contábeis incluídas no âmbito da administração pública pela Portaria n. 438, de 2012, da STN, em consonância com os novos padrões da CASP, ampliando assim o rol de demonstrativos obrigatórios previstos nos anexos da Lei n. 4.320, de 1964. Desse modo, a DFC é composta de dois quadros demonstrativos:

a) Quadro principal;
b) Quadros anexos, compreendendo quatro quadros analíticos demonstrativos.
    i) *Quadro 1FC – Receitas derivadas e originárias;*
    ii) *Quadro 2FC – Transferências recebidas e concedidas;*
    iii) *Quadro 3FC – Desembolsos de pessoal e demais despesas por função;*
    iv) *Quadro 4FC – Juros e encargos da dívida.*

Os **Quadros 8.14** a **8.18** apresentam o modelo da demonstração dos fluxos de caixa, tanto do quadro principal quanto dos anexos, propostos pela **IPC 08/STN – Metodologia para elaboração da demonstração dos fluxos de caixa**, combinado com a NBC TSP 11/CFC, considerando o PCASP.

| QUADRO 8.14  Quadro principal | | | |
|---|---|---|---|
| <Nome do ente da Federação> | | | |
| **Demonstração do Fluxo de Caixa** | | | |
| Exercício:        Mês:         Emissão:         Página: | | | |
| | **Nota** | **Exercício atual** | **Exercício anterior** |
| **1. Fluxo de Caixa das atividades de operações** | | | |
| 1.1 (+) Ingressos | | | |
| Receitas derivadas e originárias | **1FC** | | |
| Transferências correntes recebidas | **2FC** | | |
| Outros ingressos operacionais | | | |

| | Nota | Exercício atual | Exercício anterior |
|---|---|---|---|
| 1.2 (–) (Desembolsos) | | | |
| Pessoal e outras despesas correntes por função | 3FC | | |
| Juros e encargos da dívida | 4FC | | |
| Transferências concedidas | 2FC | | |
| Outros desembolsos operacionais | | | |
| (=) *Fluxo de Caixa líquido das atividades das operações* (I) | | | |
| **2. Fluxo de Caixa das atividades de investimento** | | | |
| 2.1 (+) Ingressos | | | |
| Alienação de bens | | | |
| Amortização de empréstimos e financiamentos concedidos | | | |
| Outros ingressos de investimentos | | | |
| 2.2 (–) (DESEMBOLSOS) | | | |
| Aquisição de Ativo Não Circulante | | | |
| Concessão de empréstimos e financiamentos | | | |
| Outros desembolsos de investimentos | | | |
| (=) *Fluxo de Caixa líquido das atividades de investimento* (II) | | | |
| **3. Fluxo de Caixa das atividades de financiamento** | | | |
| 3.1 (+) Ingressos | | | |
| Operações de crédito obtidos | | | |
| Integralização do capital social de empresas dependentes | | | |
| Transferências de capital recebidas | | | |
| Outros ingressos de financiamentos | | | |
| 3.2 (–) (Desembolsos) | | | |
| Amortização/refinanciamento da dívida | | | |
| Outros desembolsos de financiamentos | | | |
| (=) *Fluxo de Caixa líquido das atividades de financiamento* (III) | | | |
| **Geração líquida de caixa e equivalente de caixa = (I + II + III)** | | | |
| (+) Caixa e equivalente de caixa inicial | | | |
| (–) Caixa e equivalente de caixa final | | | |
| Assinatura do gestor público (CPF):          Assinatura do contador (n. CRC): | | | |

Fonte: IPC 08/STN; NBC TSP 11/CFC.

| QUADRO 8.15    Quadro anexo | | |
|---|---|---|
| **Quadro 1FC – Receitas derivadas e originárias** | | |
| **Receitas derivadas e originárias** | **Exercício atual** | **Exercício anterior** |
| Receitas derivadas | | |
|    Receita tributária | | |
|    Receita de contribuições | | |
|    Outras receitas derivadas | | |
| Receitas originárias | | |
|    Receita patrimonial | | |
|    Receita agropecuária | | |
|    Receita industrial | | |
|    Receita de serviços | | |
|    Remuneração das disponibilidades | | |
|    Outras receitas originárias | | |
| **Total das receitas derivadas e originárias** | | |

Fonte: IPC 08/STN; NBC TSP 11/CFC.

| QUADRO 8.16    Quadro anexo 2FC | | |
|---|---|---|
| **Quadro 2FC – Transferências recebidas e concedidas** | | |
| | **Exercício atual** | **Exercício anterior** |
| Transferências correntes recebidas | | |
|    Intergovernamentais | | |
|     a estados | | |
|     a municípios | | |
|    Intragovernamentais | | |
| **Total das transferências recebidas** | | |
| Transferências concedidas | | |
|    Intergovernamentais | | |
|     a estados | | |
|     a municípios | | |
|    Intragovernamentais | | |
| **Total das transferências concedidas** | | |

Fonte: IPC 08/STN; NBC TSP 11/CFC.

| QUADRO 8.17 Quadro anexo 3FC | | |
| --- | --- | --- |
| **Quadro 3FC – Desembolsos de pessoal e demais despesas por função** | | |
| **Pessoal e outras despesas correntes por função** | **Exercício atual** | **Exercício anterior** |
| Legislativa | | |
| Judiciária | | |
| Previdência Social | | |
| Administração | | |
| Defesa Nacional | | |
| Segurança Pública | | |
| Relações Exteriores | | |
| Assistência Social | | |
| Previdência Social | | |
| Saúde | | |
| Trabalho | | |
| Educação | | |
| Cultura | | |
| Direitos da Cidadania | | |
| Urbanismo | | |
| Habitação | | |
| Saneamento | | |
| [..] | | |
| Transporte | | |
| Desportos e Lazer | | |
| Encargos Especiais | | |
| **Total dos desembolsos de pessoal e demais despesas por função** | | |

Nota: A composição das funções nesse demonstrativo segue a estrutura institucional adotada por cada ente da Federação.
Fonte: IPC 08/STN; NBC TSP 11/CFC.

| QUADRO 8.18  Quadro anexo 4FC | | |
|---|---|---|
| **Quadro 4FC – Juros e encargos da dívida** | | |
| **Juros e encargos da dívida** | **Exercício atual** | **Exercício anterior** |
| Juros e correção monetária da dívida interna | | |
| Juros e correção monetária da dívida externa | | |
| Outros encargos da dívida | | |
| **Total dos juros e encargos da dívida** | | |

Fonte: IPC 08/STN; NBC TSP 11/CFC.

## 8.1.5.1  Estrutura e análise da demonstração dos fluxos de caixa

De início, cabe salientar que o preenchimento da Demonstração dos Fluxos de Caixa, necessariamente, deve partir das contas do PCASP, obedecendo a algumas especificidades de cada ente da Federação. A descrição e a função das contas encontram-se detalhadas no próprio PCASP,[16] e sua elaboração, no **IPC 08/STN – Metodologia para elaboração da demonstração dos fluxos de caixa**. Para fins de consolidação nacional pela STN/MF, essa demonstração contábil deverá ser adotada no processo de recebimento das contas anuais de todos os entes da Federação, por meio do Sistema de Informações Contábeis e Fiscais do Setor Público Brasileiro (Siconfi), como detalhado no item 8.2 adiante.

A DFC pode ser elaborada pelo método direto ou indireto e deve evidenciar as movimentações havidas no caixa e seus equivalentes. O método direto é o adotado atualmente e é segregado nos seguintes fluxos:

a) **das operações:** compreende os ingressos, inclusive, decorrentes de receitas derivadas e originárias e os desembolsos relacionados com a ação pública e os demais fluxos financeiros que não se qualificam como de investimento ou financiamento;

b) **dos investimentos:** inclui os recursos relacionados à alienação de ativo não circulante (ingressos) e à aquisição (desembolsos), bem como recebimentos em dinheiro por liquidação de adiantamentos ou amortização de empréstimos concedidos (ingressos) e outras operações da mesma natureza;

---

[16] Disponível em: https://www.tesouro.fazenda.gov.br/pcasp. Acesso em: 2 set. 2019.

**c) dos financiamentos:** inclui os recursos relacionados à captação de recursos por operações de créditos financeiras (ingressos) e à amortização de empréstimos e financiamentos obtidos (desembolso), bem como outras operações da mesma natureza.

A DFC é elaborada utilizando-se de contas da classe 6 (Controles da execução do planejamento e orçamento) do PCASP, realizando-se filtros pelas *naturezas orçamentárias de receitas e de despesas*, bem como *funções e subfunções*. Também se faz uso, quando necessário, de outras contas e filtros para marcar a ***movimentação extraorçamentária*** que eventualmente transitar pela conta Caixa e equivalentes de caixa.

Os fluxos de caixa são obtidos ***excluindo-se as contas intraorçamentárias*** para viabilizar a consolidação das contas no ente da Federação.

É bom lembrar que a soma dos três fluxos que compõem a DFC deverá corresponder à diferença entre o saldo da conta Caixa e equivalentes de caixa do exercício em relação ao saldo do exercício anterior dessa mesma conta.

Nesse demonstrativo, os campos ***Outros ingressos*** e ***Outros desembolsos*** (do fluxo operacional, do fluxo de investimento e do fluxo de financiamento) contemplam situações não previstas, cabendo a cada ente adaptá-los conforme suas necessidades. Geralmente, são valores que não transitam pelo orçamento, mas afetam o saldo de Caixa e equivalentes de caixa. Exemplos: recebimentos e pagamentos extraorçamentários, transferências financeiras entre órgãos do mesmo ente, aplicações e resgates de investimentos temporários.

**As notas explicativas da DFC** devem, no mínimo, informar: (a) as transações que não envolvem o uso de caixa, como aquisições financiadas e; (b) os saldos de caixa mantidos pelo ente, mas que não estejam disponíveis para uso imediato. No item 8.3, traremos mais detalhes a respeito.

## 8.2 DEMONSTRAÇÃO DAS MUTAÇÕES DO PATRIMÔNIO LÍQUIDO

Contabilmente, o patrimônio líquido é o termo utilizado para se referir à mensuração residual no balanço patrimonial, ou seja, a diferença entre o ativo menos o passivo, podendo o patrimônio líquido ser positivo ou negativo. É por meio da DMPL que se evidencia a movimentação ocorrida em cada componente do patrimônio líquido com fins de divulgação, em separado, dos efeitos das alterações nas políticas contábeis e da correção de erros gerados pela administração. Por meio da DMPL, é possível observar com detalhes bem específicos a movimentação de cada conta que integra o Patrimônio Líquido ao longo do exercício, evidenciando o resultado das decisões da administração sobre os elementos do PL.

A Demonstração das mutações patrimoniais é uma das novas demonstrações contábeis incluídas no âmbito da administração pública pela Portaria n. 438, de 2012, da STN, em consonância com os novos padrões da CASP, ampliando assim o rol de demonstrativos obrigatórios previstos nos anexos da Lei n. 4.320, de 1964. Assim, no setor público, a DMPL aplica-se *obrigatoriamente* às empresas estatais dependentes (controladas), constituídas sob a forma de sociedades anônimas sendo do *facultativa* para os demais órgãos e entidades dos entes da Federação. A DMPL visa **demonstrar a evolução do patrimônio líquido dessas entidades**. Ela também **faz parte do Anexo das metas fiscais**,[17] integrando o projeto de Lei de Diretrizes Orçamentárias.

Quando a entidade estatal **distribuir dividendos** ou outro item similar para seus proprietários e possuir capital representado por ações, ela deve divulgar, na demonstração do resultado, na demonstração das mutações do patrimônio líquido ou nas notas explicativas, o valor de dividendos ou outro item similar distribuídos e reconhecidos como distribuições aos proprietários durante o período e o respectivo valor por ação.

As contas que compõe o patrimônio líquido podem sofrer variações por diversos motivos, como:

1. **Itens que afetam o patrimônio líquido, afetando conjuntamente o ativo e o passivo:**
   a) acréscimo do Patrimônio Líquido pelo resultado patrimonial positivo ou redução pelo resultado patrimonial negativo do exercício apurado na demonstração das variações patrimoniais;
   b) acréscimo por doações e subvenções para investimentos recebidos;
   c) acréscimo por subscrição e integralização de capital;
   d) acréscimo ou redução por ajuste de exercícios anteriores;
   e) distribuição de dividendos e bonificações como juros sobre o capital.

2. **Itens que somente afetam o patrimônio líquido:**
   a) aumento do capital com utilização de lucros e reservas;
   b) compensação de prejuízos com reservas.

---

[17] Art. 4º § 1º e § 2º da Lei Complementar n. 101, de 2000 – LRF.

**Na DMPL das empresas paraestatais dependentes**, as principais informações relacionadas à dinâmica do Patrimônio Líquido que precisam ser divulgadas são as seguintes:

- o resultado do período;
- cada item de receita e de despesa do período que seja reconhecido diretamente no patrimônio líquido e o total desses itens, conforme exigido por outras NBCs TSP específica (ex.: aumento ou redução por reavaliação e ganhos, quando utilizada a reserva de reavaliação, ou perdas decorrentes de ajustes específicos de conversão para moeda estrangeira);
- o total de receitas e de despesas do período (calculados como a soma das alíneas (a) e (b), demonstrando separadamente o valor total atribuível aos proprietários da entidade controladora e o valor correspondente à participação de não controladores;
- para cada componente do patrimônio líquido divulgado, os efeitos das alterações nas políticas contábeis e da correção de erros;
- os ajustes de exercícios anteriores;
- a destinação do resultado, como constituição de reservas e a distribuição de dividendos;
- as transações de capital com os proprietários como o aumento de capital, a aquisição ou a venda de ações em tesouraria, os juros sobre capital próprio e as distribuições aos proprietários;
- outras mutações do patrimônio líquido.

A NBC TSP estabelece que as entidades paraestatais dependentes também devem apresentar, na demonstração das mutações do patrimônio líquido ou nas notas explicativas, as seguintes informações:

**a)** os valores das transações com os proprietários agindo em sua capacidade de detentores do capital próprio da entidade, demonstrando separadamente as distribuições para os proprietários;

**b)** o saldo de resultados acumulados no início do período e na data-base da demonstração e as alterações durante o período;

**c)** na medida em que componentes do patrimônio líquido são divulgados separadamente, há conciliação entre o valor contábil de cada componente do patrimônio líquido no início e no final do período, divulgando separadamente cada alteração.

| QUADRO 8.19 – Demonstração das mutações do patrimônio líquido | | | | | | | | | |
|---|---|---|---|---|---|---|---|---|---|
| <Nome do ente da Federação> | | | | | | | | | |
| **Demonstração das mutações do patrimônio líquido** | | | | | | | | | |
| Exercício:          Mês:          Emissão:          Página: | | | | | | | | | |
| **Especificação/ contas** | **Patrimônio social/ Capital social** | **Adiantamento para futuro aumento de capital (AFAC)** | **Reserva de capital** | **Ajustes de avaliação patrimonial** | **Reservas de lucros** | **Demais reservas** | **Resultados acumulados** | **Ações em tesouraria** | **Total** |
| Patrimônio social/Capital social | | | | | | | | | |
| Reservas de capital | | | | | | | | | |
| Ajustes de avaliação patrimonial | | | | | | | | | |
| Reservas de lucros | | | | | | | | | |
| Ações em tesouraria | | | | | | | | | |
| Resultados acumulados | | | | | | | | | |
| **Total** | | | | | | | | | |
| **Saldo inicial do exercício anterior** | | | | | | | | | |
| Ajustes de exercícios anteriores | | | | | | | | | |
| Aumento de capital | | | | | | | | | |
| Resultado do exercício | | | | | | | | | |
| Constituição/ reversão de reservas | | | | | | | | | |
| Dividendos (valor $/ação) | | | | | | | | | |
| **Saldo final do exercício anterior** | | | | | | | | | |

| Especificação/ contas | Patrimônio social/ Capital social | Adiantamento para futuro aumento de capital (AFAC) | Reserva de capital | Ajustes de avaliação patrimonial | Reservas de lucros | Demais reservas | Resultados acumulados | Ações em tesouraria | Total |
|---|---|---|---|---|---|---|---|---|---|
| Saldo Inicial do exercício atual | | | | | | | | | |
| Ajustes de exercícios anteriores | | | | | | | | | |
| Aumento de capital | | | | | | | | | |
| Resultado do exercício | | | | | | | | | |
| Constituição/ reversão de reservas | | | | | | | | | |
| Dividendos (valor $/ação) | | | | | | | | | |
| Saldo final do exercício atual | | | | | | | | | |
| Assinatura do gestor público (CPF): | | | | | Assinatura do contador (n. CRC): | | | | |

Fonte: NBC TSP 11.

- **Patrimônio social/Capital social**: compreende o patrimônio social das autarquias, das fundações e dos fundos e o capital social das demais entidades da administração indireta.
- **Adiantamento para futuro aumento de capital**: compreende os recursos recebidos pela entidade de seus acionistas ou quotistas destinados a serem utilizados para o aumento de capital, quando não haja a possibilidade de devolução desses recursos.
- **Reservas de capital**: compreende os valores acrescidos ao patrimônio que não transitaram pelo resultado como Variações Patrimoniais Aumentativas (VPA).
- **Ajustes de avaliação patrimonial**: compreende as contrapartidas de aumentos ou diminuições de valor atribuídos a elementos do ativo e do passivo em decorrência de sua avaliação a valor justo, nos casos previstos pela Lei n. 6.404, de 1976, ou em normas expedidas pela Comissão de Valores Mobiliários (CVM), enquanto não computadas no resultado do exercício em obediência ao regime de competência.
- **Reservas de lucros**: compreende as reservas constituídas com parcelas do lucro líquido das entidades para finalidades específicas.

- **Demais reservas**: compreende as demais reservas, não classificadas como reservas de capital ou de lucro, inclusive aquelas que terão seus saldos realizados por terem sido extintas pela legislação.
- **Resultados acumulados**: compreende o saldo remanescente dos lucros ou dos prejuízos líquidos das empresas e os *superavit*s ou os *deficit*s acumulados da administração direta, das autarquias, das fundações e dos fundos. A conta **Ajustes de exercícios anteriores**, que registra os efeitos da mudança de critério contábil ou da retificação de erro imputável a exercício anterior que não possam ser atribuídos a fatos subsequentes, integra a conta Resultados acumulados.
- **Ações/Cotas em tesouraria**: compreende o valor das ações ou das cotas da entidade que foram adquiridas pela própria entidade.

As **notas explicativas da DMPL** devem, no mínimo, informar: a) alterações na composição do capital social, quando relevante; b) destinação dos resultados; e c) constituição e reversão de reservas. No item 8.3, traremos mais detalhes a respeito.

## 8.2.1 Estrutura e análise da demonstração das mutações patrimoniais

A DMPL será elaborada utilizando-se do grupo 3 (Patrimônio Líquido) da classe 2 (Passivo) do PCASP/STN.

O preenchimento de cada célula do quadro deverá conjugar os critérios informados nas colunas (c) com os critérios informados nas linhas (l). Os dados dos pares de lançamentos desses critérios poderão ser extraídos por meio de contas de controle, atributos de contas, informações complementares ou outra forma definida pelo ente público.

Nas colunas, são apresentadas as contas contábeis das quais os dados devem ser extraídos, enquanto as linhas delimitam o par de lançamento dessas contas. Por exemplo, supondo um aumento de capital em dinheiro, o preenchimento da coluna Patrimônio social/Capital social e da linha Aumento de capital deverá extrair os dados do respectivo par de lançamentos com as contas "1.1.1.0.0.00.00 – Caixa e Equivalentes de Caixa" e "2.3.1.0.0.0.00.00 – Patrimônio Social e Capital Social".

Para melhor ilustrar o procedimento, a seguir, apresentaremos um resumo da DMPL da União do exercício de 2009 comparado ao de 2018. Nele pode ser observado o valor total do Patrimônio Líquido, no qual se nota que, após **um acréscimo de 111,4%** (saldo inicial de 2008 em relação ao saldo final de 2008), verifica-se **um decréscimo de 23%** no exercício de 2009; essa queda foi influenciada principalmente pelo *deficit* **patrimonial** apurado na Demonstração das variações patrimoniais do mesmo exercício.

| QUADRO 8.20 Demonstração das mutações do Patrimônio Líquido da União 2009/2008 (em $ Milhões) | | | | |
|---|---|---|---|---|
| Contas/Exercícios | 2009 (a) | 2008 (b) | Diferença c = (a – b) | Variação (%) d = (c/b) × 100 |
| Saldo inicial do exercício/PL | 456.171,71 | 215.826,14 | 240.345,57 | 111 |
| Variação cambial do saldo inicial | –812,47 | 790,75 | –1.603,22 | 3 |
| Ajustes de exercícios anteriores | –636,24 | –1.102,59 | –466,35 | –42 |
| Correção monetária do Patrimônio Líquido | 6,42 | 2,67 | 3,75 | 140 |
| Reavaliação de Ativos | 6,35 | 28,20 | –21,85 | –77 |
| Aumento de capital | 1.514,54 | 1.063,05 | 451,49 | 42 |
| Resultado do exercício | –105.825,36 | 239.611,06 | –345.436,42 | –56 |
| Constituição/reversão de reservas | 7,92 | 5,13 | 2,79 | 54 |
| Dividendos | –99,01 | –34,38 | –64,63 | 188 |
| Saldos de integração | 6,56 | –17,75 | 24,31 | –63 |
| Provisão sobre resultado do exercício | –3,27 | –0,36 | –2,91 | 804 |
| Provisão para contribuição social sobre o lucro | –1,19 | –0,22 | –0,97 | 447 |
| Provisões tributárias – IRPJ diferido | 0,00 | 0,00 | 0,00 | – |
| **Saldo final do exercício/PL** | **350.335,94** | **456.171,71** | **–105.835,77** | **–23** |

Nota: Os totais poderão eventualmente divergir do somatório das partes em função de arredondamentos.
Fonte: SIAFI/SECRETARIA DO TESOURO NACIONAL.

Da análise anteriormente realizada da DMPL, é possível observar quantitativamente a influência de cada fenômeno específico de cada conta sobre o PL. Dessa forma, no exercício de 2009, teremos:

a) parte-se de um valor inicial de $ 456.171,69 milhões, como saldo inicial do exercício/PL;

b) após diminuírem-se os efeitos da variação cambial negativa de $ 812,47 milhões, obtendo-se daí um PL de $ 455.349,22 milhões;

c) em seguida, após diminuírem-se os efeitos de ajustes de exercícios anteriores também negativo de $ 636,24 milhões, obtém um PL de $ 454.722,98 milhões; e assim sucessivamente até se verificar o saldo final do PL de $ 350.335,94 milhões.

Em relação ao exercício de 2008, segue-se o mesmo raciocínio matemático, partindo-se do saldo inicial do exercício/PL de $ 215.826,14, chegando-se ao saldo final do exercício/PL de $ 456.171,71.

Analiticamente, pode-se chegar as conclusões seguintes, que:

a) no exercício de 2009, **houve uma redução** do patrimônio líquido da ordem de $ 105.835,77 milhões, representando 23,20% do PL inicial que era $ 456.171,71 milhões;

b) no exercício de 2008, **houve um aumento** do patrimônio líquido da ordem de $ 240.345,57 milhões, representando 111% do PL inicial que era $ 215.826,14 milhões, conforme pode-se observar na primeira linha da coluna da variação (%) da DMPL.

## 8.3 NOTAS EXPLICATIVAS ÀS DEMONSTRAÇÕES CONTÁBEIS DO SETOR PÚBLICO

As Notas Explicativas (NE) são parte integrante das demonstrações contábeis, conforme determinação da NBC TSP 11 que trata das demonstrações contábeis aplicadas ao setor público. Essa norma define que as notas explicativas contêm informação adicional em relação àquela apresentada nas demonstrações contábeis. As notas explicativas oferecem descrições narrativas ou detalhamentos de itens divulgados nessas demonstrações e informação sobre itens que não se enquadram nos critérios de reconhecimento nas demonstrações contábeis. São informações adicionais às apresentadas nos quadros das DCASP. Seu objetivo é facilitar a compreensão das demonstrações contábeis a seus diversos usuários.

É bom salientar que se deve considerar as notas explicativas previstas nas normas contábeis, tanto do setor público como do privado, como **um mínimo a ser seguido pela administração na prestação das contas públicas de natureza contábil**, devendo ainda elaborar outras que forem necessárias ao esclarecimento da situação patrimonial e do resultado econômico do exercício, abrangendo aspectos contábil, financeiro, econômico, orçamentário, imobiliário e físico, e de outros fatos materiais e relevantes que possam impactar no patrimônio da entidade do setor público em apoio ao processo de tomada de decisão, à adequada prestação de contas e ao necessário suporte para a instrumentalização do controle social de interesse do público em geral.

As informações contidas nas notas explicativas devem ser **relevantes, complementares ou suplementares** àquelas não suficientemente evidenciadas ou não constantes das demonstrações contábeis.

As notas explicativas incluem os critérios utilizados na elaboração das demonstrações, as informações de naturezas: **patrimonial, orçamentária, econômica,**

**financeira, legal, física, social e de desempenho e outros eventos não suficientemente evidenciados ou não constantes das referidas demonstrações.**

A NBC TSP – Estrutura Conceitual,[18] ao tratar do planejamento e seus instrumentos sob o enfoque contábil, estabelece conceitos de planejamento relacionados ao orçamento público quanto aos requisitos que as demonstrações contábeis do setor público devem atender. Define que a **contabilidade pública deve permitir a integração dos planos hierarquicamente interligados**, comparando suas metas programadas com as realizadas e evidenciando as diferenças relevantes por meio de notas explicativas.

As Normas Brasileiras de Contabilidade Técnicas Aplicadas ao Setor Público (NDC TSP), ao tratar dos registros contábeis no setor público, definem que os registros contábeis relacionados com o reconhecimento de ajustes decorrentes de omissões e erros de registros ocorridos em anos anteriores ou de mudanças de critérios contábeis devem ser realizados à conta de ajustes de exercícios anteriores do patrimônio líquido e evidenciados em notas explicativas.

Na ausência de norma contábil aplicada ao setor púbico, o profissional da contabilidade deve utilizar, subsidiariamente, e nessa ordem, as normas nacionais e internacionais que tratem de temas similares, evidenciando o procedimento e os impactos em notas explicativas.

O **balanço orçamentário deverá conter notas explicativas**, que são parte integrante do respectivo balanço, com informações relevantes, complementares ou suplementares àquelas não suficientemente evidenciadas ou não constantes dele, devendo incluir:

- os critérios utilizados na elaboração do balanço orçamentário;
- as possíveis revisões e atualizações da receita;
- os critérios utilizados para abertura dos créditos adicionais e as respectivas fontes;
- detalhamento das despesas executadas por tipos de créditos, (inicial, suplementar, especial e extraordinário);
- tipos de créditos adicionais abertos (suplementar, especial e extraordinário);
- a existência de contingenciamento do orçamento;
- os programas e a avaliação de sua execução ou as justificativas pela não execução;
- o montante da movimentação financeira (transferências financeiras recebidas e concedidas) relacionadas à execução do orçamento do exercício;
- a avaliação de desempenho da gestão orçamentária das entidades;
- outros eventos não suficientemente evidenciados ou não constantes do balanço orçamentário.

---

[18] Estrutura conceitual para elaboração e divulgação de informação contábil de propósito geral pelas entidades do setor público.

Como exemplo desse último caso, de outros eventos não suficientemente evidenciados, recomenda-se a utilização de notas explicativas para esclarecimentos a respeito:

- da utilização do *superavit* financeiro e de reaberturas de créditos especiais e extraordinários, bem como de suas influências no resultado orçamentário, a fim de possibilitar a correta interpretação das informações;
- da identificação das receitas e das despesas intraorçamentárias, necessariamente, que deverá ser apresentada também em *notas explicativas*;
- das atualizações monetárias autorizadas por lei, efetuadas antes e após a data da publicação da LOA, que compõem a coluna Previsão inicial da receita orçamentária;
- do procedimento adotado em relação aos RPNP liquidados, ou seja, se o ente transfere;
- do saldo ao final do exercício para RPP ou se mantém o controle dos RPNP liquidados separadamente;
- do detalhamento dos "recursos de exercícios anteriores" utilizados para financiar as despesas orçamentárias do exercício corrente, destacando-se os recursos vinculados ao RPPS e outros com destinação vinculada;
- das transferências orçamentárias a outras unidades para a execução de projetos e/ou atividades específicas.

Qualquer alteração relevante no patrimônio líquido, seja pelo valor ou pela natureza da informação, deve ser divulgada em notas explicativas da DMPL. Como exemplo de alteração relevante, temos: (a) efeito no resultado acumulado em decorrência da adoção inicial das disposições contidas no MCASP da STN ou nas normas brasileiras de contabilidade; e (b) efeitos das alterações nas políticas contábeis ou correção de erros.

As NBC/CFC, ao tratar de avaliação e mensuração de bens patrimoniais, definem que, nas transferências de ativos imobilizados, o valor a atribuir ao bem deve ser o ***valor contábil líquido*** constante dos registros da entidade de origem. Em caso de divergência desse critério com o fixado no instrumento de autorização da transferência, ele deve ser evidenciado em notas explicativas.

Os ativos intangíveis, obtidos a título gratuito, e a eventual impossibilidade de sua valoração devem ser evidenciados em notas explicativas.

As **notas explicativas das demonstrações contábeis consolidadas** devem ser complementadas por notas explicativas que contenham, pelo menos, as seguintes informações:

**a)** a identificação e as características das entidades governamentais incluídas na consolidação;

**b)** os procedimentos adotados na consolidação;

**c)** as razões pelas quais os componentes patrimoniais de uma ou mais entidades governamentais não foram avaliados pelos mesmos critérios, quando for o caso;

**d)** a natureza e os montantes dos ajustes efetuados;

**e)** os eventos subsequentes à data de encerramento do exercício que possam ter efeito relevante sobre as demonstrações contábeis consolidadas;

**f)** os casos de consolidação de demonstrações com datas diferentes, que devem ser divulgados, em notas explicativas, os efeitos dos eventos relevantes entre as diferentes datas.

## 8.4 CONSOLIDAÇÃO DAS CONTAS PÚBLICAS

A STN é a instituição responsável pela consolidação das contas públicas nacionais (art. 50, § 2º da LRF). Em face da necessidade de consolidação das contas de todos os entes da Federação e de sua divulgação, inclusive por meio eletrônico de acesso público, ela aprovou o "Quadro dos dados contábeis consolidados municipais e estaduais".

Assim, os municípios e os estados deverão preencher os referidos quadros e encaminhá-los à unidade da Caixa Econômica Federal (CEF) de vinculação, por meio do Siconfi, acompanhados de uma cópia do balanço geral do exercício a que se refere a consolidação, até 30 de abril e 31 de maio de cada ano, respectivamente.[19]

Em síntese, os quadros consolidam saldos em milhares de reais, referentes ao balanço orçamentário e ao balanço patrimonial. No que concerne ao balanço orçamentário, as receitas são apresentadas por categoria econômica (corrente e capital), e as despesas, por funções, destacando-se: legislativa, judiciária, planejamento, agricultura, educação e cultura, habitação e urbanismo, indústria e comércio, saúde e saneamento, assistência e previdência, transporte, defesa nacional e segurança pública, desenvolvimento regional, energia e recursos minerais, comunicações.

Já o balanço patrimonial será agrupado conforme modelo do **Quadro 8.6**, do item 8.1.3. Esse quadro consolida os modelos do balanço patrimonial descritos nas Leis n. 4.320, de 1964 e n. 6.404, de 1976, prevalecendo alguns critérios de classificação descritos na primeira, o que não deixa de ser uma tentativa salutar de melhorar a transparência das informações. Frise-se que esses quadros não substituem o modelo do balanço previsto na Lei n. 4.320, de 1964. Contudo, ele deverá ser revisto, para se aproximar do proposto pela STN.

O Poder Executivo da União tem até o dia 30 de junho para promover a consolidação nacional e, por esfera de governo, as contas das unidades federativas referentes

---

[19] Esses modelos encontram-se disponíveis nos *sites* da Secretaria do Tesouro Nacional, www.tesouro.fazenda.gov.br e da CEF, www.caixa.gov.br. Acessos em: 2 set. 2019.

ao exercício anterior, bem como divulgar os dados por meios eletrônicos de acesso público. Dessa forma, atendendo ao disposto nos arts. 31 e 32 da LRF e às resoluções do Senado Federal, a STN publicou a Portaria STN n. 109, de 2002, que institui o *Sistema de Coleta de Dados Contábeis dos Entes da Federação (SISTN)*, atualmente regido pela Portaria STN n. 683, de 2011. Assim, o *objetivo desse sistema* é reunir em um mesmo ambiente os dados fiscais de todas as unidades federativas, inclusive o Relatório Resumido de Execução Orçamentária (RREO) e o Relatório de Gestão Fiscal (RGF), criados pela LRF, com o objetivo de apresentar as informações necessárias à transparência dos recursos públicos e aos controles estabelecidos pela legislação.

Com a publicação da Lei Complementar n. 131, de 2009,[20] os instrumentos de transparência foram ampliados para além dos relatórios gerenciais mencionados. Tornou-se patente a necessidade de automatização e de padronização do fluxo de informações contábeis e fiscais no país. Assim, sensível ao esforço de modernização das práticas contábeis, a STN decidiu desenvolver o *Siconfi*, visando obter ganhos de eficiência e facilidade de uso, bem como de envio e divulgação das demonstrações contábeis dos entes da Federação.

## 8.4.1 Consolidação das demonstrações contábeis

As Demonstrações Contábeis Consolidadas da União (DCON), comumente conhecidas como Balanço Geral da União (BGU), são elaboradas em consonância com os dispositivos da Lei n. 4.320, de 1964, do Decreto-Lei n. 200, de 1967, do Decreto n. 93.872, de 1986, da Lei n. 10.180, de 2001, e da Lei Complementar n. 101, de 2000. Observam, também, o MCASP e o Manual Siafi, da STN.

Os estados, o Distrito Federal e os municípios também devem publicar seus Balanços Contábeis Consolidados (BCC), comumente chamados de balanço geral do estado, ou do Distrito Federal, ou do município. O BCC, em cada um das três esferas de governo, tem a finalidade de apresentar à sociedade a situação e os resultados orçamentário, financeiro e patrimonial da administração pública. Ele é composto de Balanço Patrimonial, Demonstração das variações patrimoniais, Balanço orçamentário, Balanço financeiro, Demonstração dos Fluxos de Caixa e Demonstração das mutações do patrimônio líquido. Essas demonstrações contábeis são acompanhadas pelas notas explicativas.

No encerramento do exercício, os balanços contábeis consolidados é parte integrante da prestação de contas dos chefes dos Poderes Executivos (da União, dos estados, do Distrito Federal e dos municípios), consolidando informações orçamentárias, financeiras e patrimoniais dos Poderes Executivo, Legislativo e Judiciário, do

---

[20] Lei da Transparência da Gestão Fiscal.

Ministério Público da União e da Defensoria Pública da União. Abrange as entidades da administração direta e indireta de todos os Poderes que sejam integrantes do Orçamento Fiscal e da Seguridade Social, de cada um das três esferas de governo.

A consolidação de demonstrações contábeis de entidades governamentais objetiva o conhecimento e a disponibilização de macroagregados patrimoniais do setor público, a visão global do resultado obtido pela gestão e a instrumentalização do controle social. Os procedimentos e os critérios estão regulamentados na **IPC 03/STN – Encerramento de contas contábeis no PCASP**, combinado com a **NBC TSP 17/CFC – Consolidação das demonstrações contábeis**. Para fins de consolidação nacional pela STN/MF, as demonstrações contábeis devem adotar o Siconfi no processo de recebimento das contas anuais de todos os entes da Federação. No processo de consolidação de demonstrações contábeis, deverão ser consideradas as relações de dependência entre as entidades.

As demonstrações consolidadas de um ente da Federação abrangerão as transações contábeis de cada órgão, fundo ou entidade da administração direta, autárquica, fundacional e empresa estatal dependente.

A consolidação ocorre pela soma ou agregação de saldos ou grupos de contas, excluídas as duplicidades (operações intraorçamentárias), formando uma **unidade de natureza econômico-contábil**, ou seja, compreende o patrimônio resultante da agregação de patrimônios autônomos pertencentes a duas ou mais entidades governamentais.

A participação patrimonial nas entidades estatais não dependentes será reconhecida nas demonstrações da entidade governamental controladora, por meio de equivalência patrimonial.

A administração é responsável pela preparação e apresentação correta das demonstrações contábeis consolidadas. Contudo, os profissionais de contabilidade de cada entidade governamental serão responsáveis pela fidedignidade e validade das informações a serem encaminhadas para a consolidação das demonstrações contábeis, em observância dos prazos legais ou regimentais. A disponibilização de informações consolidadas constitui requisito de ética profissional tendo em vista o alcance e as repercussões para o aperfeiçoamento do controle social, devendo os profissionais de contabilidade atuar diligentemente para a concretização das etapas necessárias à evidenciação das informações consolidadas.

As demonstrações contábeis das entidades do setor público, para fins de consolidação, devem ser levantadas na mesma data. Nos casos de **consolidação de demonstrações com datas diferentes**, devem ser divulgados em notas explicativas os efeitos dos eventos relevantes entre as diferentes datas.

## 8.5 OUTROS DEMONSTRATIVOS LEGAIS

Além do balanço orçamentário, do balanço financeiro, do balanço patrimonial e da demonstração das variações patrimoniais, cujos modelos estão demonstrados, respectivamente, nos Anexos 12, 13, 14 e 15, a Lei n. 4.320, de 1964, apresenta outros demonstrativos contábeis como obrigatórios, a saber:

- Anexo 1: Demonstração da receita e despesa, segundo as categorias econômicas;
- Anexo 2: Especificação da receita e da despesa;
- Anexo 6: Programa de trabalho, por órgão e unidade orçamentária;
- Anexo 7: Programa de trabalho – demonstrativo de funções, subfunções e programas por projetos e atividades;
- Anexo 8: Demonstrativo da despesa por funções, subfunções e programas conforme o vínculo com os recursos;
- Anexo 9: Demonstrativo da despesa por órgãos e funções;
- Anexo 10: Comparativo da receita orçada com a arrecadada;
- Anexo 11: Comparativo de despesa autorizada com a realizada;
- Anexo 16: Demonstração da dívida fundada interna;
- Anexo 17: Demonstração da dívida flutuante.

Com o advento da LRF, novos demonstrativos passaram a ser exigidos em busca da transparência das contas públicas, consubstanciados no Relatório resumido da execução orçamentária e no Relatório de gestão fiscal.

O **Relatório Resumido da Execução Orçamentária**, previsto no § 3º, art. 165, da Constituição Federal, deve ser publicado até 30 dias após o encerramento de cada bimestre e é composto de:

- balanço orçamentário, que especificará, por categoria econômica:
  **a)** as receitas por fonte, informando as realizadas e as a serem realizadas, bem como a previsão atualizada;
  **b)** as despesas por grupo de natureza, discriminando a dotação para o exercício, a despesa liquidada e o saldo.

- demonstrativos da execução das:
  **a)** receitas, por categoria econômica e fonte, especificando a previsão inicial, a previsão atualizada para o exercício, a receita realizada no bimestre, a realizada no exercício e a previsão a realizar;
  **b)** despesas, por categoria econômica e grupo de natureza da despesa, discriminando dotação inicial, dotação para o exercício, despesas empenhadas e liquidadas no bimestre e no exercício;
  **c)** despesas, por função e subfunção.

É bom lembrar também que os valores referentes ao **refinanciamento da dívida mobiliária** constarão, destacadamente, das receitas de operações de crédito e das despesas com amortização da dívida.

- Demonstrativos relativos a:
  a) apuração da receita corrente líquida, sua evolução, assim como a previsão de seu desempenho até o final do exercício;
  b) receitas e despesas previdenciárias;
  c) resultados nominal e primário;
  d) despesas com juros;
  e) restos a pagar, detalhando os valores inscritos, os pagamentos realizados e o montante a pagar.

O relatório referente ao último bimestre do exercício também deverá ser acompanhado de demonstrativos:

- do atendimento do disposto no inciso III, art. 167, da Constituição Federal (operação de crédito no limite da despesa de capital);
- das projeções atuariais dos regimes de previdência social, geral e próprio dos servidores públicos;
- da variação patrimonial, evidenciando a alienação de ativos e a aplicação dos recursos dela decorrentes.

O **Relatório de gestão fiscal**, a ser publicado até 30 dias após o final de cada quadrimestre pelos titulares dos Poderes e dos órgãos, conterá:

- **comparativo** com os limites definidos na LRF, dos seguintes valores:
  a) *despesa total com pessoal*, distinguindo a despesa com inativos e a de pensionistas;
  b) *dívidas consolidada e mobiliária*;
  c) concessão de garantias;
  d) *operações de crédito*, inclusive por antecipação de receita.
  e) indicação das *medidas corretivas* adotadas ou a serem adotadas, se ultrapassado qualquer dos limites;

- **demonstrativos**, no último quadrimestre:
  a) do *montante das disponibilidades de caixa* em 31 de dezembro;
  b) da *inscrição em restos a pagar*, das despesas liquidadas; empenhadas e não liquidadas, inscritas até o limite do saldo da disponibilidade de caixa; não inscritas por falta de disponibilidade de caixa e cujos empenhos foram cancelados;

**c)** do cumprimento do disposto no inciso II, alínea *b*, e inciso IV do art. 38 da LRF – operação de crédito por antecipação de receita.

Segundo a LRF, o Relatório resumido da execução orçamentária e o Relatório de gestão fiscal deverão ser elaborados de forma padronizada, segundo modelos que poderão ser atualizados pelo Conselho de Gestão Fiscal, constituído por representantes de todos os Poderes e esferas de governo, do Ministério Público e de entidades técnicas representativas da sociedade, conforme dispõe seu art. 67.

A Secretaria do Tesouro Nacional[21] instituiu novos manuais de elaboração dos citados relatórios, padronizando os modelos previstos na LRF e em outros instrumentos normativos, que a seguir descrevemos, mas cujos modelos podem facilmente ser obtidos no *site* da citada Secretaria.

**Relatório de gestão fiscal:**
- Anexo I: Demonstrativo da despesa com pessoal (LRF, art. 55, I, *a*);
- Anexo II: Demonstrativo da dívida consolidada líquida (LRF, art. 55, I, *b*);
- Anexo III: Demonstrativo das garantias e contragarantias de valores (LRF, art. 55, I, *c*, e art. 40, § 1º);
- Anexo IV: Demonstrativo das operações de crédito (LRF, art. 55, I, *d*);
- Anexo V: Demonstrativo da disponibilidade de caixa (LRF, art. 55, III, *a*);
- Anexo VI: Demonstrativo dos restos a pagar (LRF, art. 55, III, *b*);
- Anexo VII: Demonstrativo dos limites (LRF, art. 54).

**Relatório resumido da execução orçamentária:**
- Anexo I: Balanço orçamentário (LRF, art. 52, I, *a* e *b* do inciso II, e § 1º);
- Anexo II: Demonstrativo da execução das despesas por função/subfunção (LRF, art. 52, *c*);
- Anexo III: Demonstrativo da receita corrente líquida (LRF, art. 53, I);
- Anexo IV: Demonstrativo das receitas e despesas previdenciárias do regime geral de Previdência Social (LRF, art. 553, II);
- Anexo V: Demonstrativo das receitas e despesas previdenciárias do regime próprio dos servidores públicos (LRF, art. 53, II);
- Anexo VI: Demonstrativo do resultado nominal (LRF, art. 53, III);
- Anexo VII: Demonstrativo do resultado primário (LRF, art. 53, III);
- Anexo VIII: Demonstrativo do resultado primário da União (LRF, art. 53, III);
- Anexo IX: Demonstrativo dos restos a pagar por poder e órgão (LRF, art. 53, V);

---

[21] Ver *site* www.tesouro.fazenda.gov.br. Acesso em: 2 set. 2019.

- Anexo X: Demonstrativo das receitas e despesas com manutenção e desenvolvimento do ensino (Lei n. 9.349, de 1996, art. 72);
- Anexo XI: Demonstrativo das receitas de operações de crédito e despesas de capital (LRF, art. 53, § 1º, I);
- Anexo XII: Demonstrativo da projeção atuarial do regime geral de previdência social (LRF, art. 53, § 1º, II);
- Anexo XIII: Demonstrativo da projeção atuarial do regime próprio de previdência social dos servidores públicos (LRF, art. 53, § 1º, II);
- Anexo XIV: Demonstrativo da receita de alienação de ativos e aplicação dos recursos (LRF, art. 53, § 1º, II);
- Anexo XV: Demonstrativo das despesas com saúde (ADCT, art. 77);
- Anexo XVI: Demonstrativo da receita líquida de impostos e das despesas próprias com saúde (ADTC, art. 77);
- Anexo XVII: Demonstrativo da receita de impostos e das despesas próprias com saúde (ADCT, art. 77).

## 8.6  PRESTAÇÃO DE CONTAS

As demonstrações contábeis são as principais peças constitutivas das prestações de contas. A prestação de contas corresponde ao demonstrativo acompanhado ou não de documentos comprobatórios das operações de receita e despesa, as quais, se aprovadas pelo ordenador de despesa, integrarão sua tomada de contas.[22] A prestação de contas também pode ser entendida como o levantamento organizado pelo serviço de contabilidade das entidades da administração indireta, inclusive das fundações instituídas pelo poder público.

A Constituição Federal é taxativa, quando em seu art. 70, parágrafo único, determina que "prestará contas qualquer pessoa física ou jurídica, pública ou privada, que utilize, arrecade, guarde, gerencie ou administre dinheiro, bens e valores públicos ou pelos quais a União responda, ou que, em nome desta, assuma obrigações de natureza pecuniária". E complementa ainda ao determinar que as normas da Seção IX (Título IV, Cap. I) se aplicam à fiscalização exercida pelos estados e pelos municípios, criando, dessa forma, um sistema nacional de fiscalização, deixando claro que as pessoas estão submetidas ao controle nela delineado.

Toda a infraestrutura institucional e normativa, estabelecida em normas constitucionais e infraconstitucionais a respeito do controle, visa que se conheçam os atos praticados pelos gestores públicos na utilização dos recursos públicos no interesse da coletividade. Para isso, a Constituição Federal criou a obrigação para esses

---

[22] ASSOCIAÇÃO BRASILEIRA DE ORÇAMENTO PÚBLICO (ABOP). Glossário de termos orçamentários e afins. *ABOP*, Brasília, n. 33, terceiro quadrimestre de 1992. 50 p.

gestores da apresentação obrigatória de suas contas, organizadas e elaboradas conforme as normas de caráter financeiro emanadas do Legislativo e subsidiadas pelas normas expedidas pelos órgãos de controle interno e externo.

Pode-se também definir que prestação de contas é o processo formalizado pela própria pessoa física, com ou sem o auxílio de órgão de contabilidade analítica, por órgão ou entidade, por final de gestão, pela aplicação de recursos recebidos ou por execução, no todo ou em parte, de contrato formal, destinado ao órgão competente, demonstrando a legitimidade e a economicidade da utilização dos recursos orçamentários e extraorçamentários, bem como a fidelidade funcional e o programa de trabalho.

Não existe um modelo determinado de como deve ser uma prestação de contas no âmbito da administração pública, mas ela deve ser elaborada de modo a demonstrar da forma mais clara e evidente possível os resultados da gestão e os benefícios gerados à sociedade.

Cabe destacar a figura da tomada de contas, que é, em termos gerais, o processo formalizado por órgão competente, em caráter de urgência, para apurar a responsabilidade de pessoa física, órgão ou entidade que deixar de prestar contas no prazo e na forma estabelecidos e dos que derem causa a perda, extravio, desfalque, desvio de bens ou outra irregularidade de que resulte ou possa resultar dano ao erário devidamente quantificado.

O código de ética profissional do servidor público civil do Poder Executivo Federal estabelece como dever fundamental jamais retardar qualquer prestação de contas, condição essencial da gestão dos bens, direitos e serviços da coletividade a seu cargo. A Lei n. 8.429, de 1992, em seu art. 11, inciso VI, define que constitui ato de improbidade administrativa que atenta contra os princípios da administração pública qualquer ação ou omissão que viole os deveres de honestidade, imparcialidade, legalidade e lealdade às instituições e, notadamente, *os deveres de deixar de prestar contas quando esteja obrigado a fazê-lo; e retardar ou deixar de praticar, indevidamente, ato de ofício*.

Por fim, a Lei n. 8.443, de 1992 – Lei Orgânica do TCU, em seu art. 16, inciso III, alínea *a*, define que as contas serão julgadas irregulares, quando comprovada ***omissão no dever de prestar contas***.

## SINOPSE

1.  O balanço orçamentário apresenta as receitas estimadas e as despesas fixadas no orçamento em confronto, respectivamente, com as receitas arrecadadas e com as despesas realizadas, demonstrando:

    *   economia orçamentária: ocorre quando a despesa realizada é menor que a despesa fixada;

- *superavit* orçamentário: ocorre quando a despesa realizada é menor que a receita arrecadada;
- *deficit* orçamentário: ocorre quando a despesa realizada é maior que a receita arrecadada;
- excesso de arrecadação: ocorre quando a receita arrecadada é maior que a receita estimada;
- frustração de arrecadação: ocorre quando a receita arrecadada é menor que a receita estimada.

2. O balanço financeiro apresenta a receita e a despesa orçamentárias executadas, bem como os recebimentos e os pagamentos de natureza extraorçamentária, conjugados com os saldos em espécie provenientes do exercício anterior e os que se transferem para o exercício seguinte.

3. Os restos a pagar, inscritos no exercício, são computados na receita extraorçamentária no balanço financeiro. Os pagamentos dos restos a pagar de exercícios anteriores são considerados na despesa extraorçamentária, a receita orçamentária é demonstrada por categoria econômica, e a despesa é apresentada por função de governo.

4. O balanço patrimonial demonstra os componentes patrimoniais classificados nos seguintes grupos:

- Ativo financeiro: compreende os créditos e os valores realizáveis no curto prazo independentemente da autorização orçamentária e os valores numerários.
- Ativo permanente: compreende bens, créditos e valores utilizados na exploração da atividade estatal e cuja mobilização ou alienação dependa da autorização legislativa. O almoxarifado também é considerado ativo permanente.
- Passivo financeiro: compreende os compromissos exigíveis de curto prazo, cujo pagamento independa de autorização orçamentária. Também denominado de dívida flutuante.
- Passivo permanente: compreende as dívidas fundadas e outras que dependam de autorização legislativa para amortização ou resgate.
- Saldo patrimonial: representa a diferença entre o ativo e o passivo, podendo configurar como ativo real líquido se a diferença for positiva, e passivo real líquido, se for negativa.
- Contas de compensação: registram os bens, os valores, as obrigações e as situações não compreendidas nos parágrafos anteriores e que, mediata ou indiretamente, possam vir a afetar o patrimônio do ente governamental.

5. A dívida flutuante compreende as dívidas de curto prazo resultantes de empenhos não pagos até o encerramento do exercício financeiro. Os depósitos momentâneos ou transitórios em moeda corrente e os empréstimos para cobrir insuficiência momentânea de caixa são os principais fatos registrados nesse grupo.

6. A dívida fundada, apresentada no passivo do balanço patrimonial, compreende os compromissos de exigibilidade superior a 12 meses, contraídos para atender a desequilíbrio orçamentário ou a financiamentos de obras e serviços públicos. Deve ser escriturada com individuação e especificações que permitam verificar, a qualquer momento, a posição dos empréstimos, bem como os respectivos serviços de amortização e juros.

7. A demonstração das variações patrimoniais evidencia as alterações verificadas no patrimônio, resultantes ou independentes da execução orçamentária, e indica o resultado patrimonial do exercício.

8. Com o advento da LRF, novos demonstrativos passaram a ser exigidos em busca da transparência das contas públicas, que foram denominados de Relatório resumido da execução orçamentária e Relatório de gestão fiscal.

# CAPÍTULO 9

# Registros contábeis do setor público

## OBJETIVOS DO CAPÍTULO

▶ Demonstrar os principais registros contábeis, desde a aprovação do orçamento e a abertura de créditos adicionais até o fechamento das contas e a confecção dos demonstrativos contábeis exigidos por lei.

▶ Demonstrar os registros de cada fato contábil no Livro Diário e em Contas do Razão – razonetes, e sua repercussão nos três subsistemas de informações de contas contábeis – orçamentário, patrimonial e controle das disponibilidades financeiras.

## 9.1  INTRODUÇÃO

Com o advento da informatização dos registros contábeis em todas as suas fases, são lançados simultaneamente os fatos contábeis de diversas naturezas, gerando informativos contábeis gerenciais que permitem acompanhamento detalhado da administração patrimonial e agilizam o processo de tomada de decisão, de prestação de contas e a instrumentalização do controle social.

Na contabilidade aplicada ao setor público, a informatização é ainda mais necessária, uma vez que a administração do patrimônio nas três esferas de governo obedece a um sistema complexo de normas legais de todos os gêneros e variados conceitos de administração pública, como: legalidade, economicidade, legitimidade, razoabilidade, eficiência, eficácia, transparência entre outros. Todavia, não podemos esquecer a necessidade de compreender, doutrinariamente, como os registros contábeis são processados.

As normas contábeis definem que as entidades públicas devem manter um sistema de escrituração uniforme referente aos atos e aos fatos de sua gestão, por meio de processo manual, mecanizado ou eletrônico, em rigorosa ordem cronológica, como suporte às informações contábeis.

A informação contábil, tanto no setor público como no privado, deve obedecer a 12 características ou requisitos fundamentais: objetividade; confiabilidade, comparabilidade, compreensibilidade, uniformidade, verificabilidade, visibilidade, tempestividade, utilidade, imparcialidade, fidedignidade e representatividade.

No âmbito de cada esfera de governo, os Poderes Legislativo, Executivo e Judiciário, o Ministério Público e a Defensoria Pública devem manter sistema integrado de contabilidade pública, pautado em Plano de Contas, que deve compreender:

**a)** a terminologia de todas as contas e sua adequada codificação, bem como a identificação do subsistema ao qual pertence, a natureza e o grau de desdobramento, de modo a possibilitar os registros de valores efetivos e potenciais e a integração dos subsistemas;

**b)** a enunciação das funções atribuídas a cada uma das contas;

**c)** o funcionamento das contas com seus movimentos de débitos e créditos;

**d)** a utilização do método das partidas dobradas em todos os registros dos atos e dos fatos que afetam ou possam vir a afetar o patrimônio público, de acordo com sua natureza orçamentária, financeira, patrimonial ou compensatória, nos respectivos subsistemas contábeis.

Seguindo essa linha de orientação normativa, faremos a demonstração dos registros contábeis das transações básicas da área pública no **Livro Diário e em contas do razão – razonetes** para o entendimento dos efeitos contábeis nas contas a cada lançamento, detalhados pelos respectivos subsistemas de informações contábeis (orçamentário, financeiro e patrimonial). Ou seja, a cada transação serão demonstrados seus registros contábeis de acordo com o Plano de Contas Aplicado ao Setor Público, no qual as contas contábeis são classificadas segundo a natureza das informações que evidenciam:

**a)** *Contas com informações de natureza patrimonial*: registram, processam e evidenciam os fatos financeiros e não financeiros relacionados com as variações qualitativas e quantitativas do patrimônio público, representadas pelas contas que integram o Ativo, o Passivo, o Patrimônio Líquido, as Variações Patrimoniais Diminutivas (VPD) e as Variação Patrimonial Aumentativa (VPA);

**b)** *Contas com informações de natureza orçamentária*: registram, processam e evidenciam os atos e os fatos relacionados ao planejamento e à execução orçamentária, representadas pelas contas que registram aprovação e execução do planejamento e do orçamento, inclusive restos a pagar;

**c)** *Contas com informações de natureza típica de controle*: registram, processam e evidenciam os atos de gestão cujos efeitos possam produzir modificações no patrimônio da entidade do setor público, bem como outras que tenham função precípua de controle, seja para fins de elaboração de informações gerenciais específicas, acompanhamento de rotinas, elaboração de procedimentos de consistência contábil ou para registrar atos que não ensejaram registros nas contas patrimoniais, mas que potencialmente possam vir a afetar o patrimônio.

Por fim, apresentaremos o encerramento das contas de cada subsistema com os lançamentos contábeis (itens 9.20 e 9.21) necessários à formatação das principais demonstrações contábeis, apresentadas no Capítulo 8, estabelecidas pela Lei n. 4.320, de 1964, pelas NBC TSP/CFC[1] e nas normas da STN/MF com destaque ao MCASP/STN – Parte IV: PCASP, 8ª edição.

## 9.2 ORÇAMENTO DA RECEITA

### 9.2.1 Previsão orçamentária da receita

**Fato contábil:** depois de aprovada a Lei Orçamentária Anual, inicia-se a execução do orçamento no exercício financeiro, a partir de 1º de janeiro, com os respectivos registros contábeis. Considerando uma receita estimada de $ 100.000,00 sendo $ 70.000,00 para receitas correntes e $ 30.000,00 para as de capital, teríamos:

**Subsistema orçamentário**

Lançamento no Livro Diário:

| Cidade, 30 de dezembro 20x0. | | |
|---|---|---:|
| D | 5.2.1.1.0.00.00 Previsão Inicial da Receita | 100.000,00 |
| C | 6.2.1.1.0.00.00 Receita Orçamentária a Realizar – Corrente (*) | 70.000,00 |
| C | 6.2.1.1.0.00.00 Receita Orçamentária a Realizar – Capital (*) | 30.000,00 |
| Histórico: registro da previsão das receitas corrente e de capital pela aprovação do orçamento a serem arrecadadas no exercício orçamentário. | | |

(*) Para um melhor aprendizado, apresentaremos as receitas e as despesas orçamentárias segregadas por sua natureza econômica em corrente e capital.

**PCASP**

5.2.1.1.0.00.00 **Previsão Inicial da Receita**. Conta de aprovação do orçamento que registra o valor da previsão inicial da receita aprovado na LOA.

6.2.1.1.0.00.00 **Receita a Realizar**. Conta de execução do orçamento que registra o somatório dos valores relativos à receita pública aprovada pela Lei Orçamentária Anual e suas alterações, detalhada por natureza da receita.

---

[1] Norma Brasileira de Contabilidade – Técnica aplicada ao Setor Público do Conselho Federal de Contabilidade (NBC TSP – CFC).

É necessário também salientar que as contas Previsão inicial da receita e Receita a realizar devem ser abertas, analiticamente, detalhadas por natureza, segundo a classificação sintética por categoria econômica: corrente e capital, conforme determinação do art. 15 da Lei n. 4.320, de 1964.

Lançamento em razonete (*)

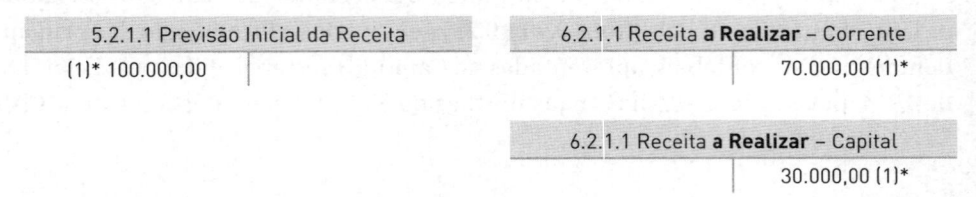

| 5.2.1.1 Previsão Inicial da Receita | 6.2.1.1 Receita **a Realizar** – Corrente |
|---|---|
| (1)* 100.000,00 | 70.000,00 (1)* |

| 6.2.1.1 Receita **a Realizar** – Capital |
|---|
| 30.000,00 (1)* |

(*) Números e/ou letras entre parênteses ao lado dos valores significam sua correspondência cronológica no lançamento do Livro Diário. Assim, para facilitar o entendimento, a ordem dos registros contábeis de cada operação realizada será identificada por números entre parênteses.

### Subsistema patrimonial

**Fato contábil:** o Código Tributário Nacional, em seu art. 142, define:

> Compete privativamente à autoridade administrativa *constituir o crédito tributário pelo lançamento*, assim entendido o procedimento administrativo tendente a verificar a ocorrência do fato gerador da obrigação correspondente, determinar a matéria tributável, calcular o montante do tributo devido, identificar o sujeito passivo e, sendo caso, propor a aplicação da penalidade cabível.

A Lei n. 4.320, de 1964, em seu art. 53 define: "O lançamento da receita, o ato da repartição competente, que verifica a procedência do crédito fiscal e a pessoa que lhe *é devedora e inscreve o débito* desta". A IPSAS 23 define: "Uma entidade *deve reconhecer um ativo em relação a tributos* quando o fato gerador tributável ocorre e os critérios de reconhecimento do ativo são satisfeitos."Contabilmente, devem ser registrados os valores relativos aos créditos a receber, decorrentes da cobrança da modalidade de tributo cuja obrigação tem por fato gerador uma situação independente de qualquer atividade estatal específica relativa ao contribuinte. Logo, em obediência ao regime de competência, teremos:

Lançamento no Livro Diário:

| Cidade, 2 de janeiro de 20x1. | | |
|---|---|---|
| D | 1.1.2.1.5.00.00 **Créditos Tributários a Receber** (P) – Ativo Circulante | 20.000,00 |
| C | 4.1.1.2.1.02.00 **Impostos sobre Patrimônio e a Renda**/IPTU – VPA | 20.000,00 |
| Histórico: reconhecimento da receita tributária IPTU de competência do exercício (*). | | |

(*) O mesmo lançamento para os impostos nos estados e no Distrito Federal.

**PCASP**

1.1.2.1.0.00.00 **Créditos Tributários a Receber.** Conta patrimonial (título da conta) que registra os valores relativos a créditos a receber oriundos das variações patrimoniais aumentativas *tributárias*, realizáveis em até 12 meses da data das demonstrações.

1.1.2.1.5.00.00 **Créditos Tributários a Receber – Inter OFSS – Município.** Conta patrimonial (subtítulo da conta) que registra os valores relativos a créditos a receber oriundos das variações patrimoniais aumentativas tributárias realizáveis em até 12 meses da data das demonstrações. Os tributos são: impostos, taxas, contribuições de melhoria, contribuições e empréstimos compulsórios. Os saldos *serão excluídos* dos demonstrativos consolidados do OFSS de entes públicos distintos, resultantes das transações entre o ente e um município.

4.1.1.2.0.00.00 **Impostos sobre Patrimônio e a Renda.** Conta de resultado que registra a *variação patrimonial aumentativa* dos impostos sobre patrimônio e a renda, por exemplo: imposto sobre a propriedade territorial rural, *IPTU*, imposto sobre a transmissão de bens imóveis e de direitos a eles relativos e impostos sobre a renda e proventos de qualquer natureza.

4.1.1.2.1.02.00 **IPTU.** Conta de resultado (item da conta) que registra a *variação patrimonial aumentativa* decorrente de IPTU.

Lançamento em razonete:

| 1.1.2.1 Créditos Tributários **a Receber** (P) – Ativo Circulante | 4.1.1.2 Impostos sobre Patrimônio e a Renda/IPTU – VPA |
|---|---|
| (si) 15.000,00 | |
| (1.1) 20.000,00 | 20.000,00 (1.1) |

(si) saldo inicial.

**Subsistema de controle:** não há registro.

## 9.3  ORÇAMENTO DA DESPESA

## 9.3.1  Fixação orçamentária da despesa

**Fato contábil:** depois de aprovada a Lei Orçamentária Anual, dá-se início ao exercício financeiro, a partir de 1º de janeiro, com os respectivos registros contábeis. Considerando uma despesa fixada de $ 100.000, sendo $ 70.000 para despesas correntes e $ 30.000 para despesa de capital, teríamos os seguintes lançamentos:

## Subsistema orçamentário

Lançamento no Livro Diário:

| Cidade, 30 de dezembro 20x0. | | |
|---|---|---|
| D | 5.2.2.1.1.00.00 Dotação **Inicial** da Despesa | 100.000,00 |
| C | 6.2.2.1.1.00.00 Crédito **Disponível** – Corrente | 70.000,00 |
| C | 6.2.2.1.1.00.00 Crédito **Disponível** – Capital | 30.000,00 |
| Histórico: registro da fixação de créditos orçamentários corrente e de capital pela aprovação da Lei Orçamentária Anual a serem executados no exercício. | | |

(*) Para um melhor aprendizado, apresentaremos as receitas e as despesas orçamentárias segregadas por sua natureza econômica em corrente e capital.

### PCASP

5.2.2.1.1.00.00 **Dotação Inicial**. Conta de aprovação orçamentária que registra a dotação inicial autorizada na Lei Orçamentária Anual.

5.2.2.1.1.01.00 **Crédito Inicial**. Conta de aprovação orçamentária que registra os valores pertinentes aos créditos inicialmente aprovados para dar suporte à execução orçamentária.

6.2.2.1.1.00.00 **Crédito Disponível**. Conta de execução de despesa orçamentária que registra o valor da disponibilidade de crédito referente à dotação inicial e adicional aprovada no orçamento geral da União na LOA ou lei específica ou antecipada pela LDO.

É usual também chamar a conta Crédito disponível de *Crédito autorizado ou Despesa fixada*. Vale lembrar que as contas Orçamento da despesa e Crédito disponível devem ser abertas por natureza, segundo a categoria econômica – corrente e capital, no mínimo por elemento de despesa.

Lançamento em razonete:

| 5.2.2.1 Dotação Inicial da Despesa | | 6.2.2.1 Crédito Disponível – Corrente |
|---|---|---|
| (2) 100.000,00 | | 70.000,00 (2) |

| | 6.2.2.1 Crédito Disponível – **Capital** |
|---|---|
| | 30.000,00 (2) |

**Subsistema patrimonial:** não há registro.

**Subsistema de controle:** não há registro.

## 9.4 ARRECADAÇÃO DE RECEITA ORÇAMENTÁRIA CORRENTE – TRIBUTÁRIA

**Fato contábil:** por ocasião do recolhimento das receitas tributárias aos cofres públicos pelos agentes arrecadadores de receitas no valor de $ 10.000,00, os lançamentos contábeis serão os seguintes:

**Subsistema orçamentário**

Lançamento no Livro Diário:

| Cidade, 25 de janeiro de 20x1. | | | |
|---|---|---|---|
| D | 6.2.1.1.0.00.00 Receita **a Realizar** – Corrente | 10.000,00 | |
| C | 6.2.1.2.0.00.00 Receita **Realizada** – Corrente | | 10.000,00 |
| Histórico: arrecadação de receita tributária IPTU de competência do exercício. | | | |

**PCASP**

6.2.1.1.0.00.00 **Receita a Realizar.** Conta de execução de despesa orçamentária que registra o somatório dos valores relativos à receita pública aprovada pela Lei Orçamentária Anual e suas alterações, detalhada por natureza da receita.

6.2.1.2.0.00.00 **Receita Realizada.** Conta de execução de despesa orçamentária que registra o somatório dos valores relativos às receitas realizadas, detalhada por natureza de receita.

Lançamento em razonete:

| 6.2.1.1 Receita **a Realizar** – Corrente | | 6.2.1.2 Receita **Realizada** – Corrente – IPTU |
|---|---|---|
| (3) 10.000,00 | 70.000,00 (1) | 10.000,00 (3) |

- Execução orçamentária da receita

| 5.2.1.1 Previsão Inicial da Receita | | Receita **Realizada** – Corrente |
|---|---|---|
| (1) 100.000,00 | | 10.000,00 (3) |

| Receita **a Realizar** – Corrente | | |
|---|---|---|
| (3) 10.000,00 | 70.000,00 (1) | |

| Receita **a Realizar** – Capital | | Receita **Realizada** – Capital |
|---|---|---|
| | 30.000,00 (1) | 0,00 |

## Subsistema patrimonial

**Fato contábil:** o recolhimento da receita tributária de IPTU aos cofres públicos. São valores que ingressam em caixa e em bancos, bem como equivalentes que representam recursos com livre movimentação para aplicação nas operações dos órgãos ou das entidades e para as quais não haja restrições para uso imediato.

Lançamento no Livro Diário:

| Cidade, 25 de janeiro de 20x1. | | | |
|---|---|---|---|
| D | 1.1.1.1.2.00.00 Caixa e Equivalentes de Caixa em Moeda Nacional – Ativo Circulante | 10.000,00 | |
| C | 1.1.2.1.1.00.00 Créditos Tributários **a Receber** IPTU (P) – Ativo Circulante | | 10.000,00 |
| Histórico: pelo recolhimento de receita tributária de IPTU de competência do exercício. | | | |

### PCASP

**1.1.1.1.2.00.00 Caixa e Equivalentes de Caixa em Moeda Nacional – Intra OFSS.** Conta patrimonial (subtítulo da conta do Ativo) que registra o somatório dos valores de caixa e equivalentes de caixa em moeda nacional. Os saldos *serão excluídos* dos demonstrativos consolidados do OFSS do ente.

**1.1.2.1.1.00.00 Créditos Tributários a Receber – Consolidação.** Conta patrimonial (subtítulo da conta do Ativo) que registra os valores relativos a créditos a receber oriundos das variações patrimoniais aumentativas *tributárias*, realizáveis em até 12 meses da data das demonstrações. Os tributos são: impostos, taxas, contribuições de melhoria, contribuições e empréstimos compulsórios. Os saldos *não serão excluídos* dos demonstrativos consolidados do OFSS.

**1.1.2.1.1.01.05 IPTU.** Conta patrimonial (subitem da conta do Ativo) que registra os valores relativos a créditos a receber, decorrentes da cobrança do IPTU.

Lançamento em razonete:

| 1.1.1.1 Caixa e Equivalentes de Caixa em Moeda Nacional – Ativo Circulante | | 1.1.2.1 Créditos Tributários a Receber IPTU (P) – Ativo Circulante | |
|---|---|---|---|
| (si) 80.000,00 | | (si)  15.000,00 | 10.000,00 (3) |
| (3) 10.000,00 | | (1.1) 20.000,00 | |

(si) saldo inicial.

## Subsistema de controle

**Fato contábil:** controle das disponibilidades em contas que registram a movimentação dos ingressos financeiros por destinação de recursos. A maioria dos tributos (por exemplo, IPTU) são recursos ordinários de livre aplicação para atender a quaisquer finalidades do governo. Identifica a natureza da procedência das receitas no momento em que ingressam efetivamente no cofre do Tesouro e acompanha seu comprometimento pelo empenho e pela liquidação até a saída com o pagamento.

Lançamento no Livro Diário:

| Cidade, 25 de janeiro de 20x1. | | |
|---|---|---|
| D | 7.2.1.1.0.00.00 Controle da Disponibilidade de Recursos **Recebidos** – Ordinário/Tributo IPTU | 10.000,00 |
| C | 8.2.1.1.1.00.00 Execução da Disponibilidade por Destinação de Recursos a Utilizar – Corrente | 10.000,00 |
| Histórico: registro de disponibilidade de recursos de receita (IPTU) ao ingressar no cofre do Tesouro para fins de controle da aplicação. Recursos disponíveis para o exercício. Recurso ordinário de livre aplicação para atender a quaisquer finalidades governamentais. | | |

**PCASP**

7.2.1.0.0.00.00. **Disponibilidades por Destinação.** Conta de controle de administração financeira. Compreende as contas que registram os controles sobre as disponibilidades por destinação de recursos. **Administração financeira** compreende as contas de registro da programação financeira e de controle das disponibilidades.

7.2.1.1.0.00.00 **Controle da Disponibilidade de Recursos – Recebidos.** Conta de controle de administração financeira (título da conta do demonstrativo dos fluxos financeiros de caixa) que registra as *disponibilidades de recursos recebidos,* que podem ser de três naturezas: *recursos ordinários, recursos vinculados ou recursos extraorçamentários.*

8.2.1.1.0.00.00 **Execução da Disponibilidade de Recursos.** Conta de controle de administração financeira que registra a execução das disponibilidades de recursos *a utilizar, comprometidas e utilizadas.* **Disponibilidade por Destinação de Recursos** compreende o valor das *disponibilidades de recursos a utilizar.* Podem ser de duas naturezas *a) Recursos disponíveis para o exercício* ou *b) Recursos de exercícios anteriores.*

8.2.1.1.1.00.00 **Execução da Disponibilidade por Destinação de Recursos.** Conta de controle que registra o valor das *disponibilidades de recursos a utilizar.* Execução das Disponibilidades por Destinação compreende as contas que registram *a execução* dos controles das disponibilidades por destinação de recursos.

Lançamento em razonete:

• Controle de disponibilidade de recursos corrente

| 7.2.1.1 Controle da Disponibilidade de Recursos **Recebidos** – Corrente | 8.2.1.1.1 Execução da Disponibilidade por Destinação de Recursos **a Utilizar** – Corrente |
|---|---|
| (si) 30.000,00 | 30.000,00 (si) |
| (3) 10.000,00 | 10.000,00 (3) |

(si) saldo inicial.

- Controle de disponibilidade de recursos de capital

| Controle da Disponibilidade de Recursos **Recebidos** – Capital | Execução DA Disponibilidade por Destinação de Recursos **a Utilizar** – Capital |
|---|---|
| (si) 50.000,00 | 50.000,00 (si) |

(si) saldo inicial.
Conta 8.2.1.1.1.02.00 **Recursos de exercícios anteriores**. Valor das disponibilidades financeiras, recursos provenientes de exercícios anteriores, cuja execução depende de autorização.

## 9.5   PRESTAÇÃO DE SERVIÇOS

## 9.5.1  Empenho da despesa orçamentária corrente

**Fato contábil:** após a emissão de nota de empenho pela autoridade competente referente à prestação de serviços, criando uma obrigação de pagamento, pendente ou não, de implemento de condição no valor de $ 7.000,00, executam-se os seguintes lançamentos contábeis:

**Subsistema orçamentário**

Lançamento no Livro Diário:

| Cidade, 28 de janeiro 20x1. | | |
|---|---|---|
| D | 6.2.2.1.1. Crédito Disponível – Corrente | 7.000,00 |
| C | 6.2.2.1.3.01.00 Crédito Empenhado **a Liquidar** – Corrente | 7.000,00 |
| Histórico: empenho de crédito orçamentário corrente referente a serviço de manutenção de elevador, conforme contrato no 03/20x0. | | |

> PCASP
>
> 6.2.2.1.3.00.00. **Crédito Utilizado**. Conta de execução orçamentária que registra o somatório dos valores referentes aos créditos orçamentários empenhados.
>
> 6.2.2.1.3.01.00. **Crédito Empenhado a Liquidar**. Conta de execução orçamentária que registra o valor da *despesa empenhada a ser liquidada*.

Lançamento em razonete:

- Execução orçamentária corrente

| 6.2.2.1.1 Crédito Disponível – Corrente | | 6.2.2.1.3 Crédito Empenhado **a Liquidar** – Corrente | |
|---|---|---|---|
| (4) 7.000,00 | 70.000,00 (2) | | 7.000,00 (4) |

- Execução orçamentária capital

| Crédito Disponível – Capital | Crédito Empenhado **a Liquidar** – Capital |
|---|---|
| 30.000,00 (2) | 0,00 |

**Subsistema patrimonial:** não há registro.

**Subsistema de controle:**

**Fato contábil:** registro do valor das disponibilidades de recursos comprometidas por ocasião do empenho, ainda não liquidadas.

Lançamento no Livro Diário:

| Cidade, 28 de janeiro 20x1. | | |
|---|---|---|
| D | 8.2.1.1.1.00.00 Execução da Disponibilidade por Destinação de Recursos **a Utilizar** | 7.000,00 |
| C | 8.2.1.1.2.00.00 DDR Comprometida **por Empenho** – Corrente | 7.000,00 |
| Histórico: registro do valor das disponibilidades de recursos comprometidas por ocasião do empenho, ainda não liquidadas. | | |

Lançamento em razonete:

- Controle de disponibilidade de recursos corrente

| 7.2.1.1 Controle da Disponibilidade de Recursos **Recebidos** – Corrente | | 8.2.1.1.1 Execução da Disponibilidade por Destinação de Recursos **a Utilizar** – Corrente | |
|---|---|---|---|
| (si) 30.000,00 | | (4) 7.000,00 | 30.000,00 (si) |
| (3) 10.000,00 | | | 10.000,00 (3) |

| 8.2.1.1.2 DDR Comprometida **por** Empenho – Corrente | |
|---|---|
| | 7.000,00 (4) |

(si) saldo inicial.

- Controle de disponibilidade de recursos de capital

| Controle da Disponibilidade de Recursos **Recebidos** – Capital | | Execução da Disponibilidade por Destinação de Recursos **a Utilizar** – Capital | |
|---|---|---|---|
| (si) 50.000,00 | | | 50.000,00 (si) |

(si) saldo inicial.
Conta 8.2.1.1.1.02.00 **Recursos de exercícios anteriores**. Valor das disponibilidades financeiras, recursos provenientes de exercícios anteriores, cuja execução depende de autorização.

## 9.5.2 Liquidação da despesa orçamentária corrente

**Fato contábil:** depois de a administração verificar o cumprimento do contrato, o ajuste ou o acordo respectivo; e a regularidade da nota de empenho e os comprovantes da entrega do material ou da prestação do serviço pelo contratado.

**Subsistema orçamentário**

Lançamento no Livro Diário:

| Cidade, 29 de janeiro 20x1. | | |
|---|---|---|
| D | 6.2.2.1.3.01.00 Crédito Empenhado **a Liquidar** – Corrente | 7.000,00 | |
| C | 6.2.2.1.3.03.00 Crédito Empenhado Liquidado **a Pagar** – Corrente | | 7.000,00 |
| Histórico: liquidação de crédito orçamentário corrente referente ao serviço de manutenção de elevador, pela comprovação do serviço prestado, contrato n. 03/20x0, nota fiscal eletrônica n. 134.252. | | |

Lançamento em razonete:

- Execução orçamentária corrente

| 6.2.2.1.1 Crédito Disponível – Corrente | |
|---|---|
| (4) 7.000,00 | 70.000,00 (2) |

| 6.2.2.1 Crédito Empenhado **a Liquidar** – Corrente | |
|---|---|
| (4.1) 7.000,00 | 7.000,00 (4) |

| 6.2.2.1 Crédito Empenhado Liquidado **a Pagar** – Corrente | |
|---|---|
| | 7.000,00 (4.1) |

- Execução orçamentária capital

| Crédito Disponível – Capital | |
|---|---|
| | 30.000,00 (2) |

| Crédito Empenhado **a Liquidar** – Capital | |
|---|---|
| | 0,00 |

**Subsistema patrimonial**

**Fato contábil:** recebimento da nota fiscal de serviços e da nota de liquidação com parecer da fiscalização da execução do contrato. Considerando o caso em que a liquidação da despesa orçamentária coincida com o fato gerador da despesa, teremos:

## Lançamento no Livro Diário:

| Cidade, 29 de janeiro 20x1. | | |
|---|---|---|
| D | 3.3.2.3.1.00.00 Serviços de Terceiros PJ – VPD | 7.000,00 |
| C | 2.1.3.1.1.00.00 Fornecedores e Contas a Pagar – Curto Prazo (F) – Passivo Circulante | 7.000,00 |
| Histórico: reconhecimento de variação patrimonial diminutiva em contrapartida da obrigação a pagar proveniente da contratação de prestação de serviços por pessoa jurídica ao ente público. | | |

### PCASP

3.0.0.0.0.00.00 **Variação Patrimonial Diminutiva**. Conta de resultado que registra o decréscimo no benefício econômico durante o período contábil sob a forma de saída de recurso ou redução de ativo ou incremento em passivo, que resulte em decréscimo do patrimônio líquido e que não seja proveniente de distribuição aos proprietários da entidade.

3.3.2.3.1.00.00 **Serviços Terceiros – PJ – Consolidação**. Conta de resultado (subtítulo da conta do DVP) que registra as variações patrimoniais diminutivas provenientes da *prestação de serviços por pessoa jurídica* fornecida a entidade governamental. Na classificação da despesa de material por encomenda, a variação patrimonial diminutiva só deverá ser classificada com serviços de terceiros se o próprio órgão ou entidade fornecer a matéria-prima. Por exemplo: *consultoria e assessoria, perícias, auditoria externa, comunicação, publicidade, manutenção e conservação, serviços de apoio, serviços de água e esgoto, energia elétrica, gás e outros, serviços de alimentação, locações, serviços relacionados à tecnologia da informação, serviços de transporte* [...]. Os saldos *não serão excluídos* dos demonstrativos consolidados do OFSS.

2.1.3.1.1.00.00 **Fornecedores e Contas a Pagar Nacionais a Curto Prazo – Consolidação**. Conta patrimonial (subtítulo da conta do Passivo) que registra as obrigações junto a fornecedores nacionais de matérias-primas, mercadorias e outros materiais utilizados nas atividades operacionais da entidade, bem como as obrigações decorrentes do fornecimento de utilidades e da prestação de serviços, como *de energia elétrica, água, telefone, propaganda, aluguéis e todas as outras contas a pagar com vencimento no curto prazo*. Compreende fornecedores não parcelados a pagar, fornecedores parcelados a pagar, renegociação de dívidas com fornecedores, demais fornecedores a pagar. Os saldos não serão excluídos dos demonstrativos consolidados do OFSS.

### Lançamento em razonete:

| 3.3.2.3 Serviços de Terceiros PJ – VPD | 2.1.3.1 Fornecedores e Contas a Pagar Nacionais a Curto Prazo (F) – Passivo Circulante |
|---|---|
| (4.1) 7.000,00 | 25.000,00 (si) |
| | 7.000,00 (4.1) |

(si) saldo inicial.

## Subsistema de controle

**Fato contábil:** disponibilidades de recursos comprometidas pelo reconhecimento da obrigação a pagar no passivo circulante.

Lançamento no Livro Diário:

| Cidade, 29 de janeiro 20x1. | | |
|---|---|---|
| D | 8.2.1.1.2.00.00 DDR Comprometida **por Empenho** – Corrente | 7.000,00 |
| C | 8.2.1.1.3.00.00 DDR Comprometida **por Liquidação** e Entradas Compensatórias – Corrente | 7.000,00 |
| Histórico: registro do valor das disponibilidades de recursos comprometidas por ocasião da liquidação, ainda não paga. | | |

**PCASP**

8.2.1.1.3.00.00 **Disponibilidade por Destinação de Recursos Comprometida por Liquidação e Entradas Compensatórias.** Compreende o valor das disponibilidades de recursos comprometidas por ocasião da liquidação e de entradas compensatórias e não pagas/devolvidas. Podem ser comprometidas por *liquidação geral, consignações/retenções* ou *compensatórias (depósitos de cauções e outros)*.

Lançamento em razonete:

- Controle de disponibilidade de recursos corrente

| 7.2.1.1 Controle da Disponibilidade de Recursos **Recebidos** – Corrente | |
|---|---|
| (si) 30.000,00 | |
| (3) 10.000,00 | |

| 8.2.1.1.1 Execução da Disponibilidade por Destinação de Recursos **a Utilizar** – Corrente | |
|---|---|
| (4) 7.000,00 | 30.000,00 (si) |
| | 10.000,00 (3) |

| 8.2.1.1 DDR Comprometida **por Empenho** – Corrente | |
|---|---|
| (4.1) 7.000,00 | 7.000,00 (4) |

| 8.2.1.1 DDR Comprometida **por Liquidação** e Entrada Compensatória – Corrente | |
|---|---|
| | 7.000,00 (4.1) |

(si) saldo inicial.

- Controle de disponibilidade de recursos de capital

| Controle da Disponibilidade de Recursos **Recebidos** – Capital | |
|---|---|
| (si) 50.000,00 | |

| Execução da Disponibilidade por Destinação de Recursos **a Utilizar** – Capital | |
|---|---|
| | 50.000,00 (si) |

(si) saldo inicial.
Conta 8.2.1.1.1.02.00 **Recursos de exercícios anteriores**. Valor das disponibilidades financeiras, recursos provenientes de exercícios anteriores, cuja execução depende de autorização.

## 9.5.3  Pagamento da despesa orçamentária corrente

**Fato contábil:** depois de verificada a regular liquidação da despesa e da disponibilidade financeira em conta bancária da entidade, executa-se o pagamento.

**Subsistema orçamentário**

Lançamento no Livro Diário:

| Cidade, 30 de janeiro 20x1. | | |
|---|---|---|
| D | 6.2.2.1.3.03.00 Crédito Empenhado Liquidado **a Pagar** – Corrente | 7.000,00 | |
| C | 6.2.2.1.3.04.00 Crédito Empenhado Liquidado **Pago** – Corrente | | 7.000,00 |
| Histórico: liquidação de crédito orçamentário corrente referente ao serviço de manutenção de elevador, pela comprovação do serviço prestado, contrato n. 03/20x0, nota fiscal eletrônica n. 134.252. | | |

Lançamento em razonete:

• Execução orçamentária corrente

| 6.2.2.1.1 Crédito Disponível – Corrente | |
|---|---|
| (4) 7.000,00 | 70.000,00 (2) |

| 6.2.2.1.1 Crédito Empenhado a Liquidar – Corrente | |
|---|---|
| (4.1) 7.000,00 | 7.000,00 (4) |

| 6.2.2.1.1 Crédito Empenhado Liquidado **a Pagar** – Corrente | |
|---|---|
| (4.2) 7.000,00 | 7.000,00 (4.1) |

| 6.2.2.1.1 Crédito Empenhado Liquidado **Pago** – Corrente | |
|---|---|
| | 7.000,00 (4.2) |

• Execução orçamentária de capital

| Crédito Disponível – Capital | |
|---|---|
| | 30.000,00 (2) |

| Crédito Empenhado **a Liquidar** – Capital | |
|---|---|
| | 0,00 |

**Subsistema patrimonial**

Lançamento no Livro Diário:

| Cidade, 30 de janeiro 20x1. | | |
|---|---|---|
| D | 2.1.3.1.1.00.00 **Fornecedores** e Contas a Pagar Nacionais a Curto Prazo (F) – Passivo Circulante | 7.000,00 | |
| C | 1.1.1.1.2.00.00 **Caixa** e Equivalentes de Caixa em Moeda Nacional (F) | | 7.000,00 |
| Histórico: pagamento da obrigação a pagar proveniente da prestação de serviços por pessoa jurídica a entidade governamental, devidamente liquidada. | | |

Lançamento em razonete:

| 2.1.3.1 Fornecedores e Contas a Pagar Nacionais a Curto Prazo (F) – Passivo Circulante | | 1.1.1.1 Caixa e Equivalentes de Caixa em Moeda Nacional (F) – Ativo Circulante | |
|---|---|---|---|
| (4.2) 7.000,00 | 25.000,00 (si) | (si) 80.000,00 | 7.000,00 (4.2) |
| | 7.000,00 (4.1) | (3) 10.000,00 | |
| (si) saldo inicial. | | | |

## Subsistema de controle

**Fato contábil:** registro do valor das disponibilidades de recursos utilizadas por ocasião do pagamento.

Lançamento no Livro Diário:

| Cidade, 30 de janeiro 20x1. | | |
|---|---|---|
| D | 8.2.1.1.3.00.00 DDR Comprometida **por Liquidação** e Entradas Compensatórias | 7.000,00 |
| C | 8.2.1.1.4.00.00 Disponibilidade por Destinação de Recurso **Utilizada** | 7.000,00 |
| Histórico: registro do valor das disponibilidades de recursos utilizadas por ocasião do pagamento de despesa orçamentária, depósitos e/ou outros. | | |

**PCASP**

8.2.1.1.3.00.00 **Disponibilidade por Destinação de Recursos Comprometida por Liquidação e Entradas Compensatórias.** Conta de controle de disponibilidade financeira que registra o valor das disponibilidades de recursos comprometidas por ocasião da liquidação e de entradas compensatórias e não pagas/devolvidas.

8.2.1.1.4.00.00 **Disponibilidade por Destinação de Recursos Utilizada.** Conta de controle de disponibilidade financeira que registra o valor dos recursos *utilizados por meio de pagamento de despesa* orçamentária, depósitos e/ou outros.

Lançamento em razonete:

- Controle de disponibilidade de recursos corrente

| 7.2.1.1 Controle da Disponibilidade de Recursos **Recebidos** – Corrente | | 8.2.1.1.1 Execução da Disponibilidade por Destinação de Recursos **a Utilizar** – Corrente | |
|---|---|---|---|
| (si) 30.000,00 | | (4) 7.000,00 | 30.000,00 (si) |
| (3) 10.000,00 | | | 10.000,00 (3) |
| (si) saldo inicial. | | | |

| 8.2.1.1.2 DDR Comprometida **por** **Empenho** – Corrente | |
|---|---|
| (4.1) 7.000,00 | 7.000,00 (4) |

| 8.2.1.1.3 DDR Comprometida **por Liquidação** e Entrada Compensatória – Corrente | |
|---|---|
| **(4.2) 7.000,00** | 7.000,00 (4.1) |

| 8.2.1.1.4 DDR Utilizada – Corrente | |
|---|---|
| | 7.000,00 (4.2) |

- Controle de disponibilidade de recursos de capital

| Controle da Disponibilidade de Recursos **Recebidos** – Capital | |
|---|---|
| (si) 50.000,00 | |

| Execução da Disponibilidade por Destinação de Recursos a Utilizar – Capital | |
|---|---|
| | 50.000,00 (si) |

(si) saldo inicial.
Conta 8.2.1.1.1.02.00 **Recursos de exercícios anteriores**. Valor das disponibilidades financeiras, recursos provenientes de exercícios anteriores, cuja execução depende de autorização.

## 9.6 ABERTURA DE CRÉDITO ADICIONAL SUPLEMENTAR POR ANULAÇÃO

Pela verificação da necessidade de reforçar dotação que se tornou insuficiente durante a execução do orçamento, observados os limites de valores estabelecidos pelo Poder Legislativo na LOA, aprovada a exposição de motivos para suplementação e indicados os recursos disponíveis compensatórios (por exemplo *superavit* financeiro, excesso de arrecadação, **anulação parcial ou total de dotação orçamentária** e produto de créditos autorizados).

**Fato contábil:** considerando a abertura de crédito adicional suplementar por anulação de crédito disponível capital no valor de $ 9.000,00.

**Subsistema orçamentário**

Lançamento no Livro Diário:

| Cidade, 28 de fevereiro 20x1. | | |
|---|---|---|
| D | 6.2.2.1.1.00.00 Crédito Disponível – Capital | 9.000,00 |
| C | 5.2.2.1.3.03.00 Anulação de Dotação – Capital | 9.000,00 |
| Histórico: anulação de dotação orçamentária de natureza capital XXX com fins de abertura de crédito adicional suplementar. | | |

**PCASP**

6.2.2.1.1.00.00 **Crédito Disponível.** Conta orçamentária (subtítulo da conta do BO) que registra o valor da disponibilidade de crédito referente à dotação inicial e adicional aprovada no orçamento geral da União – ou dos estados, do Distrito Federal e dos municípios –, na LOA ou lei específica ou antecipada pela Lei de Diretrizes Orçamentárias (LDO).

5.2.2.1.3.03.00 **Anulação de Dotação.** Conta orçamentária (item da conta de controle do planejamento orçamentário) que registra os valores pertinentes aos *créditos adicionais abertos* cuja origem de recursos seja a *anulação parcial ou total de dotações* orçamentárias ou créditos adicionais, autorizados em lei.

## Lançamento em razonete:

| 6.2.2.1.1 Crédito Disponível – Capital | | 5.2.2.1 Anulação de Dotação – Capital |
|---|---|---|
| (5) 9.000,00 | 30.000,00 (2) | 9.000,00 (5) |

- Detalhamento por tipo de crédito orçamentário

## Lançamento no Livro Diário

| Cidade, 28 de fevereiro 20x1. | | |
|---|---|---|
| D | 5.2.2.1.2.01.00 Dotação Adicional por Tipo de Crédito – Suplementar/Anulação Capital | 9.000,00 |
| C | 6.2.2.1.1.00.00 Crédito Disponível – Capital | 9.000,00 |
| Histórico: abertura de crédito adicional suplementar por anulação de dotação orçamentária de natureza capital (detalhado por órgão/programa/ação/meta/projeto/atividade), detalhamento por tipo de crédito capital. | | |

**PCASP**

5.2.2.1.2.00.00 **Dotação Adicional por Tipo de Crédito.** Conta orçamentária (subtítulo da conta do demonstrativo orçamentário) que registra o somatório dos valores monetários da dotação orçamentária decorrentes da abertura de créditos adicionais e seus cancelamentos.

5.2.2.1.2.01.00 **Crédito Adicional – Suplementar.** Conta orçamentária (item da conta do demonstrativo orçamentário) que registra o somatório dos valores relativos aos créditos adicionais suplementares com vista ao reforço da dotação orçamentária constante da Lei Orçamentária.

## Lançamento em razonete:

| 5.2.2.1 Dotação Adicional por Tipo de Crédito – Suplementar/Anulação Capital | | 6.2.2.1 Crédito Disponível – Capital | |
|---|---|---|---|
| (5.1) 9.000,00 | | (5) 9.000,00 | 30.000,00 (2) |
| | | | 9.000,00 (5.1) |

**Subsistema patrimonial:** não há registro.

**Subsistema de controle:** não há registro.

## 9.7  ABERTURA DE CRÉDITO ADICIONAL ESPECIAL – POR OPERAÇÃO DE CRÉDITO EXTERNO

Nos termos do art. 167 da Constituição Federal, o montante previsto para as receitas de operações de crédito não poderá ser superior ao das despesas de capital, ressalvadas as autorizadas mediante créditos suplementares ou especiais com finalidade precisa, aprovadas pelo Poder Legislativo por maioria absoluta. Na Lei de Responsabilidade Fiscal, o art. 29, inciso III, estabelece as **seguintes definições para operação de crédito**: compromisso financeiro assumido em razão de a) mútuo, b) abertura de crédito, c) emissão e aceite de título, d) aquisição financiada de bens, e) recebimento antecipado de valores provenientes da venda a termo de bens e serviços, f) arrendamento mercantil e g) outras operações assemelhadas, inclusive com o uso de derivativos financeiros. Elas são segregadas em operações de crédito internas e externas, e estas em dívida mobiliária e dívida contratual. No art. 29, § 1º, a LRF também estabelece que "equipara-se a operação de crédito a assunção, o reconhecimento ou a confissão de dívidas pelo ente da Federação, sem prejuízo do cumprimento das exigências dos arts. 15 e 16". O art. 15 define que "Serão consideradas não autorizadas, irregulares e lesivas ao patrimônio público a geração de despesa ou assunção de obrigação que não atendam o disposto nos arts. 16 e 17."

Por sua vez, o art. 16 define que:

> A criação, expansão ou aperfeiçoamento de ação governamental que acarrete aumento da despesa será acompanhado de: I – estimativa do impacto orçamentário-financeiro no exercício em que deva entrar em vigor e nos dois subsequentes; II – declaração do ordenador da despesa de que o aumento tem adequação orçamentária e financeira com a Lei Orçamentária Anual e compatibilidade com o Plano Plurianual e com a Lei de Diretrizes Orçamentárias.

O art. 17 estabelece que:

> Considera-se obrigatória de caráter continuado a despesa corrente derivada de lei, medida provisória ou ato administrativo normativo que fixem para o ente a obrigação legal de sua execução por um período superior a dois exercícios.
>
> § 1º Os atos que criarem ou aumentarem despesa de que trata o caput deverão ser instruídos com a estimativa prevista no inciso I do art. 16 e demonstrar a origem dos recursos para seu custeio.
>
> § 2º Para efeito do atendimento do § 1º, o ato será acompanhado de comprovação de que a despesa criada ou aumentada não afetará as metas de resultados fiscais previstas no anexo referido no § 1º do art. 4º, devendo seus efeitos financeiros, nos períodos seguintes, ser compensados pelo aumento permanente de receita ou pela redução permanente de despesa.

§ 3º Para efeito do § 2º, considera-se aumento permanente de receita o proveniente da elevação de alíquotas, ampliação da base de cálculo, majoração ou criação de tributo ou contribuição.

§ 4º A comprovação referida no § 2º, apresentada pelo proponente, conterá as premissas e metodologia de cálculo utilizadas, sem prejuízo do exame de compatibilidade da despesa com as demais normas do Plano Plurianual e da Lei de Diretrizes Orçamentárias.

§ 5º A despesa de que trata este artigo não será executada antes da implementação das medidas referidas no § 2º, as quais integrarão o instrumento que a criar ou aumentar.

§ 6º O disposto no § 1º não se aplica às despesas destinadas ao serviço da dívida nem ao reajustamento de remuneração de pessoal de que trata o inciso X do art. 37 da Constituição. § 7º Considera-se aumento de despesa a prorrogação daquela criada por prazo determinado.

**Fato contábil:** abertura de crédito adicional especial por excesso de arrecadação capital (Operação de crédito – financiamento externo – só realizado efetivamente depois da aprovação da LOA, depois da tramitação e da autorização legislativa) **no valor de $ 9.000,00.**

**Subsistema orçamentário**

- Detalhamento por tipo de crédito orçamentário

Lançamento no Livro Diário:

| Cidade, 28 de fevereiro 20x1. | | |
|---|---|---|
| D | 5.2.2.1.2.02.00 Crédito Adicional por Tipo de Crédito – Especial Operação de crédito | 9.000,00 |
| C | 6.2.2.1.1.00.00 Crédito Disponível – Capital | 9.000,00 |
| Histórico: reconhecimento de excesso de arrecadação por Operação de crédito – Financiamento externo, autorizado pelo Poder Legislativo durante execução do orçamento, sendo apurado no exercício da execução orçamentária de natureza capital. | | |

**PCASP**

5.2.2.1.2.02.00 **Crédito Adicional – Especial.** Conta orçamentária que registra o somatório dos valores dos créditos adicionais especiais destinados a atender programas não contemplados na Lei Orçamentária Anual (Fonte de recurso: Operação de crédito – Financiamento externo).

5.2.2.1.2.02.01 **Créditos Adicionais Especiais Abertos.** Conta orçamentária que registra os valores referentes à abertura de créditos especiais autorizados em lei específica (Fonte de recurso: Operação de crédito – Financiamento externo).

6.2.2.1.1.00.00 **Crédito Disponível**. Conta orçamentária (subtítulo da conta do BO) que registra o valor da disponibilidade de crédito referente à dotação inicial e adicional aprovada no orçamento geral da União, dos estados, do Distrito Federal e dos municípios na LOA ou lei específica ou antecipada pela LDO.

## Lançamento em razonete:

| 5.2.2.1 Dotação Adicional por Tipo de Crédito – Suplementar/Anulação Capital | |
|---|---|
| (5.1) 9.000,00 | |

| 6.2.2.1 Crédito Disponível – Capital | |
|---|---|
| (5) 9.000,00 | 30.000,00 (2) |
| | 9.000,00 (5.1) |
| | 9.000,00 (6) |

| Dotação Adicional por Tipo de Crédito – Especial Operação de crédito | |
|---|---|
| (6) 9.000,00 | |

- Detalhamento por fonte de recurso

## Lançamento no Livro Diário:

| Cidade, 28 de fevereiro 20x1. | | |
|---|---|---|
| D | 5.2.1.2.1.01.00 Previsão Adicional da Receita/Reestimativa – Capital | 9.000,00 |
| C | 6.2.1.1.0.00.00 Receita **a Realizar** – Capital | 9.000,00 |
| Histórico: abertura de crédito adicional especial por excesso de arrecadação (operação de crédito) de dotação orçamentária de natureza capital, detalhamento por tipo de crédito. | | |

### PCASP

5.2.1.2.1.00.00 **Previsão Adicional da Receita**. Conta orçamentária (subtítulo da conta do Demonstrativo orçamentário) que registra o valor adicional da receita para abertura de créditos adicionais.

5.2.1.2.1.01.00 **Reestimativa**. Conta orçamentária que registra o valor adicional da receita para abertura de créditos adicionais por motivo de reestimativa da receita (por exemplo: Operação de crédito – financiamento contratado FMI/BID/DIRD).

5.2.2.1.3.00.00 **Dotação Adicional por Fonte**. Conta orçamentária (título da conta do demonstrativo orçamentário) que registra o somatório dos valores da dotação adicional por fonte de recursos.

5.2.2.1.3.02.00 **Excesso de Arrecadação**. Conta orçamentária (item da conta do demonstrativo orçamentário) que registra os valores pertinentes aos créditos adicionais abertos cuja origem de recursos *seja excesso de arrecadação*.

5.2.2.1.3.04.00 **Operações de Crédito**. Conta orçamentária (item da conta do demonstrativo orçamentário) que registra os valores pertinentes aos créditos adicionais abertos cuja origem de recursos seja *operações de crédito autorizadas*. (por exemplo: Operação de crédito – financiamento FMI/BID/DIRD).

Lançamento em razonete:

- Execução orçamentária da receita

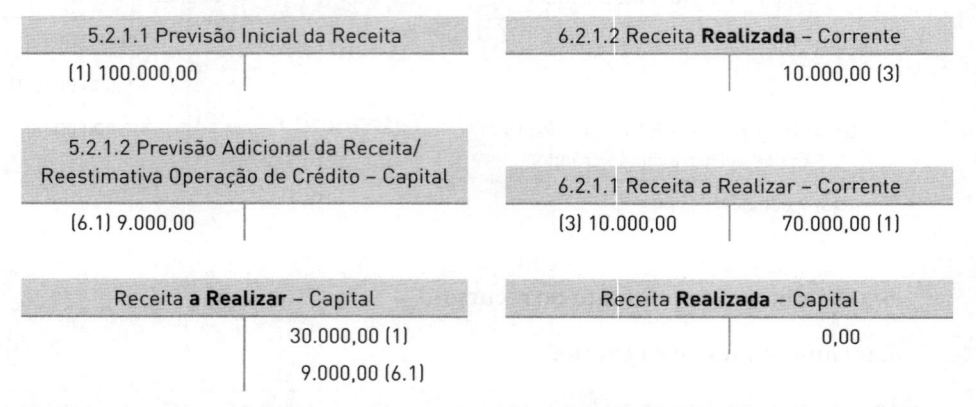

Nota: procede-se da mesma forma para a abertura de créditos adicionais correntes, bem como para os créditos especiais e extraordinários, diferenciando-se apenas as justificativas legais e as fontes de recursos utilizáveis para os extraordinários.

**Subsistema patrimonial:** não há registro.

**Subsistema de controle:** não há registro.

## 9.8 AQUISIÇÃO DE MATERIAL DE CONSUMO

### 9.8.1 Empenho da despesa orçamentária corrente

**Fato contábil:** aquisição de material de consumo a ser estocado em almoxarifado para uso em momento oportuno, no qual será reconhecida a despesa patrimonialmente. Material de consumo é aquele que, em razão de seu uso/utilização e da definição da Lei n. 4.320, de 1964, perde geralmente sua identidade física e/ou tem sua utilização limitada a dois anos. Emissão de nota de empenho pela autoridade competente, criando para o Estado uma obrigação de pagamento, pendente ou não, de implemento de condição, no valor de **$ 3.000,00**. Executam-se os seguintes lançamentos contábeis:

## Subsistema orçamentário

Lançamento no Livro Diário:

| Cidade, 28 de fevereiro 20x1. | | | |
|---|---|---|---|
| D | 6.2.2.1.1. Crédito Disponível – Corrente | 3.000,00 | |
| C | 6.2.2.1.3.01 Crédito Empenhado **a Liquidar** – Corrente | | 3.000,00 |
| Histórico: empenho de crédito orçamentário corrente referente à aquisição de material de consumo para complementação de estocado, conforme contrato no 04/20x0. | | | |

Lançamento em razonete:

* Execução orçamentária corrente

| 6.2.2.1.1 Crédito Disponível – Corrente | |
|---|---|
| (4) 7.000,00 | 70.000,00 (2) |
| (7) 3.000,00 | |

| 6.2.2.1.3 Crédito Empenhado **a Liquidar** – Corrente | |
|---|---|
| (4.1) 7.000,00 | 7.000,00 (4) |
| | 3.000,00 (7) |

| 6.2.2.1 Crédito Empenhado Liquidado **a Pagar** – Corrente | |
|---|---|
| (4.2) 7.000,00 | 7.000,00 (4.1) |

| 6.2.2.1 Crédito Empenhado Liquidado **Pago** – Corrente | |
|---|---|
| | 7.000,00 (4.2) |

* Execução orçamentária de capital

| Crédito Disponível – Capital | |
|---|---|
| (5) 9.000,00 | 30.000,00 (2) |
| | 9.000,00 (5.1) |
| | 9.000,00 (6) |

| Crédito Empenhado **a Liquidar** – Capital | |
|---|---|
| | 0,00 |

Nota: os lançamentos (5), (5.1) e (6) referem-se a registro de créditos adicionais.

**Subsistema patrimonial:** não há registro.

## Subsistema de controle

**Fato contábil:** registro do valor das disponibilidades de recursos comprometidas por ocasião do empenho, ainda não liquidadas.

Lançamento no Livro Diário:

| Cidade, 28 de fevereiro 20x1. | | | |
|---|---|---|---|
| D | 8.2.1.1.01.00.00 Execução da Disponibilidade por Destinação de Recursos **a Utilizar** – Corrente | 3.000,00 | |
| C | 8.2.1.1.02.00.00 DDR Comprometida **por Empenho** – Corrente | | 3.000,00 |
| Histórico: registro do valor das disponibilidades de recursos comprometidas por ocasião do empenho – despesa corrente, ainda não liquidadas. | | | |

Lançamento em razonete:

- Controle de disponibilidade de recursos corrente

| 7.2.1.1 Controle da Disponibilidade de Recursos **Recebidos** – Corrente | |
|---|---|
| (si) 30.000,00 | |
| (3) 10.000,00 | |

| 8.2.1.1 Execução da Disponibilidade por Destinação de Recursos **a Utilizar** – Corrente | |
|---|---|
| (4) 7.000,00 | 30.000,00 (si) |
| (7) 3.000,00 | 10.000,00 (3) |

| 8.2.1.1 DDR Comprometida **por Empenho** – Corrente | |
|---|---|
| (4.1) 7.000,00 | 7.000,00 (4) |
| | 3.000,00 (7) |

| 8.2.1.1 DDR Comprometida **por Liquidação** e Entrada Compensatória – Corrente | |
|---|---|
| (4.2) 7.000,00 | 7.000,00 (4.1) |

| 8.2.1.1.4 DDR **Utilizada** – Corrente | |
|---|---|
| | 7.000,00 (4.2) |

(si) saldo inicial.

- Controle de disponibilidade de recursos de capital

| Controle da Disponibilidade de Recursos **Recebidos** – Capital | |
|---|---|
| (si) 50.000,00 | |

| Execução da Disponibilidade por Destinação de Recursos **a Utilizar** – Capital | |
|---|---|
| | 50.000,00 (si) |

(si) saldo inicial.
Conta 8.2.1.1.1.02.00 **Recursos de exercícios anteriores**. Valor das disponibilidades financeiras, recursos provenientes de exercícios anteriores, cuja execução depende de autorização.

## 9.8.2  Liquidação da despesa orçamentária corrente

**Subsistema orçamentário**

**Fato contábil:** no momento da liquidação e da incorporação ao estoque, ou seja, depois de a administração verificar o cumprimento do contrato, o ajuste ou o acordo respectivo; a regularidade da nota de empenho e os comprovantes da entrega do material no almoxarifado.

Lançamento no Livro Diário:

| Cidade, 29 de fevereiro 20x1. | | |
|---|---|---|
| D | 6.2.2.1.3.01.00 Crédito Empenhado **a Liquidar** – Corrente | 3.000,00 |
| C | 6.2.2.1.3.03.00 Crédito Empenhado Liquidado **a Pagar** – Corrente | 3.000,00 |
| Histórico: liquidação de crédito orçamentário corrente referente à entrega do material no almoxarifado, pela comprovação do registro do controle patrimonial do almoxarifado, contrato n. 04/20x0, nota fiscal eletrônica n. 234.253. | | |

Lançamento em razonete:

- Execução orçamentária corrente

| 6.2.2.1.1 Crédito Disponível – Corrente | |
|---|---|
| (4) 7.000,00 | 70.000,00 (2) |
| (7) 3.000,00 | |

| 6.2.2.1.3 Crédito Empenhado **a Liquidar** – Corrente | |
|---|---|
| (4.1) 7.000,00 | 7.000,00 (4) |
| (7.1) 3.000,00 | 3.000,00 (7) |

| 6.2.2.1 Crédito Empenhado Liquidado **a Pagar** – Corrente | |
|---|---|
| (4.2) 7.000,00 | 7.000,00 (4.1) |
| | 3.000,00 (7.1) |

| 6.2.2.1 Crédito Empenhado Liquidado **Pago** – Corrente | |
|---|---|
| | 7.000,00 (4.2) |

- Execução orçamentária de capital

| Crédito Disponível – Capital | |
|---|---|
| (5) 9.000,00 | 30.000,00 (2) |
| | 9.000,00 (5.1) |
| | 9.000,00 (6) |

| Crédito Empenhado **a Liquidar** – Capital | |
|---|---|
| | 0.00 |

Nota: os lançamentos (5), (5.1) e (6) referem-se a registro de créditos adicionais.

## Subsistema patrimonial

**Fato contábil:** recebimento de material de consumo no almoxarifado, conferida a nota fiscal de serviços, conferência de itens, quantidades e especificações e liquidação da dívida no passivo. Considerando o caso em que a liquidação da despesa orçamentária ainda não coincida com o fato gerador da despesa patrimonial (consumo), mas do ingresso no almoxarifado com a obrigação a pagar.

Lançamento no Livro Diário:

| Cidade, 29 de fevereiro 20x1. | | |
|---|---|---|
| D | 1.1.5.6.1.00.00 Almoxarifado – Material de Consumo – Ativo Estoque (P) | 3.000,00 |
| C | 2.1.3.1.1.00.00 Fornecedores e Contas a Pagar Nacionais a Curto Prazo (F) – Passivo Circulante | 3.000,00 |
| Histórico: reconhecimento de contas a pagar no passivo circulante em contrapartida da entrega de materiais de consumo ao ente público pelo credor pessoa jurídica. | | |

### PCASP

1.1.5.6.1.00.00 **Almoxarifado – Consolidação**. Conta patrimonial (subtítulo da conta do Ativo) que registra o valor dos materiais destinados ao consumo interno da unidade – material de consumo, gêneros alimentícios, materiais de construção, autopeças, medicamentos e materiais hospitalares, materiais gráficos, material de expediente, materiais a classificar, estoque sobressalentes a alienar. Os saldos não serão excluídos dos demonstrativos consolidados do OFSS.

2.1.3.1.1.00.00 **Fornecedores e Contas a Pagar Nacionais a Curto Prazo – Consolidação.** Conta patrimonial (subtítulo da conta do Passivo) que registra as obrigações junto a fornecedores nacionais de matérias-primas, mercadorias e outros materiais utilizados nas atividades operacionais da entidade, bem como as obrigações decorrentes do fornecimento de utilidades e da prestação de serviços, como *de energia elétrica, água, telefone, propaganda, aluguéis* e todas as outras contas a pagar com vencimento no curto prazo. Os saldos não serão excluídos dos demonstrativos consolidados do OFSS.

## Lançamento em razonete:

| 1.1.5.6 Almoxarifado/Material de Consumo – Estoque – Ativo Circulante (P) | | 2.1.3.1 Fornecedores e Contas a Pagar – Curto Prazo (F) | |
|---|---|---|---|
| (si) 10.000,00 | | (4.2) 7.000,00 | 25.000,00 (si) |
| (7.1) 3.000,00 | | | 7.000,00 (4.1) |
| | | | 3.000,00 (7.1) |

(si) saldo inicial.

### Subsistema de controle

**Fato contábil:** disponibilidades de recursos comprometidas pelo reconhecimento da obrigação a pagar no passivo circulante – despesa corrente.

## Lançamento no Livro Diário:

| Cidade, 29 de fevereiro 20x1. | | |
|---|---|---|
| D | 8.2.1.1.2.00.00 DDR Comprometida **por Empenho** – Corrente | 3.000,00 |
| C | 8.2.1.1.3.00.00 DDR Comprometida **por Liquidação** e Entradas Compensatórias – Corrente | 3.000,00 |
| Histórico: registro do valor das disponibilidades de recursos – Corrente – comprometidas por ocasião da liquidação, ainda não paga. | | |

## Lançamento em razonete:

- Controle de disponibilidade de recursos corrente

| 7.2.1.1 Controle da Disponibilidade de Recursos **Recebidos** – Corrente | | 8.2.1.1 Execução da Disponibilidade por Destinação de Recursos **a Utilizar** – Corrente | |
|---|---|---|---|
| (si) 30.000,00 | | (4) 7.000,00 | 30.000,00 (si) |
| (3) 10.000,00 | | (7) 3.000,00 | 10.000,00 (3) |

| 8.2.1.1.2 DDR Comprometida **por Empenho** – Corrente | |
|---|---|
| (4.1) 7.000,00 | 7.000,00 (4) |
| (7.1) 3.000,00 | 3.000,00 (7) |

| 8.2.1.1.3 DDR Comprometida **por Liquidação** e Entrada Compensatória – Corrente | |
|---|---|
| (4.2) 7.000,00 | 7.000,00 (4.1) |
| | 3.000,00 (7.1) |

| 8.2.1.1.4 DDR **Utilizada** – Corrente | |
|---|---|
| | 7.000,00 (4.2) |

(si) saldo inicial.

- Controle de disponibilidade de recursos de capital

| Controle da Disponibilidade de Recursos **Recebidos** – Capital | |
|---|---|
| (si) 50.000,00 | |

| Execução da Disponibilidade por Destinação de Recursos **a Utilizar** – Capital | |
|---|---|
| | 50.000,00 (si) |

(si) saldo inicial.
Conta 8.2.1.1.1.02.00 **Recursos de exercícios anteriores**. Valor das disponibilidades financeiras, recursos provenientes de exercícios anteriores, cuja execução depende de autorização.

## 9.8.3 Pagamento da despesa orçamentária corrente

**Fato contábil:** depois de verificar a regular liquidação da despesa e a disponibilidade financeira em conta bancária, executa-se o pagamento.

**Subsistema orçamentário**

Lançamento no Livro Diário:

| Cidade, 1º de março 20x1. | | | |
|---|---|---|---|
| D | 6.2.2.1.3.03.00 Crédito Empenhado Liquidado **a Pagar** – Corrente | 3.000,00 | |
| C | 6.2.2.1.3.04.00 Crédito Empenhado Liquidado **Pago** – Corrente | | 3.000,00 |
| Histórico: pagamento de crédito orçamentário corrente de aquisição de material de consumo, pela comprovação do bem entregue, contrato n. 04/20x0, nota fiscal eletrônica n. 234.253. | | | |

Lançamento em razonete:

- Execução orçamentária corrente

| 6.2.2.1.1 Crédito Disponível – Corrente | |
|---|---|
| (4) 7.000,00 | 70.000,00 (2) |
| (7) 3.000,00 | |

| 6.2.2.1.3 Crédito Empenhado **a Liquidar** – Corrente | |
|---|---|
| (4.1) 7.000,00 | 7.000,00 (4) |
| (7.1) 3.000,00 | 3.000,00 (7) |

| 6.2.2.1 Crédito Empenhado Liquidado a Pagar – Corrente | |
|---|---|
| (4.2) 7.000,00 | 7.000,00 (4.1) |
| (7.2) 3.000,00 | 3.000,00 (7.1) |

| 6.2.2.1 Crédito Empenhado Liquidado **Pago** – Corrente |
|---|
| 7.000,00 (4.2) |
| **3.000,00 (7.2)** |

- Execução orçamentária de capital

| Crédito Disponível – Capital | |
|---|---|
| (5) 9.000,00 | 30.000,00 (2) |
| | 9.000,00 (5.1) |
| | 9.000,00 (6) |

| Crédito Empenhado **a Liquidar** – Capital |
|---|
| 0,00 |

Nota: os lançamentos (5), (5.1) e (6) referem-se a registro de créditos adicionais.

### Subsistema patrimonial

Lançamento no Livro Diário:

| Cidade, 1º de março 20x1. | | |
|---|---|---|
| D | 2.1.3.1.1.00.00 Fornecedores e Contas a **Pagar** Nacional – Curto Prazo (F) | 3.000,00 |
| C | 1.1.1.1.2.00.00 Caixa e Equivalentes de Caixa em Moeda Nacional (F) – Ativo Circulante | 3.000,00 |
| Histórico: pagamento da dívida de curto prazo proveniente da compra de material de consumo para a entidade governamental, devidamente liquidada e entregue no almoxarifado. | | |

**PCASP**

2.1.3.1.1.00.00 **Fornecedores e Contas a Pagar Nacionais a Curto Prazo – Consolidação.** Conta patrimonial (subtítulo da conta do Passivo) que registra as obrigações junto a fornecedores nacionais de matérias-primas, mercadorias e outros materiais utilizados nas atividades operacionais da entidade, bem como as obrigações decorrentes do fornecimento de utilidades e da prestação de serviços, como de *energia elétrica, água, telefone, propaganda, aluguéis* e todas as outras contas a pagar com vencimento no curto prazo. Os saldos não serão excluídos dos demonstrativos consolidados do OFSS.

1.1.1.1.2.00.00 **Caixa e Equivalentes de Caixa em Moeda Nacional – Consolidação.** Conta patrimonial (subtítulo da conta do Ativo) que registra o somatório dos valores de caixa e equivalentes de caixa (bancos conta movimento) em moeda nacional. Os saldos **serão excluídos** dos demonstrativos consolidados do OFSS.

Lançamento em razonete:

| 2.1.3.1 Fornecedores e Contas a Pagar a curto prazo (F) – Passivo Circulante | | 1.1.1.1 Caixa e Equivalentes de Caixa em Moeda Nacional (F) – Ativo Circulante | |
|---|---|---|---|
| (4.2) 7.000,00 | 25.000,00 (si) | (si) 80.000,00 | 7.000,00 (4.2) |
| (7.2) 3.000,00 | 7.000,00 (4.1) | (3) 10.000,00 | 3.000,00 (7.2) |
| | 3.000,00 (7.1) | | |

(si) saldo inicial.

## Subsistema de controle

**Fato contábil:** registro do valor das disponibilidades de recursos utilizadas por ocasião do pagamento.

Lançamento no Livro Diário:

| Cidade, 1º de março 20x1. | | |
|---|---|---|
| D | 8.2.1.1.3.00.00 DDR Comprometida **por Liquidação** e Entradas Compensatórias | 7.000,00 |
| C | 8.2.1.1.4.00.00 Disponibilidade por Destinação de Recurso **Utilizada** – Corrente | 7.000,00 |
| Histórico: registro do valor das disponibilidades de recursos utilizadas por ocasião do pagamento. | | |

Lançamento em razonete:

• Controle de disponibilidade de recursos corrente

| 7.2.1.1 Controle da Disponibilidade de Recursos **Recebidos** – Corrente | | 8.2.1.1 Execução da Disponibilidade por Destinação de Recursos **a Utilizar** – Corrente | |
|---|---|---|---|
| (si) 30.000,00 | | (4) 7.000,00 | 30.000,00 (si) |
| (3) 10.000,00 | | (7) 3.000,00 | 10.000,00 (3) |

| 8.2.1.1.2 DDR Comprometida **por Empenho** – Corrente | | 8.2.1.1.3 DDR Comprometida **por Liquidação** e Entrada Compensatória – Corrente | |
|---|---|---|---|
| (4.1) 7.000,00 | 7.000,00 (4) | (4.2) 7.000,00 | 7.000,00 (4.1) |
| (7.1) 3.000,00 | 3.000,00 (7) | **(7.2) 3.000,00** | 3.000,00 (7.1) |

| 8.2.1.1.4 DDR **Utilizada** – Corrente | |
|---|---|
| | 7.000,00 (4.2) |
| | 3.000,00 (7.2) |

(si) saldo inicial.

- Controle de disponibilidade de recursos de capital

| Controle da Disponibilidade de Recursos **Recebidos** – Capital | Execução da Disponibilidade por Destinação de Recursos **a Utilizar** – Capital |
|---|---|
| (si) 50.000,00 | 50.000,00 (si) |

(si) saldo inicial.
Conta 8.2.1.1.1.02.00 **Recursos de exercícios anteriores**. Valor das disponibilidades financeiras, recursos provenientes de exercícios anteriores, cuja execução depende de autorização.

## 9.9    BAIXA DE MATERIAL DE CONSUMO

**Fato contábil:** pela saída de material de consumo do almoxarifado no valor de $ 500, conforme controle de requisições do mês de março de 20x1. Nesse momento da saída do estoque/almoxarifado, se reconhece, por competência, a variação patrimonial diminutiva.

**Subsistema orçamentário:** não há registro.

**Subsistema de controle:** não há registro.

**Subsistema patrimonial**

Lançamento no Livro Diário:

| Cidade, 1º de março 20x1. | | |
|---|---|---|
| D | 3.3.1.1.1.00.00 Consumo de Material – Consolidação – VPD | 500,00 |
| C | 1.1.5.6.1.00.00 Almoxarifado – Material de Consumo – Ativo – Estoques (P) | 500,00 |
| Histórico: reconhecimento de VPD (conta de resultado patrimonial) em contrapartida da saída/baixa de material de consumo do almoxarifado para uso imediato da unidade (material de expediente). | | |

> **PCASP**
>
> 3.3.1.0.0.0.00.00 **Uso de Material de Consumo**. Conta de resultado (subgrupo de conta da VPD) que registra as variações patrimoniais diminutivas provenientes da ***distribuição do material de consumo para uso imediato***. Um material é considerado de consumo quando for de duração inferior a dois anos, frágil, perecível, incorporável, transformável ou cuja finalidade seja para consumo imediato ou para reposição.
>
> 3.3.1.1.1.00.00 **Consumo de Material – Consolidação**. Conta de resultado (subtítulo da conta do VPD) que registra as variações patrimoniais diminutivas provenientes de ***requisição de material de consumo*** de diversas naturezas para uso interno, como material de consumo, gêneros alimentícios, materiais de construção, autopeças, medicamentos e materiais hospitalares, materiais gráficos, material de expediente, materiais a classificar, estoque sobressalente a alienar. Os saldos não serão excluídos dos demonstrativos consolidados do OFSS.

1.1.5.6.1.00.00 **Almoxarifado – Consolidação**. Conta patrimonial (subtítulo da conta do Ativo) que registra o valor dos *materiais em almoxarifado/estoque destinados ao consumo interno* de diversas naturezas da unidade, material de consumo como gêneros alimentícios, materiais de construção, autopeças, medicamentos e materiais hospitalares, materiais gráficos, material de expediente, materiais a classificar, estoque sobressalentes a alienar. Os saldos não serão excluídos dos demonstrativos consolidados do OFSS.

Lançamento em razonete:

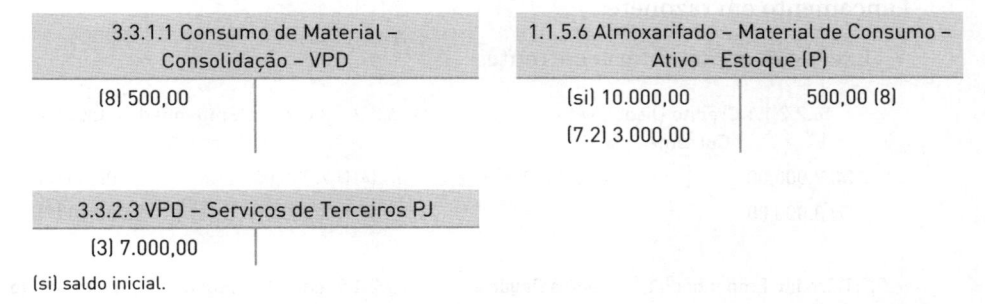

| 3.3.1.1 Consumo de Material –<br>Consolidação – VPD | 1.1.5.6 Almoxarifado – Material de Consumo –<br>Ativo – Estoque (P) |
|---|---|
| (8) 500,00 | (si) 10.000,00     500,00 (8)<br>(7.2) 3.000,00 |

| 3.3.2.3 VPD – Serviços de Terceiros PJ |
|---|
| (3) 7.000,00 |

(si) saldo inicial.

Nesse momento, a conta Variação patrimonial diminutiva contabilizaria o total de $ 7.500,00, sendo $ 7.000,00 de serviços e $ 500,00 de material de consumo, ambos despesa corrente.

## 9.10 AQUISIÇÃO DE BENS MÓVEIS

### 9.10.1 Empenho da despesa orçamentária de capital

**Fato contábil:** compreende a aquisição ou a incorporação de bens corpóreos, que tem existência material e que podem ser transportados por movimento próprio ou removidos por força alheia sem alteração da substância ou da destinação econômico-social, que constituam meio para a produção de outros bens ou serviços. Trata-se de um caso de variação patrimonial qualitativa decorrente de transações no setor público que alteram a composição dos elementos patrimoniais de forma permutativa sem afetar a situação líquida patrimonial.

Assinado o contrato de aquisição de bens móveis, **no valor de $ 12.000,00**, após regular processo licitatório, executam-se os seguintes lançamentos contábeis:

## Subsistema orçamentário

Lançamento no Livro Diário:

| Cidade, 3 de março 20x1 | | |
|---|---|---|
| D | 6.2.2.1.1. Crédito Disponível – Capital | 12.000,00 |
| C | 6.2.2.1.3.01 Crédito Empenhado **a Liquidar** – Capital | 12.000,00 |
| Histórico: empenho de crédito orçamentário capital decorrente de aquisição de bens móveis, conforme contrato n. 05/20x0, nota de empenho xx.xxx.01. | | |

Lançamento em razonete:

- Execução orçamentária corrente

| 6.2.2.1.1 Crédito Disponível – Corrente | |
|---|---|
| (4) 7.000,00 | 70.000,00 (2) |
| (7) 3.000,00 | |

| 6.2.2.1.3 Crédito Empenhado **a Liquidar** – Corrente | |
|---|---|
| (4.1) 7.000,00 | 7.000,00 (4) |
| (7.1) 3.000,00 | 3.000,00 (7) |

| 6.2.2.1 Crédito Empenhado Liquidado **a Pagar** – Corrente | |
|---|---|
| (4.2) 7.000,00 | 7.000,00 (4.1) |
| (7.2) 3.000,00 | 3.000,00 (7.1) |

| 6.2.2.1 Crédito Empenhado Liquidado **Pago** – Corrente | |
|---|---|
| | 7.000,00 (4.2) |
| | 3.000,00 (7.2) |

- Execução orçamentária de capital

| Crédito Disponível – Capital | |
|---|---|
| (5) 9.000,00 | 30.000,00 (2) |
| (9) 12.000,00 | 9.000,00 (5.1) |
| | 9.000,00 (6) |

| Crédito Empenhado **a Liquidar** – Capital | |
|---|---|
| | 12.000,00 (9) |

**Subsistema patrimonial:** não há registro.

**Subsistema de controle**

**Fato contábil:** registro do valor das disponibilidades de recursos comprometidas por ocasião do empenho, ainda não liquidadas.

Lançamento no Livro Diário:

| Cidade, 03 de março 20x1. | | |
|---|---|---|
| D | 8.2.1.1.1.00.00 Execução da Disponibilidade por Destinação de Recursos **a Utilizar** | 12.000,00 |
| C | 8.2.1.1.2.00.00 DDR Comprometida **por Empenho** – Capital | 12.000,00 |
| Histórico: registro do valor das disponibilidades de recursos comprometidas por ocasião do empenho, ainda não liquidadas. | | |

Lançamento em razonete:

- Controle de disponibilidade de recursos corrente

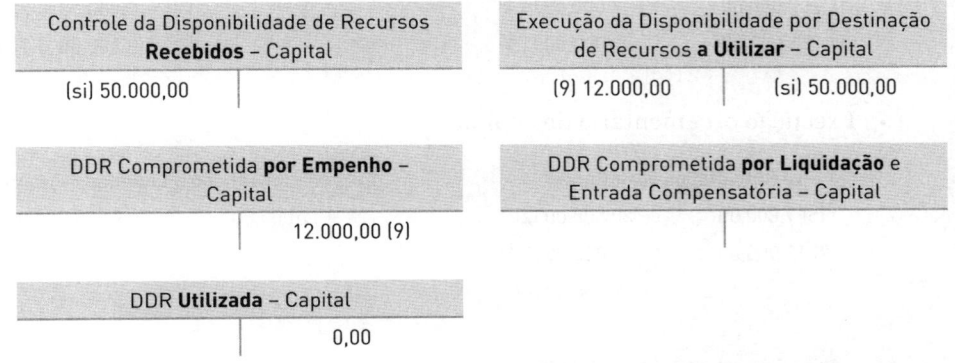

| 7.2.1.1 Controle da Disponibilidade de Recursos **Recebidos** – Corrente | |
|---|---|
| (si) 30.000,00 | |
| (3) 10.000,00 | |

| 8.2.1.1 Execução da Disponibilidade por Destinação de Recursos **a Utilizar** – Corrente | |
|---|---|
| (4) 7.000,00 | 30.000,00 (si) |
| (7) 3.000,00 | 10.000,00  (3) |

| 8.2.1.1.2 DDR Comprometida **por Empenho** – Corrente | |
|---|---|
| (4.1) 7.000,00 | 7.000,00 (4) |
| (7.1) 3.000,00 | 3.000,00 (7) |

| 8.2.1.1.3 DDR Comprometida **por Liquidação** e Entrada Compensatória – Corrente | |
|---|---|
| (4.2) 7.000,00 | 7.000,00 (4.1) |
| (7.2) 3.000,00 | 3.000,00 (7.1) |

| 8.2.1.1.4 DDR **Utilizada** – Corrente | |
|---|---|
| | 7.000,00 (4.2) |
| | 3.000,00 (7.2) |

(si) saldo inicial.

- Controle de disponibilidade de recursos de capital

| Controle da Disponibilidade de Recursos **Recebidos** – Capital | |
|---|---|
| (si) 50.000,00 | |

| Execução da Disponibilidade por Destinação de Recursos **a Utilizar** – Capital | |
|---|---|
| (9) 12.000,00 | (si) 50.000,00 |

| DDR Comprometida **por Empenho** – Capital | |
|---|---|
| | 12.000,00 (9) |

| DDR Comprometida **por Liquidação** e Entrada Compensatória – Capital | |
|---|---|
| | |

| DDR **Utilizada** – Capital | |
|---|---|
| | 0,00 |

(si) saldo inicial.
Conta 8.2.1.1.1.02.00 **Recursos de exercícios anteriores**. Valor das disponibilidades provenientes de recursos de exercícios anteriores, cuja execução depende de autorização.

## 9.10.2 Liquidação da despesa orçamentária de capital

**Fato contábil:** recebimento de veículo (e nota fiscal), depois de a administração verificar o cumprimento da cláusula do contrato, o ajuste ou o acordo respectivo; a regularidade da nota de empenho e os comprovantes da entrega do material no setor de gestão de patrimônio. Compreende também essa fase o tombamento do bem, com registro no controle extracontábil, identificação numérica, transferência para o setor requisitante e definição do responsável por sua guarda.

## Subsistema orçamentário

Lançamento no Livro Diário:

| Cidade, 3 de março 20x1. | | |
|---|---|---|
| D | 6.2.2.1.3.01.00 Crédito Empenhado **a Liquidar** – Capital | 12.000,00 |
| C | 6.2.2.1.3.03.00 Crédito Empenhado Liquidado **a Pagar** – Capital | 12.000,00 |
| Histórico: liquidação de crédito orçamentário capital referente à entrega de bens móveis no setor de patrimônio, pela comprovação de registro do controle patrimonial, contrato n. 05/20x0, nota fiscal n. 334.254. | | |

Lançamento em razonete:

- Execução orçamentária corrente

| 6.2.2.1.1 Crédito Disponível – Corrente | |
|---|---|
| (4) 7.000,00 | 70.000,00 (2) |
| (7) 3.000,00 | |

| 6.2.2.1.3 Crédito Empenhado **a Liquidar** – Corrente | |
|---|---|
| (4.1) 7.000,00 | 7.000,00 (4) |
| (7.1) 3.000,00 | 3.000,00 (7) |

| 6.2.2.1 Crédito Empenhado Liquidado **a Pagar** – Corrente | |
|---|---|
| (4.2) 7.000,00 | 7.000,00 (4.1) |
| (7.2) 3.000,00 | 3.000,00 (7.1) |

| 6.2.2.1 Crédito Empenhado Liquidado Pago – Corrente | |
|---|---|
| | 7.000,00 (4.2) |
| | 3.000,00 (7.2) |

- Execução orçamentária de capital

| Crédito Disponível – Capital | |
|---|---|
| (5) 9.000,00 | 30.000,00 (2) |
| (9) 12.000,00 | 9.000,00 (5.1) |
| | 9.000,00 (6) |

| Crédito Empenhado **a Liquidar** – Capital | |
|---|---|
| (9.1) 12.000,00 | 12.000,00 (9) |

| Crédito Empenhado Liquidado **a Pagar** – Capital | |
|---|---|
| | 12.000,00 (9.1) |

## Subsistema de controle

**Fato contábil:** disponibilidades de recursos comprometidas pelo reconhecimento da obrigação a pagar no passivo circulante.

## Lançamento no Livro Diário:

| Cidade, 29 de fevereiro 20x1. | | |
|---|---|---|
| D | 8.2.1.1.2.00.00 DDR Comprometida **por Empenho** – Capital | 12.000,00 |
| C | 8.2.1.1.3.00.00 DDR Comprometida **por Liquidação** e Entradas Compensatórias – Capital | 12.000,00 |
| Histórico: registro do valor das disponibilidades de recursos comprometidas por ocasião da liquidação, ainda não paga. | | |

## Lançamento em razonete:

- Controle de disponibilidade de recursos de corrente

| 7.2.1.1 Controle da Disponibilidade de Recursos **Recebidos** – Corrente | |
|---|---|
| (si) 30.000,00 | |
| (3) 10.000,00 | |

| 8.2.1.1 Execução da Disponibilidade por Destinação de Recursos **a Utilizar** – Corrente | |
|---|---|
| (4) 7.000,00 | 30.000,00 (si) |
| (7) 3.000,00 | 10.000,00 (3) |

| 8.2.1.1.2 DDR Comprometida **por Empenho** – Corrente | |
|---|---|
| (4.1) 7.000,00 | 7.000,00 (4) |
| (7.1) 3.000,00 | 3.000,00 (7) |

| 8.2.1.1.3 DDR Comprometida **por Liquidação** e Entrada Compensatória – Corrente | |
|---|---|
| (4.2) 7.000,00 | 7.000,00 (4.1) |
| (7.2) 3.000,00 | 3.000,00 (7.1) |

| 8.2.1.1.4 DDR **Utilizada** – Corrente | |
|---|---|
| | 7.000,00 (4.2) |
| | 3.000,00 (7.2) |

(si) saldo inicial.

- Controle de disponibilidade de recursos de capital

| Controle da Disponibilidade de Recursos **Recebidos** – Capital | |
|---|---|
| (si) 50.000,00 | |

| Execução da Disponibilidade por Destinação de Recursos **a Utilizar** – Capital | |
|---|---|
| (9) 12.000,00 | 50.000,00 (si) |

| DDR Comprometida **por Empenho** – Capital | |
|---|---|
| (9.1) 12.000,00 | 12.000,00 (9) |

| DDR Comprometida **por Liquidação** e Entrada Compensatória – Capital | |
|---|---|
| | 12.000,00 (9.1) |

| DDR **Utilizada** – Capital | |
|---|---|
| | 0,00 |

(si) saldo inicial.

## Subsistema patrimonial

**Fato contábil:** pelo reconhecimento da obrigação a pagar pelo registro no passivo circulante em contrapartida do recebimento, da conferência e do registro dos bens móveis confirmado/liquidado no setor de patrimônio.

Lançamento no Livro Diário:

| Cidade, 3 de março 20x1. | | |
|---|---|---|
| D | 1.2.3.1.1.00.00 Bens Móveis – Imobilizado (P) – Ativo Não Circulante | 12.000,00 |
| C | 2.1.3.1.0.00.00 Fornecedores e Contas a Pagar – Curto Prazo (F) | 12.000,00 |
| Histórico: reconhecimento de contas a pagar no passivo circulante em contrapartida da entrega de bens de móveis e equipamentos no ente, no setor de patrimônio, credor pessoa jurídica. | | |

### PCASP

1.2.3.1.1.00.00 **Bens Móveis – Consolidação**. O valor da aquisição ou da incorporação de bens corpóreos, que têm existência material e que podem ser transportados por movimento próprio ou removidos por força alheia sem alteração da substância ou da destinação econômico-social, que constituam meio para a produção de outros bens ou serviços. São: máquinas, aparelhos, equipamentos e ferramentas; aparelhos de medição e orientação; aparelhos e equipamentos de comunicação; aparelhos, equipamentos e utensílios médicos, odontológicos, laboratoriais e hospitalares; aparelhos e equipamentos para esportes e diversões; equipamento de proteção, segurança e socorro; máquinas e equipamentos industriais; máquinas e equipamentos energéticos; máquinas e equipamentos gráficos; máquinas, ferramentas e utensílios de oficina; equipamentos de montaria; equipamentos e material sigiloso e reservado; equipamentos, peças e acessórios para automóveis; equipamentos, peças e acessórios marítimos; equipamentos, peças e acessórios aeronáuticos; equipamentos, peças e acessórios de proteção ao voo; equipamentos de mergulho e salvamento; equipamentos de manobras e patrulhamento; equipamentos de proteção e vigilância ambiental; máquinas, equipamentos e utensílios agropecuários; máquinas, equipamentos e utensílios rodoviários; equipamentos hidráulicos e elétricos; outras máquinas, aparelhos, equipamentos e ferramentas. Saldos que não serão excluídos dos demonstrativos consolidados do OFSS.

## Lançamento em razonete:

| 1.2.3.1 Bens móveis – Ativo Imobilizado – Ativo Circulante | | 2.1.3.1 Fornecedores e Contas a Pagar – Curto Prazo (F) | |
|---|---|---|---|
| (si) 4.000,00 | | (4.2) 7.000,00 | 25.000,00 (si) |
| (9.1) 12.000,00 | | (7.2) 3.000,00 | 7.000,00 (4.1) |
| | | | 3.000,00 (7.1) |
| | | | 12.000,00 (9.1) |

(si) saldo inicial.

## Subsistema de controle

**Fato contábil:** disponibilidades de recursos comprometidas pelo reconhecimento da obrigação a pagar no passivo circulante.

Lançamento no Livro Diário:

| Cidade, 3 de março 20x1. | | |
|---|---|---|
| D | 8.2.1.1.2.00.00 DDR Comprometida **por Empenho** – Capital | 12.000,00 |
| C | 8.2.1.1.3.00.00 DDR Comprometida **por Liquidação** e Entradas Compensatórias – Capital | 12.000,00 |
| Histórico: registro do valor das disponibilidades de recursos comprometidas por ocasião da liquidação, ainda não paga. | | |

Lançamento em razonete:

- Controle de disponibilidade de recursos corrente

| 7.2.1.1 Controle da Disponibilidade de Recursos **Recebidos** – Corrente | |
|---|---|
| (si) 30.000,00 | |
| (3) 10.000,00 | |

| 8.2.1.1 Execução da Disponibilidade por Destinação de Recursos **a Utilizar** – Corrente | |
|---|---|
| (4) 7.000,00 | 30.000,00 (si) |
| (7) 3.000,00 | 10.000,00 (3) |

| 8.2.1.1.2 DDR Comprometida **por Empenho** – Corrente | |
|---|---|
| (4.1) 7.000,00 | 7.000,00 (4) |
| (7.1) 3.000,00 | 3.000,00 (7) |

| 8.2.1.1.3 DDR Comprometida **por Liquidação** e Entrada Compensatória – Corrente | |
|---|---|
| (4.2) 7.000,00 | 7.000,00 (4.1) |
| (7.2) 3.000,00 | 3.000,00 (7.1) |

| 8.2.1.1.4 DDR **Utilizada** – Corrente | |
|---|---|
| | 7.000,00 (4.2) |
| | 3.000,00 (7.2) |

(si) saldo inicial.

- Controle de disponibilidade de recursos de capital

| Controle da Disponibilidade de Recursos **Recebidos** – Capital | |
|---|---|
| (si) 50.000,00 | |

| Execução da Disponibilidade por Destinação de Recursos **a Utilizar** – Capital | |
|---|---|
| (9) 12.000,00 | 50.000,00 (si) |

| DDR Comprometida **por Empenho** – Capital | |
|---|---|
| (9.1) 12.000,00 | 12.000,00 (9) |

| DDR Comprometida **por Liquidação** e Entrada Compensatória – Capital | |
|---|---|
| | 12.000,00 (9.1) |

| DDR **Utilizada** – Capital | |
|---|---|
| 0,00 | 0,00 |

(si) saldo inicial.
Conta 8.2.1.1.1.02.00 **Recursos de exercícios anteriores**. Valor das disponibilidades financeiras, recursos provenientes de exercícios anteriores, cuja execução depende de autorização.

## 9.10.3  Pagamento da despesa orçamentária de capital

**Fato contábil:** depois de verificar a regular liquidação da despesa e a disponibilidade financeira em conta bancária da unidade, executa-se o pagamento.

### Subsistema orçamentário

Lançamento no Livro Diário:

| Cidade, 4 de março 20x1. | | |
|---|---|---|
| D | 6.2.2.1.3.03.00 Crédito Empenhado Liquidado **a Pagar** – Capital | 12.000,00 |
| C | 6.2.2.1.3.04.00 Crédito Empenhado Liquidado **Pago** – Capital | 12.000,00 |
| Histórico: pagamento de crédito orçamentário corrente de aquisição de móveis e equipamentos, pela comprovação do bem entregue, contrato n. 04/20x0, nota fiscal n. 234.253. | | |

Lançamento em razonete:

- Execução orçamentária corrente

| 6.2.2.1.1 Crédito Disponível – Corrente | |
|---|---|
| (4) 7.000,00 | 70.000,00 (2) |
| (7) 3.000,00 | |

| 6.2.2.1.3 Crédito Empenhado **a Liquidar** – Corrente | |
|---|---|
| (4.1) 7.000,00 | 7.000,00 (4) |
| (7.1) 3.000,00 | 3.000,00 (7) |

| 6.2.2.1 Crédito Empenhado Liquidado **a Pagar** – Corrente | |
|---|---|
| (4.2) 7.000,00 | 7.000,00 (4.1) |
| (7.2) 3.000,00 | 3.000,00 (7.1) |

| 6.2.2.1 Crédito Empenhado Liquidado **Pago** – Corrente | |
|---|---|
| | 7.000,00 (4.2) |
| | 3.000,00 (7.2) |

- Execução orçamentária de capital

| Crédito Disponível – Capital | |
|---|---|
| (5)  9.000,00 | 30.000,00 (2) |
| (9) 12.000,00 | 9.000,00 (5.1) |
| | 9.000,00 (6) |

| Crédito Empenhado **a Liquidar** – Capital | |
|---|---|
| (9.1) 12.000,00 | 12.000,00 (9) |

| Crédito Empenhado Liquidado **a Pagar** – Capital | |
|---|---|
| (9.2) 12.000,00 | 12.000,00 (9.1) |

| Crédito Empenhado Liquidado **Pago** – Capital | |
|---|---|
| | 12.000,00 (9.2) |

Nesse momento, o total de despesas orçamentárias contabilizadas estaria em $ 22.000,00, sendo $ 12.000,00 despesa de capital e $ 10.000,00 despesa corrente.

## Subsistema patrimonial

**Fato contábil:** pagamento de fornecedor com baixa da obrigação a pagar, por meio de registros no Passivo Circulante e no Ativo Circulante. Pagamento da dívida de curto prazo proveniente da compra de material de consumo para a entidade governamental, devidamente recebido, conferido e liquidado no setor de patrimônio.

Lançamento no Livro Diário:

| | Cidade, 4 de março 20x1. | |
|---|---|---|
| D | 2.1.3.1.0.00.00 Fornecedores e Contas a Pagar Nacional – Curto Prazo (F) | 12.000,00 |
| C | 1.1.1.1.2.00.00 Caixa e Equivalentes de Caixa em Moeda Nacional (F) – Ativo Circulante | 12.000,00 |
| Histórico: pagamento da dívida de curto prazo proveniente da compra de bens móveis para o município devidamente recebido, conferido e liquidado no setor de patrimônio. | | |

Lançamento em razonete:

| 2.1.3.1 Fornecedores e Contas a pagar a curto prazo (F) – Passivo Circulante | | 1.1.1.1 Caixa e Equivalentes de Caixa em Moeda Nacional (F) – Ativo Circulante | |
|---|---|---|---|
| (4.2) 7.000,00 | 25.000,00 (si) | (si) 80.000,00 | 7.000,00 (4.2) |
| (7.2) 3.000,00 | 7.000,00 (4.1) | (3) 10.000,00 | 3.000,00 (7.2) |
| (9.2) 12.000,00 | 3.000,00 (7.1) | | 12.000,00 (9.2) |
| | 12.000,00 (9.1) | | |

(si) saldo inicial.

## Subsistema de controle

**Fato contábil:** registro do valor das disponibilidades de recursos utilizadas por ocasião do pagamento.

Lançamento no Livro Diário:

| | Cidade, 4 de março 20x1. | |
|---|---|---|
| D | 8.2.1.1.3.00.00 Disponibilidade por Destinação de Recurso (DDR) Comprometida **por Liquidação** e Entradas Compensatórias | 12.000,00 |
| C | 8.2.1.1.4.00.00 DDR **Utilizada** – Capital | 12.000,00 |
| Histórico: registro do valor das disponibilidades de recursos utilizadas por ocasião do pagamento. | | |

Lançamento em razonete:

- Controle de disponibilidade de recursos corrente

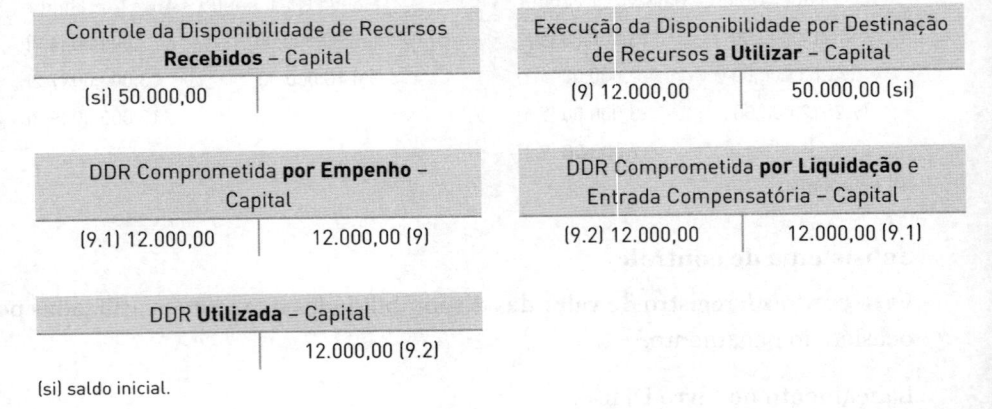

(si) saldo inicial.

- Controle de disponibilidade de recursos de capital

(si) saldo inicial.

## 9.11 ARRECADAÇÃO DE RECEITA ORÇAMENTÁRIA DE CAPITAL – ALIENAÇÃO DE BENS MÓVEIS

**Bens móveis** compreende o valor da aquisição ou da incorporação de bens corpóreos, que têm existência material e que podem ser transportados por movimento próprio ou removidos por força alheia sem alteração da substância ou da destinação econômico-social, para a produção de outros bens ou serviços. São exemplos de bens móveis máquinas, aparelhos, equipamentos, ferramentas, bens de informática (equipamentos de processamento de dados e de tecnologia da informação), móveis e utensílios, materiais culturais, educacionais e de comunicação, veículos, bens móveis em andamento, entre outros.

### Subsistema orçamentário

**Fato contábil:** depois de verificar o interesse público devidamente justificado, a avaliação prévia e o regular processo licitatório, executa-se a alienação do bem móvel (nesse caso, pelo preço de custo), recolhendo ao cofre público o valor negociado de $ 9.000,00.

A baixa do valor contábil de um item do ativo imobilizado deve ocorrer por sua alienação ou quando não há expectativa de benefícios econômicos futuros ou potencial de serviços com sua utilização ou alienação. Quando o item é baixado, os ganhos ou as perdas decorrentes dessa baixa devem ser reconhecidos no resultado patrimonial.

Lançamento no Livro Diário:

| Cidade, 25 de abril de 20x1. | | |
|---|---|---|
| D | 6.2.1.1 Receita **a Realizar** – Capital | 9.000,00 | |
| C | 6.2.1.2 Receita **Realizada** – Capital | | 9.000,00 |
| Histórico: arrecadação de receita patrimonial e alienação de bens móve s. | | |

Lançamento em razonete:

- Execução orçamentária da receita

| 5.2.1.1 Previsão Inicial da Receita | |
|---|---|
| (1) 100.000,00 | |

| 6.2.1.2 Receita **Realizada** – Corrente | |
|---|---|
| | 10.000,00 (3) |

| 5.2.1.2 Previsão Adicional da Receita/ Reestimativa da Operação de Crédito – Capital | |
|---|---|
| (6.1) 9.000,00 | |

| 6.2.1.1 Receita **a Realizar** – Corrente | |
|---|---|
| (3) 10.000,00 | 70.000,00 (1) |

| Receita **a Realizar** – Capital | |
|---|---|
| (10) 9.000,00 | 30.000,00 (1) |
| | 9.000,00 (6.1) |

| Receita **Realizada** – Capital | |
|---|---|
| | 9.000,00 (10) |

CONTABILIDADE PÚBLICA

## Subsistema patrimonial

Lançamento no Livro Diário:

| Cidade, 25 de abril 20x1. | | |
|---|---|---|
| D | 1.1.1.1.2.00.00 Caixa e Equivalentes de Caixa em Moeda Nacional (F) – Ativo Circulante | 9.000,00 |
| C | 1.2.3.1.1.00.00 Bens Móveis – Ativo Imobilizado | 9.000,00 |
| Histórico: recebimento de receita de alienação de bens móveis do município devidamente autorizado, conferido registros de baixa do setor de patrimônio. | | |

### PCASP

1.2.3.1.1.00.00 **Bens Móveis – Consolidação.** Conta patrimonial (subtítulo da conta do Ativo) que registra o valor da aquisição ou da incorporação de bens corpóreos, que têm existência material e que podem ser transportados por movimento próprio ou removidos por força alheia sem alteração da substância ou da destinação econômico-social, que constituam meio para a produção de outros bens ou serviços. Os saldos não serão excluídos dos demonstrativos consolidados do OFSS.

Lançamento em razonete:

| 1.1.1.1 Caixa e Equivalentes de Caixa em Moeda Nacional (F) – Ativo Circulante | | 1.2.3.1 Bens Móveis – Ativo Imobilizado – Ativo Circulante | |
|---|---|---|---|
| (si) 80.000,00 | 7.000,00 (4.2) | (si) 4.0000,00 | 9.000,00 (10) |
| (3) 10.000,00 | 3.000,00 (7.2) | (9.1) 12.000,00 | |
| (10) 9.000,00 | 12.000,00 (9.2) | | |

(si) saldo inicial.

## Subsistema de controle

**Fato contábil:** controle das disponibilidades dos ingressos financeiros por destinação de recursos – alienação de bens móveis. Identifica a natureza da procedência das receitas no momento em que ingressam efetivamente no cofre do Tesouro e acompanha seu comprometimento pelo empenho e pela liquidação até a saída com o pagamento.

Lançamento no Livro Diário:

| Cidade, 25 de abril de 20x1. | | |
|---|---|---|
| D | 7.2.1.1.0.00.00 Controle da Disponibilidade de Recursos **Recebidos** | 9.000,00 |
| C | 8.2.1.1.1.00.00 Execução da Disponibilidade por Destinação de Recursos **a Utilizar** – Capital | 9.000,00 |
| Histórico: registro de ingresso financeiro no cofre do Tesouro para fins de controle da aplicação. Receita de capital de alienação de bens móveis. Recursos vinculados de aplicação para atender a finalidades definidas em norma legal. | | |

PCASP

7.2.1.1.0.00.00 **Controle da Disponibilidade de Recursos.** Conta de controle que registra os ingressos financeiros, as *disponibilidades de recursos recebidos.*

8.2.1.1.1.00.00 **Execução da Disponibilidade por Destinação de Recursos.** Conta de controle que registra o valor das *disponibilidades de recursos a utilizar.*

## Lançamento em razonete:

• Execução orçamentária corrente

| 7.2.1.1 Controle da Disponibilidade de Recursos **Recebidos** – Corrente | |
|---|---|
| (si) 30.000,00 | |
| (3) 10.000,00 | |

| 8.2.1.1 Execução da Disponibilidade por Destinação de Recursos **a Utilizar** – Corrente | |
|---|---|
| (4) 7.000,00 | 30.000,00 (si) |
| (7) 3.000,00 | 10.000,00 (3) |

| 8.2.1.1.2 DDR Comprometida **por Empenho** – Corrente | |
|---|---|
| (4.1) 7.000,00 | 7.000,00 (4) |
| (7.1) 3.000,00 | 3.000,00 (7) |

| 8.2.1.1.3 DDR Comprometida **por Liquidação** e Entrada Compensatória – Corrente | |
|---|---|
| (4.2) 7.000,00 | 7.000,00 (4.1) |
| (7.2) 3.000,00 | 3.000,00 (7.1) |

| 8.2.1.1.4 DDR **Utilizada** – Corrente | |
|---|---|
| | 7.000,00 (4.2) |
| | 3.000,00 (7.2) |

(si) saldo inicial.

• Execução orçamentária de capital

| Controle da Disponibilidade de Recursos **Recebidos** – Capital | |
|---|---|
| (si) 50.000,00 | |
| (10) 9.000,00 | |

| Execução da Disponibilidade por Destinação de Recursos **a Utilizar** – Capital | |
|---|---|
| (9) 12.000,00 | 50.000,00 (si) |
| | 9.000,00 (10) |

| DDR Comprometida **por Empenho** – Capital | |
|---|---|
| (9.1) 12.000,00 | 12.000,00 (9) |

| DDR Comprometida **por Liquidação** e Entrada Compensatória – Capital | |
|---|---|
| (9.2) 12.000,00 | 12.000,00 (9.1) |

| DDR **Utilizada** – Capital | |
|---|---|
| | 12.000,00 (9.2) |

(si) saldo inicial.

## 9.12 ARRECADAÇÃO DE RECEITA ORÇAMENTÁRIA DE CAPITAL – ALIENAÇÃO DE BENS IMÓVEIS

**Fato contábil:** alienação jurídica compreende todo tipo de transferência de propriedade de bens, remunerada ou gratuita, por meio de venda, permuta, doação, doação em pagamento, investidura, legitimação de prova ou concessão de domínio. A administração pública pode se utilizar de todas essas formas de alienação, desde que se obedeça às exigências e aos requisitos das normas administrativas. Em princípio, toda alienação de bem público depende de autorização em lei, avaliação prévia e de licitação. Entretanto, há casos de inexigibilidade de cumprimento de requisitos licitatórios (doação, permuta, investidura e legitimação de posse). Há também situação excepcional de alienação de bem público, prevista em lei, restrita a terras devolutas, denominada de legitimação de posse.

Após serem verificados o interesse público devidamente justificado em laudo e parecer técnico, a avaliação prévia, a autorização legislativa e o processo licitatório regular na modalidade de concorrência, executa-se a alienação do bem imóvel (pelo preço de custo), recolhendo aos cofres públicos o **valor negociado de $ 13.000,00**.

**Subsistema orçamentário**

Lançamento no Livro Diário:

| Cidade, 30 de abril de 20x1. | | |
|---|---|---|
| D | 6.2.1.1 Receita **a Realizar** – Capital | 13.000,00 | |
| C | 6.2.1.2 Receita **Realizada** – Capital | | 13.000,00 |
| Histórico: arrecadação de receita patrimonial e alienação de bens imóveis. | | |

Lançamento em razonete:

- Execução orçamentária da receita

| 5.2.1.1 Previsão Inicial da Receita | | 6.2.1.2 Receita **Realizada** – Corrente | |
|---|---|---|---|
| (1) 100.000,00 | | | 10.000,00 (3) |

| 5.2.1.2 Previsão Adicional da Receita/ Reestimativa da Operação de Crédito – Capital | | 6.2.1.1 Receita **a Realizar** – Corrente | |
|---|---|---|---|
| (6.1) 9.000,00 | | (3) 10.000,00 | 70.000,00 (1) |

| Receita **a Realizar** – Capital | | Receita **Realizada** – Capital | |
|---|---|---|---|
| (10)  9.000,00 | 30.000,00 (1) | | 9.000,00 (10) |
| (11) 13.000,00 | 9.000,00 (6.1) | | 13.000,00 (11) |

## Subsistema patrimonial

Lançamento no Livro Diário:

| Cidade, 30 de abril 20x1. | | |
|---|---|---|
| D | 1.1.1.1.2.00.00 Caixa e Equivalentes de Caixa em Moeda Nacional (F) – Ativo Circulante | 13.000,00 |
| C | 1.2.3.2.1.00.00 Bens Imóveis – Ativo Não Circulante – Imobilizado | 13.000,00 |
| Histórico: recebimento de receita de alienação de bens imóveis do município devidamente autorizado pelo Legislativo, conferido registros de baixa do setor de patrimônio. | | |

**PCASP**

1.2.3.2.1.00.00 **Bens Imóveis. Consolidação**. Conta patrimonial que registra o valor dos bens imóveis, os quais são bens vinculados ao solo e que não podem ser retirados sem destruição ou dano, destinados ao uso e que a entidade não esteja explorando comercialmente. Os saldos não serão excluídos dos demonstrativos consolidados do OFSS.

Lançamento em razonete:

| 1.1.1.1 Caixa e Equivalentes de Caixa em Moeda Nacional (F) – Ativo Circulante | |
|---|---|
| (si) 80.000,00 | 7.000,00 (4.2) |
| (3) 10.000,00 | 3.000,00 (7.2) |
| (10) 9.000,00 | 12.000,00 (9.2) |
| (11) 13.000,00 | |

(si) saldo inicial.

| 1.2.3.2 Bens Imóveis – Ativo Imobilizado | |
|---|---|
| (si) 26.0000,00 | 13.000,00 (11) |

## Subsistema de controle

**Fato contábil:** controle das disponibilidades dos ingressos financeiros por destinação de recursos – alienação de bens imóveis. Identifica a natureza da procedência das receitas no momento em que ingressam efetivamente no cofre do Tesouro e acompanha seu comprometimento pelo empenho e pela liquidação até a saída com o pagamento.

Lançamento no Livro Diário:

| Cidade, 30 de abril de 20x1. | | |
|---|---|---|
| D | 7.2.1.1. Controle da Disponibilidade de Recursos **Recebidos** | 13.000,00 |
| C | 8.2.1.1.1.00.00 Execução da Disponibilidade por Destinação de Recursos **a Utilizar** – Capital | 13.000,00 |
| Histórico: registro de ingresso financeiro no cofre do Tesouro para fins de controle da aplicação. Receita de capital de alienação de bens imóveis. Recursos vinculados de aplicação para atender a finalidades definidas em norma legal. | | |

**PCASP**

7.2.1.1.00.00 **Controle da Disponibilidade de Recursos**. Conta de controle que registra os ingressos financeiros, as *disponibilidades de recursos recebidos*.

8.2.1.1.1.00.00 **Execução da Disponibilidade por Destinação de Recursos**. Conta de controle que registra o valor das *disponibilidades de recursos a utilizar*.

## Lançamento em razonete:

- ## Controle de disponibilidade de recursos corrente

| 7.2.1.1 Controle da Disponibilidade de Recursos **Recebidos** – Corrente | |
|---|---|
| (si) 30.000,00 | |
| (3) 10.000,00 | |

| 8.2.1.1 Disponibilidade por Destinação de Recursos **a Utilizar** – Corrente | |
|---|---|
| (4) 7.000,00 | 30.000,00 (si) |
| (7) 3.000,00 | 10.000,00 (3) |

| 8.2.1.1.2 DDR Comprometida **por Empenho** – Corrente | |
|---|---|
| (4.1) 7.000,00 | 7.000,00 (4) |
| (7.1) 3.000,00 | 3.000,00 (7) |

| 8.2.1.1.3 DDR Comprometida **por Liquidação** e Entrada Compensatória – Corrente | |
|---|---|
| (4.2) 7.000,00 | 7.000,00 (4.1) |
| (7.2) 3.000,00 | 3.000,00 (7.1) |

| 8.2.1.1.4 DDR **Utilizada** – Corrente | |
|---|---|
| | 7.000,00 (4.2) |
| | 3.000,00 (7.2) |

(si) saldo inicial.

- ## Controle de disponibilidade de recursos de capital

| Controle da Disponibilidade de Recursos **Recebidos** – Capital | |
|---|---|
| (si) 50.000,00 | |
| (10) 9.000,00 | |
| (11) 13.000,00 | |

| Execução da Disponibilidade por Destinação de Recursos **a Utilizar** – Capital | |
|---|---|
| (9) 12.000,00 | 50.000,00 (si) |
| | 9.000,00 (10) |
| | 13.000,00 (11) |

| DDR Comprometida **por Empenho** – Capital | |
|---|---|
| (9.1) 12.000,00 | 12.000,00 (9) |

| DDR Comprometida **por Liquidação** e Entrada Compensatória – Capital | |
|---|---|
| (9.2) 12.000,00 | 12.000,00 (9.1) |

| DDR **Utilizada** – Capital | |
|---|---|
| | 12.000,00 (9.2) |

(si) saldo inicial.

## 9.13 ARRECADAÇÃO DE RECEITA ORÇAMENTÁRIA CORRENTE – TRANSFERÊNCIA VOLUNTÁRIA INTERGOVERNAMENTAL POR CONVÊNIO

**Fato contábil:** após ser verificada a transferência de recurso intergovernamental, de natureza voluntária, no valor de $ 10.000,00, referente a convênio de cooperação técnica e financeira entre o estado e a União.

### Subsistema orçamentário

Lançamento no Livro Diário:

| | Cidade, 3 de maio de 20x1. | | |
|---|---|---|---|
| D | 6.2.1.1 Receita **a Realizar** – Corrente | 10.000,00 | |
| C | 6.2.1.2 Receita **Realizada** – Corrente | | 10.000,00 |
| | Histórico: arrecadação de receita de transferência voluntária intergovernamental por convênio firmado com a União, realização de evento cultural, de competência e aplicação no exercício. | | |

Lançamento em razonete:

- Execução orçamentária da receita

| 5.2.1.1 Previsão Inicial da Receita | |
|---|---|
| (1) 100.000,00 | |

| 6.2.1.2 Receita **Realizada** – Corrente | |
|---|---|
| | 10.000,00 (3) |

| 5.2.1.2 Previsão Adicional da Receita/ Reestimativa da Operação de Crédito – Capital | |
|---|---|
| (6.1) 9.000,00 | |

| 6.2.1.1 Receita **a Realizar** – Corrente | |
|---|---|
| (3) 10.000,00 | 70.000,00 (1) |

| Receita **a Realizar** – Capital | |
|---|---|
| (10) 9.000,00 | 30.000,00 (1) |
| (11) 13.000,00 | 9.000,00 (6.1) |
| (12) 10.000,00 | |

| Receita **Realizada** – Capital | |
|---|---|
| | 9.000,00 (10) |
| | 13.000,00 (11) |
| | 10.000,00 (12) |

### Subsistema patrimonial

**Fato contábil:** o recolhimento da receita de transferência voluntária aos cofres públicos. São valores que ingressam em caixa e em bancos em contas especiais de convênios, bem como equivalentes, que representam recursos com livre movimentação para aplicação nas operações dos órgãos ou das entidades e para as quais não haja restrições para uso imediato.

Para o controle da aplicação dos recursos do convênio, abre-se conta no passivo circulante (financeiro, atributo "F") ou no passivo não circulante (permanente, atributo "P"), a depender do prazo de aplicação, do objeto e do objetivo do convênio, que será baixada à medida que os recursos forem sendo utilizados. Caso os recursos sejam para aplicação em investimentos no permanente do convenente beneficiado, no momento de sua utilização/incorporação, abre-se conta no ativo permanente e reconhece-se em contrapartida o valor pago em conta do Ativo no subgrupo Disponibilidades.

Lançamento no Livro Diário:

| Cidade, 3 de maio de 20x1. | | |
|---|---|---|
| D | 1.1.1.1.1.19.00 Bancos Conta Movimento/Demais Contas – Convênio União – Ativo Circulante | 10.000,00 |
| C | 4.5.2.3.3.00.00 Transferências Voluntárias – Variação Patrimonial Ativa VPA – Inter OFSS – União | 10.000,00 |
| Histórico: recebimento de receita de transferência voluntária intergovernamental de convênio com a União, a aplicar no exercício, em projetos sociais. | | |

### PCASP

1.1.1.1.1.19.00 **Bancos Conta Movimento – Demais Contas**. Conta patrimonial. (Item da conta de Ativo) que registra o somatório das disponibilidades existentes em outras contas bancárias, *que não sejam a Conta Única*, agregadas pelos subitens identificativos dos bancos correspondentes.

4.5.2.3.3.00.00 **Transferências Voluntárias – Inter OFSS – União**. Conta de resultado (subtítulo da conta VPA) que registra as *variações patrimoniais aumentativas* decorrentes de transferências voluntárias da União, dos estados, do Distrito Federal, dos municípios, inclusive das entidades vinculadas, bem como as demais entidades, de bens e/ou valores. Os saldos *serão excluídos* dos demonstrativos consolidados do OFSS de entes públicos distintos, resultantes das transações entre o ente e a União.

Lançamento em razonete:

| 1.1.1.1 Bancos Conta Movimento/Demais Contas – Conta Especial de Convênio – União | 4.5.2.3 Variação Patrimonial Aumentativa VPA – **Transferências Voluntárias**/Inter OFSS – União |
|---|---|
| (si) 5.000,00 | 10.000,00 (12) |
| (12) 10.000,00 | |
| (si) saldo inicial. | |

## Subsistema de controle

**Fato contábil:** controle das disponibilidades dos ingressos financeiros por destinação de recursos – *receita corrente de transferência voluntária intergovernamental, de convênio com a União*. Identifica a natureza da procedência das receitas no momento em que ingressam efetivamente no cofre do Tesouro em conta bancária especial e acompanha seu comprometimento pelo empenho e pela liquidação até a saída com o pagamento.

Lançamento no Livro Diário:

| Cidade, 3 de maio de 20x1. | | |
|---|---|---|
| D | 7.2.1.1 Controle da Disponibilidade de Recursos **Recebidos** | 10.000,00 |
| C | 8.2.1.1.1 Disponibilidade por Destinação de Recursos **a Utilizar** – Corrente | 10.000,00 |
| Histórico: registro de ingresso financeiro no cofre do Tesouro para fins de controle da aplicação. Receita corrente de transferência de recurso intergovernamental de convênio voluntário com a União. Recursos vinculados de aplicação para atender a finalidades definidas em norma/termos do convênio. | | |

### PCASP

7.2.1.1.00.00 **Controle da Disponibilidade de Recursos**. Conta de controle que registra os ingressos financeiros, as *disponibilidades de recursos recebidos*.

8.2.1.1.1.00.00 **Execução da Disponibilidade por Destinação de Recursos**. Conta de controle que registra o valor das *disponibilidades de recursos a utilizar*.

Lançamento em razonete:

• Controle de disponibilidade de recursos de corrente

| 7.2.1.1 Controle da Disponibilidade de Recursos **Recebidos** – Corrente | | 8.2.1.1 Execução da Disponibilidade por Destinação de Recursos **a Utilizar** – Corrente | |
|---|---|---|---|
| (si) 30.000,00 | | (4) 7.000,00 | 30.000,00 (si) |
| (3) 10.000,00 | | (7) 3.000,00 | 10.000,00 (3) |
| (12) 10.000,00 | | | 10.000,00 (12) |

| 8.2.1.1.2 DDR Comprometida **por Empenho** – Corrente | | 8.2.1.1.3 DDR Comprometida por **Liquidação** e Entrada Compensatória – Corrente | |
|---|---|---|---|
| (4.1) 7.000,00 | 7.000,00 (4) | (4.2) 7.000,00 | 7.000,00 (4.1) |
| (7.1) 3.000,00 | 3.000,00 (7) | (7.2) 3.000,00 | 3.000,00 (7.1) |

(si) saldo inicial.

| 8.2.1.1.4 DDR **Utilizada** – Corrente |
|---|
| 7.000,00 (4.2) |
| 3.000,00 (7.2) |

- Controle de disponibilidade de recursos de capital

| Controle da Disponibilidade de Recursos **Recebidos** – Capital | |
|---|---|
| (si) 50.000,00 | |
| (10) 9.000,00 | |
| (11) 13.000,00 | |

| Execução da Disponibilidade por Destinação de Recursos **a Utilizar** – Capital | |
|---|---|
| (9) 12.000,00 | 50.000,00 (si) |
| | 9.000,00 (10) |
| | 13.000,00 (11) |

| DDR Comprometida **por Empenho** – Capital | |
|---|---|
| (9.1) 12.000,00 | 12.000,00 (9) |

| DDR Comprometida **por Liquidação** e Entrada Compensatória – Capital | |
|---|---|
| (9.2) 12.000,00 | 12.000,00 (9.1) |

| DDR **Utilizada** – Capital | |
|---|---|
| | 12.000,00 (9.2) |

(si) saldo inicial.
Conta 8.2.1.1.1.02.00 **Recursos de exercícios anteriores**. Valor das disponibilidades financeiras, recursos provenientes de exercícios anteriores, cuja execução depende de autorização.

## 9.14 EXECUÇÃO DE DESPESA ORÇAMENTÁRIA – TRANSFERÊNCIA VOLUNTÁRIA CORRENTE

### 9.14.1 Empenho da despesa orçamentária corrente

**Fato contábil:** aplicação de recursos no valor de $ 6.000,00, conforme cláusulas do convênio de cooperação técnica e financeira firmado entre o município e a União, conforme item 9.12.

**Subsistema orçamentário**

Lançamento no Livro Diário:

| Cidade, 20 de maio 20x1. | | |
|---|---|---|
| D | 6.2.2.1.1. Crédito Disponível – Corrente | 6.000,00 |
| C | 6.2.2.1.3.01 Crédito Empenhado **a Liquidar** – Corrente | 6.000,00 |
| Histórico: empenho de crédito orçamentário corrente referente à execução de recursos de convênio voluntário com a União, conforme convênio n. 06/20x0. | | |

Lançamento em razonete:

• Execução orçamentária corrente

| 6.2.2.1.1 Crédito Disponível – Corrente | |
|---|---|
| (4) 7.000,00 | 70.000,00 (2) |
| (7) 3.000,00 | |
| (13) 6.000,00 | |

| 6.2.2.1.3 Crédito Empenhado **a Liquidar** – Corrente | |
|---|---|
| (4.1) 7.000,00 | 7.000,00 (4) |
| (7.1) 3.000,00 | 3.000,00 (7) |
| | 6.000,00 (13) |

| 6.2.2.1 Crédito Empenhado Liquidado **a Pagar** – Corrente | |
|---|---|
| (4.2) 7.000,00 | 7.000,00 (4.1) |
| (7.2) 3.000,00 | 3.000,00 (7.1) |

| 6.2.2.1 Crédito Empenhado Liquidado **Pago** – Corrente | |
|---|---|
| | 7.000,00 (4.2) |
| | 3.000,00 (7.2) |

• Execução orçamentária de capital

| Crédito Disponível – Capital | |
|---|---|
| (5) 9.000,00 | 30.000,00 (2) |
| (9) 12.000,00 | 9.000,00 (5.1) |
| | 9.000,00 (6) |

| Crédito Empenhado **a Liquidar** – Capital | |
|---|---|
| (9.1) 12.000,00 | 12.000,00 (9) |

| Crédito Empenhado Liquidado **a Pagar** – Capital | |
|---|---|
| (9.2) 12.000,00 | 12.000,00 (9.1) |

| Crédito Empenhado Liquidado **Pago** – Capital | |
|---|---|
| | 12.000,00 (9.2) |

**Subsistema patrimonial:** não há registro.

**Subsistema de controle**

**Fato contábil:** registro do valor das disponibilidades de recursos comprometidas por ocasião do empenho, ainda não liquidadas.

Lançamento no Livro Diário:

| Cidade, 20 de maio 20x1. | | |
|---|---|---|
| D | 8.2.1.1.01.00.00 Execução da Disponibilidade por Destinação de Recursos **a Utilizar** | 6.000,00 |
| C | 8.2.1.1.02.00.00 DDR Comprometida **por Empenho** – Corrente | 6.000,00 |
| Histórico: registro do valor das disponibilidades de recursos comprometidas por ocasião do empenho, ainda não liquidado. | | |

Lançamento em razonete:

- Controle de disponibilidade de recursos corrente

| 7.2.1.1 Controle da Disponibilidade de Recursos **Recebidos** – Corrente | |
| --- | --- |
| (si) 30.000,00 | |
| (3) 10.000,00 | |
| (12) 10.000,00 | |

| 8.2.1.1 Execução da Disponibilidade por Destinação de Recursos **a Utilizar** – Corrente | |
| --- | --- |
| (4) 7.000,00 | 30.000,00 (si) |
| (7) 3.000,00 | 10.000,00 (3) |
| (13) 6.000,00 | 10.000,00 (12) |

| 8.2.1.1.2 DDR Comprometida **por Empenho** – Corrente | |
| --- | --- |
| (4.1) 7.000,00 | 7.000,00 (4) |
| (7.1) 3.000,00 | 3.000,00 (7) |
| | 6.000,00 (13) |

| 8.2.1.1.3 DDR Comprometida **por Liquidação** e Entrada Compensatória – Corrente | |
| --- | --- |
| (4.2) 7.000,00 | 7.000,00 (4.1) |
| (7.2) 3.000,00 | 3.000,00 (7.1) |

| 8.2.1.1.4 DDR **Utilizada** – Corrente | |
| --- | --- |
| | 7.000,00 (4.2) |
| | 3.000,00 (7.2) |

(si) saldo inicial.

- Controle de disponibilidade de recursos de capital

| Controle da Disponibilidade de Recursos **Recebidos** – Capital | |
| --- | --- |
| (si) 50.000,00 | |
| (10) 9.000,00 | |
| (11) 13.000,00 | |

| Execução da Disponibilidade por Destinação de Recursos **a Utilizar** – Capital | |
| --- | --- |
| (9) 12.000,00 | 50.000,00 (si) |
| | 9.000,00 (10) |
| | 13.000,00 (11) |

| DDR Comprometida **por Empenho** – Capital | |
| --- | --- |
| (9.1) 12.000,00 | 12.000,00 (9) |

| DDR Comprometida **por Liquidação** e Entrada Compensatória – Capital | |
| --- | --- |
| (9.2) 12.000,00 | 12.000,00 (9.1) |

| DDR **Utilizada** – Capital | |
| --- | --- |
| | 12.000,00 (9.2) |

(si) saldo inicial.

## 9.14.2 Liquidação da despesa orçamentária corrente

### Subsistema orçamentário

**Fato contábil:** após serem verificados pela administração a execução de recursos de convênio, o cumprimento de cláusula do convênio voluntário quanto ao seu objeto e seu objetivo firmado com a União, a regularidade da nota de empenho e da nota fiscal, o parecer da fiscalização da execução do convênio e os comprovantes dos serviços prestados pelo contratado, teremos:

Lançamento no Livro Diário:

| | | | |
|---|---|---|---|
| Cidade, 20 de maio 20x1. | | | |
| D | 6.2.2.1.3.01.00 Crédito Empenhado **a Liquidar** – Corrente | 6.000,00 | |
| C | 6.2.2.1.3.03.00 Crédito Empenhado Liquidado **a Pagar** – Corrente | | 6.000,00 |
| Histórico: liquidação de crédito orçamentário corrente pela execução de recurso do convênio n. 06/20x0, firmado com a União, conforme nota fiscal eletrônica n. 234.256. | | | |

Lançamento em razonete:

- Execução orçamentária corrente

| 6.2.2.1.1 Crédito Disponível – Corrente | |
|---|---|
| (4) 7.000,00 | 70.000,00 (2) |
| (7) 3.000,00 | |
| (13) 6.000,00 | |

| 6.2.2.1.3 Crédito Empenhado **a Liquidar** – Corrente | |
|---|---|
| (4.1) 7.000,00 | 7.000,00 (4) |
| (7.1) 3.000,00 | 3.000,00 (7) |
| (13.1) 6.000,00 | 6.000,00 (13) |

| 6.2.2.1 Crédito Empenhado Liquidado **a Pagar** – Corrente | |
|---|---|
| (4.2) 7.000,00 | 7.000,00 (4.1) |
| (7.2) 3.000,00 | 3.000,00 (7.1) |
| | 6.000,00 (13.1) |

| 6.2.2.1 Crédito Empenhado Liquidado **Pago** – Corrente | |
|---|---|
| | 7.000,00 (4.2) |
| | 3.000,00 (7.2) |

- Execução orçamentária de capital

| Crédito Disponível – Capital | |
|---|---|
| (5) 9.000,00 | 30.000,00 (2) |
| (9) 12.000,00 | 9.000,00 (5.1) |
| | 9.000,00 (6) |

| Crédito Empenhado **a Liquidar** – Capital | |
|---|---|
| (9.1) 12.000,00 | 12.000,00 (9) |

| Crédito Empenhado Liquidado **a Pagar** – Capital | |
|---|---|
| (9.2) 12.000,00 | 12.000,00 (9.1) |

| Crédito Empenhado Liquidado **Pago** – Capital | |
|---|---|
| | 12.000,00 (9.2) |

## Subsistema patrimonial

**Fato contábil:** reconhecimento da obrigação a pagar por meio de registro no passivo financeiro. Recebimento da nota fiscal de serviços e da nota de liquidação com parecer da fiscalização da execução do contrato. *Considerando o caso em que a liquidação da despesa orçamentária coincida com o fato gerador da despesa, teremos:*

Lançamento no Livro Diário:

| Cidade, 20 de maio 20x1. | | |
|---|---|---|
| D | 3.3.2.3.1.22.00 Serviços de Terceiros PJ – Exposições, Congressos, Conferências e Outros – Variação Patrimonial Diminutiva VPD | 6.000,00 |
| C | 2.1.3.1.0.00.00 Fornecedor e Contas a Pagar (F) – Passivo Circulante | 6.000,00 |
| Histórico: reconhecimento de variação patrimonial diminutiva em contrapartida da execução de convênio por meio de obrigação a pagar proveniente da prestação de serviços de organização de congresso contratado a ser executado por pessoa jurídica. | | |

### PCASP

3.3.2.3.1.22.00 **Exposições, Congressos, Conferências e Outros.** Registra as variações patrimoniais diminutivas provenientes de serviços utilizados na instalação e na manutenção de: conferências, reuniões técnicas, congressos, exposições, feiras, festejos populares, festivais e outros.

3.9.4.2.0.00.00 **Incentivos a Ciência.** Compreende o apoio financeiro concedido a pesquisadores, individual ou coletivamente, exceto na condição de estudante, no desenvolvimento de pesquisas científicas e tecnológicas, em suas mais diversas modalidades.

## Lançamento em razonete:

| 3.3.2.3 Variação Patrimonial Diminutiva – Serviços de Terceiros PJ | |
|---|---|
| (4.1) 7.000,00 | |
| (13.1) 6.000,00 | |

| 2.1.3.1 Fornecedores e Contas a Pagar a Curto Prazo (F) | |
|---|---|
| (4.2) 7.000,00 | 25.000,00 (si) |
| (7.2) 3.000,00 | 7.000,00 (4.1) |
| (9.2) 12.000,00 | 3.000,00 (7.1) |
| | 12.000,00 (9.1) |
| | 6.000,00 (13.1) |

| 3.3.1.1 Variação Patrimonial Diminutiva VPD – Consumo de Material – Consolidação | |
|---|---|
| (8) 500,00 | |

(si) saldo inicial.

### Subsistema de controle

**Fato contábil:** registro de disponibilidades de recursos comprometidas pelo reconhecimento da obrigação a pagar no passivo circulante.

Lançamento no Livro Diário:

| Cidade, 20 de maio 20x1. | | |
|---|---|---|
| D | 8.2.1.1.2.00.00 DDR Comprometida **por Empenho** | 6.000,00 |
| C | 8.2.1.1.3.00.00 DDR Comprometida **por Liquidação** e Entradas Compensatórias | 6.000,00 |
| Histórico: registro do valor das disponibilidades de recursos comprometidas por ocasião da liquidação, ainda não paga. | | |

Lançamento em razonete:

* Controle de disponibilidade de recursos corrente

| 7.2.1.1 Controle da Disponibilidade de Recursos **Recebidos** – Corrente | |
|---|---|
| (si) 30.000,00 | |
| (3) 10.000,00 | |
| (12) 10.000,00 | |

| 8.2.1.1 Execução da Disponibilidade por Destinação de Recursos **a Utilizar** – Corrente | |
|---|---|
| (4) 7.000,00 | 30.000,00 (si) |
| (7) 3.000,00 | 10.000,00 (3) |
| (13) 6.000,00 | 10.000,00 (12) |

| 8.2.1.1.2 DDR Comprometida **por Empenho** – Corrente | |
|---|---|
| (4.1) 7.000,00 | 7.000,00 (4) |
| (7.1) 3.000,00 | 3.000,00 (7) |
| (13.1) 6.000,00 | 6.000,00 (13) |

| 8.2.1.1.3 DDR Comprometida **por Liquidação** e Entrada Compensatória – Corrente | |
|---|---|
| (4.2) 7.000,00 | 7.000,00 (4.1) |
| (7.2) 3.000,00 | 3.000,00 (7.1) |
| | 6.000,00 (13.1) |

| 8.2.1.1.4 DDR **Utilizada** – Corrente | |
|---|---|
| | 7.000,00 (4.2) |
| | 3.000,00 (7.2) |

(si) saldo inicial.

* Controle de disponibilidade de recursos de capital

| Controle da Disponibilidade de Recursos **Recebidos** – Capital | |
|---|---|
| (si) 50.000,00 | |
| (10) 9.000,00 | |
| (11) 13.000,00 | |

| Execução da Disponibilidade por Destinação de Recursos **a Utilizar** – Capital | |
|---|---|
| (9) 12.000,00 | 50.000,00 (si) |
| | 9.000,00 (10) |
| | 13.000,00 (11) |

| DDR Comprometida **por Empenho** – Capital | |
|---|---|
| (9.1) 12.000,00 | 12.000,00 (9) |

| DDR Comprometida **por Liquidação** e Entrada Compensatória – Capital | |
|---|---|
| (9.2) 12.000,00 | 12.000,00 (9.1) |

| DDR **Utilizada** – Capital | |
|---|---|
| | 12.000,00 (9.2) |

(si) saldo inicial.

## 9.14.3 Pagamento da despesa orçamentária corrente

### Subsistema orçamentário

**Fato contábil:** depois de verificar a regular liquidação da despesa com o parecer da fiscalização da execução do convênio, conferir a formalidade da nota de empenho e da nota fiscal e a disponibilidade financeira em conta bancária especial aberta pela unidade, executa-se o pagamento pela administração.

Lançamento no Livro Diário:

| Cidade, 20 de maio 20x1. | | |
|---|---|---|
| D | 6.2.2.1.3.03.00 Crédito Empenhado Liquidado **a Pagar** | 6.000,00 |
| C | 6.2.2.1.3.04.00 Crédito Empenhado Liquidado **Pago** – Corrente | 6.000,00 |
| Histórico: pagamento de crédito orçamentário corrente pela execução de recurso do convênio n. 06/20x0, firmado com a União – realização de evento cultural, conforme nota fiscal eletrônica n. 234.256. | | |

Lançamento em razonete:

- Execução orçamentária corrente

| 6.2.2.1.1 Crédito Disponível – Corrente | |
|---|---|
| (4) 7.000,00 | 70.000,00 (2) |
| (7) 3.000,00 | |
| (13) 6.000,00 | |

| 6.2.2.1.3 Crédito Empenhado **a Liquidar** – Corrente | |
|---|---|
| (4.1) 7.000,00 | 7.000,00 (4) |
| (7.1) 3.000,00 | 3.000,00 (7) |
| (13.1) 6.000,00 | 6.000,00 (13) |

| 6.2.2.1 Crédito Empenhado Liquidado **a Pagar** – Corrente | |
|---|---|
| (4.2) 7.000,00 | 7.000,00 (4.1) |
| (7.2) 3.000,00 | 3.000,00 (7.1) |
| (13.2) 6.000,00 | 6.000,00 (13.1) |

| 6.2.2.1 Crédito Empenhado Liquidado **Pago** – Corrente | |
|---|---|
| | 7.000,00 (4.2) |
| | 3.000,00 (7.2) |
| | 6.000,00 (13.2) |

- Execução orçamentária de capital

| Crédito Disponível – Capital | |
|---|---|
| (5) 9.000,00 | 30.000,00 (2) |
| (9) 12.000,00 | 9.000,00 (5.1) |
| | 9.000,00 (6) |

| Crédito Empenhado **a Liquidar** – Capital | |
|---|---|
| (9.1) 12.000,00 | 12.000,00 (9) |

| Crédito Empenhado Liquidado **a Pagar** – Capital | |
|---|---|
| (9.2) 12.000,00 | 12.000,00 (9.1) |

| Crédito Empenhado Liquidado **Pago** – Capital | |
|---|---|
| | 12.000,00 (9.2) |

## Subsistema patrimonial

Lançamento no Livro Diário:

| Cidade, 20 de maio 20x1. | | |
|---|---|---|
| D | 2.1.3.1.0.00.00 Fornecedores e Contas a Pagar – Curto Prazo (F) | 6.000,00 |
| C | 1.1.1.1.1.19.00 Bancos Conta Movimento/Demais Contas – Conta Especial de Convênio – União | 6.000,00 |
| Histórico: pagamento da dívida de curto prazo proveniente da contratação de serviços para a realização de evento cultural com execução de recurso do convênio n. 06/20x0, firmado com a União, conforme nota fiscal eletrônica n. 234.256. | | |

> **PCASP**
>
> 1.1.1.1.1.19.00 **Bancos Conta Movimento – Demais Contas.** Disponibilidades *existentes em outras contas bancárias*, que não sejam a Conta Única, agregadas pelos subitens identificativos dos bancos correspondentes, geralmente *contas bancárias especiais de movimentação de recursos de convênios interno ou externo.*

Lançamento em razonete:

| 2.1.3.1 Fornecedores e Contas a Pagar a Curto Prazo (F) | | 1.1.1.1.1.19 Bancos Conta Movimento/Demais Contas – Conta Especial de Convênio – União | |
|---|---|---|---|
| (4.2) 7.000,00 | 25.000,00 (si) | (si) 5.000,00 | 6.000,00 (13.2) |
| (7.2) 3.000,00 | 7.000,00 (4.1) | (12) 10.000,00 | |
| (9.2) 12.000,00 | 3.000,00 (7.1) | | |
| (13.2) 6.000,00 | 12.000,00 (9.1) | | |
| | 6.000,00 (13.1) | | |

(si) saldo inicial.

## Subsistema de controle

**Fato contábil:** registro do valor das disponibilidades de recursos utilizadas por ocasião do pagamento.

Lançamento no Livro Diário:

| Cidade, 20 de maio 20x1. | | |
|---|---|---|
| D | 8.2.1.1.3.00.00 DDR Comprometida **por Liquidação** e Entradas Compensatórias | 6.000,00 |
| C | 8.2.1.1.4.00.00 Disponibilidade por Destinação de Recurso **Utilizada** | 6.000,00 |
| Histórico: registro do valor das disponibilidades de recursos utilizadas por ocasião do pagamento. | | |

Lançamento em razonete:

- Controle de disponibilidade de recursos corrente

| 7.2.1.1 Controle da Disponibilidade de Recursos Recebidos – Corrente | |
|---|---|
| (si) 30.000,00 | |
| (3) 10.000,00 | |
| (12) 10.000,00 | |

| 8.2.1.1 Execução da Disponibilidade por Destinação de Recursos **a Utilizar** – Corrente | |
|---|---|
| (4) 7.000,00 | 30.000,00 (si) |
| (7) 3.000,00 | 10.000,00 (3) |
| (13) 6.000,00 | 10.000,00 (12) |

| 8.2.1.1.2 DDR Comprometida **por Empenho** – Corrente | |
|---|---|
| (4.1) 7.000,00 | 7.000,00 (4) |
| (7.1) 3.000,00 | 3.000,00 (7) |
| (13.1) 6.000,00 | 6.000,00 (13) |

| 8.2.1.1.3 DDR Comprometida **por Liquidação** e Entrada Compensatória – Corrente | |
|---|---|
| (4.2) 7.000,00 | 7.000,00 (4.1) |
| (7.2) 3.000,00 | 3.000,00 (7.1) |
| **(13.2) 6.000,00** | 6.000,00 (13.1) |

| 8.2.1.1.4 DDR **Utilizada** – Corrente | |
|---|---|
| | 7.000,00 (4.2) |
| | 3.000,00 (7.2) |
| | 6.000,00 (13.2) |

(si) saldo inicial.

- Controle de disponibilidade de recursos de capital

| Controle da Disponibilidade de Recursos **Recebidos** – Capital | |
|---|---|
| (si) 50.000,00 | |
| (10) 9.000,00 | |
| (11) 13.000,00 | |

| Execução da Disponibilidade por Destinação de Recursos **a Utilizar** – Capital | |
|---|---|
| (9) 12.000,00 | 50.000,00 (si) |
| | 9.000,00 (10) |
| | 13.000,00 (11) |

| DDR Comprometida **por Empenho** – Capital | |
|---|---|
| (9.1) 12.000,00 | 12.000,00 (9) |

| DDR Comprometida **por Liquidação** e Entrada Compensatória – Capital | |
|---|---|
| (9.2) 12.000,00 | 12.000,00 (9.1) |

| DDR **Utilizada** – Capital | |
|---|---|
| | 12.000,00 (9.2) |

(si) saldo inicial.

## 9.15 AMORTIZAÇÃO DE FINANCIAMENTO/DÍVIDA PÚBLICA FUNDADA – PAGAMENTO DO VALOR PRINCIPAL

**Fato contábil:** constitui despesas orçamentárias com o pagamento e/ou o refinanciamento do principal e da atualização monetária ou cambial da dívida pública interna e externa, contratual ou mobiliária. A dívida pública fundada compreende os compromissos de exigibilidade superior a 12 meses, contraídos para atender a desequilíbrios orçamentários ou financiamentos de obras e serviços públicos de programas de governo. O pagamento dos referidos financiamentos obtidos, também chamado de amortização da dívida fundada ou simplesmente amortização da dívida, compreende o pagamento de parcelas do principal de empréstimo/financiamento, contratado com instituições financeiras externas (FMI, Dird, Bird) ou com a emissão de títulos públicos, para execução de programas de governo, com autorização prévia do Poder Legislativo. Os pagamentos desses compromissos representam despesas orçamentárias de capital devidamente previstas na LOA.

Da mesma forma como em um empréstimo bancário, a dívida incorrida com a emissão de títulos públicos ou com financiamento externo precisa ser paga. Caso não existam recursos disponíveis para esse pagamento, o governo pode contrair um novo empréstimo para garantir a quitação desses compromissos, o que é conhecido como *refinanciamento ou rolagem da dívida pública*, ou seja, a troca de uma dívida velha por outra nova. A Lei de Responsabilidade Fiscal define refinanciamento[2] (rolagem) como a emissão de títulos da dívida pública para pagamento do principal acrescido de atualização monetária.

A dívida pública é paga, em grande parte, com recursos provenientes de emissões de títulos (refinanciamento) e com outras fontes financeiras vinculadas à cobertura da dívida (resultado do Banco Central, dividendos de empresas estatais e paraestatais, retorno dos empréstimos concedidos a estados e municípios etc.).

Quanto aos dividendos, cabe salientar que as receitas decorrentes de dividendos recebidos pela União se devem ao fato de o governo ser acionista de diversas empresas estatais, recebendo, por isso, pagamentos de dividendos dessas empresas. Por força da Lei n. 9.530, de 1997, esses recursos devem ser destinados à amortização da dívida. Os valores referentes à amortização da dívida pública deverão ser segregados em operações de crédito internas e externas, e estas segregadas em dívida mobiliária e dívida contratual. Esse nível de agregação também se aplica às receitas com operações de crédito e refinanciamento. A amortização da dívida e/ou refinanciamento faz parte da despesa de capital, sendo subdividida em *(a) Amortização da dívida*

---

2   O refinanciamento da dívida pública constitui a quitação de uma dívida anterior por meio de uma nova operação de crédito. Entende-se como despesa de refinanciamento da dívida o pagamento das operações de crédito anteriormente contratadas para o refinanciamento da dívida.

*interna*, *i) Dívida mobiliária e ii) Outras dívidas; e **(b) Amortização da dívida externa**, i) Dívida mobiliária e ii) Outras dívidas.*

**Os encargos e os juros** que incidem sobre o valor principal dos empréstimos, financiamento e do refinanciamento compreendem **despesas orçamentárias correntes**, classificada no grupo Outras despesas correntes. Nesse exemplo de contabilização, **o valor amortizado do principal da dívida será de $ 10.000,00**.

## 9.15.1 Empenho da despesa orçamentária de capital

### Subsistema orçamentário

**Fato contábil:** o pagamento da amortização da dívida pode ser classificado em três naturezas:

**a)** principal da dívida contratual resgatado;
**b)** principal da dívida mobiliária resgatado;
**c)** correção monetária ou cambial da dívida contratual resgatada.

Lançamento no Livro Diário:

| Cidade, 30 de julho 20x1. | | |
|---|---|---|
| D | 6.2.2.1.1. Crédito Disponível – Capital | 10.000,00 |
| C | 6.2.2.1.3.01 Crédito Empenhado **a Liquidar** – Capital | 10.000,00 |
| Histórico: empenho de crédito orçamentário capital pelo pagamento do principal de dívida fundada – financiamento externo, pelo seu valor nominal. | | |

Lançamento em razonete:

• Execução orçamentária corrente

| 6.2.2.1.1 Crédito Disponível – Corrente | | 6.2.2.1.3 Crédito Empenhado **a Liquidar** – Corrente | |
|---|---|---|---|
| (4) 7.000,00 | 70.000,00 (2) | (4.1) 7.000,00 | 7.000,00 (4) |
| (7) 3.000,00 | | (7.1) 3.000,00 | 3.000,00 (7) |
| (13) 6.000,00 | | (13.1) 6.000,00 | 6.000,00 (13) |

| 6.2.2.1 Crédito Empenhado Liquidado **a Pagar** – Corrente | | 6.2.2.1 Crédito Empenhado Liquidado **Pago** – Corrente | |
|---|---|---|---|
| (4.2) 7.000,00 | 7.000,00 (4.1) | | 7.000,00 (4.2) |
| (7.2) 3.000,00 | 3.000,00 (7.1) | | 3.000,00 (7.2) |
| (13.2) 6.000,00 | 6.000,00 (13.1) | | 6.000,00 (13.2) |

• Execução orçamentária de capital

| Crédito Disponível – Capital | |
|---|---|
| (5) 9.000,00 | 30.000,00 (2) |
| (9) 12.000,00 | 9.000,00 (5.1) |
| (14) 10.000,00 | 9.000,00 (6) |

| Crédito Empenhado a Liquidar – Capital | |
|---|---|
| (9.1) 12.000,00 | 12.000,00 (9) |
| | 10.000,00 (14) |

| Crédito Empenhado Liquidado a Pagar – Capital | |
|---|---|
| (9.2) 12.000,00 | 12.000,00 (9.1) |

| Crédito Empenhado Liquidado Pago – Capital | |
|---|---|
| | 12.000,00 (9.2) |

**Subsistema patrimonial:** não há registro.

**Subsistema de controle**

Fato contábil: como já explicado, os registros do valor das disponibilidades de recursos comprometidas por ocasião do empenho iniciam-se com o reconhecimento da obrigação, pela emissão de empenho.

Lançamento no Livro Diário:

| Cidade, 3 de julho 20x1. | | |
|---|---|---|
| D | 8.2.1.1.01.00.00 Execução da Disponibilidade por Destinação de Recursos a Utilizar | 10.000,00 |
| C | 8.2.1.1.02.00.00 DDR Comprometida por Empenho – Capital | 10.000,00 |
| Histórico: registro do valor das disponibilidades de recursos comprometidas por ocasião do empenho, ainda não liquidado. | | |

Lançamento em razonete:

• Controle de disponibilidade de recursos corrente

| 7.2.1.1 Controle da Disponibilidade de Recursos Recebidos – Corrente | |
|---|---|
| (si) 30.000,00 | |
| (3) 10.000,00 | |
| (12) 10.000,00 | |

| 8.2.1.1 Execução da Disponibilidade por Destinação de Recursos a Utilizar – Corrente | |
|---|---|
| (4) 7.000,00 | 30.000,00 (si) |
| (7) 3.000,00 | 10.000,00 (3) |
| (13) 6.000,00 | 10.000,00 (12) |

| 8.2.1.1.2 DDR Comprometida por Empenho – Corrente | |
|---|---|
| (4.1) 7.000,00 | 7.000,00 (4) |
| (7.1) 3.000,00 | 3.000,00 (7) |
| (13.1) 6.000,00 | 6.000,00 (13) |

| 8.2.1.1.3 DDR Comprometida por Liquidação e Entrada Compensatória – Corrente | |
|---|---|
| (4.2) 7.000,00 | 7.000,00 (4.1) |
| (7.2) 3.000,00 | 3.000,00 (7.1) |
| (13.2) 6.000,00 | 6.000,00 (13.1) |

| 8.2.1.1.4 DDR **Utilizada** – Corrente | |
|---|---|
| | 7.000,00 (4.2) |
| | 3.000,00 (7.2) |
| | 6.000,00 (13.2) |

(si) saldo inicial.

- Controle de disponibilidade de recursos de capital

| Controle da Disponibilidade de Recursos **Recebidos** – Capital | | Execução da Disponibilidade por Destinação de Recursos **a Utilizar** – Capital | |
|---|---|---|---|
| (si) 50.000,00 | | (9) 12.000,00 | 50.000,00 (si) |
| (10) 9.000,00 | | (14) 10.000,00 | 9.000,00 (10) |
| (11) 13.000,00 | | | 13.000,00 (11) |

| DDR Comprometida **por Empenho** – Capital | | DDR Comprometida **por Liquidação** e Entrada Compensatória – Capital | |
|---|---|---|---|
| (9.1) 12.000,00 | 12.000,00 (9) | (9.2) 12.000,00 | 12.000,00 (9.1) |
| | 10.000,00 (14) | | |

| DDR **Utilizada** – Capital | |
|---|---|
| | 12.000,00 (9.2) |

(si) saldo inicial.
Conta 8.2.1.1.1.02.00 **Recursos de exercícios anteriores**. Valor das disponibilidades financeiras, recursos provenientes de exercícios anteriores, cuja execução depende de autorização.

## 9.15.2 Liquidação da despesa orçamentária de capital

### Subsistema orçamentário

**Fato contábil:** verificação do direito do credor mediante comprovação em cláusula contratual. Conferidos todos os cálculos, identificada a parcela da dívida a ser amortizada com a respectiva baixa, teremos:

Lançamento no Livro Diário:

| Cidade, 3 de julho 20x1. | | |
|---|---|---|
| D | 6.2.2.1.3.01.00 Crédito **Empenhado** a Liquidar – Capital | 10.000,00 |
| C | 6.2.2.1.3.03.00 Crédito Empenhado Liquidado **a Pagar** – Capital | 10.000,00 |
| Histórico: liquidação de crédito orçamentário capital pela obrigação ao pagamento de parcela do principal de dívida fundada pelo seu valor nominal – financiamento externo, contrato n. ZXC1212. | | |

**PCASP**

6.2.2.1.3.01.00 **Crédito Empenhado a Liquidar**. Conta orçamentária que registra o valor da despesa empenhada a ser liquidada.

6.2.2.1.3.03.00 **Crédito Empenhado Liquidado a Pagar**. Conta orçamentária (item da conta de despesa orçamentária) que registra o valor da apropriação das despesas empenhadas com posterior verificação de sua regularidade por constituição do direito do credor.

Lançamento em razonete:

• Execução orçamentária corrente

| 6.2.2.1.1 Crédito Disponível – Corrente | |
|---|---|
| (4) 7.000,00 | 70.000,00 (2) |
| (7) 3.000,00 | |
| (13) 6.000,00 | |

| 6.2.2.1.3 Crédito Empenhado **a Liquidar** – Corrente | |
|---|---|
| (4.1) 7.000,00 | 7.000,00 (4) |
| (7.1) 3.000,00 | 3.000,00 (7) |
| (13.1) 6.000,00 | 6.000,00 (13) |

| 6.2.2.1 Crédito Empenhado Liquidado **a Pagar** – Corrente | |
|---|---|
| (4.2) 7.000,00 | 7.000,00 (4.1) |
| (7.2) 3.000,00 | 3.000,00 (7.1) |
| (13.2) 6.000,00 | 6.000,00 (13.1) |

| 6.2.2.1 Crédito Empenhado Liquidado **Pago** – Corrente | |
|---|---|
| | 7.000,00 (4.2) |
| | 3.000,00 (7.2) |
| | 6.000,00 (13.2) |

• Execução orçamentária de capital

| Crédito Disponível – Capital | |
|---|---|
| (5) 9.000,00 | 30.000,00 (2) |
| (9) 12.000,00 | 9.000,00 (5.1) |
| (14) 10.000,00 | 9.000,00 (6) |

| Crédito Empenhado **a Liquidar** – Capital | |
|---|---|
| (9.1) 12.000,00 | 12.000,00 (9) |
| (14.1) 10.000,00 | 10.000,00 (14) |

| Crédito Empenhado Liquidado **a Pagar** – Capital | |
|---|---|
| (9.2) 12.000,00 | 12.000,00 (9.1) |
| | 10.000,00 (14.1) |

| Crédito Empenhado Liquidado **Pago** – Capital | |
|---|---|
| | 12.000,00 (9.2) |

**Subsistema patrimonial:** não há registro.

**Subsistema de controle**

**Fato contábil:** os registros do valor das disponibilidades de recursos comprometidas por ocasião da liquidação iniciam-se com o reconhecimento da obrigação, pela liquidação da despesa. Ou seja, pelo reconhecimento do direito líquido e certo do credor, dando baixa da obrigação a pagar no passivo circulante.

Lançamento no Livro Diário:

| Cidade, 3 de julho 20x1. | | |
|---|---|---|
| D | 8.2.1.1.2.00.00 DDR Comprometida **por Empenho** – Capital | 10.000,00 |
| C | 8.2.1.1.3.00.00 DDR Comprometida **por Liquidação** e Entradas Compensatórias – Capital | 10.000,00 |
| Histórico: registro do valor das disponibilidades de recursos comprometidas por ocasião da liquidação, ainda não paga. | | |

Lançamento em razonete:

- Controle de disponibilidade de recursos corrente

| 7.2.1.1 Controle da Disponibilidade de Recursos **Recebidos** – Corrente | | 8.2.1.1 Execução da Disponibilidade por Destinação de Recursos **a Utilizar** – Corrente | |
|---|---|---|---|
| (si) 30.000,00 | | (4) 7.000,00 | 30.000,00 (si) |
| (3) 10.000,00 | | (7) 3.000,00 | 10.000,00 (3) |
| (12) 10.000,00 | | (13) 6.000,00 | 10.000,00 (12) |

| 8.2.1.1.2 DDR Comprometida **por Empenho** – Corrente | | 8.2.1.1.3 DDR Comprometida **por Liquidação** e Entrada Compensatória – Corrente | |
|---|---|---|---|
| (4.1) 7.000,00 | 7.000,00 (4) | (4.2) 7.000,00 | 7.000,00 (4.1) |
| (7.1) 3.000,00 | 3.000,00 (7) | (7.2) 3.000,00 | 3.000,00 (7.1) |
| (13.1) 6.000,00 | 6.000,00 (13) | (13.2) 6.000,00 | 6.000,00 (13.1) |

| 8.2.1.1.4 DDR **Utilizada** – Corrente | |
|---|---|
| | 7.000,00 (4.2) |
| | 3.000,00 (7.2) |
| | 6.000,00 (13.2) |

(si) saldo inicial.

- Controle de disponibilidade de recursos de capital

| Controle da Disponibilidade de Recursos **Recebidos** – Capital | | Execução da Disponibilidade por Destinação de Recursos **a Utilizar** – Capital | |
|---|---|---|---|
| (si) 50.000,00 | | (9) 12.000,00 | 50.000,00 (si) |
| (10) 9.000,00 | | (14) 10.000,00 | 9.000,00 (10) |
| (11) 13.000,00 | | | 13.000,00 (11) |

| DDR Comprometida **por Empenho** – Capital | | DDR Comprometida **por Liquidação** e Entrada Compensatória – Capital | |
|---|---|---|---|
| (9.1) 12.000,00 | 12.000,00 (9) | (9.2) 12.000,00 | 12.000,00 (9.1) |
| (14.1) 10.000,00 | 10.000,00 (14) | | 10.000,00 (14.1) |

| DDR **Utilizada** – Capital | |
|---|---|
| | 12.000,00 (9.2) |

(si) saldo inicial.

## 9.15.3 Pagamento da despesa orçamentária de capital

### Subsistema orçamentário

**Fato contábil:** depois de realizar a regular liquidação da despesa e a disponibilidade financeira em conta bancária, o pagamento é executado.

Lançamento no Livro Diário:

| Cidade, 3 de julho 20x1. | | |
|---|---|---|
| D | 6.2.2.1.3.03.00 Crédito Empenhado Liquidado **a Pagar** – Capital | 10.000,00 | |
| C | 6.2.2.1.3.04.00 Crédito Empenhado Liquidado **Pago** | | 10.000,00 |
| Histórico: pagamento de crédito orçamentário capital pela obrigação contratual ao pagamento de parcela do principal de dívida fundada (pelo seu valor nominal) – financiamento externo, conforme cláusula 8ª do contrato n. ZXC1212. | | |

### PCASP

6.2.2.1.3.04.00 **Crédito Empenhado Liquidado Pago**. Registra o valor da despesa empenhada liquidada paga.

Lançamento em razonete:

- Execução orçamentária corrente

| 6.2.2.1.1 Crédito Disponível – Corrente | | 6.2.2.1.3 Crédito Empenhado **a Liquidar** – Corrente | |
|---|---|---|---|
| (4) 7.000,00 | 70.000,00 (2) | (4.1) 7.000,00 | 7.000,00 (4) |
| (7) 3.000,00 | | (7.1) 3.000,00 | 3.000,00 (7) |
| (13) 6.000,00 | | (13.1) 6.000,00 | 6.000,00 (13) |

| 6.2.2.1 Crédito Empenhado Liquidado **a Pagar** – Corrente | | 6.2.2.1 Crédito Empenhado Liquidado **Pago** – Corrente | |
|---|---|---|---|
| (4.2) 7.000,00 | 7.000,00 (4.1) | | 7.000,00 (4.2) |
| (7.2) 3.000,00 | 3.000,00 (7.1) | | 3.000,00 (7.2) |
| (13.2) 6.000,00 | 6.000,00 (13.1) | | 6.000,00 (13.2) |

- Execução orçamentária de capital

| Crédito Disponível – Capital | |
|---|---|
| (5) 9.000,00 | 30.000,00 (2) |
| (9) 12.000,00 | 9.000,00 (5.1) |
| (14) 10.000,00 | 9.000,00 (6) |

| Crédito Empenhado a Liquidar – Capital | |
|---|---|
| (9.1) 12.000,00 | 12.000,00 (9) |
| (14.1) 10.000,00 | 10.000,00 (14) |

| Crédito Empenhado Liquidado a Pagar – Capital | |
|---|---|
| (9.2) 12.000,00 | 12.000,00 (9.1) |
| (14.2) 10.000,00 | 10.000,00 (14.1) |

| Crédito Empenhado Liquidado Pago – Capital | |
|---|---|
| | 12.000,00 (9.2) |
| | 10.000,00 (14.2) |

## Subsistema patrimonial

**Fato contábil:** em função de o pagamento de parcela de financiamento ocasionar redução no passivo não circulante, registra-se, em contrapartida, a baixa de dívida fundada – financiamento externo, no passivo não circulante do balanço patrimonial. Ou seja, no momento do efetivo pagamento da despesa liquidada, dá-se baixa na conta Dívida pública – financiamento externo a pagar, em contrapartida, pelo saque em conta bancária.

Lançamento no Livro Diário:

| Cidade, 3 de julho 20x1. | | |
|---|---|---|
| D | 2.2.2.4.1.00.00 Financiamento a Longo Prazo – Externo – Passivo Não Circulante | 10.000,00 |
| C | 1.1.1.1.2.00.00 Caixa e Equivalentes de Caixa em Moeda Nacional (F) – Ativo Circulante | 10.000,00 |
| Histórico: pagamento de parcela do principal pelo valor nominal de dívida pública de financiamento externo a longo prazo, conforme cláusula contratual e conferência de cálculo. | | |

### PCASP

2.2.2.1.1.00.00 **Empréstimos a Longo Prazo – Interno – Consolidação**. Conta patrimonial (subtítulo da conta do Passivo Não Circulante) que registra os *empréstimos contratuais ou mobiliários assumidos dentro do país* e *transacionados, em regra, em moeda nacional*, com vencimento a longo prazo. Os saldos não serão excluídos dos demonstrativos consolidados do OFSS.

2.2.2.2.1.00.00 **Empréstimos a Longo Prazo – Externo – Consolidação**. Conta patrimonial (subtítulo da conta do Passivo Não Circulante) que registra os *empréstimos contratuais ou mobiliários assumidos no exterior* e *transacionados, em regra, em* *moeda estrangeira*, com vencimento a longo prazo. Os saldos não serão excluídos dos demonstrativos consolidados do OFSS.

**2.2.2.3.1.00.00 Financiamentos a Longo Prazo – Interno – Consolidação.** Conta patrimonial (subtítulo da conta do Passivo Não Circulante) que registra as transações cujos recursos tomados possuem destinação específica. São obrigações decorrentes de aquisições *assumidas dentro do país e transacionadas, em regra, em moeda nacional*, com vencimento a longo prazo. Os saldos não serão excluídos dos demonstrativos consolidados do OFSS.

**2.2.2.4.1.00.00 Financiamento a Longo Prazo – Externo – Consolidação.** Conta patrimonial (Subtítulo da conta do Passivo Não Circulante) que registra as transações cujos recursos tomados possuem destinação específica. São obrigações decorrentes de aquisições *assumidas no exterior e transacionados, em regra, em moeda estrangeira*, com vencimento a longo prazo. Os saldos não serão excluídos dos demonstrativos consolidados do OFSS.

Lançamento em razonete:

| 2.2.2.4 Financiamento a Longo Prazo – Externo – Passivo Não Circulante | | 1.1.1.1 Caixa e Equivalentes de Caixa em Moeda Nacional (F) – Ativo Circulante | |
|---|---|---|---|
| (14.2) 10.000,00 | 22.000,00 (si) | (si) 80.000,00 | 7.000,00 (4.2) |
| | | (3) 10.000,00 | 3.000,00 (7.2) |
| | | (10) 9.000,00 | 12.000,00 (9.2) |
| | | (11) 13.000,00 | 10.000,00 (14.2) |

(si) saldo inicial.

## Subsistema de controle

**Fato contábil:** registro de disponibilidades de recursos comprometidas pelo pagamento da obrigação a pagar de amortização da dívida externa no passivo não circulante.

Lançamento no Livro Diário:

| Cidade, 3 de julho 20x1. | | |
|---|---|---|
| D | 8.2.1.1.3.00.00 DDR Comprometida por **Liquidação** e Entradas Compensatórias – Capital | 10.000,00 |
| C | 8.2.1.1.4.00.00 Disponibilidade por Destinação de Recurso **Utilizada** | 10.000,00 |
| Histórico: registro do valor das disponibilidades de recursos utilizadas por ocasião do pagamento. | | |

## Lançamento em razonete:

- Controle de disponibilidade de recursos corrente

| 7.2.1.1 Controle da Disponibilidade de Recursos **Recebidos** – Corrente | |
|---|---|
| (si) 30.000,00 | |
| (3) 10.000,00 | |
| (12) 10.000,00 | |

| 8.2.1.1 Execução da Disponibilidade por Destinação de Recursos **a Utilizar** – Corrente | |
|---|---|
| (4) 7.000,00 | 30.000,00 (si) |
| (7) 3.000,00 | 10.000,00 (3) |
| (13) 6.000,00 | 10.000,00 (12) |

| 8.2.1.1.2 DDR Comprometida por **Empenho** – Corrente | |
|---|---|
| (4.1) 7.000,00 | 7.000,00 (4) |
| (7.1) 3.000,00 | 3.000,00 (7) |
| (13.1) 6.000,00 | 6.000,00 (13) |

| 8.2.1.1.3 DDR Comprometida **por Liquidação** e Entrada Compensatória – Corrente | |
|---|---|
| (4.2) 7.000,00 | 7.000,00 (4.1) |
| (7.2) 3.000,00 | 3.000,00 (7.1) |
| (13.2) 6.000,00 | 6.000,00 (13.1) |

| 8.2.1.1.4 DDR **Utilizada** – Corrente | |
|---|---|
| | 7.000,00 (4.2) |
| | 3.000,00 (7.2) |
| | 6.000,00 (13.2) |

(si) saldo inicial.

- Controle de disponibilidade de recursos de capital

| Controle da Disponibilidade de Recursos **Recebidos** – Capital | |
|---|---|
| (si) 50.000,00 | |
| (10) 9.000,00 | |
| (11) 13.000,00 | |

| Execução da Disponibilidade por Destinação de Recursos **a Utilizar** – Capital | |
|---|---|
| (9) 12.000,00 | 50.000,00 (si) |
| (14) 10.000,00 | 9.000,00 (10) |
| | 13.000,00 (11) |

| DDR Comprometida **por Empenho** – Capital | |
|---|---|
| (9.1) 12.000,00 | 12.000,00 (9) |
| (14.1) 10.000,00 | 10.000,00 (14) |

| DDR Comprometida **por Liquidação** e Entrada Compensatória – Capital | |
|---|---|
| (9.2) 12.000,00 | 12.000,00 (9.1) |
| (14.2) 10.000,00 | 10.000,00 (14.1) |

| DDR **Utilizada** – Capital | |
|---|---|
| | 12.000,00 (9.2) |
| | 10.000,00 (14.2) |

(si) saldo inicial.
Conta 8.2.1.1.1.02.00 **Recursos de exercícios anteriores**. Valor das disponibilidades financeiras, recursos provenientes de exercícios anteriores, cuja execução depende de autorização.

## 9.16 CONCESSÃO DE ADIANTAMENTO/SUPRIMENTO DE FUNDO – CONTRATAÇÃO DE SERVIÇOS DE CONFECÇÃO DE CHAVES POR EXECUÇÃO DE DESPESAS DE PEQUENO VULTO

**Fato contábil:** o adiantamento – comumente chamado de **suprimento de fundos** – é caracterizado por ser uma antecipação de valores a um servidor (ou suprido) geralmente para gastos de pequeno vulto com a obrigação de prestação de contas futura em prazo predeterminado. Trata-se de adiantamento concedido a servidor, a critério e sob a responsabilidade do ordenador de despesas, com prazo certo para aplicação e comprovação dos gastos. A execução de despesa pelo regime de adiantamento/suprimento de fundos, apesar de se destinar a pagar despesas excepcionais, obedece a algumas formalidades antes da efetiva liberação dos recursos. Dentre essas formalidades, podemos citar: ofício da autoridade competente solicitando e justificando o adiantamento/suprimento de fundo; indicação dos dados do responsável pela aplicação (nome, cargo, RG, CPF e endereço); abertura de conta especial para movimentação dos recursos; natureza das despesas a serem executadas; e respectivas classificações orçamentárias.

Em suma, o adiantamento/suprimento de fundos consiste na entrega de numerário a servidor, sempre precedida de empenho em dotação própria, para realizar despesas que não possam se subordinar ao processo normal de aplicação, mas sempre precedido de empenho na dotação orçamentária específica e natureza de despesa própria, com a finalidade de efetuar despesas que, *pela sua excepcionalidade*, não possam se subordinar ao processo normal de aplicação, isto é, não seja possível o empenho direto ao fornecedor ou prestador, na forma da Lei n. 4.320, de 1964, precedido de licitação ou sua dispensa, em conformidade com a Lei n. 8.666, de 1993.

Cumpridas essas exigências, dá-se início ao registro da despesa, **no valor de $ 800,00.**

### 9.16.1 Subsistema orçamentário – empenho, liquidação e pagamento de suprimento de fundo/adiantamento

#### 9.16.1.1 Empenho da despesa por suprimento de fundo

Lançamento no Livro Diário:

| Cidade, 3 de julho 20x1. | | |
|---|---|---|
| D | 6.2.2.1.1. Crédito Disponível – Corrente | 800,00 |
| C | 6.2.2.1.3.01 Crédito Empenhado **a Liquidar** – Corrente | 800,00 |
| Histórico: empenho de crédito orçamentário para aplicação sob regime de adiantamento para despesas de pequeno vulto com a realização de serviços de confecção de chaves. | | |

Lançamento no razonete:

- Execução orçamentária corrente

| 6.2.2.1.1 Crédito Disponível – Corrente | |
|---|---|
| (4) 7.000,00 | 70.000,00 (2) |
| (7) 3.000,00 | |
| (13) 6.000,00 | |
| (15) 800,00 | |

| 6.2.2.1.3 Crédito Empenhado **a Liquidar** – Corrente | |
|---|---|
| (4.1) 7.000,00 | 7.000,00 (4) |
| (7.1) 3.000,00 | 3.000,00 (7) |
| (13.1) 6.000,00 | 6.000,00 (13) |
| | 800,00 (15) |

| 6.2.2.1 Crédito Empenhado Liquidado **a Pagar** – Corrente | |
|---|---|
| (4.2) 7.000,00 | 7.000,00 (4.1) |
| (7.2) 3.000,00 | 3.000,00 (7.1) |
| (13.2) 6.000,00 | 6.000,00 (13.1) |

| 6.2.2.1 Crédito Empenhado Liquidado **Pago** – Corrente | |
|---|---|
| | 7.000,00 (4.2) |
| | 3.000,00 (7.2) |
| | 6.000,00 (13.2) |

- Execução orçamentária de capital

| Crédito Disponível – Capital | |
|---|---|
| (5) 9.000,00 | 30.000,00 (2) |
| (9) 12.000,00 | 9.000,00 (5.1) |
| (14) 10.000,00 | 9.000,00 (6) |

| Crédito Empenhado **a Liquidar** – Capital | |
|---|---|
| (9.1) 12.000,00 | 12.000,00 (9) |
| (14.1) 10.000,00 | 10.000,00 (14) |

| Crédito Empenhado Liquidado **a Pagar** – Capital | |
|---|---|
| (9.2) 12.000,00 | 12.000,00 (9.1) |
| (14.2) 10.000,00 | 10.000,00 (14.1) |

| Crédito Empenhado Liquidado **Pago** – Capital | |
|---|---|
| | 12.000,00 (9.2) |
| | 10.000,00 (14.2) |

## Subsistema de controle

**Fato contábil:** os registros do valor das disponibilidades de recursos comprometidas por ocasião do empenho iniciam-se com o reconhecimento da obrigação, pela emissão de empenho.

Lançamento no Livro Diário:

| Cidade, 3 de julho 20x1. | | |
|---|---|---|
| D | 8.2.1.1.01.00.00 Execução da Disponibilidade por Destinação de Recursos **a Utilizar** | 800,00 |
| C | 8.2.1.1.02.00.00 DDR Comprometida por **Empenho** – Corrente | 800,00 |
| Histórico: registro do valor das disponibilidades de recursos comprometidas por ocasião do empenho, ainda não liquidado. | | |

## Lançamento em razonete:

- ### Controle de disponibilidade de recursos corrente

| 7.2.1.1 Controle da Disponibilidade de Recursos **Recebidos** – Corrente | |
|---|---|
| (si) 30.000,00 | |
| (3) 10.000,00 | |
| (12) 10.000,00 | |

| 8.2.1.1 Execução da Disponibilidade por Destinação de Recursos **a Utilizar** – Corrente | |
|---|---|
| (4) 7.000,00 | 30.000,00 (si) |
| (7) 3.000,00 | 10.000,00 (3) |
| (13) 6.000,00 | 10.000,00 (12) |
| (15) 800,00 | |

| 8.2.1.1.2 DDR Comprometida **por Empenho** – Corrente | |
|---|---|
| (4.1) 7.000,00 | 7.000,00 (4) |
| (7.1) 3.000,00 | 3.000,00 (7) |
| (13.1) 6.000,00 | 6.000,00 (13) |
| | 800,00 (15) |

| 8.2.1.1.3 DDR Comprometida **por Liquidação** e Entrada Compensatória – Corrente | |
|---|---|
| (4.2) 7.000,00 | 7.000,00 (4.1) |
| (7.2) 3.000,00 | 3.000,00 (7.1) |
| (13.2) 6.000,00 | 6.000,00 (13.1) |

| 8.2.1.1.4 DDR **Utilizada** – Corrente | |
|---|---|
| | 7.000,00 (4.2) |
| | 3.000,00 (7.2) |
| | 6.000,00 (13.2) |

(si) saldo inicial.

- ### Controle de disponibilidade de recursos de capital

| Controle da Disponibilidade de Recursos **Recebidos** – Capital | |
|---|---|
| (si) 50.000,00 | |
| (10) 9.000,00 | |
| (11) 13.000,00 | |

| Execução da Disponibilidade por Destinação de Recursos **a Utilizar** – Capital | |
|---|---|
| (9) 12.000,00 | 50.000,00 (si) |
| (14) 10.000,00 | 9.000,00 (10) |
| | 13.000,00 (11) |

| DDR Comprometida **por Empenho** – Capital | |
|---|---|
| (9.1) 12.000,00 | 12.000,00 (9) |
| (14.2) 10.000,00 | 10.000,00 (14) |

| DDR Comprometida **por Liquidação** e Entrada Compensatória – Capital | |
|---|---|
| (9.2) 12.000,00 | 12.000,00 (9.1) |
| (14.2) 10.000,00 | 10.000,00 (14.1) |

| DDR **Utilizada** – Capital | |
|---|---|
| | 12.000,00 (9.2) |
| | 10.000,00 (14.2) |

(si) saldo inicial.

## 9.16.1.2 Liquidação da despesa por suprimento de fundo/adiantamento

**Fato contábil:** pela concessão do Suprimento de Fundos (SF) a servidor para *gastos de pequeno vulto*, como os serviços de confecção de chaves e reparos em fechaduras de portas de acesso e de armários.

Lançamento no Livro Diário:

| Cidade, 3 de julho 20x1. | | |
|---|---|---|
| D | 6.2.2.1.3.01.00 Crédito Empenhado **a Liquidar** – Corrente | 800,00 | |
| C | 6.2.2.1.3.03.00 Crédito Empenhado Liquidado **a Pagar** – Corrente | | 800,00 |
| Histórico: pelo adiantamento conforme SF 001, empenho n. 3030, concedido ao servidor "fulano de tal", execução de despesa de pequeno vulto, para realização de serviços de confecção de chaves. | | |

Lançamento em razonete:

* Execução orçamentária corrente

| 6.2.2.1.1 Crédito Disponível – Corrente | |
|---|---|
| (4) 7.000,00 | 70.000,00 (2) |
| (7) 3.000,00 | |
| (13) 6.000,00 | |
| (15) 800,00 | |

| 6.2.2.1.3 Crédito Empenhado **a Liquidar** – Corrente | |
|---|---|
| (4.1) 7.000,00 | 7.000,00 (4) |
| (7.1) 3.000,00 | 3.000,00 (7) |
| (13.1) 6.000,00 | 6.000,00 (13) |
| (15.1) 800,00 | 800,00 (15) |

| 6.2.2.1 Crédito Empenhado Liquidado **a Pagar** – Corrente | |
|---|---|
| (4.2) 7.000,00 | 7.000,00 (4.1) |
| (7.2) 3.000,00 | 3.000,00 (7.1) |
| (13.2) 6.000,00 | 6.000,00 (13.1) |
| | **800,00** (15.1) |

| 6.2.2.1 Crédito Empenhado Liquidado **Pago** – Corrente | |
|---|---|
| | 7.000,00 (4.2) |
| | 3.000,00 (7.2) |
| | 6.000,00 (13.2) |

* Execução orçamentária de capital

| Crédito Disponível – Corrente | |
|---|---|
| (5) 9.000,00 | 30.000,00 (2) |
| (9) 12.000,00 | 9.000,00 (5.1) |
| (14) 10.000,00 | 9.000,00 (6) |

| Crédito Empenhado **a Liquidar** – Corrente | |
|---|---|
| (9.1) 12.000,00 | 12.000,00 (9) |
| (14.1) 10.000,00 | 10.000,00 (14) |

| Crédito Empenhado Liquidado **a Pagar** – Corrente | |
|---|---|
| (9.2) 12.000,00 | 12.000,00 (9.1) |
| (14.2) 10.000,00 | 10.000,00 (14.1) |

| Crédito Empenhado Liquidado **Pago** – Corrente | |
|---|---|
| | 12.000,00 (9.2) |
| | 10.000,00 (14.2) |

## Subsistema de controle

**Fato contábil:** os registros do valor das disponibilidades de recursos comprometidas por ocasião da liquidação iniciam-se com o reconhecimento da obrigação, pela liquidação da despesa. Ou seja, pelo reconhecimento do direito líquido e certo do credor dando baixa da obrigação a pagar no passivo circulante.

Lançamento no Livro Diário:

| Cidade, 3 de julho 20x1. | | | |
|---|---|---|---|
| D | 8.2.1.1.2.00.00 DDR Comprometida **por Empenho** – Corrente | 800,00 | |
| C | 8.2.1.1.3.00.00 DDR Comprometida **por Liquidação** e Entradas Compensatórias – Corrente | | 800,00 |
| Histórico: registro do valor das disponibilidades de recursos comprometidas por ocasião da liquidação, ainda não paga. | | | |

Lançamento em razonete:

- Execução orçamentária corrente

| 7.2.1.1 Controle da Disponibilidade de Recursos **Recebidos** – Corrente | |
|---|---|
| (si) 30.000,00 | |
| (3) 10.000,00 | |
| (12) 10.000,00 | |

| 8.2.1.1 Execução da Disponibilidade por Destinação de Recursos **a Utilizar** – Corrente | |
|---|---|
| (4) 7.000,00 | 30.000,00 (si) |
| (7) 3.000,00 | 10.000,00 (3) |
| (13) 6.000,00 | 10.000,00 (12) |
| (15) 800,00 | |

| 8.2.1.1.2 DDR Comprometida **por Empenho** – Corrente | |
|---|---|
| (4.1) 7.000,00 | 7.000,00 (4) |
| (7.1) 3.000,00 | 3.000,00 (7) |
| (13.1) 6.000,00 | 6.000,00 (13) |
| (15.1) 800,00 | 800,00 (15) |

| 8.2.1.1.3 DDR Comprometida **por Liquidação** e Entrada Compensatória – Corrente | |
|---|---|
| (4.2) 7.000,00 | 7.000,00 (4.1) |
| (7.2) 3.000,00 | 3.000,00 (7.1) |
| (13.2) 6.000,00 | 6.000,00 (13.1) |
| | 800,00 (15.1) |

| 8.2.1.1.4 DDR **Utilizada** – Corrente | |
|---|---|
| | 7.000,00 (4.2) |
| | 3.000,00 (7.2) |
| | 6.000,00 (13.2) |

(si) saldo inicial.

- Execução orçamentária de capital

| Controle da Disponibilidade de Recursos **Recebidos** – Capital | | Execução da Disponibilidade por Destinação de Recursos **a Utilizar** – Capital | |
|---|---|---|---|
| (si) 50.000,00 | | (9) 12.000,00 | 50.000,00 (si) |
| (10) 9.000,00 | | (14) 10.000,00 | 9.000,00 (10) |
| (11) 13.000,00 | | | 13.000,00 (11) |

| DDR Comprometida **por Empenho** – Capital | | DDR Comprometida **por Liquidação** e Entrada Compensatória – Capital | |
|---|---|---|---|
| (9.1) 12.000,00 | 12.000,00 (9) | (9.2) 12.000,00 | 12.000,00 (9.1) |
| (14.1) 10.000,00 | 10.000,00 (14) | (14.2) 10.000,00 | 10.000,00 (14.1) |

| DDR **Utilizada** – Capital | |
|---|---|
| | 12.000,00 (9.2) |
| | 10.000,00 (14.2) |

(si) saldo inicial.

## 9.16.1.3  Pagamento ao servidor-suprido responsável por suprimento de fundo

**Fato contábil:** no processo de aplicação de despesa por adiantamento/suprimento de fundo, o pagamento é executado no momento da aprovação e da concessão. E caracteriza-se pela emissão da nota de empenho e pela transferência do valor para conta especial aberta em nome do responsável pelo adiantamento.

Lançamento no Livro Diário:

| Cidade, 10 de julho 20x1. | | |
|---|---|---|
| D | 6.2.2.1.3.03.00 Crédito Empenhado Liquidado **a Pagar** – Corrente | 800,00 |
| C | 6.2.2.1.3.04.00 Crédito Empenhado Liquidado **Pago** | 800,00 |
| Histórico: pagamento do adiantamento SF 001 ao servidor "fulano de tal" para realização de serviços de confecção de chaves, como despesa de pequeno vulto. | | |

**PCASP**

6.2.2.1.3.04.00 **Crédito Empenhado Liquidado Pago**. Conta orçamentária que registra o valor da despesa empenhada liquidada paga.

Lançamento em razonete:

- Execução orçamentária corrente

| 6.2.2.1.1 Crédito Disponível – Corrente | |
|---|---|
| (4) 7.000,00 | 70.000,00 (2) |
| (7) 3.000,00 | |
| (13) 6.000,00 | |
| (15) 800,00 | |

| 6.2.2.1.3 Crédito Empenhado **a Liquidar** – Corrente | |
|---|---|
| (4.1) 7.000,00 | 7.000,00 (4) |
| (7.1) 3.000,00 | 3.000,00 (7) |
| (13.1) 6.000,00 | 6.000,00 (13) |
| (15.1) 800,00 | 800,00 (15) |

| 6.2.2.1 Crédito Empenhado Liquidado **a Pagar** – Corrente | |
|---|---|
| (4.2) 7.000,00 | 7.000,00 (4.1) |
| (7.2) 3.000,00 | 3.000,00 (7.1) |
| (13.2) 6.000,00 | 6.000,00 (13.1) |
| (15.2) 800,00 | 800,00 (15.1) |

| 6.2.2.1 Crédito Empenhado Liquidado **Pago** – Corrente | |
|---|---|
| | 7.000,00 (4.2) |
| | 3.000,00 (7.2) |
| | 6.000,00 (13.2) |
| | 800,00 (15.2) |

- Execução orçamentária de capital

| Crédito Disponível – Capital | |
|---|---|
| (5) 9.000,00 | 30.000,00 (2) |
| (9) 12.000,00 | 9.000,00 (5.1) |
| (14) 10.000,00 | 9.000,00 (6) |

| Crédito Empenhado **a Liquidar** – Capital | |
|---|---|
| (9.1) 12.000,00 | 12.000,00 (9) |
| (14.1) 10.000,00 | 10.000,00 (14) |

| Crédito Empenhado Liquidado **a Pagar** – Capital | |
|---|---|
| (9.2) 12.000,00 | 12.000,00 (9.1) |
| (14.2) 10.000,00 | 10.000,00 (14.1) |

| Crédito Empenhado Liquidado **Pago** – Capital | |
|---|---|
| | 12.000,00 (9.2) |
| | 10.000,00 (14.2) |

**Subsistema de controle**

**Fato contábil:** registro de disponibilidades de recursos comprometidas pelo pagamento da obrigação a pagar de amortização da dívida externa no passivo não circulante.

Lançamento no Livro Diário:

| Cidade, 3 de julho 20x1. | | |
|---|---|---|
| D | 8.2.1.1.3.00.00 DDR Comprometida **por Liquidação** e Entradas Compensatórias – Corrente | 800,00 |
| C | 8.2.1.1.4.00.00 Disponibilidade por Destinação de Recurso **Utilizada** | 800,00 |
| Histórico: registro do valor das disponibilidades de recursos utilizadas por ocasião do pagamento. | | |

Lançamento em razonete:

- Controle de disponibilidade de recursos corrente

| 7.2.1.1 Controle da Disponibilidade de Recursos **Recebidos** – Corrente | |
| --- | --- |
| (si) 30.000,00 | |
| (3) 10.000,00 | |
| (12) 10.000,00 | |

| 8.2.1.1 Execução da Disponibilidade por Destinação de Recursos **a Utilizar** – Corrente | |
| --- | --- |
| (4) 7.000,00 | 30.000,00 (si) |
| (7) 3.000,00 | 10.000,00 (3) |
| (13) 6.000,00 | 10.000,00 (12) |
| (15) 800,00 | |

| 8.2.1.1.2 DDR Comprometida **por Empenho** – Corrente | |
| --- | --- |
| (4.1) 7.000,00 | 7.000,00 (4) |
| (7.1) 3.000,00 | 3.000,00 (7) |
| (13.1) 6.000,00 | 6.000,00 (13) |
| (15.1) 800,00 | 800,00 (15) |

| 8.2.1.1.3 DDR Comprometida **por Liquidação** e Entrada Compensatória – Corrente | |
| --- | --- |
| (4.2) 7.000,00 | 7.000,00 (4.1) |
| (7.2) 3.000,00 | 3.000,00 (7.1) |
| (13.2) 6.000,00 | 6.000,00 (13.1) |
| (15.2) 800,00 | 800,00 (15.1) |

| 8.2.1.1.4 DDR **Utilizada** – Corrente | |
| --- | --- |
| | 7.000,00 (4.2) |
| | 3.000,00 (7.2) |
| | 6.000,00 (13.2) |
| | 800,00 (15.2) |

(si) saldo inicial.

- Controle de disponibilidade de recursos de capital

| Controle da Disponibilidade de Recursos **Recebidos** – Capital | |
| --- | --- |
| (si) 50.000,00 | |
| (10) 9.000,00 | |
| (11) 13.000,00 | |

| Execução da Disponibilidade por Destinação de Recursos **a Utilizar** – Capital | |
| --- | --- |
| (9) 12.000,00 | 50.000,00 (si) |
| (14) 10.000,00 | 9.000,00 (10) |
| | 13.000,00 (11) |

| DDR Comprometida **por Empenho** – Capital | |
| --- | --- |
| (9.1) 12.000,00 | 12.000,00 (9) |
| (14.1) 10.000,00 | 10.000,00 (14) |

| DDR Comprometida **por Liquidação** e Entrada Compensatória – Capital | |
| --- | --- |
| (9.2) 12.000,00 | 12.000,00 (9.1) |
| (14.2) 10.000,00 | 10.000,00 (14.1) |

| DDR **Utilizada** – Capital | |
| --- | --- |
| | 12.000,00 (9.2) |
| | 10.000,00 (14.2) |

(si) saldo inicial.

## 9.16.2 Subsistema patrimonial – liquidação, pagamento e prestação de contas de suprimento de fundos/adiantamento

### 9.16.2.1 Liquidação de despesa – pela comprovação de suprimento de fundo/adiantamento

**Subsistema patrimonial**

**Fato contábil:** no momento da liquidação da despesa orçamentária – no subsistema orçamentário, ocorre também no subsistema patrimonial o registro de um passivo e o reconhecimento de um ativo, que representa o direito de receber um bem ou serviço, objeto do gasto a ser efetuado pelo servidor por meio do adiantamento/suprimento de fundo. Ou seja, no momento da concessão do adiantamento, registra-se a responsabilidade do servidor (suprido) como ente, abrindo-se a conta no ativo circulante **Adiantamentos concedidos – suprimento de fundos** em contrapartida da conta no passivo circulante **Outras obrigações de curto prazo – suprimento de fundos a pagar**, pela liquidação e pelo reconhecimento do direito de contratado pela entrega de bem ou pela prestação de serviço. Por ocasião da prestação de contas do adiantamento, ocorrerá a devida baixa de responsabilidade do servidor.

Lançamento no Livro Diário:

| Cidade, 3 de julho 20x1. | | |
|---|---|---|
| D | 1.1.3.1.1.02.00 Suprimento de Fundos/Adiantamentos Concedidos – **Ativo Circulante** | 800,00 |
| C | 2.1.8.9.1.03.00 Suprimento de Fundo a Pagar/Outras Obrigações de Curto Prazo – **Passivo Circulante** | 800,00 |
| Histórico: pelo adiantamento conforme SF 001 concedido ao servidor "fulano de tal", para realização de serviços de confecção de chaves. | | |

**PCASP**

1.1.3.1.1.02.00 **Suprimento de Fundos.** Registra o adiantamento a servidor para despesas sujeitas à prestação de contas.

2.1.8.9.1.00.00 **Outras Obrigações a Curto Prazo – Consolidação.** Conta patrimonial que registra outras obrigações não classificáveis em grupos específicos deste plano de contas, com vencimento no curto prazo. Compreende os saldos que *não serão excluídos* dos demonstrativos consolidados do OFSS.

2.1.8.9.1.03.00 **Suprimentos de Fundos a Pagar.** Conta patrimonial (item da conta do passivo circulante) que registra os valores relativos aos suprimentos de fundos a pagar.

| 1.1.3.1 Suprimento de Fundos/Adiantamentos Concedidos – **Ativo Circulante** | 2.1.8.9 Suprimento de Fundos a Pagar – Outras Obrigações de Curto Prazo – **Passivo Circulante** |
|---|---|
| (15.1) 800,00 | 800,00 (15.1) |

## 9.16.2.2  Pagamento da despesa – pelo pagamento ao servidor de suprimento de fundo/adiantamento

### Subsistema de patrimonial

**Fato contábil:** no momento do pagamento/transferência do valor ao servidor-suprido, é feita a baixa da conta do passivo circulante **Suprimento de fundos a pagar – outras obrigações de curto prazo**, registrando-se a saída de recurso em contrapartida da conta de ativo circulante **Caixa e equivalentes de caixa em moeda nacional**, pela entrega do valor ao servidor que vai utilizar/aplicar os recursos.

Lançamento no Livro Diário:

| Cidade, 10 de julho 20x1. | | |
|---|---|---|
| D | 2.1.8.9.1.00.00 Suprimento de Fundos a Pagar – Outras Obrigações de Curto Prazo – **Passivo Circulante** | 800,00 |
| C | 1.1.1.1.0.00.00 Caixa e Equivalentes de Caixa em Moeda Nacional | 800,00 |
| Histórico: pagamento de suprimento de fundo/adiantamento SF 001 ao servidor "fulano de tal Araújo Arruda" para serviços de confecção de chaves. | | |

#### PCASP

2.1.8.9.1.00.00 **Outras Obrigações a Curto Prazo – Consolidação**. Conta patrimonial do ativo circulante que registra outras obrigações não classificáveis em grupos específicos deste plano de contas, com vencimento a curto prazo. São exemplos: *indenizações a servidores, indenizações e restituições diversas do exercício, indenizações e restituições diversas de exercícios anteriores, restituições de contribuições previdenciárias, diárias a pagar, suprimentos de fundos a pagar, convênios a pagar, convênios a pagar do exercício, convênios a pagar de exercícios anteriores, termos de parceria a pagar, termos de parceria a pagar do exercício, termos de parceria a pagar de exercícios anteriores, termo de compromisso a pagar, contratos de gestão a pagar, subvenções a pagar, transferências orçamentárias a liberar, consórcios a pagar*. Saldos que *não serão excluídos* dos demonstrativos consolidados do OFSS.

2.1.8.9.1.03.00 **Suprimentos de Fundos a Pagar.** Conta patrimonial do ativo circulante que registra os valores relativos aos *suprimentos de fundos a pagar*.

Lançamento em razonete:

| 1.1.1.1 Caixa e Equivalentes de Caixa em Moeda Nacional – **Ativo Circulante** | |
|---|---|
| (si) 80.000,00 | 7.000,00 (4.2) |
| (3) 10.000,00 | 3.000,00 (7.2) |
| (10) 9.000,00 | 12.000,00 (9.2) |
| (11) 13.000,00 | 10.000,00 (14.2) |
| | 800,00 (15.2) |

(si) saldo inicial.

| 2.1.8.9 Suprimento de Fundos a Pagar – Outras Obrigações de Curto Prazo – **Passivo Circulante** | |
|---|---|
| (15.2) 800,00 | 800,00 (15.1) |

## 9.16.2.3 Comprovação de suprimento de fundo/adiantamento – pela prestação de contas

**Subsistema patrimonial**

**Fato contábil:** a despesa VPD só *será reconhecida quando o servidor-suprido prestar contas do recurso utilizado*. Em função de o adiantamento ter sido utilizado em gastos com serviços de confecção de chaves, no momento da prestação de contas pelo servidor do valor aplicado utilizado e/ou do saldo a devolver (baixa da responsabilidade do agente suprido pelo valor utilizado); haverá o reconhecimento da despesa (VPD) em contrapartida da baixa do crédito em conta do ativo circulante **Suprimento de fundos – adiantamentos concedidos**.

Lançamento no Livro Diário:

| Cidade, 3 de julho 20x1. | | |
|---|---|---|
| D | 3.3.2.2.1.00.00 Serviços de Terceiros PF – VPD | 800,00 |
| C | 1.1.3.1.1.02.00 Suprimento de Fundos/Adiantamentos Concedidos – **Ativo Circulante** | 800,00 |
| Histórico: serviços de confecção de chaves, conforme nota fiscal XXX referente à prestação de contas do SF 001 concedido ao servidor "fulano de tal". | | |

**PCASP**

3.3.2.2.0.00.00 **Serviços de Terceiros – PF**. Conta de resultado que registra as variações patrimoniais diminutivas provenientes da *prestação de serviços por pessoa física* fornecida à entidade governamental. Na classificação da despesa de material por encomenda, a variação patrimonial diminutiva só deverá ser classificada como serviços de terceiros se o próprio órgão ou entidade fornecer a matéria-prima.

3.3.2.2.1.00.00 **Serviços de Terceiros – PF – Consolidação**. Conta de resultado que registra as variações patrimoniais diminutivas provenientes da *prestação de serviços por pessoa física* fornecida à entidade governamental. Na classificação da despesa de material por encomenda, a variação patrimonial diminutiva só deverá ser classificada como serviços de terceiros se o próprio órgão ou entidade fornecer a matéria-prima. Saldos que *não serão excluídos* dos demonstrativos consolidados do OFSS.

1.1.3.1.1.02.00 **Suprimento de Fundos**. Registra o adiantamento a servidor para despesas sujeitas à prestação de contas.

| 3.3.2.2 VPD – Serviços de Terceiros PF | |
|---|---|
| (15.3) 800,00 | |

| 1.1.3.1 Suprimento de Fundos/Adiantamentos Concedidos – **Ativo Circulante** | |
|---|---|
| (15.2) 800,00 | 800,00 (15.3) |

| 3.3.2.3 Serviços de Terceiros PJ – VPD | |
|---|---|
| (4.1) 7.000,00 | |
| (13.1) 6.000,00 | |

| 3.3.1.1 VPD – Consumo de Material | |
|---|---|
| (8) 500,00 | |

## 9.17 OPERAÇÃO DE CRÉDITO POR ANTECIPAÇÃO DE RECEITA ORÇAMENTÁRIA – DÉBITOS DE TESOURARIA

As ARO são exemplos de *ingressos extraorçamentários*, assim como os depósitos em caução, as fianças, a emissão de moeda e outras entradas compensatórias no Ativo e Passivo financeiros. Operações de crédito, em regra, são receitas orçamentárias. As ARO são exceção e classificam-se como ingressos extraorçamentários, por determinação do parágrafo único do art. 3º da Lei n. 4.320, de 1964, por *não representarem novas receitas no orçamento*. Ou seja, as ARO são exceção às operações de crédito em geral, devendo ser classificadas como Receitas extraorçamentárias e não são item da Receita orçamentária, por determinação do parágrafo único supracitado:

> A Lei de Orçamentos compreenderá todas as receitas, inclusive as de operações de crédito autorizadas em lei. Parágrafo único. **Não se consideram para os fins deste artigo as operações de crédito por antecipação da receita**, as emissões de papel-moeda e outras entradas compensatórias, no ativo e passivo financeiros.

Quanto ao prazo de pagamento das ARO – conforme determina a LRF, "as antecipações de receitas orçamentárias para atender a insuficiência de caixa *deverão ser quitadas até o dia 10 de dezembro de cada ano*". Cabe salientar que esses pagamentos não necessitam de autorização orçamentária para que sejam efetuados. Deve-se também observar: *(a) realizar-se-á somente a partir do décimo dia do início do exercício; (b) deverá ser liquidada, com juros e outros encargos incidentes, até o dia dez de dezembro de cada ano; (c) não será autorizada se forem cobrados outros encargos que não a taxa de juros da operação, obrigatoriamente prefixada ou indexada à taxa básica financeira, ou à que vier a esta substituir; (d) as ARO realizadas por estados ou municípios serão efetuadas mediante abertura de crédito junto à instituição financeira vencedora em processo competitivo eletrônico promovido pelo Banco Central do Brasil, que manterá sistema de acompanhamento e controle do saldo do crédito aberto e, no caso de inobservância dos limites, aplicará as sanções cabíveis à instituição credora.*

É bom repisar que a despesa extraorçamentária pode ser classificada em dois tipos, decorrentes de: **(a) saídas compensatórias no ativo e no passivo financeiro** – que representam desembolsos de recursos de terceiros em poder do ente público (onde se encontram as ARO); **(b) pagamento de restos a pagar** – que são as saídas para pagamentos de despesas empenhadas em exercícios anteriores. Ou seja, pertencem a exercícios anteriores, de acordo com seu respectivo empenho, de forma que nos seguintes serão considerados extraorçamentárias.

Por fim, cabe destacar que o oferecimento de garantias às operações de crédito por antecipação de receitas **são exemplos de ressalvas** estabelecidas pela própria Constituição Federal quanto **à vedação de vinculação de receita de impostos a órgão, fundo ou despesa**, além daquelas relacionadas à repartição do produto da arrecadação dos impostos aos Fundos de Participação dos Estados (FPE) e aos Fundos de Participação dos Municípios (FPM), aos Fundos de Desenvolvimento das Regiões Norte (FNO), Nordeste (FNE) e Centro-Oeste (FCO), bem como à destinação de recursos para as áreas de saúde e educação (art. 167, IV, § 4º).

## 9.17.1  Subsistema orçamentário – empenho, liquidação e pagamento de operação de crédito por antecipação de receita

Nesse tipo de operação, só há registro no **subsistema orçamentário** no momento do pagamento dos juros e dos encargos financeiros, **que são consignados no orçamento**, no grupo **Transferências correntes**. Os registros da receita e da despesa do principal serão registrados apenas no **subsistema patrimonial** por representar operação extraorçamentária. Contudo, para um melhor entendimento, faremos os lançamentos no subsistema orçamentário.

Os lançamentos contábeis principais são das despesas decorrentes das ARO **25 – Encargos sobre operações de crédito por antecipação da receita** (*Despesas orçamentárias com o pagamento de encargos da dívida pública, inclusive os juros decorrentes de operações de crédito por antecipação da receita, conforme art. 165, § 8º, da Constituição Federal*) e **75 – Correção monetária da dívida de operações de crédito por antecipação de receita** (*despesas orçamentárias com correção monetária da dívida decorrente de operação de crédito por antecipação de receita*).

## 9.17.1.1  Empenho da despesa de operação de crédito por antecipação de receita orçamentária

**Subsistema orçamentário**

**Fato contábil:** empréstimo a curto prazo no **valor de $ 5.000,00**, obtido junto à instituição financeira para antecipar receita orçamentária ainda não realizada, com pagamento de juros de 10% ($ 500,00).

Lançamento no Livro Diário:

| Cidade, 13 de julho 20x1. | | |
|---|---|---|
| D | 6.2.2.1.1. Crédito Disponível – Corrente | 500,00 |
| C | 6.2.2.1.3.01 Crédito Empenhado **a Liquidar** – Corrente | 500,00 |
| Histórico: empenho de crédito orçamentário para cobrir despesas orçamentárias com o pagamento de encargos da dívida pública, inclusive os juros decorrentes de operações de crédito por antecipação da receita, conforme art. 165, § 8º, da Constituição Federal. | | |

Lançamento no razonete:

• Execução orçamentária corrente

| 6.2.2.1.1 Crédito Disponível – Corrente | | 6.2.2.1.3 Crédito Empenhado **a Liquidar** – Corrente | |
|---|---|---|---|
| (4) 7.000,00 | 70.000,00 (2) | (4.1) 7.000,00 | 7.000,00 (4) |
| (7) 3.000,00 | | (7.1) 3.000,00 | 3.000,00 (7) |
| (13) 6.000,00 | | (13.1) 6.000,00 | 6.000,00 (13) |
| (15) 800,00 | | | 800,00 (15) |
| (16) 500,00 | | | 500,00 (16) |

| 6.2.2.1 Crédito Empenhado Liquidado **a Pagar** – Corrente | | 6.2.2.1 Crédito Empenhado Liquidado **Pago** – Corrente | |
|---|---|---|---|
| (4.2) 7.000,00 | 7.000,00 (4.1) | | 7.000,00 (4.2) |
| (7.2) 3.000,00 | 3.000,00 (7.1) | | 3.000,00 (7.2) |
| (13.2) 6.000,00 | 6.000,00 (13.1) | | 6.000,00 (13.2) |

• Execução orçamentária de capital

| Crédito Disponível – Capital | | Crédito Empenhado **a Liquidar** – Capital | |
|---|---|---|---|
| (5) 9.000,00 | 30.000,00 (2) | (9.1) 12.000,00 | 12.000,00 (9) |
| (9) 12.000,00 | 9.000,00 (5.1) | (14.1) 10.000,00 | 10.000,00 (14) |
| (14) 10.000,00 | 9.000,00 (6) | | |

| Crédito Empenhado Liquidado **a Pagar** – Capital | | Crédito Empenhado Liquidado **Pago** – Capital | |
|---|---|---|---|
| (9.2) 12.000,00 | 12.000,00 (9.1) | | 12.000,00 (9.2) |
| (14.2) 10.000,00 | | | 10.000,00 (14.2) |

**Subsistema patrimonial:** não há registro.

**Subsistema de controle**

**Fato contábil:** os registros do valor das disponibilidades de recursos comprometidas por ocasião do empenho iniciam-se com o reconhecimento da obrigação, pela emissão de empenho.

Lançamento no Livro Diário:

| Cidade, 13 de julho 20x1. | | |
|---|---|---|
| D | 8.2.1.1.01.00.00 Execução da Disponibilidade por Destinação de Recursos **a Utilizar** | 500,00 |
| C | 8.2.1.1.02.00.00 DDR Comprometida **por Empenho** – Corrente | 500,00 |
| Histórico: registro do valor das disponibilidades de recursos comprometidas por ocasião do empenho, ainda não liquidado. | | |

Lançamento em razonete:

• Controle de disponibilidade de recursos corrente

| 7.2.1.1 Controle da Disponibilidade de Recursos **Recebidos** – Corrente | |
|---|---|
| (si) 30.000,00 | |
| (3) 10.000,00 | |
| (12) 10.000,00 | |

| 8.2.1.1 Execução da Disponibilidade por Destinação de Recursos **a Utilizar** – Corrente | |
|---|---|
| (4) 7.000,00 | 30.000,00 (si) |
| (7) 3.000,00 | 10.000,00 (3) |
| (13) 6.000,00 | 10.000,00 (12) |
| (15) 800,00 | 800,00 (15.1) |
| (16) 500,00 | |

| 8.2.1.1.2 DDR Comprometida **por Empenho** – Corrente | |
|---|---|
| (4.1) 7.000,00 | 7.000,00 (4) |
| (7.1) 3.000,00 | 3.000,00 (7) |
| (13.1) 6.000,00 | 6.000,00 (13) |
| (15.1) 800,00 | 800,00 (15) |
| | 500,00 (16) |

| 8.2.1.1.3 DDR Comprometida **por Liquidação** e Entrada Compensatória – Corrente | |
|---|---|
| (4.2) 7.000,00 | 7.000,00 (4.1) |
| (7.2) 3.000,00 | 3.000,00 (7.1) |
| (13.2) 6.000,00 | 6.000,00 (13.1) |
| (15.2) 800,00 | 800,00 (15.1) |

| 8.2.1.1.4 DDR **Utilizada** – Corrente | |
|---|---|
| | 7.000,00 (4.2) |
| | 3.000,00 (7.2) |
| | 6.000,00 (13.2) |
| | 800,00 (15.2) |

(si) saldo inicial.

- Controle de disponibilidade de recursos de capital

| Controle da Disponibilidade de Recursos Recebidos – Capital | |
| --- | --- |
| (si) 50.000,00 | |
| (10) 9.000,00 | |
| (11) 13.000,00 | |

| Execução da Disponibilidade por Destinação de Recursos a Utilizar – Capital | |
| --- | --- |
| (9) 12.000,00 | 50.000,00 (si) |
| (14) 10.000,00 | 9.000,00 (10) |
| | 13.000,00 (11) |

| DDR Comprometida por Empenho – Capital | |
| --- | --- |
| (9.1) 12.000,00 | 12.000,00 (9) |
| (14.1) 10.000,00 | 10.000,00 (14) |

| DDR Comprometida por Liquidação e Entrada Compensatória – Capital | |
| --- | --- |
| (9.2) 12.000,00 | 12.000,00 (9.1) |
| (14.2) 10.000,00 | 10.000,00 (14.1) |

| DDR Utilizada – Capital | |
| --- | --- |
| | 12.000,00 (9.2) |
| | 10.000,00 (14.2) |

(si) saldo inicial.
Conta 8.2.1.1.1.02.00 **Recursos de exercícios anteriores**. Valor das disponibilidades financeiras, recursos provenientes de exercícios anteriores, cuja execução depende de autorização.

## 9.17.1.2 Liquidação da despesa de operação de crédito por antecipação de receita

### Subsistema orçamentário

**Fato contábil:** pela cobrança de encargos financeiros sobre o empréstimo obtido junto à instituição financeira para antecipar receita ainda não realizada, por meio de aviso de débito em conta-corrente.

Lançamento no Livro Diário:

| Cidade, 13 de julho 20x1. | | | |
| --- | --- | --- | --- |
| D | 6.2.2.1.3.01.00 Crédito Empenhado **a Liquidar** – Corrente | 500,00 | |
| C | 6.2.2.1.3.03.00 Crédito Empenhado Liquidado **a Pagar** – Corrente | | 500,00 |

Histórico: pela liquidação de crédito orçamentário para cobrir despesas com o pagamento de encargos da dívida pública, dos juros decorrentes de operações de crédito por antecipação da receita, conforme art. 165, § 8º, da Constituição Federal. Reconhecimento do direito ao crédito pela instituição financeira.

Lançamento em razonete:

- Execução orçamentária corrente

| 6.2.2.1.1 Crédito Disponível – Corrente | |
| --- | --- |
| (4) 7.000,00 | 70.000,00 (2) |
| (7) 3.000,00 | |
| (13) 6.000,00 | |
| (15) 800,00 | |
| (16) 500,00 | |

| 6.2.2.1.3 Crédito Empenhado a Liquidar – Corrente | |
| --- | --- |
| (4.1) 7.000,00 | 7.000,00 (4) |
| (7.1) 3.000,00 | 3.000,00 (7) |
| (13.1) 6.000,00 | 6.000,00 (13) |
| (15.1) 800,00 | 800,00 (15) |
| (16.1) 500,00 | 500,00 (16) |

| 6.2.2.1 Crédito Empenhado Liquidado a Pagar – Corrente | |
|---|---|
| (4.2) 7.000,00 | 7.000,00 (4.1) |
| (7.2) 3.000,00 | 3.000,00 (7.1) |
| (13.2) 6.000,00 | 6.000,00 (13.1) |
| (15.2) 800,00 | 800,00 (15.1) |
| | 500,00 (16.1) |

| 6.2.2.1 Crédito Empenhado Liquidado Pago – Corrente | |
|---|---|
| | 7.000,00 (4.2) |
| | 3.000,00 (7.2) |
| | 6.000,00 (13.2) |
| | 800,00 (15.1) |

- Execução orçamentária de capital

| Crédito Disponível – Capital | |
|---|---|
| (5) 9.000,00 | 30.000,00 (2) |
| (9) 12.000,00 | 9.000,00 (5.1) |
| (14) 10.000,00 | 9.000,00 (6) |

| Crédito Empenhado a Liquidar – Capital | |
|---|---|
| (9.1) 12.000,00 | 12.000,00 (9) |
| (14.1) 10.000,00 | 10.000,00 (14) |

| Crédito Empenhado Liquidado a Pagar – Capital | |
|---|---|
| (9.2) 12.000,00 | 12.000,00 (9.1) |
| (14.2) 10.000,00 | 10.000,00 (14.1) |

| Crédito Empenhado Liquidado Pago – Capital | |
|---|---|
| | 12.000,00 (9.2) |
| | 10.000,00 (14.2) |

## Subsistema de controle

**Fato contábil:** como já explicado, os registros do valor das disponibilidades de recursos comprometidas por ocasião da liquidação iniciam-se com o reconhecimento da obrigação, pela liquidação da despesa. Ou seja, pelo reconhecimento do direito líquido e certo do credor dando baixa da obrigação a pagar no passivo circulante.

Lançamento no Livro Diário:

| Cidade, 13 de julho 20x1. | | |
|---|---|---|
| D | 8.2.1.1.2.00.00 DDR Comprometida **por Empenho** – Corrente | 500,00 |
| C | 8.2.1.1.3.00.00 DDR Comprometida **por Liquidação** e Entradas Compensatórias – Corrente | 500,00 |
| Histórico: registro do valor das disponibilidades de recursos comprometidas por ocasião da liquidação, ainda não paga. | | |

Lançamento em razonete:

- Controle de disponibilidade de recursos corrente

| 7.2.1.1 Controle da Disponibilidade de Recursos **Recebidos** – Corrente | |
|---|---|
| (si) 30.000,00 | |
| (3) 10.000,00 | |
| (12) 10.000,00 | |

| 8.2.1.1 Execução da Disponibilidade por Destinação de Recursos **a Utilizar** – Corrente | |
|---|---|
| (4) 7.000,00 | 30.000,00 (si) |
| (7) 3.000,00 | 10.000,00 (3) |
| (13) 6.000,00 | 10.000,00 (12) |
| (15) 800,00 | |
| (16) 500,00 | |

| 8.2.1.1.2 DDR Comprometida **por Empenho** – Corrente | |
|---|---|
| (4.1) 7.000,00 | 7.000,00 (4) |
| (7.1) 3.000,00 | 3.000,00 (7) |
| (13.1) 6.000,00 | 6.000,00 (13) |
| (15.1) 800,00 | 800,00 (15) |
| (16.1) 500,00 | 500,00 (16) |

| 8.2.1.1.3 DDR Comprometida **por Liquidação** e Entrada Compensatória – Corrente | |
|---|---|
| (4.2) 7.000,00 | 7.000,00 (4.1) |
| (7.2) 3.000,00 | 3.000,00 (7.1) |
| (13.2) 6.000,00 | 6.000,00 (13.1) |
| (15.2) 800,00 | 800,00 (15.1) |
| | 500,00 (16.1) |

(si) saldo inicial.

- Controle de disponibilidade de recursos de capital

| 8.2.1.1.4 DDR **Utilizada** – Corrente | |
|---|---|
| | 7.000,00 (4.2) |
| | 3.000,00 (7.2) |
| | 6.000,00 (13.2) |
| | 800,00 (15.2) |

| Controle da Disponibilidade de Recursos **Recebidos** – Capital | |
|---|---|
| (si) 50.000,00 | |
| (10) 9.000,00 | |
| (11) 13.000,00 | |

| Execução da Disponibilidade por Destinação de Recursos **a Utilizar** – Capital | |
|---|---|
| (9) 12.000,00 | 50.000,00 (si) |
| (14) 10.000,00 | 9.000,00 (10) |
| | 13.000,00 (11) |

| DDR Comprometida **por Empenho** – Capital | |
|---|---|
| (9.1) 12.000,00 | 12.000,00 (9) |
| (14.1) 10.000,00 | 10.000,00 (14) |

| DDR Comprometida **por Liquidação** e Entrada Compensatória – Capital | |
|---|---|
| (9.2) 12.000,00 | 12.000,00 (9.1) |
| (14.2) 10.000,00 | 10.000,00 (14.1) |

| DDR **Utilizada** – Capital | |
|---|---|
| | 12.000,00 (9.2) |
| | 10.000,00 (14.2) |

(si) saldo inicial.

## 9.17.1.3  Pagamento de despesa de operação de crédito por antecipação de receita

### Subsistema orçamentário

**Fato contábil:** depois de verificar a regular liquidação da despesa e disponibilidade financeira em conta bancária do órgão/entidade, o pagamento é executado.

Lançamento no Livro Diário:

| Cidade, 13 de julho 20x1. | | |
|---|---|---|
| D | 6.2.2.1.3.03.00 Crédito Empenhado Liquidado **a Pagar** – Corrente | 500,00 | |
| C | 6.2.2.1.3.04.00 Crédito Empenhado Liquidado **Pago** | | 500,00 |
| Histórico: pagamento de encargos sobre ARO, pelo débito em conta corrente n. xxyz-7, Banco Monomono, pelos encargos incidentes de 10% sobre empréstimo para antecipar receita ainda não realizada. | | |

Lançamento em razonete:

- Execução orçamentária corrente

| 6.2.2.1.1 Crédito Disponível – Corrente | |
|---|---|
| (4) 7.000,00 | 70.000,00 (2) |
| (7) 3.000,00 | |
| (13) 6.000,00 | |
| (15) 800,00 | |
| (16) 500,00 | |

| 6.2.2.1.3 Crédito Empenhado **a Liquidar** – Corrente | |
|---|---|
| (4.1) 7.000,00 | 7.000,00 (4) |
| (7.1) 3.000,00 | 3.000,00 (7) |
| (13.1) 6.000,00 | 6.000,00 (13) |
| (15.1) 800,00 | 800,00 (15) |
| (16.1) 500,00 | 500,00 (16) |

| 6.2.2.1 Crédito Empenhado Liquidado **a Pagar** – Corrente | |
|---|---|
| (4.2) 7.000,00 | 7.000,00 (4.1) |
| (7.2) 3.000,00 | 3.000,00 (7.1) |
| (13.2) 6.000,00 | 6.000,00 (13.1) |
| (15.2) 800,00 | 800,00 (15.1) |
| (16.2) 500,00 | 500,00 (16.1) |

| 6.2.2.1 Crédito Empenhado Liquidado **Pago** – Corrente | |
|---|---|
| | 7.000,00 (4.2) |
| | 3.000,00 (7.2) |
| | 6.000,00 (13.2) |
| | 800,00 (15.2) |
| | 500,00 (16.2) |

- Execução orçamentária de capital

| Crédito Disponível – Capital | |
|---|---|
| (5) 9.000,00 | 30.000,00 (2) |
| (9) 12.000,00 | 9.000,00 (5.1) |
| (14) 10.000,00 | 9.000,00 (6) |

| Crédito Empenhado **a Liquidar** – Capital | |
|---|---|
| (9.1) 12.000,00 | 12.000,00 (9) |
| (14.1) 10.000,00 | 10.000,00 (14) |

| Crédito Empenhado Liquidado **a Pagar** – Capital | | Crédito Empenhado Liquidado **Pago** – Capital |
|---|---|---|
| (9.2) 12.000,00 | 12.000,00 (9.1) | 12.000,00 (9.2) |
| (14.2) 10.000,00 | 10.000,00 (14.1) | 10.000,00 (14.2) |

## 9.17.2  Subsistema patrimonial – realização da receita extraorçamentária

### Subsistema patrimonial

A operação de crédito por antecipação da receita ocorre somente no subsistema patrimonial por ser uma operação eminentemente financeira de curto prazo, *tanto na realização da receita como no pagamento*, *exceto quanto ao pagamento dos encargos incidentes*, que deverá ser registrado também no subsistema orçamentário, na forma demonstrada anteriormente no item 9.17.1.

**Fato contábil:** registro da realização da receita extraorçamentária contratada junto à instituição financeira interna pelo ingresso de recursos na conta bancária do órgão.

Lançamento no Livro Diário:

| Cidade, 2 de julho 20x1. | | |
|---|---|---|
| D | 1.1.1.1.0.00.00 Caixa e Equivalentes de Caixa em Moeda Nacional | 5.000,00 |
| C | 2.1.2.1.1.02.05 Antecipação da Receita Orçamentária **a Pagar** – Passivo Circulante | 5.000,00 |
| Histórico: valor referente a operações de crédito por antecipação de receita destinada a atender insuficiência de caixa durante o exercício financeiro, transacionadas em moeda nacional, com vencimento a curto prazo, com duplicatas descontadas a taxa 10% ao ano. | | |

### PCASP

2.1.2.1.1.00.00 **Empréstimos a Curto Prazo – Interno – Consolidação.** Conta patrimonial de obrigação de curto prazo do passivo circulante que registra os empréstimos contratuais ou mobiliários assumidos dentro do país e transacionados, em regra, em moeda nacional, com vencimento a curto prazo, inclusive duplicatas descontadas. São exemplos: *empréstimos internos – em títulos, dívida mobiliária, (–) deságio de títulos, outros títulos – empréstimos internos, empréstimos internos – em contratos, contratos de empréstimos internos, antecipação da receita orçamentária, outros contratos – empréstimos internos, outros empréstimos a curto prazo – interno.* Saldos que **não serão excluídos** dos demonstrativos consolidados do orçamento fiscal e da seguridade social (OFSS).

2.1.2.1.1.02.05 **Antecipação da Receita Orçamentária**. Conta patrimonial de *obrigação de curto prazo do passivo circulante* que registra os valores referentes a operações de crédito por antecipação de *receita destinada a atender insuficiência de caixa* durante o exercício financeiro, devendo cumprir as exigências mencionadas no arts. 32 e 38 da Lei Complementar n. 101, de 4 de maio de 2000.

## Lançamento em razonete:

| 1.1.1.1 Caixa e Equivalentes de Caixa em Moeda Nacional – Ativo Circulante | | 2.1.2.1 Antecipação da Receita Orçamentária a **Pagar** – Passivo Circulante | |
|---|---|---|---|
| (si) 80.000,00 | 7.000,00 (4.2) | | 5.000,00 (16) |
| (3) 10.000,00 | 3.000,00 (7.2) | | |
| (10) 9.000,00 | 12.000,00 (9.2) | | |
| (11) 13.000,00 | 10.000,00 (14.2) | | |
| (16) 5.000,00 | 800,00 (15.2) | | |
| (si) saldo inicial. | | | |

## 9.17.2.1 Pagamento de despesa de operação de crédito por antecipação de receita

### Subsistema patrimonial

**Fato contábil:** pelo pagamento de débito de tesouraria (dívida flutuante), incluindo encargos financeiros incidentes, resultante de empréstimo para antecipar receita ainda não realizada.

Lançamento no Livro Diário:

| Cidade, 13 de julho 20x1. | | |
|---|---|---|
| D | 2.1.2.1.1.02.05 Antecipação da Receita Orçamentária a **Pagar**/ Débito de Tesouraria – Passivo Circulante | 5.000,00 |
| D | 3.4.1.4.1.01.00 Juros s/ Adiantamentos Bancários – VPD | 500,00 |
| C | 1.1.1.1.0.00.00 Caixa e Equivalentes de Caixa em Moeda Nacional | 5.500,00 |
| Histórico: pago valor referente a ARO e encargos incidentes a taxa de 10% ao ano obtido anteriormente para atender insuficiência de caixa do exercício financeiro, em moeda nacional, com vencimento a curto prazo, com duplicatas descontadas. | | |

### PCASP

3.4.1.4.0.00.00 **Juros e Encargos de Empréstimos por Antecipação de Receita Orçamentária**. Conta de resultado de despesa que registra a variação patrimonial diminutiva com juros e encargos sobre empréstimos contraídos por antecipação de receita orçamentária para atender insuficiência de caixa durante o exercício financeiro.

3.4.1.4.1.00.00 **Juros e Encargos de Empréstimos por Antecipação de Receita Orçamentária – Consolidação.** Conta de resultado de despesa que registra a variação patrimonial diminutiva com juros e encargos sobre empréstimos contraídos por antecipação de receita orçamentária para atender insuficiência de caixa durante o exercício financeiro. Compreende os saldos que *não serão excluídos* dos demonstrativos consolidados do orçamento fiscal e da seguridade social (OFSS).

3.4.1.4.1.01.00 **Juros s/ Adiantamentos Bancários.** Conta de resultado de despesa que registra a variação patrimonial diminutiva decorrente de juros incidentes sobre antecipações de créditos contratadas com bancos e outros agentes financeiros.

## Lançamento em razonete:

| 1.1.1.1 Caixa e Equivalentes de Caixa em Moeda Nacional – Ativo Circulante | | 2.1.2.1 Antecipação da Receita Orçamentária a Pagar – Passivo Circulante | |
|---|---|---|---|
| (si) 80.000,00 | 7.000,00 (4.2) | (16.2) 5.000,00 | 5.000,00 (16) |
| (3) 10.000,00 | 3.000,00 (7.2) | | |
| (10) 9.000,00 | 12.000,00 (9.2) | | |
| (11) 13.000,00 | 10.000,00 (14.2) | | |
| (16) 5.000,00 | 800,00 (15.2) | | |
| | 5.500,00 (16.2) | | |

| 3.4.1.4 VPD – Juros s/ Adiantamentos Bancários | | 3.3.2.2 Serviços de Terceiros PF – VPD | |
|---|---|---|---|
| (16.2) 500,00 | | (15.3) 800,00 | |

| 3.3.2.3 Serviços de Terceiros PJ – VPD | | 3.3.1.1 VPD – Consumo de Material | |
|---|---|---|---|
| (4.1) 7.000,00 | | (8) 500,00 | |
| (13.1) 6.000,00 | | | |

(si) saldo inicial.

## 9.18 INSCRIÇÃO E EXECUÇÃO DE RESTOS A PAGAR

O MCASP/STN define que são Restos a pagar todas as despesas regularmente empenhadas, do exercício atual ou anterior, mas não pagas ou canceladas até 31 de dezembro do exercício financeiro vigente. Distingue-se dois tipos de restos a pagar: os processados (despesas já liquidadas) e os não processados (despesas a liquidar ou em liquidação). Assim, as *despesas não liquidadas* são aquelas empenhadas, mas que não cumpriram os termos do art. 63 da Lei n. 4.320, de 1964, que serão, ao encerramento do exercício, inscritas como restos a pagar não processados; *as despesas liquidadas* são consideradas aquelas empenhadas e em que houve a entrega do material ou a prestação do serviço, nos termos também do artigo supra.

A norma estabelece que, no encerramento do exercício, a parcela da despesa orçamentária que se encontrar empenhada, mas ainda não paga, poderá ser inscrita em restos a pagar. A lógica implícita na lei é de que, de forma geral, *a receita orçamentária a ser utilizada para pagamento da despesa orçamentária já deve ter sido arrecadada* em determinado exercício, anteriormente à realização dessa despesa. Assim, a receita que permaneceu no caixa na abertura do exercício seguinte *estará comprometida com o empenho que foi inscrito em restos a pagar* e, portanto, não poderá ser utilizada para abertura de novo crédito, o que ocasionará problemas para a administração. Contudo, se deduzidos do saldo de caixa os valores inscritos em restos a pagar e outros de natureza compensatória e sobrar recursos, esse valor será considerado *superavit financeiro*.

A despesa orçamentária inscrita em restos a pagar ocorre em três estágios: empenho, liquidação e pagamento, na forma prevista na Lei n. 4.320, de 1964, para as despesas orçamentárias em geral, considerando que: **RPNP** foram empenhados, *pendentes de liquidação e pagamento*; e **RPP** foram empenhados e liquidados, *pendentes de pagamento apenas*.

A inscrição e o pagamento de restos a pagar, bem como todos os lançamentos do grupo da dívida flutuante constante do passivo circulante, são fatos contábeis de registro no **subsistema orçamentário, no patrimonial e no de controle das disponibilidades financeiras**.

## 9.18.1 Inscrição de restos a pagar – exercício de origem 20x0

Inicialmente, cabe salientar que a inscrição de restos a pagar, tanto das não processadas (RPNP) como das processadas (RPP), é apurada ao final de cada exercício financeiro até 31 de dezembro (por exemplo, 20x0). Contudo, a abertura desses saldos deve ser executada contabilmente ao iniciar o exercício seguinte em 20x1, *por meio de transferências de saldos entre contas de controle de execução de restos a pagar orçamentárias*.

### Subsistema orçamentário

Fato contábil: as despesas empenhadas e/ou liquidadas mas não pagas serão inscritas em restos a pagar ao final do exercício (20x0) e contabilizadas em *contas de controle de inscrição e transferência de RPNP e de RPP*, cujos saldos serão *transferidos* para o exercício seguinte (20x1), quando serão *executados* efetivamente em contas próprias de restos a pagar, conforme esquema seguinte:

**PCASP**

6.3.1.7.1.00.00 **RPNP a liquidar – Inscrição no Exercício**. Contas de controle de **transferência** de RPNP que registram o valor das *despesas empenhadas* a liquidar inscritas no exercício como RPNP, *a ser transferido para o exercício seguinte para a conta 6.3.1.1.0.00.00.*

6.3.1.7.2.00.00 **RPNP em liquidação – Inscrição no Exercício**. Contas de controle de **transferência** de RPNP, que registram o valor das despesas empenhadas em liquidação inscritas no exercício como RPNP *a ser <u>transferido</u> para o exercício seguinte para a conta 6.3.1.2.0.00.00.*

6.3.2.7.0.00.00 **RPP – Inscrição no Exercício**. Contas de controle de **transferência** de RPP que registram o valor das despesas empenhadas inscritas no exercício como RPP, *a ser <u>transferido</u> no exercício seguinte para a conta 6.3.2.1.0.00.00.*

Já no exercício seguinte (20x1), os respectivos saldos dessas contas serão transferidos paras as contas de execução de restos a apagar seguintes:

**PCASP**

6.3.1.1.0.00.00 **RPNP a liquidar**. Conta de execução orçamentária de RP que registra o valor dos RPNP *ainda não liquidados*.

6.3.1.2.0.00.00 **RPNP em liquidação**. Conta de execução orçamentária de RP que registra o valor dos RPNP *ainda não liquidados cujo fato gerador já ocorreu*.

6.3.2.1.0.00.00 **RPP**. Conta de execução orçamentária de RP que registra o valor dos RPP *e não pagos*.

Dando continuidade ao exercício atual (20x1), ocorrerá a execução efetiva das demais fases da despesa inscrita em restos a pagar com a liquidação e o pagamento, conforme a natureza de RPNP e de RPP. Nos dois exemplos que estudaremos adiante, teremos o valor de $ 10.000,00 a ser executado de RPNP e de $ 10.000,00 de RPP em um total de $ 20.000,00, ambos apurados no final do exercício anterior (20x0). Para um melhor aprendizado, buscando a simplicidade das operações, **faremos a demonstração dos lançamentos contábeis completos apenas dos RPP.**

## 9.18.1.1 Inscrição de RPNP – exercício de origem 20x0

No exemplo deste capítulo, estudaremos a seguir a inscrição do valor de $ 10.000,00 como RPNP apurado ao final do exercício anterior (20x0), devendo ser executado no exercício seguinte (20x1). Para um melhor aprendizado, buscando simplificar as operações, faremos a demonstração dos lançamentos contábeis dos RPNP. Vamos considerar os saldos orçamentários do quadro seguinte, em que se verifica *o valor de $ 10.000,00 empenhado e não liquidado (RPNP)*, bem como $ 10.000,00 de saldo liquidado e não pago (RPP).

- Saldos orçamentários em 31 de dezembro de 20x0

| 6.2.2.1.1 Crédito Disponível – Corrente | |
|---|---|
| (b) 60.000,00 | 70.000,00 (a) |

| 6.2.2.1.3 Crédito Empenhado **a Liquidar** – Corrente | |
|---|---|
| (c) 50.000,00 | 60.000,00 (b) |

| 6.2.2.1 Crédito Empenhado Liquidado **a Pagar** – Corrente | |
|---|---|
| (d) 40.000 | 50.000,00 (c) |

| 6.2.2.1 Crédito Empenhado Liquidado **Pago** – Corrente | |
|---|---|
| | 40.000,00 (d) |

## Lançamento no Livro Diário:

| Cidade, 31 de dezembro 20x0. (Inscrição no exercício 20x0.) | | |
|---|---|---|
| D | 6.2.2.1.3.01.00 Crédito Empenhado **a Liquidar** – Despesa Corrente | 10.000,00 |
| C | 6.2.2.1.3.05.00 Empenhos **a Liquidar** Inscritos em RPNP – Despesa Corrente | 10.000,00 |
| Histórico: saldo de despesas empenhadas registradas ao fim do exercício inscrito em ***RPNP***, depois de ocorrido o fato gerador da obrigação com o estágio do empenho antes do término do exercício. | | |

**PCASP**

6.2.2.1.3.01.00 **Crédito Empenhado a Liquidar (Exercício anterior 20x0)**. Conta de execução orçamentária que registra o valor da *despesa empenhada* a ser liquidada.

6.2.2.1.3.05.00 **Empenhos a Liquidar Inscritos em RPNP (Exercício anterior 20x0)**. Conta de execução orçamentária que registra o montante dos valores a liquidar inscritos em *RPNP*.

## Lançamento no Livro Diário:

| Cidade, 31 de dezembro 20x0. (Inscrição no exercício 20x0.) | | |
|---|---|---|
| D | 6.2.2.1.3.05.00 Empenhos **a Liquidar** Inscritos em RPNP – Despesa Corrente | 10.000,00 |
| C | 6.3.1.7.0.00.00 RPNP – Inscrição no Exercício/Transferência – Despesa Corrente | 10.000,00 |
| Histórico: saldo de despesas empenhadas registradas ao fim do exercício inscrito em ***RPNP Transferência***, depois de ocorrido o fato gerador da obrigação e cumprido o estágio do empenho antes do término do exercício, ***a ser transferido no exercício seguinte (20x1) para as contas 6.3.1.1.0.00.00 e 6.3.1.2.0.00.00***. | | |

**PCASP**

6.2.2.1.3.05.00 **Empenhos a Liquidar Inscritos em RPNP.** Conta de execução de despesa orçamentária que registra o montante dos valores a *liquidar inscritos em RPNP*.

6.3.1.1.0.00.00 **RPNP a Liquidar.** Conta de controle de execução orçamentária de RP que registra o valor dos *RPNP ainda não liquidados*.

6.3.1.7.0.00.00 **RPNP – Inscrição no Exercício/Transferência.** Conta de controle de execução orçamentária de RP que registra o valor das despesas empenhadas inscritas no exercício como *RPNP, a ser transferido no exercício seguinte* para a conta 6.3.1.1.0.00.00 e 6.3.1.2.0.00.00.

## Lançamento no Livro Diário:

| Cidade, 31 de dezembro 20x0. (Inscrição no exercício 20x0.) | | |
|---|---|---|
| D | 5.3.1.1.0.00.00 RPNP – Inscritos. | 10.000,00 |
| C | 5.3.1.7.0.00.00 RPNP – Inscrição no Exercício/Transferência – Despesa Corrente | 10.000,00 |
| Histórico: saldo remanescente de despesas empenhadas registradas ao fim do exercício inscrito em **RPNP**, depois de ocorrido o fato gerador da obrigação e cumprido o estágio da liquidação antes do término do exercício, a ser transferido no exercício seguinte (20x1) para as contas 5.3.1.1.0.00.00 e 6.3.1.1.0.00.00. | | |

**PCASP**

5.3.1.0.0.0.00.00 **Inscrição de RPNP.** Subconta de controle da aprovação orçamentária que registra o somatório *dos valores inscritos em RPNP* relativos às despesas empenhadas e não liquidadas.

5.3.1.1.0.00.00 **RPNP – Inscritos.** Título de controle da aprovação orçamentária que registra os valores inscritos em RPNP relativos às despesas empenhadas e não liquidadas até o último dia do *exercício financeiro imediatamente anterior*.

5.3.1.7.0.00.00 **RPNP – Inscrição no Exercício/Transferência.** Título de conta de controle da aprovação orçamentária que registra o valor das despesas empenhadas inscritas no exercício como RPNP, *a ser transferido* no exercício seguinte para a conta 5.3.1.1.0.00.00.

## Lançamento em razonete:

- **Inscrição de RPNP no exercício anterior/origem em 30 de dezembro de 20x0**

| 6.2.2.1.1 Crédito Disponível – Corrente | | 6.2.2.1.3 Crédito Empenhado **a Liquidar** – Corrente | |
|---|---|---|---|
| (b) 60.000,00 | 70.000,00 (a) | (c) 50.000,00 | 60.000,00 (b) |
| | | (e) 10.000,00 | (RPNP inscrito) |

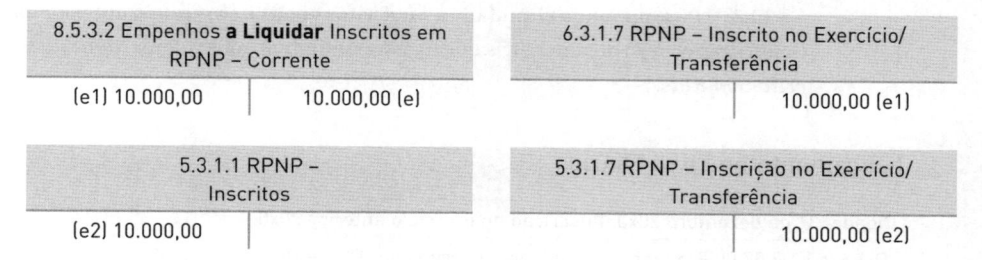

| 6.2.2.1 Crédito Empenhado Liquidado a Pagar – Corrente | | 6.2.2.1 Crédito Empenhado Liquidado Pago – Corrente |
|---|---|---|
| (d) 40.000 | 50.000,00 (c) | 40.000,00 (d) |

• Transferência – execução no exercício corrente/atual em 3 de janeiro de 20x1

| 8.5.3.2 Empenhos a Liquidar Inscritos em RPNP – Corrente | | 6.3.1.7 RPNP – Inscrito no Exercício/ Transferência |
|---|---|---|
| (e1) 10.000,00 | 10.000,00 (e) | 10.000,00 (e1) |

| 5.3.1.1 RPNP – Inscritos | | 5.3.1.7 RPNP – Inscrição no Exercício/ Transferência |
|---|---|---|
| (e2) 10.000,00 | | 10.000,00 (e2) |

## 9.18.1.2 Inscrição de RPP – exercício de origem 20x0

No exemplo deste capítulo, estudaremos a seguir a inscrição do valor de $ 10.000,00 como RPP, apurado ao final do exercício anterior (20x0), devendo ser executado no exercício seguinte (20x1). Para um melhor aprendizado, considerando a simplicidade das operações, faremos a demonstração dos lançamentos contábeis dos RPP. Vamos considerar os saldos orçamentários do quadro seguinte, em que se verifica o valor de $ 10.000,00 empenhado e não liquidado (RPNP), bem como $ 10.000,00 de saldo liquidado e não pago (RPP).

• Saldos orçamentários em 31 de dezembro de 20x0

| 6.2.2.1.1 Crédito Disponível – Corrente | | 6.2.2.1.3 Crédito Empenhado a Liquidar – Corrente | |
|---|---|---|---|
| (b) 60.000,00 | 70.000,00 (a) | (c) 50.000,00 | 60.000,00 (b) |

| 6.2.2.1 Crédito Empenhado Liquidado a Pagar – Corrente | | 6.2.2.1 Crédito Empenhado Liquidado Pago – Corrente | |
|---|---|---|---|
| (d) 40.000 | 50.000,00 (c) | 40.000,00 (d) | |

Lançamento no Livro Diário:

| Cidade, 31 de dezembro 20x0. (Inscrição no exercício anterior 20x0.) | | |
|---|---|---|
| D | 6.2.2.1.3.03.00 Crédito Empenhado Liquidado a Pagar – Despesa Corrente | 10.000,00 |
| C | 6.2.2.1.3.07.00 Empenhos Liquidados – Inscritos em RPP – Despesa Corrente | 10.000,00 |
| Histórico: saldo remanescente de despesas liquidadas registradas ao fim do exercício inscrito em RPP, depois de ocorrido o fato gerador da obrigação e cumprido o estágio da liquidação antes do término do exercício. | | |

**PCASP**

6.2.2.1.3.03.00 **Crédito Empenhado Liquidado a Pagar (Exercício anterior 20x0).** Conta de execução orçamentária que registra o valor da *apropriação das despesas empenhadas* com posterior verificação de sua regularidade *por constituição do direito do credor.*

6.2.2.1.3.07.00 **Empenhos Liquidados – Inscritos em RPP (Exercício anterior 20x0).** Conta de execução orçamentária que registra o montante dos valores *liquidados inscritos em RPP.*

## Lançamento no Livro Diário:

| Cidade, 31 de dezembro 20x0. (Inscrição no exercício anterior 20x0.) | | |
|---|---|---|
| D | 6.2.2.1.3.07.00 Empenhos Liquidados Inscritos em RPP – Despesa Corrente | 10.000,00 |
| C | 6.3.2.7.0.00.00 RPP – Inscrição no Exercício/Transferência – Despesa Corrente | 10.000,00 |
| Histórico: saldo remanescente de despesas liquidadas registradas ao fim do exercício inscrito em **RPP**, depois de ocorrido o fato gerador da obrigação e cumprido o estágio da liquidação antes do término do exercício, a ser transferido no exercício seguinte *(20x1) para as contas 6.3.2.1.0.00.00.* | | |

**PCASP**

6.3.2.7.0.00.00 **RPP – Inscrição no Exercício/Transferência.** Conta de controle de execução orçamentária de RP que registra o valor das despesas empenhadas inscritas no exercício como *RPP, a ser transferido no exercício seguinte* para a conta 6.3.2.1.0.00.00.

## Lançamento no Livro Diário:

| Cidade, 31 de dezembro 20x0. (Inscrição no exercício anterior 20x0.) | | |
|---|---|---|
| D | 5.3.2.1.0.00.00 RPP – Inscritos | 10.000,00 |
| C | 5.3.2.7.0.00.00 RPP – Inscrição no Exercício/Transferência – Despesa Corrente | 10.000,00 |
| Histórico: saldo remanescente de despesas liquidadas registradas ao fim do exercício inscrito em **RPP**, depois de ocorrido o fato gerador da obrigação e cumprido o estágio da liquidação antes do término do exercício, a ser transferido no exercício seguinte (20x1) para as contas 5.3.2.1.0.00.00. | | |

**PCASP**

5.3.2.0.0.0.00.00 **Inscrição de RPP.** Subconta de controle da aprovação orçamentária que registra o somatório dos valores inscritos em RPP.

5.3.2.1.0.00.00 **RPP – Inscritos.** Conta de controle da aprovação orçamentária que registra o somatório dos valores inscritos em RPP relativos às despesas empenhadas, liquidadas e não pagas no exercício financeiro em que foi empenhado (anterior).

5.3.2.7.0.00.00 **RPP – Inscrição no Exercício/Transferência**. Título de conta de controle da aprovação orçamentária que registra o valor das despesas empenhadas inscritas no exercício como RPP, *a ser transferido no exercício seguinte* para a conta 5.3.2.1.0.00.00.

## Lançamento em razonete:

- Inscrição de RPP no exercício anterior/origem em 30 de dezembro de 20x0

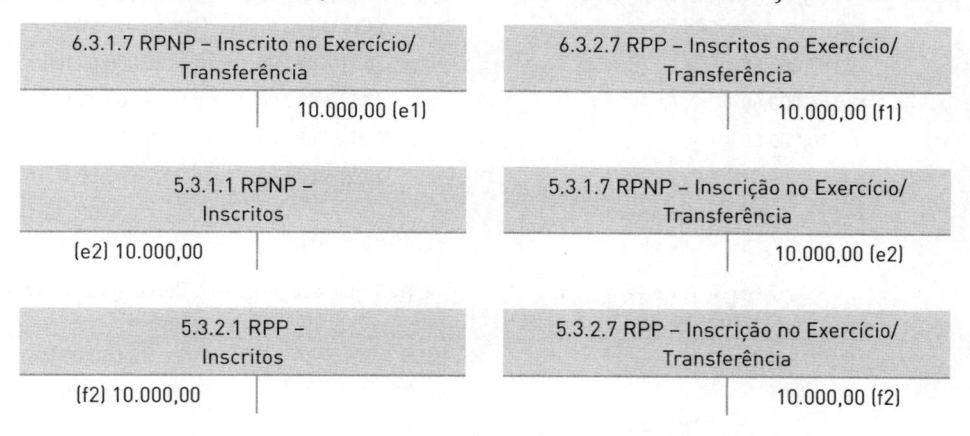

- Transferência – Execução no exercício corrente/atual em 3 de janeiro de 20x1

## Subsistema patrimonial

**Fato contábil:** reconhecimento da despesa patrimonial (VPD) em contrapartida de obrigação de curto prazo, pela liquidação de serviços contratados, inscritos em RPP.

## Lançamento no Livro Diário:

| Cidade, 31 de dezembro 20x0. (Inscrição no exercício de origem.) | | |
|---|---|---|
| D | 3.3.2.3.1.00.00 Serviços de Terceiros – PJ – VPD | 10.000,00 |
| C | 2.1.3.1.1.01.01 Fornecedores Não Parcelados **a Pagar** – Passivo Circulante (F) | 10.000,00 |
| Histórico: pelo reconhecimento do fato gerador da obrigação e realização do estágio da liquidação antes do término do exercício, saldo de despesas registradas como RPP a pagar. | | |

### PCASP

3.3.2.3.1.00.00 **Serviços de Terceiros – PJ – Consolidação.** Compreende as variações patrimoniais diminutivas *provenientes da prestação de serviços por pessoa jurídica* fornecida à entidade governamental. Na classificação da despesa de material por encomenda, a variação patrimonial diminutiva só deverá ser classificada com serviços de terceiros se o próprio órgão ou entidade fornecer a matéria-prima. Compreende os saldos que não serão excluídos dos demonstrativos consolidados do OFSS.

2.1.3.1.1.01.01 **Fornecedores Não Parcelados a Pagar.** Conta patrimonial de passivo circulante que registra os valores a pagar não parcelados, ou seja, *em uma única vez*, aos fornecedores nacionais de bens, materiais e serviços envolvidos com as atividades operacionais da entidade.

## Lançamento em razonete:

| 3.3.2.3 VPD – Serviços de Terceiros PJ | |
|---|---|
| (4.1) 7.000,00 | |
| (13.1) 6.000,00 | |
| (f1) 10.000,00 | |

| 2.1.3.1 Fornecedores e Contas a Pagar Nacionais a Curto Prazo (F) – Passivo Circulante | |
|---|---|
| (4.2) 7.000,00 | 25.000,00 (si) |
| (7.2) 3.000,00 | 7.000,00 (4.1) |
| (9.2) 12.000,00 | 3.000,00 (7.1) |
| (13.2) 6.000,00 | 12.000,00 (9.1) |
| | 6.000,00 (13.1) |

| 3.3.2.2 Serviços de Terceiros PF – VPD | |
|---|---|
| (15.3) 800,00 | |

| 2.1.3.1 Fornecedores Não Parcelados **a Pagar** – Passivo Circulante (F) | |
|---|---|
| | 15.000,00 (si) |
| | **10.000,00** (f1) |

| 3.4.1.4 VPD – Juros s/ Adiantamentos Bancários | |
|---|---|
| (16.2) 500,00 | |

| VPD – Material de Consumo – Consolidação | |
|---|---|
| (8) 500,00 | |

(si) saldo inicial.

## 9.18.1.3 Pagamento de RPP – exercício atual 20x1

**No processo de abertura de saldos ao iniciar o exercício (20x1)** executam-se a transferência de saldos e a efetivação liquidação e o pagamento dos RPNP e o pagamento dos RPP, obedecendo ao seguinte esquema:

**a)** as contas de **controle da aprovação** do planejamento e do orçamento de restos a pagar, *inscritos em exercício imediatamente anterior (20x0),* devem ser **transferidas** para o que se inicia (20x1) pelos saldos finais remanescentes das seguintes contas:

> 5.3.1.1 – **RPNP inscritos** e 5.3.2.1 – **RPP inscritos**. Seus *saldos remanescentes não liquidados ou pagos no exercício de origem 20x0, serão transferidos para as contas:*
>
> 5.3.1.2 – **RPNP exercícios anteriores** e 5.3.2.2 – **RPP exercícios anteriores**, *a serem pagos no exercício atual 20x1*, respectivamente.

Da mesma forma, as contas de títulos:

> 5.3.1.7 – **RPNP inscritos no exercício** e 5.3.2.7 – **RPP inscritos no exercício**, *inscritos no final do exercício de origem 20x0, serão transferidos* para compor os novos saldos das contas:
>
> 5.3.1.1 – **RPNP inscritos** e 5.3.2.1 – **RPP inscritos** *a serem executados e pagos no exercício atual 20x1.*

**b)** as contas de **controle de execução** do planejamento e orçamento de restos a pagar, *inscritos no exercício imediatamente anterior (20x0),* devem ser **transferidas** para o que se inicia pelos saldos das contas:

> 6.3.1.7 – **RPNP inscritos no exercício** e 6.3.2.7 – **RPP inscritos no exercício**, *inscritos no final do exercício de origem 20x0*, considerando sua situação quanto à liquidação, *serão transferidos* para compor os novos saldos das contas:
>
> 6.3.1.1 – **RPNP** *a liquidar* ou 6.3.2.1 – **RPP** *a pagar, a serem executados e pagos no exercício atual 20x1.*

Assim, no exercício atual (20x1), ocorrerá a execução das demais fases da despesa inscrita em restos a pagar com a liquidação e o pagamento, conforme a natureza se RPNP ou RPP. Vejamos a seguir a demonstração dos lançamentos contábeis.

## Subsistema orçamentário

**Fato contábil:** transferência de saldos de $ 20.000,00 de restos a pagar, sendo $ 10.000,00 de RPNP e $ 10.000,00 de RPP inscritos no exercício anterior (20x0) para pagamento no exercício corrente/atual (20x1).

Lançamento no Livro Diário:

| Cidade, 3 de janeiro de 20x1. (Exercício atual) | |
|---|---|
| D  6.3.1.7.0.00.00 RPNP – Inscrição no Exercício/Transferência – Despesa Corrente | 10.000,00 |
| C  6.3.1.1.0.00.00 RPNP **a Pagar**/Exercício anterior – Despesa Corrente | 10.000,00 |
| Histórico: transferência de saldo de RPP inscrito no exercício anterior (20x0) para a execução e o pagamento no exercício corrente/atual (20x1). Despesas registradas ao fim do exercício como **RPP a pagar**. | |

| Cidade, 3 de janeiro de 20x1. (Exercício atual) | |
|---|---|
| D  6.3.2.7.0.00.00 RPP – Inscrição no Exercício/Transferência – Despesa Corrente | 10.000,00 |
| C  6.3.2.1.0.00.00 RPP **a Pagar**/ Exercício anterior – Despesa Corrente | 10.000,00 |
| Histórico: transferência de saldo de RPP inscrito no exercício anterior (20x0) para a execução e o pagamento no exercício corrente/atual (20x1). Despesas registradas ao fim do exercício como **RPP a pagar**. | |

**Fato contábil:** pagamento de $ 5.000,00 do saldo de RPP inscrito no exercício anterior (20x0), transferidos para pagamento no exercício corrente/atual (20x1). Note que será pago apenas $ 5.000,00 dos $ 10.000,00 de RPP inscritos e transferidos do exercício anterior.

Lançamento no Livro Diário:

| Cidade, 8 de agosto de 20x1. (Exercício atual) | |
|---|---|
| D  6.3.2.1.0.00.00 RPP **a Pagar**/exercício anterior – Despesa Corrente | 5.000,00 |
| C  6.3.2.2.0.00.00 RPP **Pagos** – Despesa Corrente | 5.000,00 |
| Histórico: pagamento da despesa **RPP a pagar** registrada ao fim do exercício anterior após regular liquidação. | |

**PCASP**

6.3.2.0.0.00.00 **Execução de RPP**. Conta de controle da execução de restos a pagar que registra *o somatório dos valores* relativos à transferência, à liquidação e ao pagamento das despesas empenhadas, liquidadas no exercício financeiro de sua inscrição e não pagas.

6.3.2.1.0.00.00 **RPP a Pagar**. Conta de controle da execução de restos a pagar que registra o valor dos RPP e não pagos.

6.3.2.2.0.00.00 **RPP Pagos.** Conta de controle da execução de restos a pagar que registra o valor dos RPP pagos.

## Lançamento em razonete:

Observe que os lançamentos (e1a) e ( f2a) são as transferências de saldos de RPNP e de RPP em 3 de janeiro de 20x1; já o ( f3), refere-se ao pagamento de RPP em 8 de agosto de 20x1. Vejamos.

- Inscrição de RPNP e de RPP no exercício anterior/origem em 30 de dezembro de 20x0

| 6.2.2.1.1 Crédito Disponível – Corrente | |
|---|---|
| (b) 60.000,00 | 70.000,00 (a) |

| 6.2.2.1.3 Crédito Empenhado **a Liquidar** – Corrente | |
|---|---|
| (c) 50.000,00 | 60.000,00 (b) |
| (e) 10.000,00 | |

| 6.2.2.1 Crédito Empenhado Liquidado **a Pagar** – Corrente | |
|---|---|
| (d) 40.000 | 50.000,00 (c) |
| (f) 10.000,00 | |

| 6.2.2.1 Crédito Empenhado Liquidado **Pago** – Corrente | |
|---|---|
| | 40.000,00 (d) |

| 8.5.3.2 Empenhos **a Liquidar** Inscritos em RPNP – Corrente | |
|---|---|
| (e1) 10.000,00 | 10.000,00 (e) |

| 8.5.3.2 Empenhos **Liquidados** Inscritos em RPP – Corrente | |
|---|---|
| (f1) 10.000,00 | 10.000,00 (f) |

- Transferência – execução no exercício corrente/atual em 3 de janeiro de 20x1

| 6.3.1.7 RPNP – Inscritos no Exercício/ Transferência | |
|---|---|
| (e2a) 10.000,00 | 10.000,00 (e1) |

| 6.3.2.7 RPP – Inscritos no Exercício/ Transferência | |
|---|---|
| (f2a) 10.000,00 | 10.000,00 (f1) |

| 5.3.1.1 RPNP – Inscritos | |
|---|---|
| (e2b) 10.000,00 | |

| 5.3.1.7 RPNP – Inscrição no Exercício/ Transferência | |
|---|---|
| | 10.000,00 (e2b) |

| 5.3.2.1 RPP – Inscritos | 5.3.2.7 RPP – Inscrição no Exercício/ Transferência |
|---|---|
| (f2b) 10.000,00 | 10.000,00 (f2b) |

- Pagamento – Execução no exercício corrente/atual em 8 de agosto de 20x1

| 6.3.1.1 RPNP **a Liquidar**/Exercício anterior – Despesa Corrente | 6.3.2.1 RPP **a Pagar**/Exercício anterior – Despesa Corrente | |
|---|---|---|
| 10.000,00 (e2a) | **(f3) 5.000,00** | 10.000,00 (f2a) |

| 6.3.2.2 RPP **Pagos** – Despesa Corrente |
|---|
| 5.000,00 (f3) |

## Subsistema de controle

Lançamento no Livro Diário:

| Cidade, 8 de agosto 20x1. (Exercício atual) | | |
|---|---|---|
| D | 8.2.1.1.3.00.00 DDR Comprometida **por Liquidação** e Entradas Compensatórias – Corrente | 5.000,00 | |
| C | 8.2.1.1.4.00.00 DDR **Utilizada** – Corrente | | 5.000,00 |
| Histórico: registro do valor das disponibilidades de recursos utilizadas **com pagamento de RPP**, após regular liquidação. | | |

### PCASP

8.2.1.1.3.00.00 **Disponibilidade por Destinação de Recursos Comprometida por Liquidação e Entradas Compensatórias.** Conta de controle de disponibilidade financeira que registra o valor das disponibilidades de recursos comprometidas por ocasião da liquidação e de entradas compensatórias e não pagas/devolvidas.

8.2.1.1.4.00.00 **Disponibilidade por Destinação de Recursos Utilizada.** Conta de controle de disponibilidade financeira que registra o valor dos recursos *utilizados por meio de pagamento de despesa* orçamentária, depósitos e/ou outros.

Lançamento em razonete:

- Inscrição de RPNP e de RPP no exercício anterior/origem em 30 de dezembro de 20x0

| 7.2.1.1 Controle da Disponibilidade de Recursos **Recebidos** – Corrente | 8.2.1.1 Execução da Disponibilidade por Destinação de Recursos **a Utilizar** – Corrente | |
|---|---|---|
| (si) 30.000,00 | (f) 20.000,00 | |
| (3) 10.000,00 | | 10.000,00 (3) |
| (si) saldo inicial. | | |

- Lançamentos: (f) empenho e (f1) liquidação de RP realizados no exercício anterior em 20x0

| 8.2.1.1.2 DDR Comprometida **por Empenho** – Corrente | |
|---|---|
| (f1) 10.000,00 | 20.000,00 (f) |

| 8.2.1.1.3 DDR Comprometida **por Liquidação** e Entrada Compensatória – Corrente | |
|---|---|
| (f2) 5.000,00 | 10.000,00 (f1) |

- Lançamentos: (f2) pagamento de RP realizados no exercício corrente/atual em 20x1

| 8.2.1.1.4 DDR **Utilizada** – Corrente | |
|---|---|
| | 5.000,00 (f2) |

(si) saldo inicial.
Conta 8.2.1.1.1.02.00 **Recursos de exercícios anteriores**. Valor das disponibilidades financeiras, recursos provenientes de exercícios anteriores, cuja execução depende de autorização.

## Subsistema patrimonial

Lançamento no Livro Diário:

| Cidade, 8 de agosto 20x1. (Exercício atual) | | |
|---|---|---|
| D | 2.1.3.1.1.01.01 Fornecedores Não Parcelados **a Pagar** – Passivo Circulante (F) | 5.000,00 |
| C | 1.1.1.1.0.00.00 Caixa e Equivalentes de Caixa em Moeda Nacional | 5.000,00 |
| Histórico: pago valor *de parte das despesas* registradas em **RPP a pagar**. Depois do reconhecimento do fato gerador da obrigação e da realização da liquidação antes do término do exercício. | | |

### PCASP

2.1.3.1.1.00.00 **Fornecedores e Contas a Pagar Nacionais a Curto Prazo – Consolidação**. Conta patrimonial de passivo circulante que registra as obrigações junto a fornecedores nacionais de matérias-primas, mercadorias e outros materiais utilizados nas atividades operacionais da entidade, bem como as obrigações decorrentes do fornecimento de utilidades e da prestação de serviços, como de energia elétrica, água, telefone, propaganda, aluguéis e todas as outras contas a pagar com vencimento no curto prazo. Compreende os saldos que não serão excluídos dos demonstrativos consolidados do OFSS.

2.1.3.1.1.01.01 **Fornecedores Não Parcelados a Pagar**. Conta patrimonial de passivo circulante que registra os valores a pagar não parcelados, ou seja, *em uma única vez*, aos fornecedores nacionais de bens, materiais e serviços envolvidos com as atividades operacionais da entidade.

Lançamento em razonete:

| 1.1.1.1 Caixa e Equivalentes de Caixa em Moeda Nacional – Ativo Circulante | |
|---|---|
| (si) 80.000,00 | 7.000,00 (4.2) |
| (3) 10.000,00 | 3.000,00 (7.2) |
| (10) 9.000,00 | 12.000,00 (9.2) |
| (11) 13.000,00 | 10.000,00 (14.2) |
| (16) 5.000,00 | 800,00 (15.2) |
| | 5.500,00 (16.2) |
| | 5.000,00 (f2) |

(si) saldo inicial.

| 2.1.3.1 Fornecedores Não Parcelados a Pagar – Passivo Circulante (F) | |
|---|---|
| (f2) 5.000,00 | 15.000,00 (si) |
| | 10.000,00 (f1) |

| 2.1.2.1 Antecipação da Receita Orçamentária a Pagar – Passivo Circulante | |
|---|---|
| (16.2) 5.000,00 | 5.000,00 (16) |

## 9.19 CANCELAMENTO DE RESTOS A PAGAR

Conforme estabelece o MCASP/STN, o cancelamento de despesas empenhadas e inscritas em restos a pagar deve observar rotinas específicas quanto às informações de natureza patrimonial, orçamentária e de controle.

Essa rotina tem tratamento específico, de acordo com o estágio em que a despesa se encontrar, podendo estar pendente de liquidação ("a liquidar", "em liquidação" ou "liquidado").

Os lançamentos em contas de natureza de informação patrimonial dependerão de informações quanto à pertinência da obrigação, portanto, não serão tratados nesse exemplo de lançamento contábil. Demonstraremos o cancelamento de RPP, ou seja, RP que concluiu a liquidação, contudo sendo cancelado sem a realização do pagamento. Nesses casos, verifica-se uma ***desincorporação de obrigação a pagar***; como já houve autorização orçamentária para o pagamento com recursos disponibilizados, ***haverá um superavit financeiro de atributo "F"***. Assim, no cancelamento de restos a pagar, deve-se alterar o atributo financeiro "F" para atributo "P", ou seja, disponibilizar o recurso não utilizado para aplicação futura em outra despesa.

**Fato contábil:** os valores inscritos em restos a pagar no exercício anterior e não pagos até o final do exercício corrente deverão ser cancelados e considerados na variação ativa independente da execução orçamentária. Nesse exemplo, demonstramos o cancelamento do valor de $ 2.000,00 de RPP.

### Subsistema orçamentário

**Fato contábil:** cancelamento de RPNP de $ 10.000 do saldo inscrito no exercício anterior (20x0), transferido para pagamento no exercício corrente/atual.

## Lançamento do Livro Diário:

| Cidade, 20 de agosto 20x1. (Exercício atual) | | |
|---|---|---|
| D | 6.3.1.1.0.00.00 RPNP a Pagar/Exercício anterior – Despesa Corrente | 10.000,00 | |
| C | 6.3.1.9.0.00.00 RPNP Cancelados – Despesa Corrente | | 10.000,00 |
| Histórico: cancelamento de RPNP a pagar, cuja despesa foi registrada ao fim do exercício anterior com falhas administrativas: com fins de atender a dispositivo legal. | | |

### PCASP

6.3.2.0.0.0.00.00 **Execução de RPP.** Compreende o somatório dos valores relativos à transferência, a liquidação e ao pagamento das despesas empenhadas, liquidadas no exercício financeiro de sua inscrição e não pagas.

6.3.1.1.0.00.00 **RPNP a Liquidar.** Conta de execução orçamentária de RP que registra o valor dos RPNP *ainda não liquidados*.

6.3.1.9.0.00.00 **RPNP Cancelados.** Conta de execução orçamentária de RP que registra o *cancelamento de RPNP* por insuficiência de recursos, pela inscrição indevida ou para atender a dispositivo legal.

**Fato contábil:** cancelamento de RPP de $ 2.000 do saldo inscrito no exercício anterior (20x0), transferido para pagamento no exercício corrente/atual.

## Lançamento do Livro Diário:

| Cidade, 20 de agosto 20x1. (Exercício atual) | | |
|---|---|---|
| D | 6.3.2.1.0.00.00 RPP a Pagar/Exercício anterior – Despesa Corrente | 2.000,00 | |
| C | 6.3.2.9.0.00.00 RPP Cancelados – Despesa Corrente | | 2.000,00 |
| Histórico: cancelamento de RPP a pagar, cuja despesa foi registrada ao fim do exercício anterior com falhas administrativas: recebimento de material fora das especificações contratuais. | | |

### PCASP

6.3.2.1.0.00.00 **RPP a Pagar.** Conta de execução orçamentária de RP que registra o valor dos RPP e não pagos.

6.3.2.9.0.00.00 **RPP Cancelados.** Conta de execução orçamentária de RP que registra o *cancelamento de* RPP por insuficiência de recursos, pela inscrição indevida ou para atender a dispositivo legal.

Lançamento em razonete:

- Inscrição de RPNP e de RPP no exercício anterior/origem em 30 de dezembro de 20x0

| 6.2.2.1.1 Crédito Disponível – Corrente | |
|---|---|
| (b) 60.000,00 | 70.000,00 (a) |

| 6.2.2.1.3 Crédito Empenhado **a Liquidar** – Corrente | |
|---|---|
| (c) 50.000,00 | 60.000,00 (b) |
| (e) 10.000,00 | |

| 6.2.2.1 Crédito Empenhado Liquidado **a Pagar** – Corrente | |
|---|---|
| (d) 40.000 | 50.000,00 (c) |
| (f) 10.000,00 | |

| 6.2.2.1 Crédito Empenhado Liquidado **Pago** – Corrente | |
|---|---|
| | 40.000,00 (d) |

| 8.5.3.2 Empenhos **a Liquidar** Inscritos em RPNP – Corrente | |
|---|---|
| (e1) 10.000,00 | 10.000,00 (e) |

| 8.5.3.2 Empenhos **Liquidados** Inscritos em RPP – Corrente | |
|---|---|
| (f1) 10.000,00 | 10.000,00 (f) |

- Transferência – execução no exercício corrente/atual em 3 de janeiro de 20x1

| 6.3.1.7 RPNP – Inscrito no Exercício/ Transferência | |
|---|---|
| (e2a) 10.000,00 | 10.000,00 (e1) |

| 6.3.2.7 RPP – Inscritos no Exercício/ Transferência | |
|---|---|
| (f2a) 10.000,00 | 10.000,00 (f1) |

| 5.3.1.1 RPNP – Inscritos | |
|---|---|
| (e2b) 10.000,00 | |

| 5.3.1.7 RPNP – Inscrição no Exercício/ Transferência | |
|---|---|
| | 10.000,00 (e2b) |

| 5.3.2.1 RPP – Inscritos | |
|---|---|
| (f2b) 10.000,00 | |

| 5.3.2.7 RPP – Inscrição no Exercício/ Transferência | |
|---|---|
| | 10.000,00 (f2b) |

- Pagamento – execução no exercício corrente/atual em 8 de agosto de 20x1

| 6.3.1.1 RPNP **a Liquidar**/Exercício anterior – Despesa Corrente | |
|---|---|
| **(18) 10.000,00** | 10.000,00 (e2a) |

| 6.3.2.1 RPP **a Pagar**/Exercício anterior – Despesa Corrente | |
|---|---|
| (f3) 5.000,00 | 10.000,00 (f2a) |
| (18) 2.000,00 | |

| 6.3.2.2 RPP **Pagos** – Despesa Corrente | |
|---|---|
| | 5.000,00 (f3) |

- Cancelamento – execução no exercício corrente/atual em 20 de agosto de 20x1

| 6.3.1.9 RPNP **Cancelados** – Despesa Corrente | 6.3.2.9 RPP **Cancelados** – Despesa Corrente |
|---|---|
| 10.000,00 (18) | 2.000,00 (18) |

Nota: Observe que os lançamentos (e1a) e (f2a) são as transferências de saldos de RPNP e de RPP realizadas em 3 de janeiro de 20x1; já o (f3) é o pagamento de RPP em 8 de agosto de 20x1.

## Subsistema de controle

Lançamento no Livro Diário:

| Cidade, 8 de agosto 20x1. (Exercício atual) | | |
|---|---|---|
| D | 8.2.1.1.2.00.00 DDR Comprometida **por Empenho** – Corrente | 10.000,00 |
| D | 8.2.1.1.3.00.00 DDR Comprometida **por Liquidação** e Entradas Compensatórias – Corrente | 2.000,00 |
| C | 8.2.1.1.1.01.00 Recursos Disponíveis para o Exercício/**A utilizar** – Corrente | 12.000,00 |
| Histórico: registro do valor das disponibilidades de recursos disponíveis para o exercício, decorrente de cancelamento de RPP. | | |

**PCASP**

8.2.1.1.3.00.00 **Disponibilidade por Destinação de Recursos Comprometida por Liquidação e Entradas Compensatórias.** Conta de controle de disponibilidade financeira que registra o valor das disponibilidades de recursos comprometidas por ocasião da liquidação e de entradas compensatórias e não pagas/devolvidas.

8.2.1.1.1.00.00 **Disponibilidade por Destinação de Recursos.** Compreende o valor das disponibilidades de *recursos a utilizar*.

8.2.1.1.1.01.00 **Recursos Disponíveis para o Exercício – A utilizar.** Conta de controle de disponibilidade financeira que registra o valor das disponibilidades de *recursos a utilizar*, incluindo os recursos provenientes de exercícios anteriores e legalmente autorizados para utilização no exercício financeiro.

Lançamento em razonete:

- Lançamentos: (f) empenho e (f1) liquidação de RP realizados no exercício anterior em 20x0

| 7.2.1.1 Controle da Disponibilidade de Recursos **Recebidos** – Corrente | | 8.2.1.1 Execução da Disponibilidade por Destinação de Recursos **a Utilizar** – Corrente | |
|---|---|---|---|
| (si) 30.000,00 | | (f) 20.000,00 | 30.000,00 (si) |
| (3) 10.000,00 | | | 10.000,00 (3) |
| | | | 10.000,00 (18.1) |
| | | | 2.000,00 (18.2) |

- Lançamentos: (f2) pagamento e (18.1) e (18.2) cancelamento de RP realizados no exercício corrente/atual em 20x1

| 8.2.1.1.2 DDR Comprometida **por Empenho** – Corrente | |
|---|---|
| (f1) 10.000,00 | 20.000,00 (f) |
| (18.1) 10.000,00 | |

| 8.2.1.1.3 DDR Comprometida **por Liquidação** e Entrada Compensatória – Corrente | |
|---|---|
| (f2) 5.000,00 | 10.000,00 (f1) |
| (18.2) 2.000,00 | |

| 8.2.1.1.4 DDR **Utilizada** – Corrente | |
|---|---|
| | 5.000,00 (f2) |

(si) saldo inicial.
Conta 8.2.1.1.1.02.00 **Recursos de exercícios anteriores**. Valor das disponibilidades financeiras, recursos provenientes de exercícios anteriores, cuja execução depende de autorização.

## Subsistema patrimonial

**Fato contábil:** nos casos em que há ***desincorporação*** de obrigação a pagar ***no valor de $ 12.000,00***, ***haverá um*** **superavit** ***financeiro***, cujo atributo é "F", considerando que havia recursos disponibilizados para o pagamento por autorização orçamentária. Assim, no cancelamento de restos a pagar, deve-se alterar o atributo financeiro "F" para atributo "P", ou seja, ***disponibilizar o recurso não utilizado para aplicação futura***. Essa disponibilidade deve ser registrada a crédito em conta de controle de disponibilidade financeira – 8.2.1.1.1.01.00 Recursos disponíveis para o exercício/**A utilizar** – em contrapartida da baixa do valor da conta 8.2.1.1.3.00.00 DDR Comprometida por liquidação e entradas compensatórias, ***visto que o valor liquidado a pagar foi cancelado.***

Lançamento no Livro Diário:

| Cidade, 8 de agosto 20x1. (Exercício atual) | | |
|---|---|---|
| D | 2.1.3.1.1.01.01 Fornecedores Não Parcelados **a Pagar (F)** – Passivo Circulante | 12.000,00 |
| C | 2.1.3.1.1.01.01 Fornecedores Não Parcelados a **Pagar (P)** – Passivo Circulante | 12.000,00 |
| Histórico: pago valor cancelado de RPP com alteração do atributo financeiro "F" para atributo "P", disponibilizando o recurso não utilizado para aplicação futura. | | |

### PCASP

2.1.3.1.1.01.01 **Fornecedores Não Parcelados a Pagar (P).** Registra os valores a pagar não parcelados, ou seja, em uma única vez, aos fornecedores nacionais de bens, materiais e serviços envolvidos com as atividades operacionais da entidade.

**(P) Indicador para cálculo do *Superavit* financeiro.** Atributo utilizado para informar se as contas do Ativo e do Passivo são classificadas como Ativo/Passivo Financeiro ou Ativo/Passivo permanente, conforme definições do art. 105 da Lei n. 4.320, de 1964. Conforme o MCASP, esse indicador será dado pelas letras *"P" (Permanente) e "F" (Financeiro), entre parênteses, ao lado das contas de Ativo e de Passivo. Quando a natureza da conta puder constar saldos com atributo "P" e "F", constará da descrição da conta do PCASP a letra "X". Os entes poderão identificar esse atributo na própria conta contábil ou ainda por meio do detalhamento variável dessa conta (conta-corrente).*

2.2.3.1.1.01.01 **Fornecedores Não Parcelados a Pagar – Longo Prazo.** Conta patrimonial do passivo não circulante que registra os *valores a pagar não parcelados*, ou seja, em uma única vez, os fornecedores nacionais de bens, materiais e serviços envolvidos com as atividades operacionais do órgão/entidade.

Lançamento em razonete:

| 2.1.3.1 Fornecedores Não Parcelados a Pagar (F) – Passivo Circulante | |
|---|---|
| (f2) 5.000,00 | 15.000,00 (si) |
| (18.1) 10.000,00 | 10.000,00 (f1) |
| (18.2) 2.000,00 | |

(si) saldo inicial.

| 2.1.3.1 Fornecedores Não Parcelados a Pagar (P) – Passivo Circulante | |
|---|---|
| | 10.000,00 (18.1) |
| | 2.000,00 (18.2) |

## 9.20  ENCERRAMENTO DE RESTOS A PAGAR

O MCASP/STN estabelece que ao encerrar o exercício quanto aos saldos em contas de restos a pagar, grupo contábil orçamentário 5.3 – Inscrição de restos a pagar e 6.3 – Execução de restos a pagar, deve-se proceder o encerramento dos saldos, seguindo os procedimentos contábeis a seguir, para o caso de RPP. Vejamos.

**Fato contábil:** ao fim do exercício corrente 20x1, executa-se o encerramento das contas orçamentárias de RPP e de RPNP pelos seus saldos finais remanescentes, caso haja. Do exemplo em questão, verifica-se um saldo final remanescente de RPP de $ 3.000,00 que não foi efetivamente pago até 31 de dezembro do exercício corrente/atual. Ou seja, dos $ 10.000,0 de RPP, $ 7.000,00 foram dados baixa, sendo $ 5.000,00 pagos e $ 2.000,00 cancelados, restando $ 3.000,00 que serão lançados para a conta de RPP de Exercícios anteriores (5.3.2.2.0.00.00 RPP – Exercícios anteriores), conta que registra os valores de RPP relativos às despesas empenhadas, liquidadas e não pagas no exercício financeiro subsequente (20x1).

Também será encerrado o saldo de $ 10.0000,00 de RPNP, não executado no exercício corrente/atual, com fins de atender a dispositivo legal e ajustes administrativos necessários para a efetiva execução em 20x2, por meio de RPNP de Exercícios anteriores (5.3.1.2.0.00.00 RPNP – Exercícios anteriores).

Lançamento no Livro Diário:

| Cidade, 30 de dezembro 20x1. (Exercício atual) | | |
|---|---|---|
| D | 6.3.2.2.0.00.00 RPP **Pagos** – Despesa Corrente | 5.000,00 |
| D | 6.3.2.9.0.00.00 RPP **Cancelados** – Despesa Corrente | 2.000,00 |
| C | 5.3.2.1.0.00.00 Inscrição de RPP | 7.000,00 |
| Histórico: encerramento das contas orçamentárias de RPP não pagos ao fim do exercício corrente 20x1, estorno dos saldos não executados. | | |

**PCASP**

5.3.2.1.0.00.00 **RPP – Inscritos.** Compreende o somatório dos valores inscritos em RPP relativos às despesas empenhadas, liquidadas e *não pagas no exercício financeiro em que foi empenhado*.

6.3.2.2.0.00.00 **RPP Pagos.** Conta orçamentária de execução de RP que registra o valor dos RPP pagos.

6.3.1.9.0.00.00 **RPNP Cancelados.** Conta orçamentária de execução de RP que registra o cancelamento de RPNP por insuficiência de recursos, pela inscrição indevida ou para atender a dispositivo legal.

6.3.2.9.0.00.00 **RPP Cancelados.** Conta orçamentária de RP que registra o cancelamento de RPP por insuficiência de recursos, pela inscrição indevida ou para atender a dispositivo legal.

Lançamento no Livro Diário:

| Cidade, 30 de dezembro 20x1. (Exercício atual) | | |
|---|---|---|
| D | 6.3.1.9.0.00.00 RPNP **Cancelados** – Despesa Corrente | 10.000,00 |
| C | 5.3.1.2.0.00.00 RPNP – **Exercícios Anteriores** – Despesa Corrente | 10.000,00 |
| Histórico: encerramento das contas orçamentárias de RPNP ao fim do exercício corrente 20x1, pela transferência dos saldos não executados, mas que deverão ser executados em 20x2. | | |

**PCASP**

5.3.1.0.0.00.00 **Inscrição de RPNP.** Conta de controle de aprovação de RP que registra o somatório dos valores inscritos em RPNP relativos às despesas empenhadas e não liquidadas.

5.3.1.2.0.00.00 **RPNP – Exercícios Anteriores.** Conta de controle de aprovação orçamentária de RP que registra o valor de RPNP relativo a exercícios anteriores que *não foram cancelados porque tiveram seu prazo de validade prorrogado*.

## Lançamento no Livro Diário:

| Cidade, 30 de dezembro 20x1. (Exercício atual) | |
|---|---|
| D 6.3.2.1.0.00.00 RPNP **a Pagar** | 3.000,00 |
| C 5.3.2.2.0.00.00 RPNP – Exercícios Anteriores/Não pagos | 3.000,00 |
| Histórico: transferência de saldo das contas orçamentárias de RPP Inscrição no exercício anterior (20x0) e não pagos até fim do exercício corrente 20x1. | |

**PCASP**

5.3.2.0.0.00.00 **Inscrição de RPP.** Compreende o somatório dos valores inscritos em RPP.

5.3.2.2.0.00.00 **RPP – Exercícios Anteriores.** Conta de controle de RP que registra os valores de RPP relativos às despesas empenhadas, liquidadas e *não pagas no exercício financeiro subsequente*.

6.3.2.1.0.00.00 **RPP a Pagar.** Conta de controle de execução de RP que registra o valor dos RPP e não pagos.

## Lançamento em razonete:

- Inscrição de RPNP e de RPP no exercício origem/anterior em 30 de dezembro de 20x0

| 6.2.2.1.1 Crédito Disponível – Corrente | |
|---|---|
| (b) 60.000,00 | 70.000,00 (a) |

| 6.2.1.1.3 Crédito Empenhado **a Liquidar** – Corrente | |
|---|---|
| (c) 50.000,00 | 60.000,00 (b) |
| (e) 10.000,00 | |

| 6.2.2.1 Crédito Empenhado Liquidado **a Pagar** – Corrente | |
|---|---|
| (d) 40.000,00 | 50.000,00 (c) |
| (f) 10.000,00 | |

| 6.2.2.1 Crédito Empenhado Liquidado **Pago** – Corrente | |
|---|---|
| | 40.000,00 (d) |

| 8.5.3.2 Empenhos **a Liquidar** Inscritos em RPNP – Corrente | |
|---|---|
| (e1) 10.000,00 | 10.000,00 (e) |

| 8.5.3.2 Empenhos **Liquidados** Inscritos em RPP – Corrente | |
|---|---|
| (f1) 10.000,00 | 10.000,00 (f) |

- Transferência – Execução no exercício corrente/atual em 3 de janeiro de 20x1

| 6.3.1.7 RPNP – Inscritos no Exercício/ Transferência | |
|---|---|
| (e2a) 10.000,00 | 10.000,00 (e1) |

| 6.3.2.7 RPP – Inscritos no Exercício/ Transferência | |
|---|---|
| (f2a) 10.000,00 | 10.000,00 (f1) |

| 5.3.1.1 RPNP – Inscritos | |
|---|---|
| (e2b) 10.000,00 | |

| 5.3.1.7 RPNP – Inscrição no Exercício/ Transferência | |
|---|---|
| | 10.000,00 (e2b) |

| 5.3.2.1 RPP – Inscritos | |
|---|---|
| (f2b) 10.000,00 | 7.000,00 (18.1) |

| 5.3.2.7 RPP – Inscrição no Exercício/ Transferência | |
|---|---|
| | 10.000,00 (f2b) |

- Pagamento – execução no exercício corrente/atual em 8 de agosto de 20x1

| 6.3.1.1 RPNP **a Liquidar**/Exercício anterior – Despesa Corrente | |
|---|---|
| (18) 10.000,00 | 10.000,00 (e2a) |

| 6.3.2.1 RPP **a Pagar**/Exercício anterior – Despesa Corrente | |
|---|---|
| (f3) 5.000,00 | 10.000,00 (f2a) |
| (18) 2.000,00 | |
| (18.1b) 3.000,00 | |

| RPP **Pagos** – Despesa Corrente | |
|---|---|
| (18.1) 5.000,00 | 5.000,00 (f3) |

- Cancelamento – execução no exercício corrente/atual em 20 de agosto de 20x1

| 6.3.1.9 RPNP **Cancelados** – Despesa Corrente | |
|---|---|
| (18.1a) 10.000,00 | 10.000,00 (18) |

| 6.3.2.9 RPP **Cancelados** – Despesa Corrente | |
|---|---|
| (18.1) 2.000,00 | 2.000,00 (18) |

- Encerramento – execução no exercício corrente/atual em 30 de dezembro de 20x1

| 5.3.1.2 RPP – Exercícios Anteriores | |
|---|---|
| | 10.000,00 (18.1a) |

| 5.3.2.2 RPP – Exercícios Anteriores | |
|---|---|
| | 3.000,00 (18.1b) |

Nota: (18.1) Lançamentos de encerramento de **RP do exercício não executados**; (18.1a e 18.1b) Lançamentos de transferência de saldos de **RP não executados** (RPNP não liquidados e RPP não pagos) até 31 de dezembro de 20x1 e que **deverão ser executados ou cancelados em 20x2**.

## 9.21 RESUMO DAS CONTAS E DOS LANÇAMENTOS CONTÁBEIS

### 9.21.1 Subsistema orçamentário das receitas e das despesas – planejamento e execução

- Aprovação do planejamento e orçamento – exercício 20x1

| Previsão Inicial da Receita | |
|---|---|
| (1) 100.000,00 | |

| Receita **a Realizar** – Corrente | |
|---|---|
| | 70.000,00 (1) |

| Previsão Adicional da Receita – Reestimativa/ Operação de Crédito – Capital | |
|---|---|
| (6.1) 9.000,00 | |
| 109.000,00 | |

| Receita **a Realizar** – Capital | |
|---|---|
| | 30.000,00 (1) |
| | 9.000,00 (6.1) |
| | 109.000,00 |

• Créditos adicionais orçamentários

| Dotação Inicial da Despesa | |
|---|---|
| (2) 100.000,00 | |

| Crédito Disponível – Corrente | |
|---|---|
| | 70.000,00 (2) |

| Anulação de Dotação – Capital | |
|---|---|
| | 9.000,00 (5) |

| Crédito Disponível – Capital | |
|---|---|
| (5) 9.000,00 | 30.000,00 (2) |
| | 9.000,00 (5.1) |
| | 9.000,00 (6) |
| 9.000,00 | 118.000,00 (soma) |
| | 109.000,00 |

| Dotação Adicional por Tipo de Crédito – Suplementar/Anulação Capital | |
|---|---|
| (5.1) 9.000,00 | |

| Dotação Adicional por Tipo de Crédito – Especial/Operação de Crédito | |
|---|---|
| (6) 9.000,00 | |
| (soma) 118.000,00 | 9.000,00 |
| 109.000,00 | |

• Execução orçamentária da receita

| Previsão Inicial da Receita | |
|---|---|
| (1) 100.000,00 | |
| 100.000,00 | |

| Receita **Realizada** – Corrente | |
|---|---|
| | 10.000,00 (3) |
| | 10.000,00 |

| Previsão Adicional da Receita/Reestimativa/ Operação de Crédito – Capital | |
|---|---|
| (6.1) 9.000,00 | |
| 9.000,00 | |
| 109.000,00 | |

| Receita **a Realizar** – Corrente | |
|---|---|
| (3) 10.000,00 | 70.000,00 (1) |
| 10.000,00 | 70.000,00 |

| Receita **a Realizar** – Capital | |
|---|---|
| (10) 9.000,00 | 30.000,00 (1) |
| (11) 13.000,00 | 9.000,00 (6.1) |
| (12) 10.000,00 | |
| 32.000,00 | 39.000,00 |
| | 109.000,00 |

| Receita **Realizada** – Capital | |
|---|---|
| | 9.000,00 (10) |
| | 13.000,00 (11) |
| | 10.000,00 (12) |
| | 32.000,00 |

## Execução orçamentária da despesa

- ### Execução orçamentária – despesa corrente

| Crédito Disponível – Corrente | |
|---|---|
| (4) 7.000,00 | 70.000,00 (2) |
| (7) 3.000,00 | |
| (13) 6.000,00 | |
| (15) 800,00 | |
| (16) 500,00 | |
| 17.300,00 | |

| Crédito Empenhado **a Liquidar** – Corrente | |
|---|---|
| (4.1) 7.000,00 | 7.000,00 (4) |
| (7.1) 3.000,00 | 3.000,00 (7) |
| (13.1) 6.000,00 | 6.000,00 (13) |
| (15.1) 800,00 | 800,00 (15) |
| (16.1) 500,00 | 500,00 (16) |
| 17.300,00 | 17.300,00 |

| Crédito Empenhado Liquidado **a Pagar** – Corrente | |
|---|---|
| (4.2) 7.000,00 | 7.000,00 (4.1) |
| (7.2) 3.000,00 | 3.000,00 (7.1) |
| (13.2) 6.000,00 | 6.000,00 (13.1) |
| (15.2) 800,00 | 800,00 (15.1) |
| (16.2) 500,00 | 500,00 (16.1) |
| 17.300,00 | 17.300,00 |

| Crédito Empenhado Liquidado **Pago** – Corrente | |
|---|---|
| | 7.000,00 (4.2) |
| | 3.000,00 (7.2) |
| | 6.000,00 (13.2) |
| | 800,00 (15.2) |
| | 500,00 (16.2) |
| | 17.300,00 |

- ### Execução orçamentária – despesa de capital

| Crédito Disponível – Capital | |
|---|---|
| (5) 9.000,00 | 30.000,00 (2) |
| (9) 12.000,00 | 9.000,00 (5.1) |
| (14) 10.000,00 | 9.000,00 (6) |
| 31.000,00 | 31.000,00 |

| Crédito Empenhado **a Liquidar** – Capital | |
|---|---|
| (9.1) 12.000,00 | 12.000,00 (9) |
| (14.1) 10.000,00 | 10.000,00 (14) |
| 22.000,00 | 22.000,00 |

| Crédito Empenhado Liquidado **a Pagar** – Capital | |
|---|---|
| (9.2) 12.000,00 | 12.000,00 (9.1) |
| (14.2) 10.000,00 | 10.000,00 (14.1) |
| 22.000,00 | 22.000,00 |

| Crédito Empenhado Liquidado **Pago** – Capital | |
|---|---|
| | 12.000,00 (9.2) |
| | 10.000,00 (14.2) |
| | 22.000,00 |

## 9.21.1.1 Subsistema orçamentário de restos a pagar – inscrição, transferência, pagamento, cancelamento e encerramento

- Inscrição de RPNP e de RPP no exercício origem/anterior em 30 de dezembro de 20x0

| Crédito Disponível – Corrente | |
|---|---|
| (b) 60.000,00 | 70.000,00 (a) |
| | 10.000,00 |

| Crédito Empenhado **a Liquidar** – Corrente | |
|---|---|
| (c) 50.000,00 | 60.000,00 (b) |
| (e) 10.000,00 | |

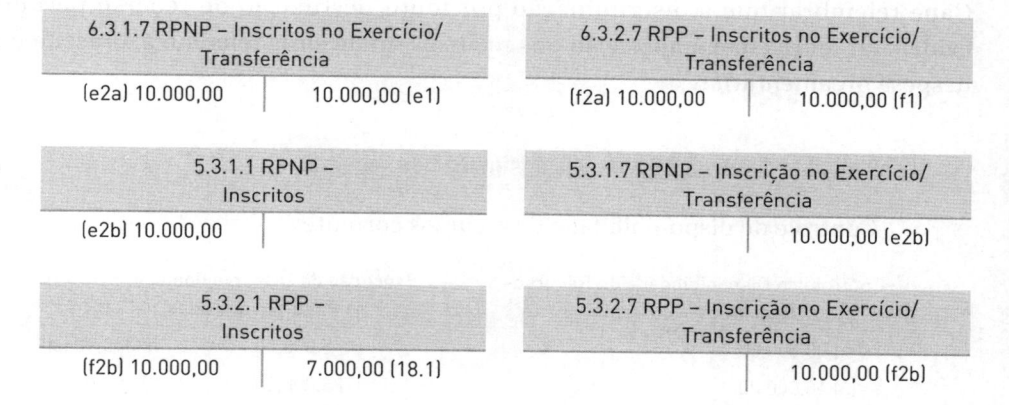

| Crédito Empenhado Liquidado **a Pagar** – Corrente | |
|---|---|
| (d) 40.000,00 | 50.000,00 (c) |
| (f) 10.000,00 | |

| Crédito Empenhado Liquidado **Pago** – Corrente | |
|---|---|
| | 40.000,00 (d) |

| Empenhos **a Liquidar** Inscritos em RPNP – Corrente | |
|---|---|
| (e1) 10.000,00 | 10.000,00 (e) |

| Empenhos **Liquidados** Inscritos em RPP – Corrente | |
|---|---|
| (f1) 10.000,00 | 10.000,00 (f) |

- Transferência (e2a, f2a) – execução no exercício corrente/atual – 3 de janeiro de 20x1

| 6.3.1.7 RPNP – Inscritos no Exercício/ Transferência | |
|---|---|
| (e2a) 10.000,00 | 10.000,00 (e1) |

| 6.3.2.7 RPP – Inscritos no Exercício/ Transferência | |
|---|---|
| (f2a) 10.000,00 | 10.000,00 (f1) |

| 5.3.1.1 RPNP – Inscritos | |
|---|---|
| (e2b) 10.000,00 | |

| 5.3.1.7 RPNP – Inscrição no Exercício/ Transferência | |
|---|---|
| | 10.000,00 (e2b) |

| 5.3.2.1 RPP – Inscritos | |
|---|---|
| (f2b) 10.000,00 | 7.000,00 (18.1) |

| 5.3.2.7 RPP – Inscrição no Exercício/ Transferência | |
|---|---|
| | 10.000,00 (f2b) |

- Pagamento (f3) – execução no exercício corrente/atual – 8 de agosto de 20x1

| 6.3.1.1 RPNP **a Liquidar**/Exercício anterior – Despesa Corrente | |
|---|---|
| (18) 10.000,00 | 10.000,00 (e2a) |

| 6.3.2.1 RPP **a Pagar**/Exercício anterior – Despesa Corrente | |
|---|---|
| (f3) 5.000,00 | 10.000,00 (f2a) |
| (18) 2.000,00 | |
| (18.1b) 3.000,00 | |

| RPP **Pagos** – Despesa Corrente | |
|---|---|
| (18.1) 5.000,00 | 5.000,00 (f3) |

- Cancelamento (18.1) – Execução no exercício corrente/atual – 20 de agosto de 20x1

| 6.3.1.9 RPNP Cancelados – Despesa Corrente | |
|---|---|
| (18.1a) 10.000,00 | 10.000,00 (18) |

| 6.3.2.9 RPP Cancelados – Despesa Corrente | |
|---|---|
| (18.1) 2.000,00 | 2.000,00 (18) |

- Encerramento – Execução no exercício corrente/atual – 30 de dezembro de 20x1

| 5.3.1.2 RPP – Exercícios Anteriores | 5.3.2.2 RPP – Exercícios Anteriores |
|---|---|
| 10.000,00 [18.1a) | 3.000,00 [18.1b) |

Nota: (18.1) Lançamentos de encerramento de RP do exercício **não executados**; (18.1a e 18.1b) Lançamentos de transferência de saldos de **RP não executados** (RPNP não liquidados e RPP não pagos) até 31 de dezembro de 20x1 e que **deverão ser executados ou cancelados em 20x2**.

## 9.21.2 Subsistema de controle das disponibilidades financeiras – execução orçamentária por fonte de recursos

Cabe relembrar que a discriminação por fonte/destinação de recurso permite evidenciar a origem e a aplicação dos recursos financeiros referentes à receita e à despesa orçamentárias.

### Controle das disponibilidades por destinação de recursos

- Controle de disponibilidade de recursos corrente

| Controle da Disponibilidade de Recursos **Recebidos** – Corrente | | Execução da Disponibilidade por Destinação de Recursos **a Utilizar** – Corrente | |
|---|---|---|---|
| (si) 30.000,00 | | (4) 7.000,00 | 30.000,00 (si) |
| (3) 10.000,00 | | (7) 3.000,00 | 10.000,00 (3) |
| (12) 10.000,00 | | (13) 6.000,00 | 10.000,00 (12) |
| 50.000,00 | | (15) 800,00 | |
| | | (16) 500,00 | |
| | | 17.300,00 | 50.000,00 |

| DDR Comprometida **por Empenho** – Corrente | | DDR Comprometida **por Liquidação** e Entrada Compensatória – Corrente | |
|---|---|---|---|
| (4.1) 7.000,00 | 7.000,00 (4) | (4.2) 7.000,00 | 7.000,00 (4.1) |
| (7.1) 3.000,00 | 3.000,00 (7) | (7.2) 3.000,00 | 3.000,00 (7.1) |
| (13.1) 6.000,00 | 6.000,00 (13) | (13.2) 6.000,00 | 6.000,00 (13.1) |
| (15.1) 800,00 | 800,00 (15) | (15.2) 800,00 | 800,00 (15.1) |
| (16.1) 500,00 | 500,00 (16) | (16.2) 500,00 | 500,00 (16.1) |
| 17.300,00 | 17.300,00 | 17.300,00 | 17.300,00 |

(si) saldo inicial.

- Controle de disponibilidade de recursos de capital

| DDR **Utilizada** – Corrente | |
|---|---|
| | 7.000,00 (4.2) |
| | 3.000,00 (7.2) |
| | 6.000,00 (13.2) |
| | 800,00 (15.2) |
| | 500,00 (16.2) |
| | 17.300,00 |

| Controle da Disponibilidade de Recursos **Recebidos** – Capital | |
|---|---|
| (si) 50.000,00 | |
| (10) 9.000,00 | |
| (11) 13.000,00 | |
| 72.000,00 | |

| Execução da Disponibilidade por Destinação de Recursos **a Utilizar** – Capital | |
|---|---|
| (9) 12.000,00 | 50.000,00 (si) |
| (14) 10.000,00 | 9.000,00 (10) |
| | 13.000,00 (11) |
| 22.000,00 | 72.000,00 |

| DDR Comprometida **por Empenho** – Capital | |
|---|---|
| (9.1) 12.000,00 | 12.000,00 (9) |
| (14.1) 10.000,00 | 10.000,00 (14) |
| 22.000,00 | 22.000,00 |

| DDR Comprometida **por Liquidação** e Entrada Compensatória – Capital | |
|---|---|
| (9.2) 12.000,00 | 12.000,00 (9.1) |
| (14.2) 10.000,00 | 10.000,00 (14.1) |
| 22.000,00 | 22.000,00 |

| DDR **Utilizada** – Capital | |
|---|---|
| | 12.000,00 (9.2) |
| | 10.000,00 (14.2) |
| | 22.000,00 |

(si) saldo inicial.

## 9.21.2.1 Subsistema de controle das disponibilidades financeiras – de restos a pagar

### Inscrição, cancelamento, pagamento e encerramento de restos a pagar

- Lançamentos: (f) empenho e (f1) liquidação de RP realizados no exercício anterior em 20x0

| Controle da Disponibilidade de Recursos **Recebidos** – Corrente | |
|---|---|
| (si) 30.000,00 | |
| (3) 10.000,00 | |
| 40.000,00 | |

| Execução da Disponibilidade por Destinação de Recursos **a Utilizar** – Corrente | |
|---|---|
| (f) 20.000,00 | 30.000,00 (si) |
| | 10.000,00 (3) |
| | 10.000,00 (18.1) |
| | 2.000,00 (18.2) |
| 20.000,00 | 52.000,00 |

(si) saldo inicial.

- Lançamentos: (f2) pagamento e (18.1) e (18.2) cancelamentos de RP realizados no exercício corrente/atual em 20x1

| DDR Comprometida **por Empenho** – Corrente | |
| --- | --- |
| (f1) 10.000,00 | 20.000,00 (f) |
| (18.1) 10.000,00 | |
| 20.000,00 | 20.000,00 |

| DDR Comprometida **por Liquidação** e Entrada Compensatória – Corrente | |
| --- | --- |
| (f2) 5.000,00 | 10.000,00 (f1) |
| (18.2) 2.000,00 | |
| 7.000,00 | 10.000,00 |

| DDR **Utilizada** – Corrente | |
| --- | --- |
| | 5.000,00 (f2) |

(si) saldo inicial.
Conta 8.2.1.1.1.02.00 **Recursos de exercícios anteriores**. Valor das disponibilidades financeiras, recursos provenientes de exercícios anteriores, cuja execução depende de autorização.

## 9.21.3 Subsistema patrimonial

### Ativo, Passivo, Patrimônio Líquido, VPD e VPA

- Contas patrimoniais de Ativo, de Passivo e do Patrimônio Líquido

| 1.1.1.1 Caixa e Equivalentes de Caixa em Moeda Nacional – Ativo Circulante | |
| --- | --- |
| (si) 80.000,00 | 7.000,00 (4.2) |
| (3) 10.000,00 | 3.000,00 (7.2) |
| (10) 9.000,00 | 12.000,00 (9.2) |
| (11) 13.000,00 | 10.000,00 (14.2) |
| (16) 5.000,00 | 800,00 (15.2) |
| | 5.500,00 (16.2) |
| | 5.000,00 (f2) |
| 73.300,00 | |

| 2.1.3.1 Fornecedores e Contas a Pagar Nacionais a Curto Prazo (F) – Passivo Circulante | |
| --- | --- |
| (4.2) 7.000,00 | 25.000,00 (si) |
| (7.2) 3.000,00 | 7.000,00 (4.1) |
| (9.2) 12.000,00 | 3.000,00 (7.1) |
| (13.2) 6.000,00 | 12.000,00 (9.1) |
| | 6.000,00 (13.1) |
| | 25.000,00 |

| 1.1.1.1.1.19 Bancos Conta Movimento/Demais Contas – Conta Especial de Convênio – União | |
| --- | --- |
| (si) 5.000,00 | 6.000,00 (13.2) |
| (12) 10.000,00 | |
| 9.000,00 | |

| 2.1.3.1.1.01.01 Fornecedores Não Parcelados **a Pagar** – Passivo Circulante (F) | |
| --- | --- |
| (f2) 5.000,00 | 15.000,00 (si) |
| (18.1) 10.000,00 | 10.000,00 (f1) |
| (18.2) 2.000,00 | |
| | 12.000,00 |

| 1.1.2.1 Créditos Tributários **a Receber** (P) – Ativo Circulante | |
|---|---|
| (si) 15.000,00 | 10.000,00 (3) |
| (1.1) 20.000,00 | |
| 25.000,00 | |

| 2.1.3.1.1.01.01 Fornecedores Não Parcelados **a Pagar** – Passivo Circulante (P) | |
|---|---|
| | 10.000,00 (18.1) |
| | 2.000,00 (18.2) |
| | 12.000,00 |

| 1.1.3.1 Suprimento de Fundos – Adiantamentos Concedidos – Ativo Circulante | |
|---|---|
| (15.1) 800,00 | 800,00 (15.3) |
| 0,00 | |

| 2.1.2.1 Antecipação da Receita Orçamentária **a Pagar** – Passivo Circulante | |
|---|---|
| (16.2) 5.000,00 | 5.000,00 (16) |
| | 0,00 |

| 1.1.5.6 Almoxarifado – Material de Consumo – Estoque – Ativo Circulante (P) | |
|---|---|
| (si) 10.000,00 | 500,00 (8) |
| (7.2) 3.000,00 | |
| 12.500,00 | |

| 2.1.8.9 Suprimento de Fundos a Pagar – Outras Obrigações de Curto Prazo – Passivo Circulante | |
|---|---|
| 800,00 (15.2) | 800,00 (15.1) |
| | 0,00 |

| 1.2.3.1 Bens móveis – Ativo Imobilizado – Ativo Circulante | |
|---|---|
| (si) 4.000,00 | 9.000,00 (10) |
| (9.1) 12.000,00 | |
| 7.000,00 | |

| 2.2.2.4 Financiamento a Longo Prazo – Externo – Passivo Não Circulante | |
|---|---|
| (14.2) 10.000,00 | 22.000,00 (si) |
| | 12.000,00 |

| 1.2.3.2 Bens Imóveis – Ativo Imobilizado | |
|---|---|
| (si) 26.0000,00 | 13.000,00 (11) |
| 13.000,00 | |

| 2.3.0.0 *Superavits* ou *Deficits* de Exercícios Anteriores – Resultados Acumulados – Patrimônio Líquido | |
|---|---|
| | 10.000,00 (si) |
| | 88.000,00 (si) |
| | 5.200,00 (*superavit*) |
| | 103.200,00 |

| Patrimônio Social e Capital Social | |
|---|---|
| | 10.000,00 (si) |

| Resultados Acumulados | | |
|---|---|---|
| | | 88.000,00 (si) |
| *superavit* | | 5.200,00 (20.7) |
| | | 93.200,00 |

(si) saldo inicial.

- Contas de apuração de resultado patrimonial – VPD e VPA

| 3.3.2.3 Serviços de Terceiros PJ – VPD | |
|---|---|
| (4.1) 7.000,00 | |
| (13.1) 6.000,00 | |
| (f1) 10.000,00 | |
| 23.000,00 | 23.000,00 (20.3) |

| 4.1.1.2 Impostos sobre Patrimônio e a Renda/IPTU – VPA | |
|---|---|
| | 20.000,00 (1.1) |
| (20.1) 20.000,00 | 20.000,00 |

| 3.3.1.1 Consumo de Material – Consolidação – VPD | |
|---|---|
| (8) 500,00 | |
| 500,00 | 500,00 (20.4) |

| 4.5.2.3 Transferências Voluntárias – VPA – Inter OFSS | |
|---|---|
| | 10.000,00 (12) |
| (20.2) 10.000,00 | 10.000,00 |

| 3.3.2.2 Serviços de Terceiros PF – VPD | |
|---|---|
| (15.3) 800,00 | |
| 800,00 | 800,00 (20.5) |

| Apuração Resultado Patrimonial | |
|---|---|
| (20.3) 23.000,00 | 20.000,00 (20) |
| (20.4) 500,00 | 10.000,00 (20.2) |
| (20.5) 800,00 | |
| (20.6) 500,00 | |
| 24.800,00 | 30.000,00 |
| (20.7) 5.200,00 | Superavit |

| 3.4.1.4 Juros sem Adiantamentos Bancários/ ARO – VPD | |
|---|---|
| (16.2) 500,00 | |
| 500,00 | 500,00 (20.6) |

(si) saldo inicial.

# ÍNDICE REMISSIVO

# REFERÊNCIAS

ACQUAVIVA, M. C. *Dicionário jurídico brasileiro Acquaviva*. São Paulo: Jurídica Brasileira, 1995.

_____. *Teoria geral do estado*. 2. ed. São Paulo: Saraiva, 2000.

AGUIAR, A. G. *A Lei n. 4.320, de 1964 comentada:* ao alcance de todos. Fortaleza: Inesp, 1997.

ANDRADE, N. A. *Contabilidade pública na gestão municipal:* novos métodos após a LC n. 101, de 2000 e as classificações contábeis advindas da SOF e STN. São Paulo: Atlas, 2002.

ARAÚJO, I. P. S. *Introdução à contabilidade*. 2. ed. Salvador: [s.n.], 1998.

ARAÚJO, I. P. S. *Introdução à contabilidade*. Salvador: [s.n.], 2002.

ARAÚJO, I. P. S.; ARRUDA, D. G. *Introdução à contabilidade governamental*. Salvador: Zênite, 1999.

ARGENTINA. Ministerio de economía y obras y servicios públicos. *Normativa de la administración financiera del sector público nacional*. Buenos Aires: Secretaría de Hacienda, 1996. CD-ROM.

ARISTÓTELES. *Política*. São Paulo: Martin Claret, 2002.

ASSOCIAÇÃO BRASILEIRA DE ORÇAMENTO PÚBLICO (ABOP). Glossário de termos orçamentários e afins. *ABOP*, Brasília, n. 33, terceiro quadrimestre de 1992.

AZAMBUJA, D. *Teoria geral do estado*. 35. ed. São Paulo: Globo, 1996.

BAHIA. Secretaria da Fazenda. *Parâmetros para uma gestão fiscal responsável:* Lei de Responsabilidade Fiscal. Lei Complementar n. 101, de 4 de maio de 2000. Salvador: Sefaz, 2000.

BAHIA. Secretaria do Planejamento, Ciência e Tecnologia. *Manual de orçamento programa* (MOP). Salvador, 1998.

BALEEIRO, A. *Uma introdução à ciência das finanças*. 6. ed. Rio de Janeiro: Forense, 1995.

BRASIL. CASA CIVIL DA PRESIDÊNCIA DA REPÚBLICA. *Decreto-Lei n. 200, de 25 de fevereiro de 1967*. Dispõe sobre a organização da Administração Federal, estabelece diretrizes para a Reforma Administrativa e dá outras providências. Disponível em: http://www.planalto.gov.br/ccivil_03/decreto-lei/del0200.htm. Acesso em: 2 set. 2019.

_____; _____. *Decreto-Lei n. 1.990, de 31 de janeiro de 1940*. Dispõe sobre a organização da Contadoria Geral da República e dá outras providências. Disponível em: http://www.planalto.gov.br/ccivil_03/Decreto-Lei/1937-1946/Del1990.htm. Acesso em: 2 set. 2019.

_____; _____. *Decreto n. 2.829, de 29 de outubro de 1998*. Estabelece normas para a elaboração e execução do Plano Plurianual e dos Orçamentos da União, e dá outras providências. Disponível em: http://www.planalto.gov.br/ccivil_03/decreto/D2829.htm. Acesso em: 2 set. 2019.

BRASIL. CASA CIVIL DA PRESIDÊNCIA DA REPÚBLICA. *Decreto Federal n. 93.872, de 23 de dezembro de 1986*. Dispõe sobre a unificação dos recursos de caixa do Tesouro Nacional, atualiza e consolida a legislação pertinente e dá outras providências. Disponível em http://www.planalto. gov.br/ccivil_03/decreto/D93872.htm. Acesso em: 2 set. 2019.

_____; _____. *Lei n. 6.830, de 22 de setembro de 1980*. Dispõe sobre a cobrança judicial da dívida ativa da Fazenda Pública e dá outras providências. Disponível em: http://www.planalto.gov. br/ccivil_03/leis/l6830.htm. Acesso em: 2 set. 2019.

_____; _____. *Lei n. 9.430, de 27 de dezembro de 1996*. Dispõe sobre a legislação tributária federal, as contribuições para a seguridade social, o processo administrativo de consulta e dá outras providências. Disponível em: http://www.planalto.gov.br/ccivil_03/leis/l9430.htm. Acesso em: 2 set. 2019.

_____; _____. *Lei n. 11.638, de 28 de dezembro de 2007*. Altera e revoga dispositivos da Lei n. 6.404, de 15 de dezembro de 1976, e da Lei n. 6.385, de 7 de dezembro de 1976, e estende às sociedades de grande porte disposições relativas à elaboração e divulgação de demonstrações financeiras. Disponível em: http://www.planalto.gov.br/ccivil_03/_ato2007-2010/2007/lei/l11638.htm. Acesso em: 2 set. 2019.

_____; _____. *Lei n. 13.097, de 19 de janeiro de 2015*. Altera art. 8º da Lei n. 9.430, de 27 de dezembro de 1996, que trata Das Perdas no Recebimento de Créditos na Determinação do Lucro Real e da Base de Cálculo da Contribuição Social sobre o Lucro Líquido. Disponível em: http://www. planalto.gov.br/ccivil_03/_Ato2015-2018/2015/Lei/L13097.htm. Acesso em: 2 set. 2019.

_____. COMISSÃO DE VALORES MOBILIÁRIOS DO BRASIL. *Instrução CVM n. 457, de 13 de julho de 2007*. Dispõe sobre a elaboração e divulgação das demonstrações financeiras consolidadas, com base no padrão contábil internacional emitido pelo International Accounting Standards Board (IASB). (*DOU* de 16 jul. 2007). Disponível em: http://www.cvm.gov.br/legislacao/instrucoes/inst457. html. Acesso em: 2 set. 2019.

_____. *Constituição Federal (1988)*. Constituição da República Federativa do Brasil. 29. ed. São Paulo: Saraiva, 2002.

_____. *Constituição do Império de 1824, art.* 72. Disponível em: http://www.planalto.gov.br/ ccivil_03/Constituicao/Constituicao24.htm. Acesso em: 2 set. 2019.

_____. *Lei Complementar n. 101, de 4 de maio de 2000*. Estabelece normas de finanças públicas voltadas para a responsabilidade na gestão fiscal e dá outras providências. *Diário Oficial da República Federativa do Brasil*. Brasília, DF, 5 maio 2000. Disponível em: http://www.planalto.gov.br/ccivil_03/ leis/lcp/lcp101.htm. Acesso em: 2 set. 2019.

_____. *Lei n. 4.320, de 17 de março de 1964*. Estatui normas gerais de direito financeiro para elaboração e controle dos orçamentos e balanços da União, dos Estados, dos Municípios e do Distrito Federal. *Diário Oficial da República Federativa do Brasil*. Brasília, DF, 23 mar. 1964. Disponível em: http://www.planalto.gov.br/ccivil_03/leis/l4320.htm. Acesso em: 2 set. 2019.

_____. *Lei n. 8.666, de 21 de junho de 1993*. Regulamenta o art. 37, XXI da Constituição Federal, institui normas para licitações e contratos da Administração Pública e dá outras providências. *Diário Oficial da República Federativa do Brasil*. Brasília, DF, 22 jun. 1993. Disponível em: http:// www.planalto.gov.br/ccivil_03/leis/l8666cons.htm. Acesso em: 2 set. 2019.

_____. MINISTÉRIO DO PLANEJAMENTO E COORDENAÇÃO GERAL. *Manual do orçamento por programa e atividade*. Tradução da Organização das Nações Unidas. Rio de Janeiro, 1962.

BRASIL. MINISTÉRIO DO PLANEJAMENTO, DESENVOLVIMENTO E GESTÃO. *Portaria n. 42, de 14 de abril de 1999 (atualizada).* Atualiza a discriminação da despesa por funções de que tratam o inciso I do § 1º do art. 2º e § 2º do art. 8º, ambos da Lei n. 4.320, de 17 de março de 1964, estabelece os conceitos de função, subfunção, programa, projeto, atividade, operações especiais, e dá outras providências. Disponível em: http://www.planejamento.gov.br/assuntos/orcamento-1/legislacao/legislacao/portaria-mog-42_1999_atualizada_23jul2012-1.doc/view. Acesso em: 2 set. 2019.

_____. MINISTÉRIO DO PLANEJAMENTO E ORÇAMENTO DA UNIÃO. *Portaria n. 117, de 12 de novembro de 1998.* Atualiza a discriminação da despesa por funções de que tratam o inciso I do § 1º do art. 2º e § 2º do art. 8º, ambos da Lei n. 4.320, de 17 de março de 1964, estabelece os conceitos de função, subfunção, programa, projeto, atividade, operações especiais e dá outras providências. Disponível em: http://www.orcamentofederal.gov.br/orcamentos-anuais/orcamento-1998/Portaria_Ministerial_ 117_121198.pdf. Acesso em: 2 set. 2019.

_____. SECRETARIA DE ORÇAMENTO FEDERAL E SECRETARIA DE GESTÃO PÚBLICA DO MINISTÉRIO DO PLANEJAMENTO, ORÇAMENTO E GESTÃO. *Portaria Conjunta n. 5, de 25 de agosto de 2015. Diário Oficial da União,* 12 ago. 2015, seção I, p. 60.

_____. SECRETARIA DO TESOURO NACIONAL. *Portaria Interministerial STN/SOF n. 5/2015.* Altera o Anexo I e os arts. 2º e 4º da Portaria Interministerial STN/SOF n. 163, de 4 de maio de 2001. Disponível em: http://www.tesouro.fazenda.gov.br/documents/10180/490901/Item_2_4a_Portaria_Interministerial_SOF_STN_05_2015.pdf/a966d811-2f21-4948-9ffe-a61e345aecb5. Acesso em: 2 set. 2019.

_____. SECRETARIA DO TESOURO NACIONAL. *Portaria n. 109, de 8 de março de 2002 (DOU de 11 mar. 2002).* Aprova formulários de encaminhamento, por Estados, DF e Municípios, de dados contábeis (contas) consolidados exigidos pela Lei de Responsabilidade Fiscal (LRF). Disponível em: http://www.fazenda.rj.gov.br/tesouro/content/conn/UCMServer/uuid/dDocName%3A1740009. Acesso em: 2 set. 2019.

_____; _____. *Portaria n. 211, de 4 de junho de 2001 (DOU de 5 jun. 2001).* Divulga o Anexo I – Tabela de Correlação da Despesa para fins de orientação quanto à aplicabilidade do disposto nos arts. 3º ao 5º da Portaria Interministerial n. 163/2001, da STN/SOF. Disponível em: http://siops.datasus.gov.br/Documentacao/port_211.pdf. Acesso em: 2 set. 2019.

_____; _____. *Portaria n. 211, de 29 de abril de 2002 (DOU de 2 maio 2002).* Altera o Anexo I da Portaria n. 180, de 21 de maio de 2001, da STN. Disponível em: http://www.lex.com.br/doc_863222_PORTARIA_N_211_DE_29_DE_ABRIL_DE_2002.aspx. Acesso em: 2 set. 2019.

_____; _____. *Portaria n. 212, de 4 de junho de 2001 (DOU de 5 jun. 2001).* Estabelece, para os Estados, Distrito Federal e Municípios, que a arrecadação do imposto descrito no art. 157, I, e art. 158 da Constituição Federal, contabilizada como receita tributária, constantes do Anexo I, da Portaria Interministerial n. 163/2001, da STN/SOF. Disponível em: http://siops.datasus.gov.br/Documentacao/Manual Receita.pdf. Acesso em: 2 set. 2019.

_____; _____. *Portaria n. 219, de 29 de abril de 2004, da STN (DOU de 3 maio 2004),* aprova a 1ª edição do Manual de Procedimentos das Receitas Públicas. Disponível em: https://www.tce.ro.gov.br/nova/lrfnet/lrf/administracao/lrf/textos/ManualRREO6%C2%AAedi%C3%A7%C3%A3o.pdf. Acesso em: 2 set. 2019.

_____; _____. *Portaria n. 248, de 28 de abril de 2003 (DOU de 30 abr. 2003).* Consolida as Portarias n. 180, 211 e 300, da STN, e divulga o detalhamento das naturezas de receita para 2004. Disponível em: https://www.fnde.gov.br/index.php/acesso-a-informacao/institucional/legislacao/item/3528-portaria-stn-n%C2%BA-248-de-28-de-abril-de-2003. Acesso em: 2 set. 2019.

BRASIL. SECRETARIA DO TESOURO NACIONAL. *Portaria n. 300, de 27 de junho de 2002 (DOU* de 1º jul. 2002*).* Altera o Anexo II da Portaria n. 211, de 29 de abril de 2002, da STN. Disponível em: http://sisaudweb.tce.es.gov.br/Paginas/download/Port_300_2002.pdf. Acesso em: 2 set. 2019.

_____; _____. *Portaria n. 303, de 28 de abril de 2005* (*DOU* de 29 abr. 2005). Aprova a 2ª edição do Manual de Procedimentos das Receitas Públicas. Disponível em: http://siops.datasus.gov.br/ Documentacao/Portaria303_ 2005.pdf. Acesso em: 2 set. 2019.

_____; _____. *Portaria n. 326, de 27 de agosto de 2001* (*DOU* de 28 ago. 2001). Altera o Anexo I da Portaria n. 180, de 21 de maio de 2001, da STN. Disponível em: http://www.stn.fazenda.gov.br. Acesso em: 11 dez. 2006.

_____; _____. *Portaria n. 327, de 27 de agosto de 2001* (*DOU* de 28 ago. 2001). Dispõe sobre os valores totais recebidos a maior do Fundo de Participação dos Municípios – FPM. Disponível em: https://www.pgfn.gov.br/assuntos/legislacao-e-normas/atos-declaratorios-arquivos/2002/ atodeclaratorio_14_2002.pdf. Acesso em: 2 set. 2019.

_____; _____. *Portaria n. 328, de 27 de agosto de 2001* (*DOU* de 28 ago. 2001). Estabelece, para os Estados, Distrito Federal e Municípios, os procedimentos contábeis para os recursos destinados e oriundos do Fundo de Manutenção e Desenvolvimento do Ensino Fundamental e de Valorização do Magistério – FUNDEF. Disponível em: https://www.pgfn.gov.br/assuntos/legislacao -e-normas/atos-declaratorios-arquivos/2002/atodeclaratorio_14_2002.pdf. Acesso em: 2 set. 2019.

_____; _____. *Portaria n. 339, de 29 de agosto de 2001* (*DOU* de 30 ago. 2001). Define, para os Estados, Distrito Federal e Municípios, os procedimentos relacionados aos registros decorrentes da execução orçamentária e financeira das despesas realizadas, de forma descentralizada (em substituição às transferências intragovernamentais), observando-se os aspectos orçamentários e financeiros. Disponível em: https://www.pgfn.gov.br/assuntos/legislacao-e-normas/atos-declaratorios-arquivos/2002/atodeclaratorio_14_2002.pdf. Acesso em: 2 set. 2019.

_____; _____. *Portaria n. 340, de 26 de abril de 2006* (*DOU* de 28 abr. 2006). Aprova a 3ª edição do Manual de Procedimentos das Receitas Públicas. Disponível em: https://www.sefanet.pr.gov. br/dados/GEFIN/noticias/Port_stn_340_261106.pdf. Acesso em: 2 set. 2019.

_____; _____. *Portaria n. 440, de 27 de agosto de 2003* (*DOU* de 29 ago. 2003). Aprova a 3ª edição do Manual de Elaboração do Relatório de Gestão Fiscal. Disponível em: https://dspace.stm.jus.br/ xmlui/bitstream/handle/123456789/132060/2019_03_08_ASSINADO_do2.pdf?sequence=1&isAllowed=y. Acesso em: 2 set. 2019.

_____; _____. *Portaria n. 441, de 27 de agosto de 2003* (*DOU* de 29 ago. 2003). Aprova a 3ª edição do Manual de Elaboração do Relatório Resumido da Execução Orçamentária. Disponível em: http://www.buriti.df.gov.br/ftp/diariooficial/2019/06_Junho/DODF%20109%2011-06-2019/DODF%20 109%2011- 06-2019%20INTEGRA.pdf. Acesso em: 2 set. 2019.

_____; _____. *Portaria n. 447, de 13 de setembro de 2002* (*DOU* de 18 set. 2002). Dispõe sobre normas gerais de registro de transferências de recursos intergovernamentais no âmbito da União, Estados, Distrito Federal e Municípios, com vistas à consolidação das contas públicas nacionais e dá outras providências. Disponível em: http://siops.datasus.gov.br/Documentacao/ManualReceita. pdf. Acesso em: 2 set. 2019.

_____; _____. *Portaria n. 448, de 13 de setembro de 2002* (*DOU* de 17 set. 2002). Divulga o detalhamento das naturezas de despesas 3390.30, 3390.36, 3390.39 e 4490.52. Disponível em: http:// portalfns.saude.gov.br/images/banners/Sigem/Portaria_448_de_13_de_Setembro_de_2002.pdf. Acesso em: 2 set. 2019.

BRASIL. SECRETARIA DO TESOURO NACIONAL. *Portaria n. 470, de 31 de agosto de 2004* (*DOU* de 1º set. 2004). Aprova a 4ª edição do Manual de Elaboração do Anexo de Riscos Fiscais e do Relatório de Gestão Fiscal. Disponível em https://www.tce.ro.gov.br/nova/lrfnet/lrf/administracao/lrf/textos/ManualRREO6%C2%AAedi%C3%A7%C3%A3o.pdf. Acesso em: 2 set. 2019.

_____; _____. *Portaria n. 471, de 31 de agosto de 2004, da STN* (*DOU* de 1º set. 2004). Aprova a 4ª edição do Manual de Elaboração do Anexo de Metas Fiscais e Relatório Resumido da Execução Orçamentária. Disponível em: http://siops.datasus.gov.br/Documentacao/Portaria303_2005.pdf. Acesso em: 2 set. 2019.

_____; _____. *Portaria n. 516, de 14 de outubro de 2002* (*DOU* de 22 out. 2002). Aprova a 2ª edição do Manual de Elaboração do Relatório de Gestão Fiscal. Disponível em: https://www.tce.ro.gov.br/nova/lrfnet/lrf/administracao/lrf/textos/ManualRREO6%C2%AAedi%C3%A7%C3%A3o.pdf. Acesso em: 2 set. 2019.

_____; _____. *Portaria n. 517, de 14 de outubro de 2002* (*DOU* de 23 out. 2002). Aprova a 2ª edição do Manual de Elaboração do Relatório Resumido da Execução Orçamentária. Disponível em: http://www5.sefaz.mt.gov.br/documents/6071037/ 6345762/ManuadeElaboracaoRGF_Portaria 47004STN4 Edicao.pdf/73ab8583-d683-4c7c- b360-aa938b8a3d81. Acesso em: 2 set. 2019.

_____; _____. *Portaria n. 530, de 19 de outubro de 2000* (*DOU* de 23 out. 2000). Dispõe sobre os procedimentos contábeis para registro da transferência de títulos da dívida pública da União para os Estados, objeto da Lei n. 9.988, de 19 de julho de 2000. Disponível em: http://imagens.seplag.ce.gov.br/PDF/ 20001031/do20001031p01.pdf. Acesso em: 2 set. 2019.

_____; _____. *Portaria n. 559, de 14 de dezembro de 2001* (*DOU* de 26 dez. 2001). Institui o Manual de Elaboração do Relatório de Gestão Fiscal. Disponível em: https://www2.camara.leg.br/legin/marg/portar/2001/portaria-559-14-dezembro-2001-441046-norma-stn.html. Acesso em: 2 set. 2019.

_____; _____. *Portaria n. 560, de 14 de dezembro de 2001* (*DOU* de 29 dez. 2001). Institui o Manual de Elaboração do Relatório Resumido da Execução Orçamentária. Disponível em: http://www5.sefaz.mt.gov.br/documents/6071037/6345762/ManuadeElaboracaoRGF_Portaria47004STN 4Edicao.pdf/73ab8583-d683-4c7c-b360-aa938b8a3d81. Acesso em: 2 set. 2019.

_____; _____. *Portaria n. 586, de 29 de agosto de 2005* (*DOU* de 31 ago. 2005). Aprova a 5ª edição do Manual de Elaboração do Anexo de Riscos Fiscais e do Relatório de Gestão Fiscal. Disponível em: http://www5.sefaz.mt.gov.br/documents/6071037/6345762/ManuadeElaboracaoRGF_Portaria 47004STN4Edicao.pdf/73ab8583-d683-4c7c-b360-aa938b8a3d81. Acesso em: 2 set. 2019.

_____; _____. *Portaria n. 587, de 29 de agosto de 2005* (*DOU* de 31 ago. 2005). Aprova a 5ª edição do Manual de Elaboração do Anexo de Metas Fiscais e do Relatório Resumido da Execução Orçamentária. Disponível em: https://www.tce.ro.gov.br/nova/lrfnet/lrf/administracao/lrf/textos/ManualRREO6%C2%AAedi%C3%A7%C3%A3o. pdf. Acesso em: 2 set. 2019.

_____; _____. *Portaria n. 589, de 27 de dezembro de 2001* (*DOU* de 28 dez. 2001). Estabelece conceitos, regras e procedimentos contábeis para consolidação das empresas estatais dependentes nas contas públicas e dá outras providências. Disponível em: http://siops.datasus.gov.br/Documentacao/Portaria% 20441%20-%20manual.pdf. Acesso em: 2 set 2019.

_____; _____. *Portaria n. 614, de 21 de agosto de 2006* (*DOU* de 22 ago. 2006). Estabelece normas gerais relativas à consolidação das contas públicas aplicáveis aos contratos de Parceria Público-Privada (PPP). Disponível em: http://sisaudweb.tce.es.gov.br/LRF/download/ManualRGF6.pdf. Acesso em: 2 set. 2019.

BRASIL. SECRETARIA DO TESOURO NACIONAL. *Portaria n. 869, de 15 de dezembro de 2005* (*DOU* de 19 dez. 2005). Altera o Anexo I da Portaria n. 303, de 28 de abril de 2005, criando as naturezas de receita das operações intraorçamentárias. Disponível em: http://www.prpg.usp.br/images/Downloads/Legislacao/Portarias_ MEC/Port.MEC_869_04.07.12.pdf. Acesso em: 2 set. 2019.

_____. SECRETARIA DO TESOURO NACIONAL E SECRETARIA DE ORÇAMENTO FEDERAL. *Portaria Interministerial n. 325, de 27 de agosto de 2001* (*DOU* de 28 ago. 2001). Altera os Anexos I, II e III da Portaria Interministerial n. 163, de 4 de maio de 2001, da STN/SOF, que dispõe sobre normas gerais de consolidação das Contas Públicas no âmbito da União, dos Estados, do Distrito Federal e dos Municípios. Disponível em: http://transparencia.pb.gov.br/orcamento/normas-orcamentarias/portarias/portaria-interministerial-no-325-de-27-de-agosto-de-2001. Acesso em: 2 set. 2019.

_____; _____. *Portaria Interministerial n. 338, de 26 de abril de 2006* (*DOU* de 28 abr. 2006). Altera o Anexo I da Portaria Interministerial STN/SOF n. 163, de 4 de maio de 2001, especificando as operações intraorçamentárias em nível de categoria econômica. Disponível em: http://www.orcamentofederal.gov.br/orcamentos-anuais/orcamento-2006/programacao-orcamentaria-e-financeira/portarias_ministeriaias_interministeriais/Portaria_interministerial_338_de_260406.pdf. Acesso em: 2 set. 2019.

_____; _____. *Portaria Interministerial n. 519, de 27 de novembro de 2001* (*DOU* de 28 nov. 2001). Altera os Anexos I e II da Portaria Interministerial n. 163, de 4 de maio de 2001, da STN/SOF, que dispõe sobre normas gerais de consolidação das Contas Públicas no âmbito da União, dos Estados, do Distrito Federal e dos Municípios. Disponível em: http://www.fazenda.gov.br/acesso-a-informacao/institucional/legislacao/portarias-interministeriais/2001/portaria-519. Acesso em: 2 set. 2019.

_____; _____. *Portaria Interministerial n. 688, de 14 de outubro de 2005* (*DOU* de 17 out. 2005). Altera o Anexo II da Portaria Interministerial STN/SOF n. 163, de 4 de maio de 2001, criando novas modalidades de aplicação. Disponível em: http://sisaudweb.tce.es.gov.br/Paginas/download/Port_Int688_05.pdf. Acesso em: 2 set. 2019.

_____. SENADO FEDERAL DO BRASIL. *Projeto de Lei da Câmara n. 135, de 2018 (Complementar)*. Dispõe sobre a Empresa Simples de Crédito (ESC); altera as Leis n. 9.613, de 3 de março de 1998, e n. 9.249, de 26 de dezembro de 1995, e a Lei Complementar n. 123, de 14 de dezembro de 2006, para regulamentar a ESC e o Inova Simples. Disponível em: https://www25.senado.leg.br/web/atividade/materias/-/materia/134910. Acesso em: 2 set. 2019.

BURKHEAD, J. *Government budgeting*. New York: John Wiley, 1959.

_____. *Orçamento público*. Tradução de Margaret Hanson Costa. Rio de Janeiro: Fundação Getulio Vargas, 1971.

CALMON, P. *Curso de teoria geral do estado*. 5. ed. Rio de Janeiro: Freitas Bastos, 1958.

CASTRO, R. V. *Contabilidad gubernamental*. México: Instituto Mexicano de Contadores Públicos/Federación Colegio de Profesionistas, 1994.

CONSELHO FEDERAL DE CONTABILIDADE (CFC). *Princípios fundamentais de Contabilidade – Resolução CFC n. 750, de 1993*. CFC, 1994.

CRESPO, M. Á. *Contabilidad pública*. Madrid: McGraw-Hill, 1995.

CRUZ, I. A. *As perspectivas para a contabilidade aplicada na administração pública no Brasil*. Brasília: Ministério da Fazenda, 2002.

DEODATO apud ANGÉLICO, J. *Contabilidade pública*. 8. ed. São Paulo: Atlas, 1985.

ENRON pode causar "efeito dominó". *A Tarde*. Salvador, 19 fev. 2002. Seção Internacional.

FERREIRA, A. B. H. *Novo aurélio*: século XXI. Rio de Janeiro: Nova Fronteira, 1999.

FIGUEIREDO, C. M. *et al. Comentários à lei de responsabilidade fiscal*. 2. ed. São Paulo: Revista dos Tribunais, 2001.

FIGUEIREDO, C. M.; NÓBREGA, M. *Lei de responsabilidade fiscal*: teoria, jurisprudência e 130 questões. 3. ed. Rio de Janeiro: Impetus, 2002.

FUNDO MONETÁRIO INTERNACIONAL. *Código de boas práticas para a transparência fiscal*: declaração de princípios. Disponível em: www.imf.org. Acesso em: 10 dez. 2002.

GASPARINI, D. *Direito administrativo*. 8. ed. São Paulo: Saraiva, 2003.

GOVERNO DO ESTADO DA BAHIA. *Manual de orçamento programa (MOP)*. 2005. Disponível em: http://www.seplan.ba.gov.br. Acesso em: 27 mar. 2006.

HARADA, K. *Dicionário de direito público*. São Paulo: Atlas, 1999.

HENDRIKSEN, E. S.; VAN BREDA, M. F. *Teoria da contabilidade*. Tradução de Antonio Zoratto Sanvicente. 5. ed. São Paulo: Atlas, 1999.

INFORMAÇÕES OBJETIVAS (IOB). *Guia de contabilidade pública e administração pública – CAP*, 1997. 2 v.

KASHIWAKURA, H. K. *O controle das contas públicas*: um enfoque na avaliação e no desempenho do orçamento-programa da administração pública federal. 1997. Dissertação (Mestrado em Ciências Contábeis) – Faculdade de Administração e Finanças, Universidade do Estado do Rio de Janeiro, Rio de Janeiro, 1997.

KOBAYASHI, A. K. *Sistemas de contabilidade pública*: uma abordagem prática. 1989. 239 f. Dissertação (Mestrado em Contabilidade) – Faculdade de Economia e Administração, Universidade de São Paulo, São Paulo, 1989.

KOHAMA, H. *Balanços públicos*: teoria e prática. São Paulo: Atlas, 1999.

_____. *Contabilidade pública*: teoria e prática. 5. ed. São Paulo: Atlas, 1996.

LIMA, D. V.; CASTRO, R. G. *Contabilidade pública*: integrando União, estados e municípios. São Paulo: Atlas. 2000.

LINO, P. *Comentários à lei de responsabilidade fiscal*: Lei Complementar n. 101, de 2000. São Paulo: Atlas, 2001.

MACHADO JR., J. T.; REIS, H. C. *A Lei n. 4.320 comentada*. 25. ed. Rio de Janeiro: Ibam, 1993.

MARQUES, M. C. C. La contabilidad pública en Portugal en los tiempos de la monarquía. *Revista Aeca*, Madrid, n. 59, maio/ago. 2002. Disponível em: https://www.cepese.pt/portal/pt/publicacoes/obras/la-contabilidad-publica- en- portugal-en-los-tiempos-de-la-monarquia. Acesso em: 2 set. 2019.

MARTNER, G. *Planificación y presupuesto por programas*. 2. ed. México: Siglo XXI, 1969.

MEIRELES, H. L. *Direito administrativo brasileiro*. São Paulo: Malheiros, 2000.

MENÉNDEZ, M. (Org.). *Contabilidad general*. Madrid: Civitas, 1997.

MOSCOVE, S. A.; SIMKIN, M. G.; BAGRANOFF, N. A. *Sistemas de informações contábeis*. Tradução de Geni G. Goldschmidt. São Paulo: Atlas, 2002.

NASSIF, L. As auditorias e o novo mercado. *Folha de S.Paulo*. São Paulo, 21 maio 2002. Dinheiro, p. B3.

OSBORNE, D.; GAEBLER, T. *Reinventando o governo*. Brasília: MH Comunicações, 1994.

_____. Resenha de César Mattos. *Revista de Administração Pública*, Rio de Janeiro, FGV, v. 29, n. 2, p. 193-200, abr./jun. 1995.

PETRI, N. *A Lei n. 4.320/1964 e os princípios de contabilidade geralmente aceitos*. 1980. 186 f. Dissertação (Mestrado em Contabilidade) – Faculdade de Economia e Administração, Universidade de São Paulo, São Paulo, 1980.

PETRI, N. *Análise de resultados no setor público*. 1987. 215 f. Tese (Doutorado em Contabilidade) – Faculdade de Economia e Administração, Universidade de São Paulo, São Paulo, 1987.

_____. *Controle orçamentário e financeiro nas entidades governamentais*. [mensagem pessoal] Mensagem recebida por nepet@terra.com.br. Acesso em: 3 nov. 2003.

PIRES, J. B. F. S. *Contabilidade pública*: teoria e prática. 4. ed. Brasília: Franco & Fortes, 1998.

PISCITELLI, R. B. *et al*. *Contabilidade pública*: uma abordagem da administração financeira federal. 4. ed. São Paulo: Atlas, 1996.

REIS, H. C. *Princípios fundamentais de contabilidade (Resolução n. 750, de 1993, do Conselho Federal de Contabilidade) e a Lei n. 4.320, de 1964*. Rio de Janeiro: Ibam, 1995.

RODRÍGUEZ CASTRO, B. *Aspectos introductorios de contabilidad gubernamental*, 2001. Disponível em: http://www.javeriana.edu.co/facultades. Acesso em: 23 fev. 2003.

SÁ, A. L.; SÁ, A M. L. *Dicionário de contabilidade*. 9. ed. São Paulo: Atlas, 1990.

SANCHES, O. M. *Dicionário de orçamento, planejamento e áreas afins*. Brasília: Prisma, 1997.

SÁNCHEZ NIETO, E. F. *A contabilidade pública instrumento de modernização e controle*. Brasília: Secretaria do Tesouro Nacional, 2002.

SILVA, L. M. *Contabilidade governamental*: um enfoque administrativo. São Paulo: Atlas, 1988.

_____. *Contabilidade governamental*: um enfoque administrativo. 5. ed. São Paulo: Atlas, 2002.

_____. Contribuição ao estudo do sistema de custeamento na administração pública. *Revista Brasileira de Contabilidade*, Brasília, v. 28, n. 119, p. 3-98, set./out. 1999.

SLOMSKI, V. *Manual de contabilidade pública*: um enfoque na contabilidade municipal. São Paulo: Atlas, 2001.

VITÓRIA civil. *Folha de S.Paulo*, 2 set. 2000. Caderno Opinião. Disponível em: https:// www1.folha. uol.com.br/fsp/opiniao/fz0209200203.htm. Acesso em: 13 set. 2019.

WILGES, I. J. *Noções de direito financeiro*: o orçamento público. Porto Alegre: Sagra-Luzzatto, 1995.

WILGES, O. K. O ciclo orçamentário. *In:* JAMESON, S. H. *Orçamento e administração financeira*. Rio de Janeiro: Fundação Getulio Vargas, 1995.

WILKEN, E. *Manual de contabilidade pública*. 4. ed. Rio de Janeiro: Aurora, 1956.